高等学校大数据技术与应用规划教材

大数据时代 供应链物流管理

DASHUJU SHIDAI GONGYINGLIAN WULIU GUANLI

周 苏 孙曙迎 王 文 等编著

中国铁道出版社
CHINA RAILWAY PUBLISHING HOUSE

内 容 简 介

全书通过一系列在网络环境下理论知识的学习，把大数据时代、信息时代供应链物流管理的概念、理论知识与技术融入实践当中，从而加深对该课程的认识和理解。本书包含了供应链物流管理知识的各个方面，内容涉及供应链与物流基础、大数据及其思维变革、采购管理、物流管理、客户关系管理、制造管理、一体化运作、供应链物流运作、供应链物流设计、智慧物流技术、智慧供应链管理、供应链管理与职业道德等。本书每章最后还设有延伸阅读、实验与思考，以帮助读者加深对教材中所介绍概念的理解。

本书适合作为高等学校相关专业“供应链管理”“物流管理”等以实验与实践为主线开展教学的课程的教材，也可作为物流管理人员的参考用书。

图书在版编目（CIP）数据

大数据时代供应链物流管理/周苏等编著. —北京：
中国铁道出版社，2017.1(2019.1重印)
高等学校大数据技术与应用规划教材
ISBN 978-7-113-22566-7

Ⅰ. ①大… Ⅱ. ①周… Ⅲ. ①供应链管理－物流管理－
高等学校－教材 Ⅳ. ①F252

中国版本图书馆 CIP 数据核字（2016）第 289709 号

书　　名：大数据时代供应链物流管理
作　　者：周　苏　孙曙迎　王　文　等编著

策　　划：王春霞　　**读者热线：**（010）63550836
责任编辑：王春霞　彭立辉
封面设计：穆　丽
责任校对：汤淑梅
责任印制：郭向伟

出版发行：中国铁道出版社（100054，北京市西城区右安门西街 8 号）
网　　址：http://www.tdpress.com/51eds/
印　　刷：北京铭成印刷有限公司
版　　次：2017 年 1 月第 1 版　　2019 年 1 月第 2 次印刷
开　　本：787 mm×1 092 mm　1/16　**印张：**18　**字数：**399 千
书　　号：ISBN 978-7-113-22566-7
定　　价：46.00 元

前言

大数据（Big Data）的力量，正在积极地影响着人类社会的方方面面，它冲击着社会的各个行业，同时也正在改变人的学习和日常生活，包括教育方式、生活方式、工作方式。大数据时代的到来赋予了供应链物流管理这门课程以全新的意义。

随着全社会计算机应用水平的提高，对大学相关专业供应链物流管理课程提出了发展和提高的要求。本书是以大数据时代、信息时代为背景的全新的“供应链物流管理”课程教材。全书以实验实践为主线开展教学，通过一系列在网络环境下理论知识的学习，把大数据时代、信息时代供应链物流管理的概念、理论知识与技术融入实践当中，从而加深对该课程的认识和理解，切实提高学生的供应链物流管理的知识和应用水平。本书包含了供应链物流管理知识的各个方面，内容涉及供应链与物流基础、大数据及其思维变革、采购管理、物流管理、客户关系管理、制造管理、一体化运作、供应链物流运作、供应链物流设计、智慧物流技术、智慧供应链管理、供应链管理与职业道德等。本书每章最后还设有延伸阅读、实验与思考，以帮助读者加深对教材中所介绍内容的理解。

在每章的实验与思考部分都设立了“实验总结”和“教师评价”部分，以方便师生交流对学科知识、实验内容的理解与体会，以及对学生学习情况进行必要的评估。

本课程的教学进度设计见《教学进度表》，此表可作为教师授课参考和学生课程学习的概要。实际执行时，应按照教学大纲和校历确定本课程的教学进度。

本课程的教师评价可以从这样几个方面入手：

（1）每周的延伸阅读、实验与思考（11 次）。

（2）课程实验总结（第 12 章）。

（3）结合平时考勤。

（4）任课老师认为必要的其他考核方法。

与本书配套的教学 PPT 课件等文档可从中国铁道出版社网站（www.tdpress.com/51eds）的下载区下载，欢迎教师与作者交流并索取相关资料。作者联系方式：zhousu@qq.com，QQ：81505050，个人博客：http://blog.sina.com.cn/zhousu58。

本书由周苏、孙曙迎、王文等编著，在编写过程中得到了浙江大学城市学院、浙江商业职业技术学院、温州安防职业技术学院等多所院校师生的支持，阚晓初、张健、张丽娜、王硕苹、张泳等参与了本书的部分编写工作，在此一并表示感谢！

大数据及信息技术发展日新月异，加之时间仓促，编者水平有限，书中难免存在疏漏与不妥之处，恳请广大读者批评指正。

周　苏

2016 年秋于西子湖畔

课程教学进度表

（20　—20　学年第　　学期）

课程号：__________课程名称：供应链物流管理　学分：2　周学时：2

总学时：68（其中理论学时：34　课外实践学时：34）

主讲教师：________________

<table>
<tr><th>序号</th><th>校历
周次</th><th>章节（或实验、习题课等）
名称与内容</th><th>学时</th><th>教学方法</th><th>课后作业布置</th></tr>
<tr><td>1</td><td>1</td><td>第 1 章　供应链与物流基础</td><td>2</td><td rowspan="17">课堂教学
延伸阅读</td><td rowspan="2">实验与思考</td></tr>
<tr><td>2</td><td>2</td><td>第 1 章　供应链与物流基础</td><td>2</td></tr>
<tr><td>3</td><td>3</td><td>第 2 章　大数据及其思维变革</td><td>2</td><td rowspan="2">实验与思考</td></tr>
<tr><td>4</td><td>4</td><td>第 2 章　大数据时代思维变革</td><td>2</td></tr>
<tr><td>5</td><td>5</td><td>第 3 章　采购管理</td><td>2</td><td>实验与思考</td></tr>
<tr><td>6</td><td>6</td><td>第 4 章　物流管理</td><td>2</td><td>实验与思考</td></tr>
<tr><td>7</td><td>7</td><td>第 5 章　客户关系管理</td><td>2</td><td>实验与思考</td></tr>
<tr><td>8</td><td>8</td><td>第 6 章　制造管理</td><td>2</td><td>实验与思考</td></tr>
<tr><td>9</td><td>9</td><td>第 7 章　一体化运作</td><td>2</td><td rowspan="2">实验与思考</td></tr>
<tr><td>10</td><td>10</td><td>第 7 章　一体化运作</td><td>2</td></tr>
<tr><td>11</td><td>11</td><td>第 8 章　供应链物流运作</td><td>2</td><td rowspan="2">实验与思考</td></tr>
<tr><td>12</td><td>12</td><td>第 8 章　供应链物流运作</td><td>2</td></tr>
<tr><td>13</td><td>13</td><td>第 9 章　供应链物流设计</td><td>2</td><td>实验与思考</td></tr>
<tr><td>14</td><td>14</td><td>第 10 章　智慧物流技术</td><td>2</td><td>实验与思考</td></tr>
<tr><td>15</td><td>15</td><td>第 11 章　智慧供应链管理</td><td>2</td><td>实验与思考</td></tr>
<tr><td>16</td><td>16</td><td>第 12 章　供应链管理与职业道德</td><td>2</td><td rowspan="2">课程实验总结</td></tr>
<tr><td>17</td><td>17</td><td>第 12 章　供应链管理与职业道德与课程总复习</td><td>2</td></tr>
</table>

填表人（签字）：　　　　　　　　　　日期：

系（教研室）主任（签字）：　　　　　日期：

目　录

第1章

供应链与物流基础

现代物流（见图 1-1）不仅考虑从生产者到消费者的货物配送问题，还考虑从供应商到生产者对原材料的采购，以及生产者本身在产品制造过程中的运输、保管和信息等各个方面，全面、综合性地提高经济效益和效率的问题。因此，现代物流是以满足消费者的需求为目标，把制造、运输、销售等市场情况统一起来考虑的一种战略措施。

图 1-1 现代物流

所谓供应链管理就是使围绕核心企业建立的供应链最优化，使它能以最低的成本、最好的服务水平来实现供应链从采购到制成产成品再到满足最终顾客需求的所有流程的有效运作，把合适的产品、以合理的价格、及时地送到消费者手上。供应链管理的核心思想是“系统”思维观和“流”思维观，对供应链中一切活动的优化要以整体最优为目标，对各个环节的运作管理要实现像流水般的顺畅。

1.1 物流简介

供应链的概念是由物流演变而来的。物流原本是一个军事术语，最早用于拿破仑时代的大小战役中，指的是调动和安置军队（由军需官负责的工作）。物流的范畴被体现在北大西洋公约组织（简称北约，NATO）的军事定义中，即规划和实施军队的行动和补给的学问。以统筹的方式协调下述军事行动：

（1）军事物资的设计和开发、获取、仓储、运输、配给、维护、撤离以及处置（对物资的概念应最大化地理解，包括军用车辆、武器、军火、燃料及其他设备等）。

（2）军事人员的运送。

（3）军事设施的获取或营建、维护、运作以及处置。

（4）军事服务的获取或配备。

（5）医疗和康复的支援。

北约同时将物流区分成两个重要的部分——获取物流和运作物流，如图 1-2 所示。

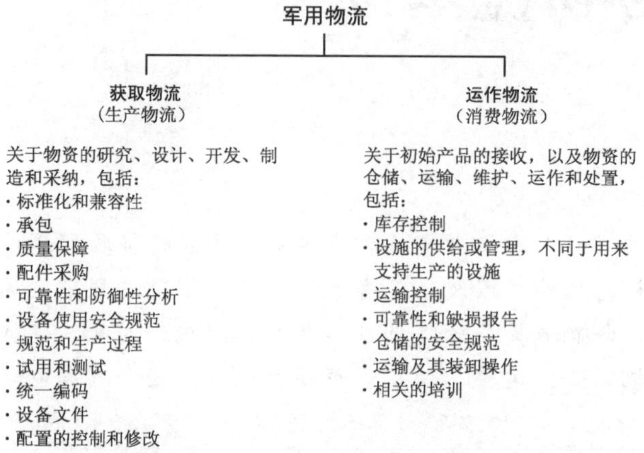

图 1-2　军用物流的范畴

军用物流的重要性在第二次世界大战时盟军在诺曼底登陆日登陆欧洲（见图 1-3）以及其他一些重大战役所考虑的与供给有关的大量问题中得到充分体现。

图 1-3　盟军诺曼底登陆

非军用物流与军用物流基本相同，但通常没有军用物流那样复杂。

“物流”（Logistics）一词源于 20 世纪 80 年代从日文资料引进来的外来词，其定义为：物流是物品从供应地向接收地的实体流动过程中，根据实际需要，将运输、储存、采购、装卸搬运、包装、流通加工、配送、信息处理等功能有机结合起来实现用户要求的过程。

1.2　物资和配送管理

以前，实施物流管理的目的就是要在尽可能最低的总成本条件下实现既定的客户服务水平，即寻求服务优势和成本优势的一种动态平衡，并由此创造企业在竞争中的战略优势。根据这个目标，物流管理要解决的基本问题，简单地说，就是把合适的产品以合适的数量和合适的价格在合适的时间和合适的地点提供给客户。

现代物流强调运用系统方法解决问题，通常被认为是由运输、存储、包装、装卸、流通加工、配送和信息诸环节构成。各环节原本都有各自的功能、利益和观念。所谓系统方法，就是利用现代管理方法和现代技术，使各个环节共享总体信息，把所有环节作为一个一体化的系统来进行组织和管理，以使系统能够在尽可能低的总成本条件下，提供有竞争优势的客户服务。

系统方法认为，系统的效益并不是各个局部环节效益的简单相加，它意味着对于出现的某一方面的问题，要对全部的影响因素进行分析和评价。从这一思想出发，物流系统并不简单地追求在各个环节上各自的最低成本，因为物流各环节的效益之间存在相互影响、相互制约的倾向，存在着交替易损的关系。比如，过分强调包装材料的节约，就可能因其易于破损造成运输和装卸费用的上升。因此，系统方法强调要进行总成本分析和成本权衡应用的分析，以达到总成本最低，同时满足既定的客户服务水平的目的。

如图 1-4 所示，物流管理既包括物资管理又包括物资配送的管理。

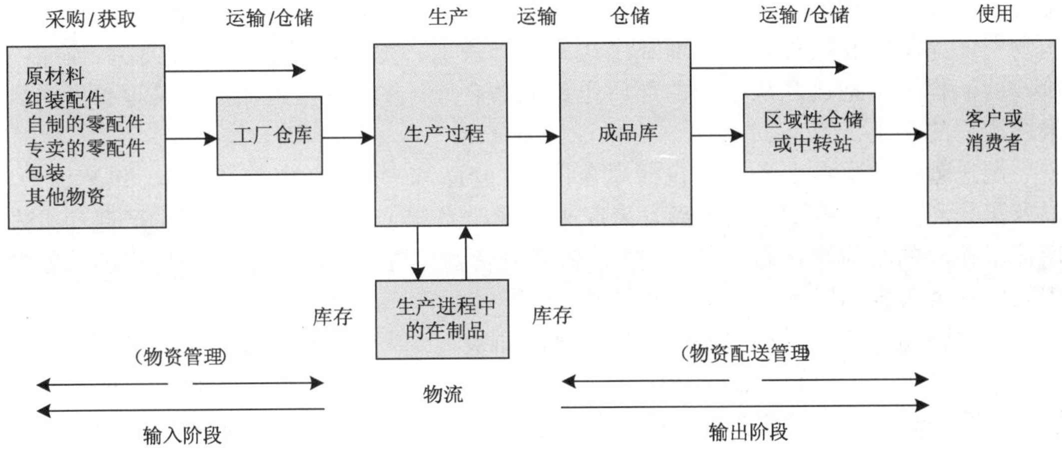

图 1-4　物流管理的范畴

1.2.1　物资管理

物资管理是关于物资发往或来自生产或制造阶段的流程，其定义是：库存的规划、组织和控制管理的所有方面，包括采购、仓储、生产进程中的在制品以及成品的配送。

“物资流程”中的物资管理活动如表 1-1 所示。

表 1-1　物资流程典型的业务活动

物资流程	典型的业务活动
规划阶段	准备物资预算、产品研究和开发、价值工程和分析，以及规范的标准化
采购阶段	确定订单数量、处理工厂和仓库的需求、询价、报价评估、供应商评估、谈判、订立合同、安排交货进程、支付信用认证、供应商评级、供应商管理及合同管理
仓储阶段	仓库的位置、格局和设备，机械装卸操作，库存的分类，编码和编录，签收采购的物品，验货，储存或退货，库存物资和仓库库房的安全和保安，签发用于生产的物资，提供成本数据，库存记录及其核对，处置过期、过剩和废料物资或回收再生循环使用

续表

物资流程	典型的业务活动
生产控制阶段	物资订购的提前安排，准备生产计划和顺序，签发生产指令，紧急应对行动解决物资短缺，自制或采购的决定，质量和可靠性反馈，以及对生产线或销售趋势做供应流量的调整

影响归属于物资管理的业务活动的因素包括以下几点：

（1）采购是频繁的“关键”业务活动。

（2）生产规划和管理控制可能被归属于物资管理或制造管理。前者更适用于当生产偏重于物资的场合，如组装工厂；而后者则适用于当生产侧重于机械加工处理的场合。

1.2.2 配送管理

物资配送管理（Physical Distribution Management，PDM）通常被认为是关于从接受订单一直到交货的货物流程。而如果物资管理是关于“输入”阶段的流程——把采购物资如原材料和配件从供应商那里送到生产线上；那么配送管理就是关于“输出”阶段的流程——把成品从生产的部门送到成品仓库，并通过合适的配送渠道再发送到最终用户的手上。

配送管理的主要业务活动包括库存控制、仓库和仓储、物资装卸操作、包装保护，以及集装和运输。由配送概念新发展起来的准时系统（JIT），其库存在生产商和批发商那里存放的时间都不超过数小时，并依靠供货商的配送效率来满足其生产和销售的需求，这大大提高了配送管理的重要性。

考虑到物流的目标是“如何使流程速度加快”，从这一点出发，物流专家研究企业产生的成本，从初始的输入阶段，到用于生产过程中，直至客户支付收到的产品或服务。供应链每一环节滞留的时间越长，企业耗费的成本越高。任何一个阶段中时间的减少，都为降低成本提供机会，最终也会降低成品的价格。

1.3 反向物流

反向物流与一般的正向物流的流程相反，其定义为：对原材料、生产过程中库存、成品以及相关信息包从消费终点返回初始起点的高效率、低成本的流程的计划、实施和控制管理的过程，其目的是重新找到开发产品的价值或找到适当的处置方法。

反向物流引起人们兴趣的两个主要原因是：环境方面对废弃物的管理和处置问题的重视（还包括可以预期的在社会声誉上的获益）不断提升；意识到某些产品、零配件或物资循环有可能获得回收再利用。相关的政府法令法规一般都具有强制性，且造成成本的增加。这样顺理成章地使反向物流逐渐成为一个新的产业。

图 1–5 说明了主要的反向物流的业务活动，包括退货、回收、分类选择以及一系列回收后的处置方式，如再修正调试、再制造、再利用等。流程中处置的方式还包括寻找其他渠道或转售，即退还的物品和配件可以再卖给客户、转发给其他仓库、用于生产或在二手市场中销售。

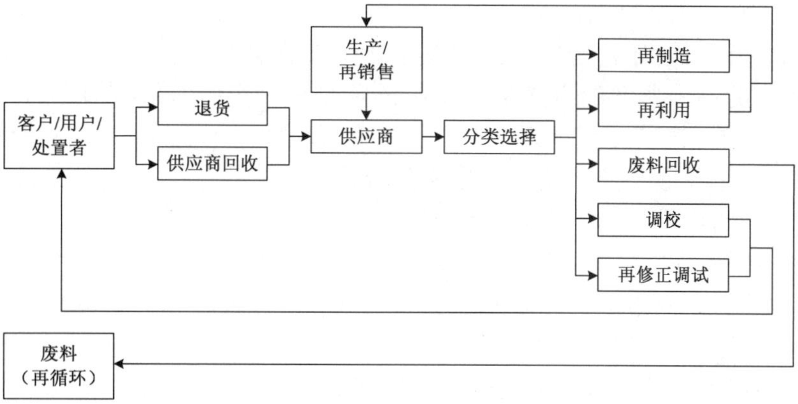

图 1-5 反向物流网络

越来越多的物流行业，通过精益生产过程和六西格玛概念来设计产品的同时也设计了它的废弃处理，在设计回收技术的同时也预先规划出反向物流的基本框架。

1.4 供 应 链

所谓供应链，是指围绕核心企业，通过对信息流、物流、资金流的控制，从采购原材料开始，制成中间产品以及最终产品，最后由销售网络把产品送到消费者手中的将供应商、制造商、分销商、零售商，直到最终用户连成一个整体的功能网链结构。即由物料获取、物料加工并将成品送到用户手中这一过程所涉及的企业和企业部门组成的一个网络，如图 1-6 所示。

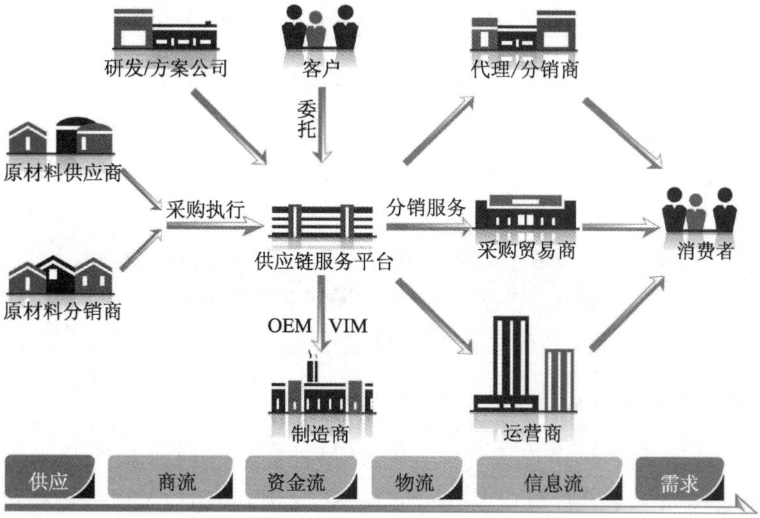

图 1-6 供应链网络

1.4.1 供应链的定义

一个供应链是一系列过程，其中一个过程补给下一个过程。它不仅是一条连接供应商到用户的物流链、信息链、资金链，而且是一条增值链，物料在供应链上因加工、包装、运输等过程而增加其价值，给相关企业带来收益。

“供应链”的一个典型的定义是：供应链是组织机构的网络结构，通过结构中上行（上游）正向和下行（下游）反向的衔接，以不同的运作过程和业务活动，产生以最终用户获得产品和服务的形式表现出来的价值。

这个定义强调供应链的下面几个关键特征：

（1）供应链是“网络”。在传统意义上，供应链就是将一些离散的业务松散地连在一起的一种结合。网络的概念暗示着全过程和各关系间的某种协调。

（2）供应链的链路可以是上行的和下行的。“上行”意味着“逆流而上”，是指一个企业和它的供应商，以及供应商与供应商之间的关系。“下行”是指“顺流而下”，也是指一个企业与它的客户的关系。这个链路也可能同时是上行的和下行的，就像那些有返回的集装箱、托盘和运输液体用桶等容器的企业，或者是有以旧换新产品的企业。

链路是指供应链中各个过程和各种关系主要是靠协调或调度来维系。一个好的供应链应该是各种关系连接相对较弱的。

（3）过程。在商务活动的范畴里，过程被定义为：一个特定的业务活动的时空顺序，有始有终，并明确输入和输出的环节，以及一个可供活动的结构。

从采购的角度观点来看，组成供应链的过程如图 1-7 所示。

搜寻 → 获取 → 使用 → 维护 → 废弃

图 1-7　从采购视角看供应链的过程

从供应商的观点来看，组成供应链的过程如图 1-8 所示。

研究 → 设计 → 制造或提供 → 销售 → 服务

图 1-8　从供应商视角看供应链的过程

（4）价值：定义为“购买者愿意支付之物”。超常的价值来自两种情况，即付出价格最低而获得的利益相同，或者获得某种特殊的利益足以抵消较高价格。

（5）最终客户：一个客户，简单地讲，就是供应链的所有过程和业务产生的商品或服务的接收者。一个职能或一个子系统，可能是供应链中前接或后续环节的客户。客户可以是内部的也可以是外部的。之所以定义成最终客户或最终消费者，是因为供应链延伸到的最终尽头就是客户，商品或服务的订单也正是从他们作为最终消费者那里发出的。

1.4.2　供应链的产生和发展

研究表明，对于大多数企业而言，产品经过加工后，通过仓库配送到消费者手中的平均时间是 25 ~ 30 天，有时候甚至更长。从订货到发货的过程通常包括：通过电话、传真、电子数据交换（EDI）或者公共邮件下达和传送订单；使用手工操作或计算机系统，运用信用授权和将订单分配给仓库的方法进行订单处理；最后，将产品送到客户手中。然而，一旦出现如缺货、订单丢失、订单出错或发货地址不正确等问题时，所需的总时间将变得更长。在实际运作中，这些情况屡见不鲜。

为了解决从订货到发货时间过长的问题，并且为了预防突发事件，企业通常采取的方法是增加库存。例如，供应链上的多家企业通常会重复持有同一种商品的库存。但由于产品的差别较大，仍然经常会出现缺货或延迟交货的现象。

那些在20世纪被广为使用的商业惯例和用于实现配送的分销渠道，都是从工业革命多年的经验积累中演变而来的。这些长期保留下来的商业惯例在现阶段仍然存在，并且没有发生多大改变，这是因为没有更好、更明确的法则去取代它们。消费者的数量不断增多，同时，他们对多种产品和服务的需求日益增加。事实上，由于信息技术的飞速发展和互联网的普及，消费者不再被动地接受产品，相反，他们积极地参与到产品或服务的设计和配送交付过程之中。现在的消费者更希望从大量的商品和资源中挑选出满足自己独特需求的那些产品。随着运输能力的不断增加，运输过程的经济性和可靠性也有了显著提高。

信息技术的快速发展给社会带来了翻天覆地的变化。在信息化时代，商业之间彼此互通的本质使一种新型的合作关系应运而生（即供应链管理）。管理者不断改善并整合传统的营销、生产制造、采购及物流惯例。企业采取了供应链管理这种新型的合作关系之后，能够根据准确的需求生产出产品，并快速配送到全球各地的消费者手中。物流系统可以确保实现产品的准时配送，消费者订购产品和产品分类配送能在短短几个小时内实现。在以往的服务中经常出现的错误变得越来越少，取而代之的是不断增加的管理承诺，比如零缺陷或者通常所说的六西格玛。完美订货，即按照所需的产品种类和质量要求，准时无误地将产品配送到指定地点并保证发货单正确、产品没有损坏。这种情况在过去是非常少见的，而现在已经成了情理之中的事情。或许这源于一个不可忽略的事实——现在使用远低于过去一般情况下的总成本和资金，就能够实现上述这种高水平的服务。然而归根结底，所有这些商业结构和战略上的根本性改变，都来源于信息技术的不断发展。

供应链可以根据客户–供应商关系的特征粗略地分为4类：

（1）集中供应链。一般在汽车工业的供应业务中常见：

- 很少的几个用户，但许多供应商供货。
- 对需求提出许多要求的客户。
- 应用EDI（电子数据交换）系统或要求能达到JIT（及时系统）的及时递送供货。

（2）批量制造链。一般包括：

- 许多客户和许多供应商。
- 关系相当复杂的网络：一个企业在业务中总要与另一个企业接触，在不同的场合它们可能互为客户或供应商，互为竞争者或结盟者。

（3）零售和配送链。一般包括：

- 许多客户，但相对较少的供应商。
- 用户化的方式，例如供应商管理库存方式，实际上这既是供应商又是提供方便服务的交易。

（4）服务链。这是医院、图书馆和银行这样的组织机构要实现的服务，它们是要把服务、书本、信息和财务等由服务链递送出去。还有餐厅以及提供娱乐和食品的电影院也是这方面的例子。服务链基本上与制造链没有什么差别，因为每种服务都涉及人、某个实体上的东西（一项资产组成某个东西的部分）、某个行动和时间元素。

也可以以其他的特征来分类，如虚拟性、地域范围、服务内容、复杂性、产品种类、目标用途和价值等。

1.4.3 供应链管理

对于供应链管理（Supply Chain Management, SCM）的定义可以分为三大类：管理哲学、管理哲学的实现和一套管理过程。

（1）供应链管理作为一种管理哲学。一般认为，供应链管理作为一种管理哲学有以下 3 个特征：

- 把供应链作为一个整体来观察的一种系统方法，并且用这个方法来管理从供应商到最终用户的商品库存的整个流程。
- 战略性的方向，目标是共同合作努力，将企业内外各种运作能力和战略潜力加以协调，并会合成一个统一的整体。
- 着眼于客户，为客户的价值创建独特的和个性化的资源，以客户满意为目标。

（2）供应链管理作为一套实现管理哲学的业务活动。下列 7 种行动是其最基本的行动：

- 统一的行为规范。
- 互相之间共同分享信息。
- 互相之间共同分担风险和分享收益。
- 共同合作。
- 同一个目标和同一个焦点——服务于客户。
- 各种运作过程的集成和整合。
- 作为合作伙伴建立和保持长期的友好关系。

以上这些行动意味着应该有下列供应链管理目标：

- 无论内部的还是外部的竞争优势的整合。
- 贯穿整个供应系统的互相联盟、合作关系和诚信的建立。
- 降低成本开支和改善利润空间。
- 资产回报率最大化（指成本开支和利息之后的净收益）。
- 有利于创新，有利于供应链过程的协调和同步。
- 优化产品、服务、信息服务和财务服务的流动和输送，无论它们是上行的还是下行的，无论它们是跨越内部界限的还是外部界限的。

（3）供应链管理作为一套管理过程。推荐的 8 个过程（见图 1-9）如下：

- 客户关系管理（CRM）。它是考虑如何更好地了解客户的需求和行为方式，并将它们融入市场宣传、推广、销售和服务的策略中去。CRM 软件通过各种形式的对客户反应的跟踪，来帮助组织机构更好地管理客户关系。

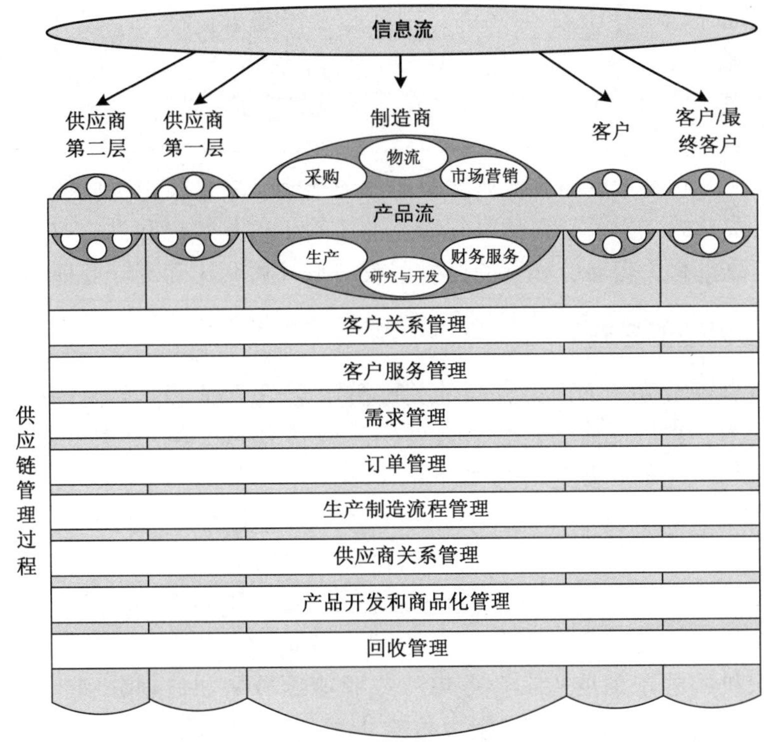

图 1-9 供应链管理：集成整合和管理控制贯穿供应链的各种业务过程

- 客户服务管理。它是指向内部和外部的客户，提供高质量的商品和服务，其价格是最低的，等待时间是最短的，对顾客的需求有最大的适应性和灵活性。
- 需求管理。它是指平衡供应链与内部和外部客户需求的能力。这中间包括需求预测，供需关系协调，灵活性提升，通过标准化后需求多样性的减少，以及库存控制等。
- 订单处理。它是指客户订单以最低的总价高效率地和有效地完成的管理。
- 生产制造流程管理。它涉及将各种输入和各种资源转换成最终的产品和服务的所有过程和业务活动。
- 供应商关系管理。它是客户关系管理的镜像，是指一个企业如何与其供应商更好地互动。这种关系从时间而论可以是短期的，也可以是长期的，从关系的程度而论可以从非亲近的到深度介入的。现今世界，一个组织机构把更多的注意力放在核心竞争力上，更多地依赖供应商来维系它的关键优势，或相对于竞争对手的超强位势，因此供应商关系管理变得至关重要。
- 产品开发和商品化管理。它是指现有产品或新产品的开发和市场推广中所涉及的所有过程和业务活动。

一般而言，产品开发分 4 个阶段：构思的产生和形成、概念性开发、产品设计和过程设计、产品的生产和递送。

至于市场推广对产品开发的贡献，可以通过在有限的市场中或者在客户调查小组中试探性地销售，来确定客户对某特定产品及其性能的大体反应。此时，供应链管理（SCM）的介入是因为产品开发（Product Development, PD）涉及的工作常常要突破内部的界限和外部的界限。从内部来讲，产品开发涉及市场推广、设计、采购、生产、质量工程和运输等的团队协同工作。从外部而言，供需的不确定性、生命周期的缩短、技术变更的加速，以及生产、配送和物流合伙人的增加，所有这一切的结果导致供应链网络日趋复杂。

- 回收管理。它是指反向物流所涉及的业务活动。它已经把供应链管理扩展到超出最终消费者的范围了。自然，它涉及的关系不仅是客户和供应商，而且也包括了与地方政府有关当局、私营的废物回收、循环再利用和废弃处理的代理机构。

1.4.4 供应链管理的措施

要供应链管理成功，下面四方面的关键措施必须全都充分实施。因为如果这些措施采取得不适当，它们反而会成为有效的供应链管理的障碍。当然，这四项措施也都有其各自的属性，它们的相对评级如下：

组织机构的基础结构	3.44（4 = 重要性的最高等级）
技术手段	2.14
战略性联盟	2.07
人力资源管理	2.05

（1）组织机构的基础结构。业务单位或职能领域是如何划分和组织的?管理程序是如何变化的，又是怎样与现有的组织机构协调的？这些构成了一个组织机构的基础结构。组织机构的基础结构的重要属性包括：

- 具有一套连贯的有条理的商务发展战略，能将各业务单位联合起来向同一目标努力。
- 具有一套正规的操作程序，使一整套的方法能动起来，以推动供应链管理的改进。
- 具有一套合适的程序去引导运作单位的工作，朝着组织机构在供应链管理法方面的战略目标推进。

（2）技术手段。在这里，“技术”不仅仅只是IT行业的，也指“物理上”的物资管理技术。这里的“技术”也是在选择商务联盟时的一个重要因素，它将决定如何建立和管理公司之间的关系。

技术手段的重要属性包括：

- 具备在公司内能协调业务运作、市场推广和物资流动的数据资料。
- 具备对管理者们易于获取的数据，能够在供应链各成员之间协调业务运作、市场推广和物资流动的数据资料。

（3）战略性联盟。这个因素涵盖了如何选择外部公司（可能是客户、供应商或者是物流服务的提供者等）作为自己的商务联盟，以及如何建立和管理好公司的内部关系。战略性联盟的重要属性有：

- 对联盟的预期有清晰的说明、共同的理解和坦诚的一致。
- 在供应链的设计以及产品和服务的战略方面有合作。
- 与合作伙伴公司的高级管理层有定期的交流界面。
- 具有互相兼容的IT系统。

（4）人力资源管理。这个领域涉及如何设计职位描述、职位补充、人员确认、待遇、补偿以及职业生涯发展的指导等工作。人力资源管理的重要方面包括：

- 寻找、挑选和雇用满足各个管理层的训练有素的人员。
- 发现并更换代理人来实现供应链管理。
- 具备建立和健全对供应链管理的绩效进行补偿和奖励的制度化程序。
- 发现对供应链管理方面有能力的服务性企业和人员来进行内部过程管理。

1.4.5 软件作为供应链管理的一个手段

供应链最基本的要求是衔接性、集成度、可视性和响应性。

（1）衔接性是指与外部供应链伙伴互换信息的能力，它必须是迅速的、有问必答的，并有可供组织机构之间合作使用的格式。

（2）集成度是指各种分散的职能、处理环节或生产环节组合或协调的过程，使得它们之间的互动能达到严丝合缝。

（3）可视性是指访问或查看与物流和供应链相关的数据或信息的能力。

（4）响应性是指按客户的需求或规定做出迅速反应的能力，它是通过以最优惠的价格，在合适的时间、合适的地点、递送质量合适的产品来体现的。也就是说，系统每周 7 天，每天 24 小时都随时准备有求必应。

最初，软件开发商专注于管理规划类应用软件和执行类应用软件（见图 1-10），而现在更强调开发综合图中列举的各类功能的软件，以一个连续完整的过程而不是分立的各阶段来管理供应链。

管理规划类应用软件	执行类应用软件
• ERP（企业资源规划）	• OMS（订单管理系统）
• SCP（供应链规划）	• MPC（制造与生产控制）
• APS（高级规划和安排）	• WMS（仓储管理系统）
	• TMS（运输管理系统）

图 1-10 供应链的应用软件

企业资源规划（Enterprise Resource Planning, ERP）软件可以定义为：一套软件解决方案，它着眼于企业的要求，通过把企业所有的职能紧紧地集成在一起，再检查企业的各过程来迎合企业的发展目标。

ERP 中的重要子系统有：市场推广和销售进度控制、物资需求规划（Material Requirement Planning, MRP）、生产能力需求规划（Capacity Requirement Planning, CRP）、采购、工厂生产区控制、物资提单应付应收账户和物流等。

站在前沿的 ERP 软件开发商已经和一个高级规划和安排（Advanced Planning and Scheduling, APS）软件的开发商联手，共同转向开发以互联网为界面的供应链软件。这种互联网供应链的新形式进一步打破了内部供应链和外部供应链之间的幕墙。而另一个企业综合应用软件（Enterprise Application Integration, EAI）则可以将全套企业应用软件转化为电子商务的形式，并提供平台供企业与自己的客户、供应商、供应链、电子贸易实体和业务伙伴等连接在一起。这种套装软件有以下几种优势：

（1）一套集成的软件展现给用户不同视窗的统一界面。信息存储在统一的数据库中，消除了在不同系统下信息需要重复输入的问题。

（2）统一数据库提供了更紧密的综合业务处理过程。

（3）当只有一套升级系统和一个合作的软件供应商时，维护会更廉价，升级也更方便。

1.4.6 供应链的优化

供应链的优化不同于供应链管理。后者的注意力集中在控制供应链中各种不同的单元，而优化则是移去其中非增值步骤，这些步骤已经渗透或者被设计成构成某特定供应链的过程链接中。优化关心的是移去供应链中无效的部分，它被定义为：

全面地管理复杂的供应链，目标是同步协调供应链上所有增值的生产和配送等业务活动，同时消除那些不带来增值的业务环节。

上面的定义中已强调了两个优化目标的重要性：

（1）同步协调供应链上所有增值的生产和配送等业务活动。

（2）消除那些不带来增值的业务环节。

其他的目标如下：

（1）尽可能提供给客户最高级别的服务。研究表明，客户满意度和客户忠诚度是紧密相关的。客户服务的级别瞄准的方向应是用超过客户的期望值，去创建一个能使他们心满意足的客户群。这样的期望值应包括提供物有所值的商品和服务，以及对客户的需求能快速、灵敏地响应。

（2）达到成本有效性。成本有效性是指与所支付的金钱相对应的价值，它表示为一个比率：

$$\text{成本有效性}=\frac{\text{所得到的益处的价值}}{\text{创造益处所花费的成本}}$$

（3）从耗费的资源或使用的资产中达到最大的生产率。所谓生产率也是一个比率，是输出对一个或多个输入的比率。一个单位的输入引起输出的增长量就是生产率的增长量。因此，供应链的总的生产率是：

$$\text{总的生产率}=\frac{\text{总的输出}}{\text{总的输入}}$$

（4）优化企业利润。企业利润最优化的逻辑和目标应该是同时优化生意业务的供应和需求两方面，而且，既在企业内部又在与企业交往的网络中同时加以优化。因此，通过同时改进运作效率和达到利润增长，企业利润最优化能够以增加收入、实现减少成本和资产生产率作为加强利润率的手段。

（5）达到最大的时间压缩。时间压缩是在达到客户满意度、成本有效性和高效生产率等方面的一个重要内容。当成本和内部转移价格的比较听从不同的解释方法时，时间却是整个供应链上所有合作伙伴的共同尺度。因此，加速下行的物资流动和加速上行的信息流动都能提高生产率，通过快速响应客户需求和减少或取消花在不增值过程上的时间都能提高竞争优势。

时间压缩已应用到供应链的所有方面，一般而言，与时间有关的非增值的业务活动可以分成：

- 排队等候时间：材料、半成品等等待进行处理。
- 返工所花时间：改正失误造成的返工。
- 由于管理决策不当（或无决策）造成的时间浪费。
- 在供应链中库存时间太长造成的成本增加。

1.5 价 值 链

供应链和价值链相衔接，两者几乎是同义词。价值链可以定义为：从原材料到成品交货（包括交货后的延伸服务）过程中价值不断递增的线形图。

1.5.1 波特的价值链模式

波特①认为，一个业务单位的业务活动可划分为 5 种基本业务活动和 4 种支持业务活动，每种业务活动均可为企业带来商业竞争优势，这些构成了价值链，如图 1-11 所示。

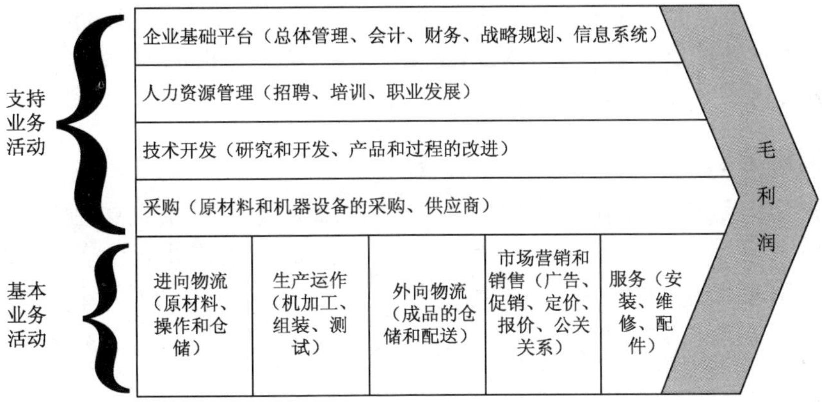

图 1-11 波特的价值链图

这 5 种基本业务活动如下：

（1）进向物流：有关接收、装卸操作和储存输入物资来供给生产系统的所有业务活动，包括仓储、运输和库存控制管理。

（2）生产运作：有关将输入物料转换成最终输出成品的所有业务活动。在制造业的企业中，这些活动包括生产、组装、质量控制和包装。在服务业中，指的是所有关系到提供服务的业务活动，例如，律师行所提供的咨询、往来信函以及文件的准备。

（3）外向物流：有关生产运作环节的产出送至最终用户的业务活动，包括成品仓储、订单处理、订单提取和包装、出库、运输以及由代理商或配送网络提供的维修服务。

（4）市场营销和销售：有关提供产品信息给潜在客户、吸引他们购买以及促成他们购买的业务活动，包括广告、促销、市场调查和代理商/批发商支持。

① 波特：迈克尔·波特（Michael E.Porter），1947 年出生于美国密歇根州，美国哈佛商学院大学教授（大学教授是哈佛大学的最高荣誉，迈克尔·波特是该校历史上第四位大学教授）。波特是全球第一战略权威，被商业管理界公认为“竞争战略之父”。

（5）服务：有关提供给客户服务的业务活动，通常作为购买协议中的一部分提供给客户，包括安装、零配件送货上门、维修和保养、技术支持、客户咨询和投诉处理。

上述 5 种基本业务活动的 4 种支持业务活动如下：

（1）企业基础平台：或称一般行政管理，包括与一般的安全与保安管理、信息管理系统以及建立策略同盟等有关的业务活动、成本开支和资产的管理。

（2）人力资源管理：涉及一个组织机构内人员的招聘、雇用、培训、个人发展和奖惩等所有的业务活动。

（3）技术开发：与产品设计、生产过程改进、资源充分利用有关，这中间包括科研开发、过程设计改进、计算机软件的使用、计算机辅助设计和计算机工程以及计算机支持系统的开发。

（4）采购：涉及从外部获取资源输入到基本业务活动的所有业务活动，包括从外部供应商那里采购燃油、能源、原材料、零部件、组装件、一般产品和消耗品等。

价值链上每一项业务活动对它的输入做处理后构成增加的价值去附加在它的输出上，这个输出以产品或服务的形式为最终用户所接收或者作为价值的聚集物出现在价值链的末端。价值是企业创造的，是以买方愿意为产品或服务所支付的数额来度量的。价值和成本之差决定了企业的利润率。竞争优势来源于一个企业比它的竞争对手能有更低的成本，或提供更高价值的产品或服务。

1.5.2 价值链分析

价值链分析就是对供应链中的每一个子系统和每个子系统中的每项业务活动加以详细地考察和分析，为的是以最低可能的总成本来产生最大的价值，进而也使整个供应链更大地增值，更好地协同作用。波特认为，一个企业要能获得持续的竞争优势，有两个基本的手段：一是不断地降低成本；二是业务特色化（或称专业差异化）。

对于价值链的成本分析，是通过对价值链中的业务活动确认其成本来完成的。波特确认了决定业务活动的价值和成本的 10 个主要的成本驱动因子。

（1）规模供应是增加还是降低经济效益。某一产品如果生产量很大，它的固定成本部分可分摊的基数就大，其生产规模就比只为它少量生产的情况来得经济有效。另一种情况是，如果大的需求遇上了一个没有弹性的供应，进货价格被迫上扬，就会产生采购中不经济的情况。

（2）学习模仿和传播扩散。模仿学习可以降低成本，还可以通过供应商、离职（跳槽）雇员的交流和业务代表的报告，从一个产业传播扩散到另一个产业。

（3）设备生产能力利用率。其变化将影响到成本的升高或降低。

（4）业务活动之间的链接。一项业务活动的成本或价值往往受到另一项业务是如何完成的影响。与供应商的链接集中体现在供应商为它提供的产品和服务所设计的特性和质量上。因此，供应商在价值链中完成业务活动的方式可能会提高或降低采购方的成本。

（5）内部关系。与其他的业务单位分享增值的业务活动可以降低成本。把多个业务单位的需求合并起来去一起采购某些材料，可以获得更便宜的价格。

（6）垂直一体化集成的程度。每项有价值的业务活动都要使用或可能是用采购进货的物资，这就有了形成集成的取向，导致集成的选择。由此，外向物流的业务活动的成本很大程度上取决于企业是否拥有自己的运输车辆。

（7）市场进入的时机。一家企业往往可能因它第一个对市场采取特别行动中取得优势。

（8）公司平衡成本控制和特色化业务的方针。公司独立于其他驱动因子做出的方针选择总会影响一项有价值的业务活动的成本。这些方针的取向反映了一家公司的战略，且通常在成本和特色化业务之间权衡取舍。

（9）地理位置。与供应商的相对地理位置是影响内向物流成本的一个重要因素。

（10）机制性的因素。政府的法规、税收、工会组织、海关关税以及征税等构成了这方面的主要成本驱动因子。

（11）一家企业如果在上述成本驱动因子控制管理上优于其对手，它就能在竞争中保持优势。

1.5.3 业务特色化

波特认为，当一家公司能提供独一无二的某种产品时，会使购买者感到物有所值，而不只是给出一个新价格，那么这家公司就与它的竞争对手产生了业务上的特色化或差异化。特色化或差异化的优势可以从强化独特性的来源或者重新配置价值链来获取。

独特性的驱动因子一般与上述的成本驱动因子相似，还包括：

（1）方针政策的选择。进行什么样的业务活动和如何去完成它们，例如产品应具备什么样的特性和功能，提供什么服务，采用什么技术或产品有什么样的质量。

（2）业务活动之间的链接。例如，送货时间，这个因子通常不仅受外向物流的影响，也受订单处理速度的影响。

（3）掌握时机。对某一新产品的构想抢先第一个采纳，以先发制人的方式阻止其他公司仿效。

（4）地理位置。对客户的使用或在其他场合是否方便。

（5）内部关系。例如，共享技术或共享销售活动及其结果。

（6）学习模仿和传播扩散。应学习如何使一个业务活动完成得更好。只有专门的学习才能导致持续的专业差异化。

（7）整合与集成。提供一种内部服务，而不是将它留给外部服务供应商，这可能意味着本组织机构是唯一能提供该种服务的，或者能以独特方式提供该项服务的。

（8）规模。只有大规模的运作，才能使一项业务活动以独特的方式完成，规模较小时，这是不可能的。

（9）机构性因素。良好的联盟关系可以避免因罢工的原因造成的生产时间的损失。

通过重新配置价值链来创建独特性，这可能涉及采用新的配送链或新的销售方法，前向整合以取消某些分销渠道，后向整合以提高质量和采取新的生产技术。

1.5.4 价值链分析步骤

波特提供了成本分析和业务特色化分析的主要步骤，其中成本分析的步骤如下：

（1）确认一个合适的价值链，确认其成本，并估算其资产值。

（2）对每个增值的业务活动中的成本驱动因子加以诊断，了解它们之间是如何互相作用的。

（3）确认竞争者的价值链，计算相对于竞争者的成本，并分析成本差异的原因。

（4）制定降低成本的策略，应是通过控制成本驱动因子，或重新配置价值链，或下游环节的价值来降低相对成本的状况。

（5）确保降低成本的努力不会牺牲业务特色化，并确保做出明智的选择。

（6）测试降低成本的策略是否长期行之有效。

1.6 物流、采购与供应链管理

有些人将供应链管理和物流视为同义词，而有些人则不然。例如，Cooper 认为物流关心的是供应链上的物资和物资流，而供应链管理则是统筹贯穿供应链的业务过程。

英国物流和运输学会对这两种称谓的相对关系做了最好的总结：

物流管理使得一个企业的商品、物资、信息和所有其他资源的流动和定位的最优化成为可能。

供应链是物资流动，这个流动是经过采购、制造、配送、销售和废弃，以及与之相联系的运输和储存的全过程。

对供应链的有效管理而言，物流的应用是其最基本的要素。

另一方面，在大多数场合下都可以把采购当作供应链的一个重要的子系统来考虑。实际上，采购已被描绘成将日益扩展的供应链紧紧附着在一起的黏合剂。采购不再被认为是一个单独离散的职能，而是集成的供应链中的一组业务活动。而供应链基本上就是一系列的供应商和客户。在这个链上，每个客户对其下一级的业务活动或职能而言就是供应方，依此类推，直到最终产品送到最后一个客户手上才终止。采购作为在供应链上游的面对供应商的一个成员，也承担了某些战略的角色。

【延伸阅读】G20 为何花落杭州

有一座城市，它有着雄厚的经济基础，有着充满现代气息的生活方式，又没有丢掉历史文化的厚重。它是中国改革开放以来经济发展的缩影，它的名字是杭州。

2016 年 9 月 4 日至 5 日，20 国集团领导人第十一次峰会在杭州举行（见图 1-12）。这是中国首次举办 G20 峰会，是 2016 年中国最重要的主场外交活动，是中国在世界经济舞台当中表达中国声音、体现中国力量的重要窗口。20 国集团领导人峰会为何青睐杭州？杭州又有哪些独特魅力使其在国际舞台上闪耀光芒？

图 1-12　2016 G20 杭州峰会

世界选择中国，中国选择杭州

2014 年 11 月 15 日，中国国家主席习近平在 20 国集团领导人第九次峰会第一阶段会议上的发言中指出，中国经济增长是世界经济增长的重要动力。根据国际组织测算，中国是 20 国集团全面增长战略的最大贡献者之一。

“经济下行压力下，世界各国都在忧心忡忡，表露悲观。他们希望中国能够提出解决方案，为世界注入信心，以实现未来世界经济强劲可持续平衡增长的愿景。”

中国国际问题研究院常务副院长阮宗泽接受央广记者采访时表示，中国有 30 多年改革开放的经验，这是一场实实在在的伟大实验。中国过去多年高速的经济增长，证明了我们的做法和理念是有为的、有效的，可以为世界经济增长发挥更大的作用。

杭州作为中国改革开放后一个新兴的城市，经济增长一直保持迅猛势头。

2015 年，杭州市 GDP 突破万亿大关，成为全国第 10 个万亿级城市，GDP 增速达 10.2%，居浙江省第一、全国副省级以上城市第二。凭借电商等创新产业发展进入世界的眼帘，一些享誉世界的企业总部设在杭州，杭州已然具备孕育和培育世界级企业的土壤和条件。

“杭州是中国 30 多年改革开放以来，运用创新驱动实现经济发展的缩影与典范。”阮宗泽认为，G20 选择杭州，是对中国实力的展现，也是对中国信心的传达。

创新的魅力：新经济范式激发经济新活力

2016 年 1 月 18 日，习近平在省部级主要领导干部学习贯彻十八届五中全会精神专题研讨班开班式上的重要讲话中指出，要着力实施创新驱动发展战略，抓住了创新，就抓住了牵动经济社会发展全局的“牛鼻子”。

本届 G20 峰会，“创新增长方式”被列在四大议题之首。

如果从中国所有城市中找寻科技革命和产业变革中的创新样本，杭州无疑最具代表意义。

阿里巴巴让杭州摇身一变，成为“世界电商之都”；全球安防市场的领军企业海康威视（见图 1-13）坐落杭州，在刚结束的里约奥运会上，那里的八千多个摄像头都是“中国造”；以摩托车制造商——春风动力为代表的杭州新能源汽车产业全国领先；梦想小镇、山南基金小镇（见图 1-14）等特色小镇时刻喷薄着创业创新的活力气息。

图 1-13 海康威视公司

图 1-14 基金小镇俯瞰图

2015 年 12 月 16 日，在第二届世界互联网大会开幕式上，习近平指出，纵观世界文明发展史，人类先后经历了农业革命、工业革命、信息革命，每一次产业技术革命，都给人类生产生活带来巨大而深刻的影响。

在浙江乌镇视察“互联网之光”博览会时，习近平强调，互联网给人们的生产生活带来巨大变化，对很多领域的创新发展起到很强带动作用。我们要用好互联网带来的重大机遇，深入实施创新驱动发展战略。

互联网为载体的电子商务，以及“互联网+”带来的全球经济贸易投资，为世界经济格局带来巨变。通过创新推进信息技术改革，就是在找寻经济增长的新动能和新动力。

在信息经济领域，中国不一定是最早起航，但是我们后来居上，发展势头澎湃，已经处于世界领先地位。

“杭州是中国信息产业发展的排头兵。”

2013 年，浙江省被工业和信息化部批复为全国首个“信息化和工业化深度融合国家示范区”；2015 年 3 月，杭州市获批全国首个跨境电子商务综合试验区；2015 年 9 月 6 日，杭州成为我国第十个国家自主创新示范区，入选全国首个跨境电子商务综合试验区；在《2015 年浙江省区域两化融合发展水平评估报告》中显示，杭州位列浙江省各设区市两化融合（即信息化和工业化深度融合）发展水平第一梯队。

2015 年，信息经济对杭州 GDP 增长的贡献率高达 45%。

人们说：“如果一个企业让杭州在世界上与众不同，那一定是阿里巴巴。”十几年来，阿里巴巴一直引领着中国互联网产业的发展，改变着杭州这座城市的创新基因。

以阿里巴巴（见图 1-15）为中心，目前杭州集聚全国超过三分之一的电子商务网站，在电子支付、云计算、快递、网络营销、信息技术、运营服务等领域涌现众多专业的电子商务服务商。

阿里巴巴在美国资本市场中得到了很大的认同。2014 年，阿里巴巴在纽约股票交易所挂牌上市时，开盘首日市值达 2 314 亿美元。

除了阿里巴巴所缔造的电商神话，以工厂物联网为切入点，推进工业 4.0，一大批杭州传统企业也迅速植入新一代信息技术的基因、插上了“互联网+”的翅膀。据杭州市经信委领导介绍，2016 上半年，杭州市已实施机器换人项目 566 个，已经征集工厂物联网试点项目194个、筛选入库173个，娃哈哈、东方通信、老板电器等入选国家智能制造试点企业名单。

图1-15 阿里巴巴

利用创新产业发展，使得杭州这样人多地少、资源并不丰富的城市实现了经济上的跨越。对于世界来说，杭州为其他国家和地区如何抓住科技革命和产业变革所带来的机遇提供了很好的思路。

2015年3月29日，习近平在同出席博鳌亚洲论坛2015年年会的中外企业家代表座谈时指出，中国的投资机遇在扩大。基础设施互联互通和新技术、新产品、新业态、新商业模式的投资机会正在不断涌现，新兴产业、服务业、小微企业作用更加凸显，小型化、智能化、专业化生产的发展催生更多机遇。

中小微企业的魅力：Small is beautiful

竹外桃花三两枝，春江水暖鸭先知。

中小微企业，对市场的变化总保持着敏锐的知觉，也正是它的魅力所在。

“在20国集团工商峰会(B20)中，特别强调中小企业发展，足见世界对中小微企业的重视。”阮宗泽介绍，西方很多国家都特别看重中小企业发展，如意大利，便是以中小企业为经济发展的重要支柱。

“Small is beautiful. 中小企业有活力，整体经济才有活力。”浙江历来是中小型企业的大省，浙江经济就是一部见证中小企业蓬勃发展的历史。

放眼望去，无论是计算机、茶杯、鞋子、窗帘，还是眼镜、笔、矿泉水每个产品，在浙江都能找到一个细分领域，都能找到一个产业集群，也都能找到一个行业冠军。

在蜚声中外的“中国袜业之乡”浙江省诸暨市大唐镇（见图1-16），每年生产两百亿双袜子。而其中，光是制作袜子捏合铝箔金属的企业，就有80多家。

分工的效率是永无止境的。马克思主义政治经济学指出，分得越细，效率越高。中小企业不断细分市场，能够不断地提高效率，同时形成很好的经济生态。

在浙江，大量的中小企业通过集群形成无形的大工厂，它既有规模效应，也无损经济效率，体现出大企业和中小企业协助配套的竞争优势。这便是浙江省最典型的块状经济产业集群。

小微企业的魅力，还在于其迸发出的创新创业激情。

图 1-16　诸暨袜艺小镇

2015 年，杭州入选首批国家“小微企业创业创新基地城市示范”。以梦想小镇（见图 1-17）、基金小镇、云栖小镇为代表的特色小镇引领创业创新，成为传统产业转型升级的新载体和新经济的发动机。从传统产业集群到“阿里系、浙商系、高校系、海归系”创新创业的迅速崛起，杭州已经成为名副其实的“创新创业新天堂”。

图 1-17　梦想小镇

“一有阳光就灿烂，一遇雨露就发芽。”

杭州中小微企业的发展离不开政府的呵护和服务。杭州提出“店小二成就大掌柜”，用最少的管制、最好的服务为中小企业创业者减负。

创业创新，离不开一个“人”字。近年来，无数学子、青年才俊从世界各地来到杭州，在这里找到自己人生价值实现的平台，也为杭州注入创新创业的活力。

“要房子给房子，要票子给票子，家属可随迁，子女安排入学。”2015 年，杭州出台了“人才新政 27 条”，深入实施“三名”工程，着力培育企业家创新创业文化。数据显示，“人才新政 27 条”实施一年多以来成效显著。截至 2015 年底，杭州累计引进海外留学人才 2.3 万人，国家“千人计划”专家 238 名。累计引进省市领军型创新创业团队 47 个，聘请各类外国专家 4 万人次，培育高技能人才 32.7 万人。海外留学人员在杭州创办企业 1 238 家，总投资 368 亿元，实现技工贸总收入 277 亿元（见图 1-18）。

“浙江这种以科技革命和产业变革的中小微企业为主体，加现代城市平台和政府制度供给的新经济发展模式，可以简单归纳为‘1+2’发展模式。”

“1+2”的杭州模式，对发展中国家，甚至是发达国家，都具有很好的样本意义和借鉴价值。

图 1-18 海创基地

生态的魅力：绿水青山就是金山银山

2005 年 8 月，时任浙江省委书记习近平同志在浙江湖州安吉余村考察时，提出了“绿水青山就是金山银山”的科学论断。党的十八大以来，习近平主席多次对生态文明建设做出了一系列重要论述，更是详尽阐述了绿水青山与金山银山之间 3 个发展阶段的问题，系统剖析了经济与生态在演进过程中的相互关系，深刻揭示了经济社会发展的基本规律。

“上有天堂，下有苏杭。”2015 年 11 月，在土耳其小城安塔利亚的 G20 峰会上，习近平主席借用这句俗语给杭州做了一次最为世界熟知的宣传推广。

杭州和苏州风景如画，堪称人间天堂。在杭州，有着令无数城市羡慕的蓝天绿水。无论是古运河，西湖，亦或是杭州大大小小的水系，都给人留下非常深刻的印象。G20 期间，更为吸引人们目光的则是背后经济绿色转型的杭州样本（见图 1-19）。

图 1-19 杭州风景

杭州市委书记赵一德透露，为了留住“绿水青山”，杭州先后投入数百亿，主打“五水共治”“五气共治”“五废共治”的“三五牌”，强力推进环境治理。赵一德介绍，目前杭州已成为无钢铁生产企业、无燃煤火电厂、无黄标车的“三无”城市。

在杭州，有一句家喻户晓的广告语：第一句话是“农夫山泉有点甜”，第二句话为“我们只做大自然的搬运工”。

利用水资源优势，搬来搬去搬出一个市值几十亿的企业，农夫山泉便是绿色生态经济的典型范例。

“绿水青山”所蕴含的经济潜能是巨大的。数据显示，整个“十二五”期间，杭州全市旅游总收入年均增长 16.5%。2015 年，杭州接待入境旅游者 342 万人次，接待国内游客 1.2 亿人次。

如果把绿色变成一种理念、更变成一种经济形态，美丽杭州的中国样本将具有很强的说服力。

资料来源：时政新闻，央广网，高艺宁 2016-9-2

【实验与思考】了解物流与供应链，熟悉网络学习环境

1. 实验目的

（1）熟悉有关物流与供应链的基本概念。

（2）了解价值链，理解价值链的分析步骤。

（3）了解物流、采购等与供应链管理的关系。

（4）通过因特网搜索与浏览，了解网络环境中主流的供应链物流管理技术网站，掌握通过专业网站不断丰富供应链物流管理最新知识的学习方法，尝试通过专业网站的辅助与支持来开展供应链物流管理应用实践。

2. 工具/准备工作

在开始本实验之前，请认真阅读课程的相关内容。需要准备一台带有浏览器，能够访问因特网的计算机。

3. 实验内容与步骤

【概念理解】

（1）查阅有关资料，根据自己的理解和看法，综合给出“物流”的定义。

答：______________________________

____

____

（2）查阅有关资料，根据自己的理解和看法，综合给出“供应链”的定义。

答：______________________________

____

____

（3）查阅有关资料，根据自己的理解和看法，综合给出“价值链”的定义。

答：______________________________

____

____

（4）请分析：为什么物流对军队和军事是十分重要的？

答：________________

（5）请分析：物流对下面 3 种商业单位有什么影响并提出看法。

① 销售服装的零售业单位。

② 飞国际航线的航空公司。

③ 在欧洲和中东地区有工程项目的建筑公司。

答：________________

（6）请根据自己的认识，举例来论证由波特（Peter Drucker）提出的论点："经济的发展正不断地改变着它的结构。从围绕着物资流和资金流而构造和组织的经济，正在变成围绕信息流而构造和组织的经济。"

答：________________

【网络搜索】

请上网搜索并浏览，通过网络环境学习物流和供应链知识，了解更多应用案例，看看哪些网站在做着"物流"和"供应链"的运作、服务和技术支持工作。请在表 1-2 中记录搜索结果。

表 1-2　网站搜索记录

网站名称	网　址	主要内容描述

你习惯使用的网络搜索引擎是：________________

你在本次搜索中使用的关键词主要是：________________

____

【实践案例】

有些大型零售商从世界各地采购各种蔬菜，这样就可以给消费者在一年四季都提供对蔬菜最大的选择范围。如果要求对此写一个批评的报告来评论这样的采购方针对环境和成本的影响，你主要有哪些观点？

答：________________

4．实验总结

____

5．教师评价

____

第2章 大数据及其思维变革

我们正处在一个信息时代，这是一个知识成为生产力的时代。今天，人们正在比以往更多地利用信息，以获得竞争的优势，引进并更好地利用IT技术来创造竞争优势。这里所说的IT技术，是一组加工信息的工具，而竞争优势实际上有赖于人们对IT技术的态度以及如何使用IT技术。

所谓大数据（见图2-1），狭义上可以定义为：难以用现有的一般技术管理的大量数据的集合。对大量数据进行分析，并从中获得有用观点，这种做法在一部分研究机构和大企业中，过去就已经存在了。现在的大数据和过去相比，主要有三点区别：第一，随着社交媒体和传感器网络等的发展，在我们身边正产生出大量且多样的数据；第二，随着硬件和软件技术的发展，数据的存储、处理成本大幅下降；第三，随着云计算的兴起，大数据的存储、处理环境已经没有必要自行搭建。在数字化时代，数据处理变得更加容易、更加快速，人们能够在瞬间处理成千上万的数据。而“大数据”在于发现和理解信息内容及信息与信息之间的关系。

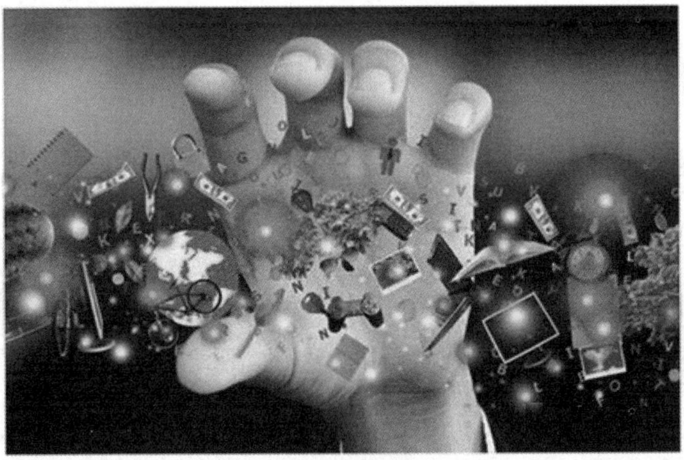

图2-1　大数据时代示意图

实际上，大数据的精髓在于人们分析信息时的三个转变，这些转变将改变人们理解和组建社会的方法。这三个转变是相互联系和相互作用的。

2.1　大数据与大数据时代

信息社会所带来的好处是显而易见的：每个人口袋里都揣有一部手机，每台办公桌上都放着一台计算机，每间办公室内都连接到局域网甚至互联网。半个世纪以来，随着计算机技术全面和深度地融入社会生活，信息爆炸已经积累到了一个开始引发变革的程度。它不仅使世界充斥着比以往更多的信息，而且其增长速度也在加快。信息总量的变化还导致了信息形态的变化——量变引起了质变。

2.1.1 大数据的定义

所谓大数据（Big Data），狭义上可以定义为：用现有的一般技术难以管理的大量数据的集合。

这里，“用现有的一般技术难以管理”，是指用目前在企业数据库占据主流地位的关系型数据库无法进行管理的、具有复杂结构的数据。或者也可以说，是指由于数据量的增大，导致对数据的查询（Query）响应时间超出允许范围的庞大数据。

研究机构 Gartner 给出了这样的定义：“大数据”是需要新处理模式才能具有更强的决策力、洞察发现力和流程优化能力的海量、高增长率和多样化的信息资产。

麦肯锡[①]说：“大数据指的是所涉及的数据集规模已经超过了传统数据库软件获取、存储、管理和分析的能力。这是一个被故意设计成主观性的定义，并且是一个关于多大的数据集才能被认为是大数据的可变定义，即并不定义大于一个特定数字才叫大数据。因为随着技术的不断发展，符合大数据标准的数据集容量也会增长；并且定义随不同的行业也有变化，这依赖于在一个特定行业通常使用何种软件和数据集有多大。因此，大数据在今天不同行业中的范围可以从几十太字节（TB）到几拍字节（PB）。”

随着“大数据”的出现，数据仓库、数据安全、数据分析、数据挖掘等围绕大数据商业价值的利用正逐渐成为行业人士争相追捧的利润焦点，在全球引领了又一轮数据技术革新的浪潮。

2.1.2 用 3V 描述大数据特征

从字面来看，“大数据”这个词可能会让人觉得只是容量非常大的数据集合而已。但容量只不过是大数据特征的一个方面，如果只拘泥于数据量，就无法深入理解当前围绕大数据所进行的讨论。因为“用现有的一般技术难以管理”这样的状况，并不仅仅是由于数据量增大这一个因素所造成的。

IBM 说：“可以用 3 个特征相结合来定义大数据：数量（Volume，或称容量）、种类（Variety，或称多样性）和速度（Velocity），简称 3V，即庞大容量、极快速度和种类丰富的数据”，如图 2-2 所示。

---

① 麦肯锡公司：是世界级领先的全球管理咨询公司。自 1926 年成立以来，公司的使命就是帮助领先的企业机构实现显著、持久的经营业绩改善，打造能够吸引、培育和激励杰出人才的优秀组织机构。

麦肯锡在全球 52 个国家有 94 个分公司。在过去十年中，麦肯锡在中国完成了 800 多个项目，涉及公司整体与业务单元战略、企业金融、营销/销售与渠道、组织架构、制造/采购/供应链、技术、产品研发等领域。

麦肯锡的经验：关键是找那些企业的领导，他们能够认识到公司必须不断变革以适应环境变化，并且愿意接受外部的建议，这些建议在帮助他们决定作何种变革和怎样变革方面大有裨益。

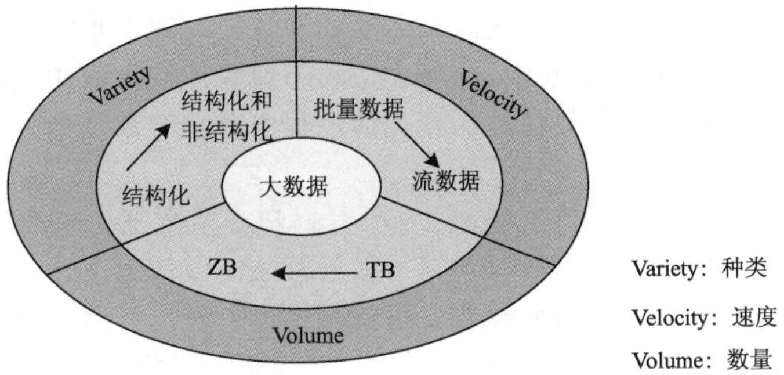

图 2-2　按数量、种类和速度来定义大数据

1. Volume（数量）

用现有技术无法管理的数据量，从现状来看，基本上是指从几十太字节到几拍字节这样的数量级。当然，随着技术的进步，这个数值也会不断变化。

如今，存储的数据数量正在急剧增长中，人们存储所有事物包括：环境数据、财务数据、医疗数据、监控数据等。有关数据量的对话已从 TB 级别转向 PB 级别，并且不可避免地会转向 ZB 级别。但是，随着可供企业使用的数据量不断增长，可处理、理解和分析的数据的比例却不断下降。

2. Variety（种类、多样性）

随着传感器、智能设备以及社交协作技术的激增，企业中的数据也变得更加复杂，因为它不仅包含传统的关系型数据，还包含来自网页、互联网日志文件（包括单击流数据）、搜索索引、社交媒体论坛、电子邮件、文档、主动和被动系统的传感器数据等原始、半结构化和非结构化数据。

种类表示所有的数据类型。其中，爆发式增长的一些数据，如互联网上的文本数据、位置信息、传感器数据、视频等，用企业中主流的关系型数据库是很难存储的，它们都属于非结构化数据。

当然，在这些数据中，有一些是过去就一直存在并保存下来的。和过去不同的是，除了存储，还需要对这些大数据进行分析，并从中获得有用的信息。例如，监控摄像机中的视频数据。近年来，超市、便利店等零售企业几乎都配备了监控摄像机，最初的目的是为了防范盗窃，但现在也出现了使用监控摄像机的视频数据来分析顾客购买行为的案例。

例如，美国高级文具制造商万宝龙（Montblane）过去是凭经验和直觉来决定商品陈列布局的，现在尝试利用监控摄像头对顾客在店内的行为进行分析。通过分析监控摄像机的数据，将最想卖出去的商品移动到最容易吸引顾客目光的位置，使得销售额提高了 20%。

美国移动运营商 T-Mobile 也在其全美 1 000 家店中安装了带视频分析功能的监控摄像机，可以统计来店人数，还可以追踪顾客在店内的行动路线、在展台前停留的时间，甚至是试用了哪一款手机、试用了多长时间等，对顾客在店内的购买行为进行分析。

3. Velocity（速度）

数据产生和更新的频率，也是衡量大数据的一个重要特征。就像人们收集和存储的数据量和种类发生了变化一样，生成和需要处理数据的速度也在变化。不要将速度的概念限定为与数据存储相关的增长速率，应动态地将此定义应用到数据，即数据流动的速度。有效处理大数据需要在数据变化的过程中对它的数量和种类执行分析，而不只是在它静止后执行分析。

例如，遍布全国的便利店在 24 小时内产生的 POS 机数据，电商网站中由用户访问所产生的网站点击流数据，高峰时达到每秒近万条的微信短文，全国公路上安装的交通堵塞探测传感器和路面状况传感器（可检测结冰、积雪等路面状态）等，每天都在产生着庞大的数据。

IBM 在 3V 的基础上又归纳总结了第四个 V——Veracity（真实和准确）。“只有真实而准确的数据才能让对数据的管控和治理真正有意义。随着社交数据、企业内容、交易与应用数据等新数据源的兴起，传统数据源的局限性被打破，企业愈发需要有效的信息治理以确保其真实性及安全性。”

可见，大数据是个动态的定义，不同行业根据其应用的不同有着不同的理解，其衡量标准也在随着技术的进步而改变。

2.1.3 广义的大数据

狭义上，大数据的定义着眼点于数据的性质上，在广义层面上再为大数据下一个定义（见图 2-3）：所谓大数据，是一个综合性概念，它包括因具备 3V（Volume/Variety/Velocity）特征而难以进行管理的数据，对这些数据进行存储、处理、分析的技术，以及能够通过分析这些数据获得实用意义和观点的人才和组织。

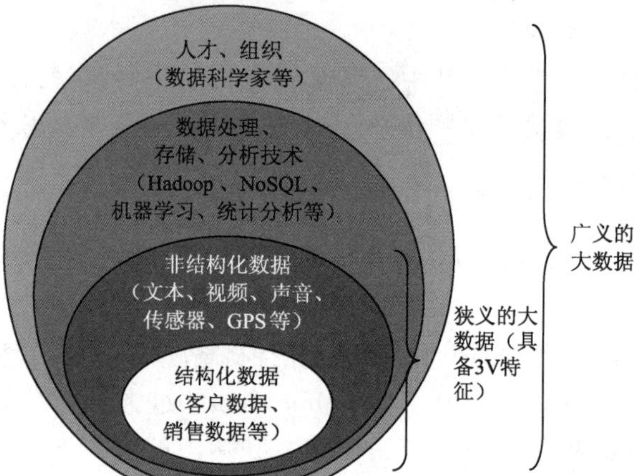

图 2-3 广义的大数据

“存储、处理、分析的技术”，指的是用于大规模数据分布式处理的框架 Hadoop、具备良好扩展性的 NoSQL 数据库，以及机器学习和统计分析等；“能够通过分析这些数据获得实用意义和观点的人才和组织”，指的是目前十分紧俏的“数据科学家”这类人才，以及能够对大数据进行有效运用的组织。

2.1.4 大数据的结构类型

大数据具有多种形式，从高度结构化的财务数据，到文本文件、多媒体文件和基因定位图的任何数据，都可以称为大数据。大数据最突出的特征是它的结构。图 2-4 显示了几种不同数据结构类型数据的增长趋势，由图可知，未来数据增长的 80%~ 90%将来自于不是结构化的数据类型（半结构化、准结构化和非结构化）。

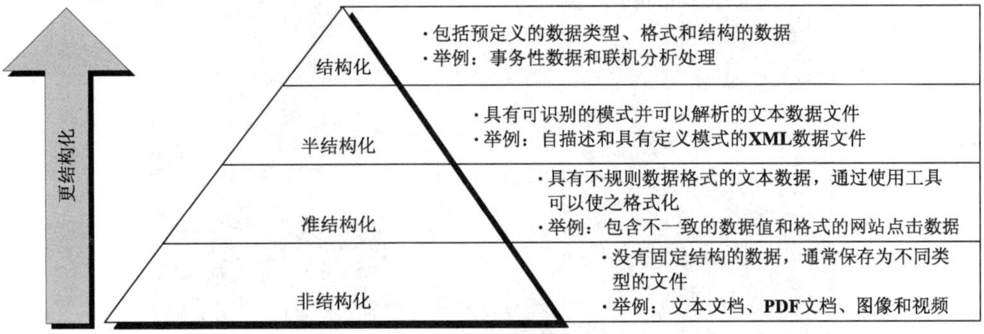

图 2-4 数据增长日益趋向非结构化

虽然图 2-4 显示了 4 种不同的、相分离的数据类型，实际上，有时这些数据类型是可以被混合在一起的。例如，有一个传统的关系数据库管理系统保存着一个软件支持呼叫中心的通话日志，这里有典型的结构化数据，比如日期/时间戳、机器类型、问题类型、操作系统，这些都是在线支持人员通过图形用户界面上的下拉式菜单输入的。另外，还有非结构化数据或半结构化数据，比如自由形式的通话日志信息，这些可能来自包含问题的电子邮件，或者技术问题和解决方案的实际通话描述。另外一种可能是与结构化数据有关的实际通话的语音日志或者音频文字实录。即使是现在，大多数分析人员还无法分析这种通话日志历史数据库中的最普通和高度结构化的数据，因为挖掘文本信息是一项强度很大的工作，并且无法简单地实现自动化。

2.2 思维变革之一：样本=总体

第一个转变就是，在大数据时代，人们可以分析更多的数据，有时候甚至可以处理和某个特别现象相关的所有数据，而不再是只依赖于随机采样。19 世纪以来，当面临大量数据时，社会都依赖于采样分析。但是，采样分析是信息缺乏时代和信息流通受限制的模拟数据时代的产物。以前通常把这看成是理所当然的限制，但高性能数字技术的流行让人们意识到，这其实是一种人为的限制。与局限在小数据范围相比，使用一切数据为人们带来了更高的精确性，也让人们看到了一些以前无法发现的细节——大数据让人们更清楚地看到了样本无法揭示的细节信息。

2.2.1 小数据时代的随机采样

数千年来，政府一直都试图通过收集信息来管理国民，只是到最近，小企业和个人才有可能拥有大规模收集和分类数据的能力，而此前，大规模的计数则是政府的事情。

以人口普查为例。据说古代埃及曾进行过人口普查，《旧约》和《新约》 中对此都有所提及。那次由恺撒·奥古斯都①（见图 2-5）主导实施的人口普查，提出了“每个人都必须纳税”。

图 2-5　恺撒·奥古斯都

1086 年的《末日审判书》对当时英国的人口、土地和财产做了一个前所未有的全面记载。皇家委员穿越整个国家对每个人、每件事都做了记载，后来这本书用《圣经》中的《末日审判书》命名，因为每个人的生活都被赤裸裸地记载下来的过程就像接受“最后的审判”一样。然而，人口普查是一项耗资且费时的事情，尽管如此，当时收集的信息也只是一个大概情况，实施人口普查的人也知道他们不可能准确记录下每个人的信息。实际上，“人口普查”这个词来源于拉丁语的 censere，本意就是推测、估算。

三百多年前，一个名叫约翰·格朗特的英国缝纫用品商提出了一个很有新意的方法，来推算出鼠疫时期②伦敦的人口数，这种方法就是后来的统计学。这种方法不需要一个人一个人地计算，虽然比较粗糙，但采用这种方法，人们可以利用少量有用的样本信息来获取人口的整体情况。虽然后来证实他能够得出正确的数据仅仅是因为运气好，但在当时他的方法大受欢迎。样本分析法一直都有较大的漏洞，因此，无论是进行人口普查还是其他大数据类的任务，人们还是一直使用清点这种“野蛮”的方法。

考虑到人口普查的复杂性以及耗时耗费的特点，政府极少进行普查。古罗马在拥有数十万人口的时候每 5 年普查一次。美国宪法规定每 10 年进行一次人口普查，而

① 盖乌斯·屋大维，全名盖乌斯·尤里乌斯·恺撒·奥古斯都（前 63 年 9 月 23 日—前 14 年 8 月 19 日），原名盖乌斯·屋大维·图里努斯，罗马帝国的开国君主，元首政制的创始人，统治罗马长达 43 年，是世界历史上最为重要的人物之一。他是恺撒的甥孙，公元前 44 年被恺撒收为养子并指定为继承人，恺撒被刺后登上政治舞台。公元前 1 世纪，他平息了企图分裂罗马共和国的内战，被元老院赐封为“奥古斯都”，并改组罗马政府，给罗马世界带来了两个世纪的和平与繁荣。14 年 8 月，在他去世后，罗马元老院决定将他列入“神”的行列。

② 鼠疫时期：鼠疫也称黑死病，它第一次袭击英国是在 1348 年，此后断断续续延续了 300 多年，当时英国有近 1/3 的人口死于鼠疫。到 1665 年，这场鼠疫肆虐了整个欧洲，几近疯狂。仅伦敦地区，就死亡六万人以上。1665 年的 6 月至 8 月的仅仅 3 个月内，伦敦的人口就减少了 1/10。到 1665 年 8 月，每周死亡达 2 000 人，9 月竟达 8 000 人。鼠疫由伦敦向外蔓延，英国王室逃出伦敦，市内的富人也携家带口匆匆出逃，居民纷纷用马车装载着行李，疏散到了乡间。

随着国家人口越来越多，只能以百万计数。但是到19世纪为止，即使这样不频繁的人口普查依然很困难，因为数据变化的速度超过了人口普查统计分析的能力。

美国在1880年进行的人口普查，耗时8年才完成数据汇总。因此，他们获得的很多数据都是过时的。1890年进行的人口普查，预计要花费13年的时间来汇总数据。然而，因为税收分摊和国会代表人数确定都是建立在人口的基础上的，必须获得正确且及时的数据。很明显，当人们被数据淹没的时候，已有的数据处理工具已经难以应付了，所以就需要有新技术。后来，美国人口普查局就和美国发明家赫尔曼•霍尔瑞斯（被称为现代自动计算之父）签订了一个协议，用他的穿孔卡片制表机（见图2-6）来完成1890年的人口普查。

图2-6 霍尔瑞斯普查机

经过大量的努力，霍尔瑞斯成功地在1年时间内完成了人口普查的数据汇总工作。这简直就是一个奇迹，它标志着自动处理数据的开端，也为后来IBM公司的成立奠定了基础。但是，将其作为收集处理大数据的方法依然过于昂贵。毕竟，每个美国人都必须填一张可制成穿孔卡片的表格，然后再进行统计。这么麻烦的情况下，很难想象如果不足十年就要进行一次人口普查应该怎么办。对于一个跨越式发展的国家而言，十年一次的人口普查的滞后性已经让普查失去了大部分意义。

这就是问题所在，是利用所有的数据还是仅仅采用一部分呢？最明智的自然是得到有关被分析事物的所有数据，但是当数量无比庞大时，这又不太现实。那如何选择样本呢？有人提出有目的地选择最具代表性的样本是最恰当的方法。1934年，波兰统计学家耶日·奈曼指出，这只会导致更多更大的漏洞。事实证明，问题的关键是选择样本时的随机性。

统计学家们证明：采样分析的精确性随着采样随机性的增加而大幅提高，但与样本数量的增加关系不大。这种非常有见地的观点为人们开辟了一条收集信息的新道路。通过收集随机样本，人们可以用较少的花费做出高精准度的推断。因此，政府每年都可以用随机采样的方法进行小规模的人口普查，而不是只能每十年进行一次。事实上，政府也这样做了。当收集和分析数据都不容易时，随机采样就成为应对信息采集困难的办法。

在商业领域，随机采样被用来监管商品质量。这使得监管商品质量和提升商品品质变得更容易，花费也更少。以前，全面的质量监管要求对生产出来的每个产品进行检查，而现在只需从一批商品中随机抽取部分样品进行检查就可以了。本质上来说，随机采样让大数据问题变得更加切实可行。同理，它将客户调查引进了零售行业，将焦点讨论引进了政治界，也将许多人文问题变成了社会科学问题。

随机采样取得了巨大的成功，成为现代社会、现代测量领域的主心骨。但这只是一条捷径，是在不可收集和分析全部数据的情况下的选择，它本身存在许多固有的缺陷。它的成功依赖于采样的绝对随机性，但是实现采样的随机性非常困难。一旦采样过程中存在任何偏见，分析结果就会相去甚远。

2.2.2 全数据模式：样本=总体

采样的目的是用最少的数据得到最多的信息，而当人们可以获得海量数据的时候，它就没有什么意义了。在很多领域，从收集部分数据到收集尽可能多的数据的转变已经发生了。如果可能，人们会收集所有的数据，即“样本=总体”。

“样本=总体”是指人们能对数据进行深度探讨。谷歌流感趋势预测不是依赖于随机样本，而是分析了全美国几十亿条互联网检索记录。分析整个数据库，而不是对一个小样本进行分析，能够提高微观层面分析的准确性，甚至能够推测出某个特定城市的流感状况。所以，人们现在经常会放弃样本分析这条捷径，选择收集全面而完整的数据。人们需要足够的数据处理和存储能力，也需要最先进的分析技术。同时，简单廉价的数据收集方法也很重要。过去，这些问题中的任何一个都很棘手。在一个资源有限的时代，要解决这些问题需要付出很高的代价。但是现在，解决这些难题已经变得简单容易得多。曾经只有大公司才能做到的事情，现在绝大部分公司都可以做到。

使用所有的数据并不代表这是一项艰巨的任务。大数据中的“大”不是绝对意义上的大，虽然在大多数情况下是这个意思。谷歌流感趋势预测建立在数亿的数学模型上，而它们又建立在数十亿数据节点的基础之上。完整的人体基因组有约 30 亿个碱基对。但这只是单纯的数据节点的绝对数量，不代表它们就是大数据。大数据是指不用随机分析法这样的捷径，而采用所有数据的方法。谷歌流感趋势和乔布斯的医生们采取的就是大数据的方法。

因为大数据是建立在掌握所有数据，至少是尽可能多的数据的基础上的，所以人们就可以正确地考察细节并进行新的分析。在任何细微的层面，人们都可以用大数据去论证新的假设。是大数据让人们发现了流感的传播区域和对抗癌症需要针对的那部分 DNA。它让我们能清楚分析微观层面的情况。

当然，有些时候，人们还是可以使用样本分析法，毕竟人们仍然活在一个资源有限的时代。但是更多时候，利用手中掌握的所有数据成为了最好也是可行的选择。

2.3 思维变革之二：接受数据的混杂性

第二个转变就是，研究数据如此之多，以至于人们不再热衷于追求精确度。当人们测量事物的能力受限时，关注最重要的事情和获取最精确的结果是可取的。直到今天，数字技术依然建立在精准的基础上。假设只要电子数据表格把数据排序，数据库引擎就可以找出和检索的内容完全一致的检索记录。

这种思维方式适用于掌握“小数据量”的情况，因为需要分析的数据很少，所以必须尽可能精准地量化记录。但是，在大数据时代，很多时候追求精确度已经变得不可行，甚至不受欢迎了。当人们拥有海量即时数据时，绝对的精准不再是人们追求的主要目标。大数据纷繁多样，优劣掺杂，分布在全球多个服务器上。拥有了大数据，人们不再需要对一个现象刨根究底，只要掌握大体的发展方向即可。当然，人们也不是完全放弃了精确度，只是不再沉迷于此。适当忽略微观层面上的精确度会让人们在宏观层面拥有更好的洞察力。

2.3.1 允许不精确

对“小数据”而言，最基本、最重要的要求就是减少错误，保证质量。因为收集的信息量比较少，所以必须确保记录下来的数据尽量精确。为了使结果更加准确，很多科学家都致力于优化测量的工具。在采样的时候，对精确度的要求就更高更苛刻。因为收集信息的有限意味着细微的错误会被放大，甚至有可能影响整个结果的准确性。

然而，在不断涌现的新情况里，允许不精确的出现已经成为一个亮点，而非缺点。因为放松了容错的标准，人们掌握的数据也多了起来，还可以利用这些数据做更多新的事情。这样就不是大量数据优于少量数据那么简单了，而是大量数据创造了更好的结果。

同时，人们需要与各种各样的混乱做斗争。混乱，简单地说就是随着数据的增加，错误率也会相应增加。所以，如果桥梁的压力数据量增加 1 000 倍，其中的部分读数就可能是错误的，而且随着读数量的增加，错误率可能也会继续增加。在整合来源不同的各类信息的时候，因为它们通常不完全一致，所以也会加大混乱程度。

当然，在萃取或处理数据的时候，混乱也会发生。因为在进行数据转化的时候，人们是在把它变成另外的事物。比如，假设要测量一个葡萄园的温度，但是整个葡萄园只有一个温度测量仪，就必须确保这个测量仪是精确的而且能够一直工作。反过来，如果每 100 棵葡萄树就有一个测量仪，有些测试的数据可能会是错误的，可能会更加混乱，但众多的读数合起来就可以提供一个更加准确的结果。因为这里面包含了更多的数据，而它不仅能抵消掉错误数据造成的影响，还能提供更多的额外价值。

再来想想增加读数频率的这个事情。如果每隔一分钟就测量一下温度，至少还能够保证测量结果是按照时间有序排列的。如果变成每分钟测量十次甚至百次的话，不仅读数可能出错，连时间先后都可能搞混。试想，如果信息在网络中流动，那么一条记录很可能在传输过程中被延迟，在其到达的时候已经没有意义了，甚至干脆在奔涌的信息洪流中彻底迷失。虽然人们得到的信息不再那么准确，但收集到的数量庞大的信息让人们放弃严格精确的选择变得更为划算。

可见，为了获得更广泛的数据而牺牲了精确性，也因此看到了很多如若不然无法被关注到的细节。或者，为了高频率而放弃了精确性，结果观察到了一些本可能被错过的变化。虽然如果人们能够下足够多的工夫，这些错误是可以避免的，但在很多情况下，与致力于避免错误相比，对错误的包容会带给人们更多的好处。

“大数据”通常用概率说话。人们可以在大量数据对计算机其他领域进步的重要性上看到类似的变化。例如，摩尔定律所预测的，过去一段时间里计算机的数据处理能力得到了很大的提高。摩尔定律认为，每块芯片上晶体管的数量每 18 个月就会翻一倍。这使得计算机运行更快速了，存储空间更大了。大家没有意识到的是，驱动各类系统的算法也进步了，有报告显示，在很多领域这些算法带来的进步还要胜过芯片的进步。然而，社会从“大数据”中所能得到的，并非来自运行更快的芯片或更好的算法，而是更多的数据。

2.3.2 大数据的简单算法与小数据的复杂算法

20 世纪 40 年代，计算机由真空管制成，要占据整个房间这么大的空间，而机器翻译也只是计算机开发人员的一个想法，所以，计算机翻译也成了亟待解决的问题。

最初，计算机研发人员打算将语法规则和双语词典结合在一起。1954 年，IBM 以计算机中的 250 个词语和六条语法规则为基础，将 60 个俄语词组翻译成了英语，结果振奋人心。IBM 701 通过穿孔卡片读取了一句话，并将其译成了“我们通过语言来交流思想”。在庆祝这个成就的发布会上，一篇报道就有提到，这 60 句话翻译得很流畅。这个程序的指挥官利昂•多斯特尔特表示，他相信“在三五年后，机器翻译将会变得很成熟”。

事实证明，计算机翻译最初的成功误导了人们。1966 年，一群机器翻译的研究人员意识到，翻译比他们想象的更困难，他们不得不承认自己的失败。机器翻译不能只是让计算机熟悉常用规则，还必须教会计算机处理特殊的语言情况。毕竟，翻译不仅仅只是记忆和复述，也涉及选词，而明确地教会计算机这些非常不现实。

在 20 世纪 80 年代后期，IBM 的研发人员提出了一个新的想法。与单纯教给计算机语言规则和词汇相比，他们试图让计算机自己估算一个词或一个词组适合于用来翻译另一种语言中的一个词和词组的可能性，然后再决定某个词和词组在另一种语言中的对等词和词组。

20 世纪 90 年代，IBM 这个名为 Candide 的项目花费了大概十年的时间，将大约有 300 万句之多的加拿大议会资料译成了英语和法语并出版。由于是官方文件，翻译的标准就非常高。用那个时候的标准来看，数据量非常之庞大。统计机器学习从诞生之日起，就聪明地把翻译的挑战变成了一个数学问题，而这似乎很有效。计算机翻译能力在短时间内就提高了很多。然而，在这次飞跃之后，IBM 公司尽管投入了很多资金，但取得的成效不大。最终，IBM 公司停止了这个项目。

2006 年，谷歌公司也开始涉足机器翻译。这被当作实现“收集全世界的数据资源，并让人人都可享受这些资源”这个目标的一个步骤。谷歌翻译开始利用一个更大更繁杂的数据库，也就是全球的互联网，而不再只利用两种语言之间的文本翻译。

为了训练计算机，谷歌翻译系统会吸收它能找到的所有翻译。它会从各种各样语言的公司网站上寻找对译文档，还会去寻找联合国和欧盟这些国际组织发布的官方文件和报告的译本。它甚至会吸收速读项目中的书籍翻译。谷歌翻译部的负责人弗朗兹·奥齐是机器翻译界的权威，他指出，“谷歌的翻译系统不会像 Candide 一样只是仔细地翻译 300 万句话，它会掌握用不同语言翻译的质量参差不齐的数十亿页的文档。”如果不考虑翻译质量，上万亿的语料库就相当于 950 亿句英语。

尽管其输入源很混乱，但较其他翻译系统而言，谷歌的翻译质量相对而言还是最好的，而且可翻译的内容更多。到 2012 年中，谷歌数据库涵盖了 60 多种语言，甚至能够接受 14 种语言的语音输入，并有很流利的对等翻译。之所以能做到这些，是因为它将语言视为能够判别可能性的数据，而不是语言本身。如果要将印度语译成加泰罗尼亚语，谷歌就会把英语作为中介语言。因为在翻译的时候它能适当增减词汇，所以谷歌的翻译比其他系统的翻译灵活很多。

谷歌的翻译之所以更好并不是因为它拥有一个更好的算法机制，而是因为谷歌翻译增加了很多各种各样的数据。2006 年，谷歌发布的上万亿的语料库，就是来自于互联网的一些废弃内容。这就是“训练集”，可以正确地推算出英语词汇搭配在一起的可能性。

谷歌公司人工智能专家彼得·诺维格在一篇题为《数据的非理性效果》的文章中写道，“大数据基础上的简单算法比小数据基础上的复杂算法更加有效。”他们就指出，混杂是关键。

2.3.3 纷繁的数据

通常传统的统计学家都很难容忍错误数据的存在，在收集样本的时候，他们会用一整套的策略来减少错误发生的概率。在结果公布之前，他们也会测试样本是否存在潜在的系统性偏差。这些策略包括根据协议或通过受过专门训练的专家来采集样本。但是，即使只是少量的数据，这些规避错误的策略实施起来还是耗费巨大。尤其是当人们收集所有数据的时候，这就行不通了。不仅是因为耗费巨大，还因为在大规模的基础上保持数据收集标准的一致性不太现实。

如今，人们已经生活在信息时代。人们掌握的数据库越来越全面，它包括了与这些现象相关的大量甚至全部数据。人们不再需要那么担心某个数据点对整套分析的不利影响。人们要做的就是要接受这些纷繁的数据并从中受益，而不是以高昂的代价消除所有的不确定性。

有时候，当人们掌握了大量新型数据时，精确性就不那么重要了，人们同样可以掌握事情的发展趋势。大数据不仅让人们不再期待精确性，也让人们无法实现精确性。然而，除了一开始会与人们的直觉相矛盾之外，接受数据的不精确和不完美，人们反而能够更好地进行预测，也能够更好地理解这个世界。

值得注意的是，错误性并不是大数据本身固有的特性，而是一个亟须人们去处理的现实问题，并且有可能长期存在。它只是人们用来测量、记录和交流数据的工具的一个缺陷。如果说哪天技术变得完美无缺了，不精确的问题也就不复存在了。因为拥有更大数据量所能带来的商业利益远远超过增加一点精确性，所以通常人们不会再花大力气去提升数据的精确性。这又是一个关注焦点的转变，正如以前，统计学家们总是把他们的兴趣放在提高样本的随机性而不是数量上。如今，大数据给人们带来的利益，让人们能够接受不精确的存在了。

2.3.4 数字数据与非结构化数据

据估计，只有 5%的数字数据是结构化的且能适用于传统数据库。如果不接受混乱，剩下 95%的非结构化数据都无法被利用，比如网页和视频资源。通过接受不精确性，人们打开了一个从未涉足的世界的窗户。

怎样看待使用所有数据和使用部分数据的差别，以及怎样选择放松要求并取代严格的精确性，将会对人们与世界的沟通产生深刻的影响。随着大数据技术成为日常生活中的一部分，人们应该开始从一个比以前更大更全面的角度来理解事物，也就是说应该将“样本=总体”植入人们的思维中。

现在，人们能够容忍模糊和不确定出现在一些过去依赖于清晰和精确的领域，当然过去可能也只是有清晰的假象和不完全的精确。只要人们能够得到一个事物更完整的概念，就能接受模糊和不确定的存在。就像印象派的画风一样（见图 2-7），近看画中的每一笔都感觉是混乱的，但是退后一步就会发现这是一幅伟大的作品，因为退后一步的时候就能看出画作的整体思路。

图 2-7 印象派画作

相比依赖于小数据和精确性的时代，大数据因为更强调数据的完整性和混杂性，帮助人们进一步接近事实的真相。“部分”和“确切”的吸引力是可以理解的。但是，当人们的视野局限在可以分析和能够确定的数据上时，人们对世界的整体理解就可能产生偏差和错误。不仅失去了去尽力收集一切数据的动力，也失去了从各个不同角度来观察事物的权利。所以，局限于狭隘的小数据中，人们可以自豪于对精确性的追求，但是就算人们可以分析得到细节中的细节，也依然会错过事物的全貌。大数据要求人们有所改变，人们必须能够接受混乱和不确定性。

2.4 思维变革之三：数据的相关关系

第三个转变即人们不再热衷于寻找因果关系，这是因前两个转变而促成的。寻找因果关系是人类长久以来的习惯，即使确定因果关系很困难而且用途不大，人类还是习惯性地寻找缘由。相反，在大数据时代，人们无须再紧盯事物之间的因果关系，而应该寻找事物之间的相关关系，这会给人们提供非常新颖且有价值的观点。相关关系也许不能准确地告知人们某件事情为何会发生，但是它会提醒人们这件事情正在发生。在许多情况下，这种提醒的帮助已经足够大了。

如果数百万条电子医疗记录显示橙汁和阿司匹林的特定组合可以治疗癌症，那么找出具体的药理机制就没有这种治疗方法本身来得重要。同样，只要知道什么时候是买机票的最佳时机，就算不知道机票价格疯狂变动的原因也无所谓。大数据告诉我们“是什么”而不是“为什么”。在大数据时代，人们不必知道现象背后的原因，不再需要在还没有收集数据之前，就把分析建立在早已设立的少量假设的基础之上。

2.4.1 关联物——预测的关键

所谓相关关系，其核心是指量化两个数据值之间的数理关系。相关关系强是指当一个数据值增加时，另一个数据值很有可能也会随之增加。我们已经看到过这种很强的相关关系，比如谷歌流感趋势：在一个特定的地理位置，越多的人通过谷歌搜索特定的词条，该地区就有更多的人患了流感。相反，相关关系弱就意味着当一个数据值增加时，另一个数据值几乎不会发生变化。例如，人们可以寻找关于个人的鞋码和幸福的相关关系，但会发现它们几乎扯不上什么关系。

相关关系通过识别有用的关联物来帮助人们分析一个现象，而不是通过揭示其内部的运作机制。当然，即使是很强的相关关系也不一定能解释每一种情况，比如两个事物看上去行为相似，但很有可能只是巧合。相关关系没有绝对，只有可能性。也就是说，不是亚马逊推荐的每本书都是顾客想买的书。但是，如果相关关系强，一个相关链接成功的概率是很高的。这一点很多人可以证明，他们的书架上有很多书都是因为亚马逊推荐而购买的。

通过找到一个现象的良好的关联物，相关关系可以帮助人们捕捉现在和预测未来。如果 A 和 B 经常一起发生，只需要注意到 B 发生了，就可以预测 A 也发生了。这有助于人们捕捉可能和 A 一起发生的事情，即使我们不能直接测量或观察到 A。更重要的是，它还可以帮助人们预测未来可能发生什么。当然，相关关系是无法预知未来的，它们只能预测可能发生的事情。但是，这已经极其珍贵了。

2004 年，沃尔玛对历史交易记录这个庞大的数据库进行了观察，这个数据库记录的不仅包括每一个顾客的购物清单以及消费额，还包括购物篮中的物品、具体购买时间，甚至购买当日的天气。沃尔玛公司注意到，每当在季节性飓风来临之前，不仅手电筒销售量增加了，而且 POP-Tarts 蛋挞（美式含糖早餐零食）的销量也增加了。因此，当季节性风暴来临时，沃尔玛会把库存的蛋挞放在靠之飓风用品的位置，以方便行色匆匆的顾客，从而增加销量。

建立在相关关系分析法基础上的预测是大数据的核心。这种预测发生的频率非常高，以至于人们经常忽略了它的创新性。当然，它的应用会越来越多。

例如，对于零售商来说，知道一个顾客是否怀孕是非常重要的。因为这是一对夫妻改变消费观念的开始，也是一对夫妻生活的分水岭。他们会开始光顾以前不会去的商店，渐渐对新的品牌建立忠诚。塔吉特公司的市场专员们向分析部求助，看是否有什么办法能够通过一个人的购物方式发现她是否怀孕。公司的分析团队首先查看了签署婴儿礼物登记簿的女性的消费记录。塔吉特公司注意到，登记簿上的妇女会在怀孕大概第三个月的时候买很多无香乳液。几个月之后，她们会买一些营养品，比如镁、钙、锌。公司最终找出了大概 20 多种关联物，这些关联物可以给顾客进行“怀孕趋势”评分。这些相关关系甚至使得零售商能够比较准确地预测预产期，这样就能够在孕期的每个阶段给客户寄送相应的优惠券，这才是塔吉特公司的目的。

2.4.2 通过因果关系了解世界

传统情况下，人类是通过因果关系了解世界的。

首先，人们的直接愿望就是了解因果关系。即使无因果联系存在，人们也还是会假定其存在。研究证明，这只是人们的认知方式，与每个人的文化背景、生长环境以及教育水平无关。当人们看到两件事情接连发生的时候，就会习惯性地从因果关系的角度来看待它们。看看下面的三句话：“弗雷德的父母迟到了；供应商快到了；弗雷德生气了。”

我们读到这里时，可能立马就会想到弗雷德生气并不是因为供应商快到了，而是他父母迟到了的缘故。实际上，我们也不知道到底是什么情况。即使如此，我们还是不禁认为这些假设的因果关系是成立的。

普林斯顿大学心理学专家，同时也是 2002 年诺贝尔经济学奖得主丹尼尔·卡尼曼就是用这个例子证明了人有两种思维模式：第一种是不费力的快速思维，通过这种思维方式几秒钟就能得出结果；另一种是比较费力的慢性思维，对于特定的问题，需要考虑到位。

快速思维模式使人们偏向用因果联系来看待周围的一切，即使这种关系并不存在。这是我们对已有的知识和信仰的执着。在古代，这种快速思维模式是很有用的，它能帮助我们在信息量缺乏却必须快速做出决定的危险情况下化险为夷。但是，通常这种因果关系都是并不存在的。

卡尼曼指出，平时生活中，由于惰性，我们很少慢条斯理地思考问题，所以快速思维模式就占据了上风。因此，人们会经常臆想出一些因果关系，最终导致了对事物的错误理解。

父母经常告诉孩子，天冷时不戴帽子和手套就会感冒。然而，事实上，感冒和穿戴之间却没有直接的联系。有时，人们在某个餐馆用餐后生病了，就会自然而然地觉得这是餐馆食物的问题，以后可能就不再去这家餐馆了。事实上，人们肚子痛也许是因为其他的传染途径，比如和患者握过手之类的。然而，快速思维模式使人们直接将其归于任何他们能在第一时间想起来的因果关系，因此，这经常导致我们做出错误的决定。

与常识相反，经常凭借直觉而来的因果关系并没有帮助人们加深对这个世界的理解。很多时候，这种认知捷径只是给了我们一种自己已经理解的错觉，但实际上，人们因此完全陷入了理解误区之中。就像采样时人们无法处理全部数据时的捷径一样，这种找因果关系的方法也是我们大脑用来避免辛苦思考的捷径。

在小数据时代，很难证明由直觉而来的因果联系是错误的。现在，情况不一样了，大数据之间的相关关系，将经常会用来证明直觉的因果联系是错误的。最终也能表明，统计关系也不蕴含多少真实的因果关系。总之，快速思维模式将会遭受各种各样的现实考验。

为了更好地了解世界，人们会因此更加努力地思考。但是，即使是用来发现因果关系的第二种思维方式——慢性思维，也将因为大数据之间的相关关系迎来大的改变。

日常生活中，人们习惯性地用因果关系来考虑事情，所以会认为，因果联系是浅显易寻的。但事实却并非如此。与相关关系不一样，即使用数学这种比较直接的方式，因果联系也很难被轻易证明，也不能用标准的等式将因果关系表达清楚。因此，即使我们慢慢思考，想要发现因果关系也是很困难的。因为人们已经习惯了信息的匮乏，故此亦习惯了在少量数据的基础上进行推理思考，即使大部分时候很多因素都会削弱特定的因果关系。

就拿狂犬疫苗这个例子来说，1885 年 7 月 6 日，法国化学家路易·巴斯德接诊了一个 9 岁的小孩约瑟夫·梅斯特，他被带有狂犬病毒的狗咬了。那时，巴斯德刚刚研发出狂犬疫苗，也实验验证过效果。梅斯特的父母就恳求巴斯德给他们的儿子注射一针。巴斯德做了，梅斯特活了下来。发布会上，巴斯德因为把一个小男孩从死神手中救出而大受褒奖。

但真的是因为他吗？事实证明，一般来说，人被狂犬病狗咬后患上狂犬病的概率只有七分之一。即使巴斯德的疫苗有效，这也只适用于七分之一的案例中。无论如何，就算没有狂犬疫苗，这个小男孩活下来的概率还是有 85.7%。

在这个例子中，大家都认为是注射疫苗救了梅斯特一命。但这里却有两个因果关系值得商榷：第一个是疫苗和狂犬病毒之间的因果关系，第二个就是被带有狂犬病毒的狗咬和患狂犬病之间的因果关系。即使疫苗能够医好狂犬病，第二个因果关系也只适用于极少数情况。

不过，科学家已经克服了用实验来证明因果关系的难题。实验是通过是否有诱因这两种情况，分别来观察所产生的结果是不是和真实情况相符，如果相符就说明确实存在因果关系。这个衡量假设的验证情况控制得越严格，就会发现因果关系越有可能是真实存在的。

因此，与相关关系一样，因果关系被完全证实的可能几乎是没有的，我们只能说，某两者之间很有可能存在因果关系。但两者之间又有不同，证明因果关系的实验要么不切实际，要么违背社会伦理道德。比方说，怎样从 5 亿词条中找出和流感传播最相关的呢？人们难道真能为了找出被咬和患病之间的因果关系而置成百上千的病人的生命于不顾吗？因为实验会要求把部分病人当成未被咬的“控制组”成员来对待，但是就算给这些病人打了疫苗，又能保证万无一失吗？而且就算这些实验可以操作，操作成本也非常昂贵。

2.4.3 通过相关关系了解世界

相关关系分析本身意义重大，同时它也为研究因果关系奠定了基础。通过找出可能相关的事物，可以在此基础上进行进一步的因果关系分析。如果存在因果关系，再进一步找出原因。这种便捷的机制通过实验降低了因果分析的成本。我们也可以从相互联系中找到一些重要的变量，这些变量可以用到验证因果关系的实验中。

相关关系很有用，不仅仅是因为它能为人们提供新的视角，而且提供的视角都很清晰。而人们一旦把因果关系考虑进来，这些视角就有可能被蒙蔽掉。

例如，Kaggle，一家为所有人提供数据挖掘竞赛平台的公司，举办了关于二手车的质量竞赛。二手车经销商将二手车数据提供给参加比赛的统计学家，统计学家用这些数据建立一个算法系统来预测经销商拍卖的哪些车有可能出现质量问题。相关关系分析表明，橙色的车有质量问题的可能性只有其他车的一半。

当读到这里的时候，不禁也会思考其中的原因。难道是因为橙色车的车主更爱车，所以车被保护得更好吗？或是这种颜色的车子在制造方面更精良些吗？还是因为橙色的车更显眼、出车祸的概率更小，所以转手的时候．各方面的性能保持得更好？

马上，人们就陷入了各种各样谜一样的假设中。若要找出相关关系，可以用数学方法，但如果是因果关系，这却是行不通的。所以，没必要一定要找出相关关系背后的原因，当我们知道了“是什么”的时候，“为什么”其实没那么重要了，否则就会催生一些滑稽的想法。比方说上面提到的例子里，是不是应该建议车主把车漆成橙色呢？

考虑到这些，如果把以确凿数据为基础的相关关系和通过快速思维构想出的因果关系相比，前者就更具有说服力。在越来越多的情况下，快速清晰的相关关系分析甚至比慢速的因果分析更有用、更有效。

因果关系还是有用的，但是它将不再被看成是意义来源的基础。在大数据时代，即使很多情况下，人们依然指望用因果关系来说明所发现的相互联系，但是，因果关系只是一种特殊的相关关系。相反，大数据推动了相关关系分析。相关关系分析通常情况下能取代因果关系起作用，即使不可取代的情况下，它也能指导因果关系起作用。

【延伸阅读】亚马逊推荐系统

虽然亚马逊的故事大多数人都耳熟能详，但只有少数人知道它早期的书评内容最初是由人工完成的。当时，它聘请了一个由20多名书评家和编辑组成的团队，他们写书评、推荐新书，挑选非常有特色的新书标题放在亚马逊的网页上。这个团队创立了“亚马逊的声音”这个版块，成为当时公司皇冠上的一颗宝石，是其竞争优势的重要来源。《华尔街日报》的一篇文章中热情地称他们为全美最有影响力的书评家，因为他们使得书籍销量猛增。

亚马逊公司的创始人及总裁杰夫·贝索斯决定尝试一个极富创造力的想法：根据客户个人以前的购物喜好，为其推荐相关的书籍。

从一开始，亚马逊就从每一个客户那里收集了大量的数据。比如说，他们购买了什么书籍？哪些书他们只浏览却没有购买？他们浏览了多久？哪些书是他们一起购买的？客户的信息数据量非常大，所以亚马逊必须先用传统的方法对其进行处理，通过样本分析找到客户之间的相似性。但这些推荐信息是非常原始的，就如同在买一件婴儿用品时，会被淹没在一堆差不多的婴儿用品中一样。詹姆斯·马库斯回忆说："推荐信息往往为你提供与你以前购买物品有微小差异的产品，并且循环往复。"

亚马逊的格雷格•林登很快就找到了一个解决方案。他意识到，推荐系统实际上并没有必要把顾客与其他顾客进行对比，这样做其实在技术上也比较烦琐。它需要做的是找到产品之间的关联性。1998 年，林登和他的同事申请了著名的"item-to-item"协同过滤技术的专利。方法的转变使技术发生了翻天覆地的变化。

因为估算可以提前进行，所以推荐系统不仅快，而且适用于各种各样的产品。因此，当亚马逊跨界销售除书以外的其他商品时，也可以对电影或烤面包机这些产品进行推荐。由于系统中使用了所有的数据，推荐会更理想。林登回忆道："在组里有句玩笑话，说的是如果系统运作良好，亚马逊应该只推荐你一本书，而这本书就是你将要买的下一本书。"

现在，公司必须决定什么应该出现在网站上，是亚马逊内部书评家写的个人建议和评论，还是由机器生成的个性化推荐和畅销书排行榜？

林登做了一个关于评论家所创造的销售业绩和计算机生成内容所产生的销售业绩的对比测试，结果他发现两者之间相差甚远。他解释说，通过数据推荐产品所增加的销售远远超过书评家的贡献。计算机可能不知道为什么喜欢海明威作品的客户会购买菲茨杰拉德的书。但是这似乎并不重要，重要的是销量。最后，编辑们看到了销售额分析，亚马逊也不得不放弃每次的在线评论，最终，书评组被解散了。林登回忆说："书评团队被打败、被解散，我感到非常难过。但是，数据没有说谎，人工评论的成本是非常高的。"

如今，据说亚马逊销售额的三分之一都来自于它的个性化推荐系统。有了它，亚马逊不仅使很多大型书店和音乐唱片商店歇业，而且当地数百个自认为有自己风格的书商也难免受转型之风的影响。

知道人们为什么对这些信息感兴趣可能是有用的，但这个问题目前并不是很重要。但是，知道"是什么"可以创造点击率，这种洞察力足以重塑很多行业，不仅仅只是电子商务。所有行业中的销售人员早就被告知，他们需要了解是什么让客户做出了选择，要把握客户做决定背后的真正原因，因此专业技能和多年的经验受到高度重视。大数据却显示，还有另外一个在某些方面更有用的方法。亚马逊的推荐系统梳理出了有趣的相关关系，但不知道背后的原因——知道是什么就够了，没必要知道为什么。

【实验与思考】了解大数据时代及其思维变革

1. 实验目的

（1）熟悉大数据的基本概念。

（2）熟悉大数据时代思维变革的主要内容。

（3）分析理解在传统情况下，人们分析信息、了解世界的主要方法；理解大数据时代，人们思维变革的三大转变。

2．工具/准备工作

在开始本实验之前，请认真阅读课程的相关内容。

需要准备一台带有浏览器，能够访问因特网的计算机。

3．实验内容与步骤

【概念理解】

（1）请结合查阅相关文献资料，为“大数据”给出一个权威性的定义：

答：

这个定义的来源是：

（2）请具体描述大数据的3V：

答：

① Volume（数量）：

② Variety（多样性）：

③ Velocity（速度）：

（3）大数据时代人们分析信息、理解世界的三大转变是指：

答：

①

②

③

（4）简述在大数据时代，为什么要“分析与某事物相关的所有数据，而不是依靠分析少量的数据样本”？

答：

（5）简述在大数据时代，为什么“我们乐于接受数据的纷繁复杂，而不再一味追求其精确性”？

答：

（6）什么是数据的因果关系？什么是数据的相关关系？

答：

【实践案例】

互联网零售商亚马逊是大数据应用的领先企业，同时也是一个推行大数据的大型技术公司，请分析并阐述：亚马逊是如何成为世界级大数据技术企业的？

答：

4．实验总结

5．教师评价

第3章

采购管理

对于任何企业而言，无论它是制造商、批发商还是零售商，都需要从供应商手中购买原材料、获得服务、取得物料供应以维持企业的运作。以前，人们普遍认为采购是一种事务性的活动，属于低层次的管理活动，其职责仅仅是执行和处理公司其他部门所制定的订单。采购活动所起的作用仅仅是从供应商那里以尽可能低的价格获得所需的资源。然而，这种传统的观点在过去的几十年中发生了翻天覆地的变化。现代化的供应链思想更加注重总体支出情况，以及如何发展买卖双方之间的关系，因而将采购活动提升到了一个更高的战略水平之上。

采购策略的实施与执行涉及一系列具体的流程（见图 3-1），包括供应商审查、供应商监控、潜在供应商认证等，这些流程为引入电子商务提供了机会。采购可以与企业物流运作的多个方面实现对接，准时制、物流服务外包以及基于绩效的物流模式代表了其中关键的范例。

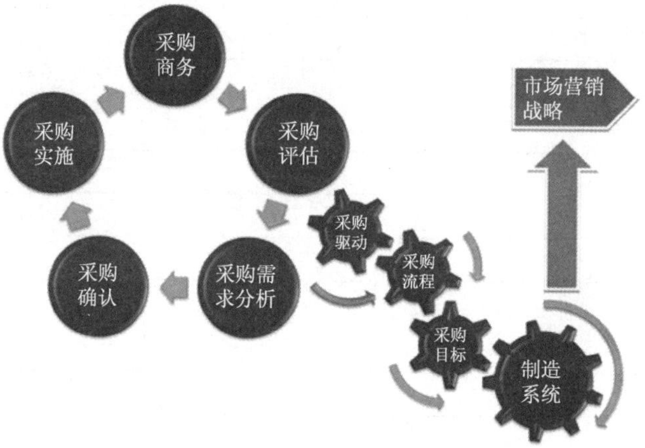

图 3-1　采购

3.1 采购观点

企业对采购活动的日益重视使采购逐渐成为企业的一项关键能力，同时也促使采购在供应链管理中扮演了新的角色。采购原来是企业与供应商之间的一项对抗性活动，双方经过谈判最终完成交易。然而，采购现在已经逐渐转变成企业之间的一种合作行为，目的在于从供应商处取得足够的支持，从而更好地完成企业的生产和营销战略。其中，企业将大量的注意力放在了保证持续供应、实现库存的最小化、提高质量、技术创新、供应商的开发以及所有权总成本的最小化等工作上。

（1）采购的重要性。企业对采购成本的严格控制，引起了企业对外包运作的日益重视。强调外包的原因在于许多公司的采购总额正在迅速增加。现在的企业除了从外部购买原材料和基本部件之外，还需要购买具有较高增值能力的、复杂的零部件。企业通过外包将部分职能交由供应商完成，从而集中人力和物力专注于提高自身的核心竞争力。为此，企业要花费比以往更多的精力考虑如何有效地管理供应商。建立和协调这些关系成为企业实行有效的采购策略时亟待解决的主要问题。

（2）持续供应。一旦原材料或零部件出现缺货，则会造成生产计划的中断，给企业带来预期之外的损失。如果工厂出现停工，企业的运营成本就会增加，同时有可能导致企业无法按时向客户完成交货。试想一下，如果一条汽车装配线上所有部件都已就位，然而轮胎却出现缺货，那将会造成怎样的混乱：一辆辆即将完成加工的汽车在轮胎到来之前不得不滞留在装配线上，整个生产线不得不停止运转，直到轮胎到货才能恢复正常生产。因此，采购的根本目标之一就是要确保原材料、零部件和配件的持续供应。

（3）最小化库存投入。过去，企业为了避免由于物料短缺而造成的停产，往往保持有大量的原材料和零部件库存，以应付供应出现中断的情况，但是维持大量库存水平的成本相当高昂，并且会占用企业的大量资金。现代采购的目标之一就是在保证持续供应的前提下，尽可能地降低库存投入。这就需要企业在库存维持成本与潜在的生产停产所造成的损失之间做出权衡。当然，理想的情况是，在生产过程中，所需的原材料恰好能够按时送到，换句话说，也就是能“准时”（JIT）送到。

（4）提高质量。采购对于企业产品的质量而言是一个至关重要的环节。产品的质量完全取决于在加工过程中使用的原材料和零部件的质量，如果使用了质量较差的原材料或零部件，那么最终产品就有可能无法满足客户的质量要求。

（5）供应商的开发。采购最终能否成功，取决于企业是否能够有效地确定供应商、分析供应商的运作能力、选择合适的供应商，与之合作，实现可持续性的改善。在供应商的开发过程中，与那些能够推动企业成功的供应商建立良好的关系非常重要。有了良好的关系，企业之间就能够共享信息，共同使用资源，以获得更高的收益。例如，通过与关键供应商共享生产计划，制造商希望供应商能够更好地满足它对供应物料的到货要求。此外，零售商也希望与制造商共享销售点信息以及促销计划，确保制造商在任何时期都能够满足自己对产品数量的需求。

（6）技术与创新。企业经常把供应商看作是新技术与创新的重要来源，期望它们能协助设计新产品并改进现有产品，采购部门是企业向供应商寻求创新的一个主要途径。

（7）所有权总成本的最小化。从本质上说，新的采购模式强调双方之间的合作，更注重所有权总成本（TCO）。采购人员开始意识到，尽管物料的采购价格非常重要，但是它仅仅只是企业总成本的组成部分之一。企业在核算总成本时，还必须考虑服务成本以及生命周期成本。

鉴于卖方折扣方式的影响，买方就不能仅仅只考虑采购价格，还必须同时考虑与采购相关的其他成本。例如，在考虑数量折扣因素的同时，买方还必须考虑库存成本的影响。订货量的增大会导致原材料或采购物品库存维持成本的大幅增加。同时，采购批量的大小还会影响与采购相关的管理费用。

卖方的促销方式以及现金折扣同样也会影响所有权总成本的大小。如果卖方提供了非常具有吸引力的贸易信贷条件，那么这将对买方的购买价格产生极大的影响。例如，买方会将卖方提供的立即支付折扣与其他卖方提供的折扣相比较，然后根据折扣百分比的大小和时间期限选择最合适的卖方。

图 3-2 中的模型显示了所有权总成本的各种组成要素。很明显，如果企业能够在采购过程中考虑到所有因素，那么企业将会获得大量不断完善的机会。

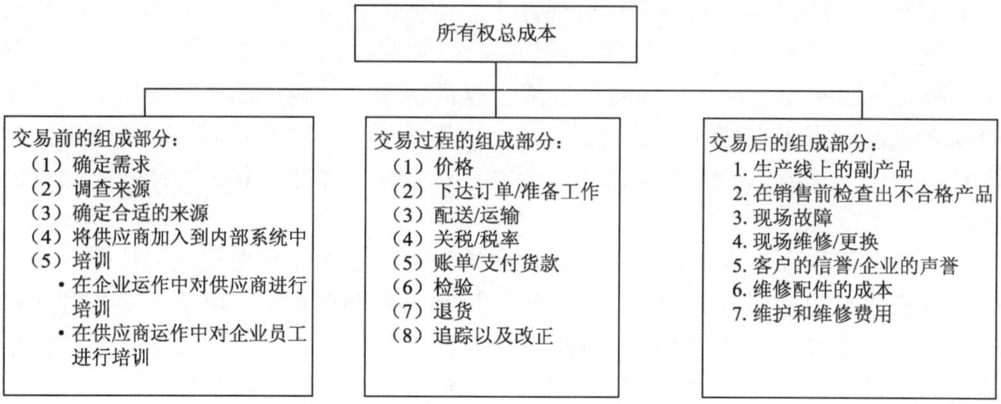

图 3-2　所有权总成本的主要组成要素

3.2 采 购 策 略

采购可以被描绘成一个由许多以获得供应为目标的事件串起来的序列链（见图 3-3）。在采购过程链中各环节连接的纽带就是信息。采购所面临的一个挑战，就是如何在供应链的各个环节进行信息管理，确保链上所有利益相关者都及时获得最新信息。一个综合信息管理系统对采购而言是必不可少的。

图 3-3　采购的过程链

制定有效的采购策略是一个复杂的过程，要求充分分析哪些方式最适合实现制定策略的不同目标。

3.2.1　内包与外包

每个企业都面临的一个基本决策是哪些产品或服务可以在企业内部生产或加工，哪些必须向供应商购买。这一决策被称为内外包决策。所谓“外包”，并不是说企业决定从外部供应商购买一个产品或服务，而仅仅表示企业决定不在内部生产该产品或服务。该决策背后潜在的过程一般被称为“自制-外购”决策。过去，管理者往往只是关注相对较少的财务指标，但“自制–外购”决策是一个极其复杂的企业战略决策过程，必须考虑诸多的因素。

“自制–外购”分析首先要评估产品或服务与企业核心竞争力的关系。对企业的核心竞争力实行外包存在巨大的风险，为了减少这样的风险，即使外包成本更低，企业通常也是在内部生产或加工与核心竞争力相关的产品或服务。对非核心活动实行外包的优势在于，可以将原本用于这些活动的财务资源投入到与企业核心能力相关的活动中，这样企业就能够集中资源进行新产品开发、生产技术改进以及市场拓展。当企业决定外包某一产品或服务后，“自制–外购”分析要求考虑相关成本，突出财务方面的相对优势和劣势。

决定外包意味着企业将控制权交给供应商，必须依靠供应商提供合格产品以及配送服务的能力满足其需求。供应风险指的是购买、交付或使用外包产品及服务的过程中可能发生意外事故，从而对企业满足其客户需求的能力产生负面影响。除了缺货或延误等传统风险外，供应风险还包括知识产权损失、潜在的供应商提价、产品安全问题以及其他有损企业声誉的情况。

3.2.2 采购策略

有效的采购策略有助于企业开展供应链运作活动。买卖双方建立起一种比传统模式下更为紧密的合作关系，是实施采购策略的前提条件。具体而言，采购策略可分为4种，即谁使用谁购买、批量合并、供应商运作一体化以及价值管理。这些策略代表了企业采购发展的不同阶段。

（1）谁使用谁购买。最简便的采购策略是由企业中具体的使用者决定他们各自的采购需求、评估供应源并实施采购过程。即便是实行集中采购的企业，谁使用谁购买的策略依然很常见。例如，文书职员负责基本办公用品的采购，而清洁人员负责购买清洁用品等。

（2）批量合并。企业要想开展有效的采购策略，需要采取的措施之一就是减少供应商的数量，实现批量合并。

20世纪80年代初期，对于大多数企业而言，每一种所需的原材料几乎都对应着一大批供应商，相关采购文献常常强调多渠道供应的重要性，认为多渠道供应构成了企业的最佳采购策略。这种方法的确具有许多优点：首先，大量潜在的供应商会不断针对企业的业务进行投标，这样可以确保企业尽可能降低采购价格；其次，保持与多个供应商之间的关系，能够在一定程度上降低买方对某一特定供应商的依赖程度，这也降低了当特定供应商遇到诸如罢工、火灾、内部质量等问题时，由于供应中断给买方带来的风险。

减少供应商的数目，实现批量合并，采购活动就能够在买方的业务中发挥杠杆作用，增加企业在与供应商进行谈判时手中的筹码。更重要的是，批量合并减少供应商数量，给通过了筛选的供应商带来了不少好处；同时，通过与较少的供应商不断发展合作关系，买方也会获得大量收益。例如，从单一供应商处进行大批量的采购，供应商可以将固定成本分摊到更大的采购量中，从而获得极大的规模经济效应。除此之外，如果供应商能够获得较大的订单，那么它就有可能为了提高客户服务水平而进行投资，以便扩大生产能力或改善运作流程。假如买方不断更换供应商，那么任何供应商都不会愿意进行这样的投资。

批量合并只是将企业的供应商数量控制在一个相对较小、相对稳定的范围内。企业在进行单一渠道采购时，一定要准备必要的应急方案，以降低突发的供给中断给企业带来的风险。

（3）供应商运作一体化。当买卖双方开始整合运作过程和运作活动、尝试显著提高运作水平时，运作一体化便开始了：进行这种整合时，企业通常从供应商中选择合作伙伴，形成联盟或者伙伴关系，在努力降低总成本的同时不断提高运作的一体化。

实现整合的方式多种多样。例如，买方允许卖方进入自己的销售和订单信息系统，提前向卖方发出有关预售产品和预期采购计划的通知。在获得了这些信息后，卖方可以更有效地安排生产，适时满足供应需求，并且降低成本。卖方由于从买方获得了更多的需求信息来制订更好的计划，可以减少对预测、加急运输等低效运作方式的依赖，从而能够降低成本。

买卖双方通过共同努力，确定为保证供应所必须遵循的运作程序，并对这些运作程序进行重新设计，以进一步实现运作的一体化。例如，建立电子数据交换可以有效地缩短订货时间，减少错误，这就是运作整合所带来的好处。在某些复杂情况下，买方对供应商有很强的依赖性，同时对供应商的运作能力比较信任。许多企业将精力集中在物流运作上，推出了持续补货计划以及供应商管理库存等模式，从而实现了运作的一体化，有助于大幅度降低所有权总成本。

运作一体化的主要目标是减少浪费、降低成本、建立使买卖双方实现双赢的关系。只有将各个企业的创新能力综合起来，才能形成协同优势，任何企业都无法通过独立运营实现这种优势。

（4）价值管理。企业与供应商进行一体化运作为价值管理奠定了基础。价值管理是一种更深入的供应商整合运作，它不仅关注买卖双方的运作流程，还将目光聚集在如何建立更加广泛和持久的合作关系上。

价值工程有助于降低价值管理的复杂性。由于供应商在早期就参与到了产品设计之中，因此，企业在从事某些采购活动时就能与供应商相互配合，进一步降低所有权总成本。价值工程是指企业在产品设计初期就对原材料和部件的需求情况进行仔细审查，以确保在产品设计时能够实现质量与总成本最小化之间的均衡。图 3–4 显示了供应商早期参与对企业减少成本所具有的重要影响。企业的新产品开发从构思开始，经历了许多阶段，最终实现了商业化。在此过程中，企业逐步降低了对产品进行设计和修改的灵活性。在产品开发初期，相对而言，企业对产品设计进行更改还是比较容易的。然而，一旦开发出原型产品之后，企业再想更改产品设计就变得相当困难了，更改设计的费用也会变得更加高昂。因此，越早让供应商参与产品设计，企业就越能够利用供应商的知识和能力提高协作设计的效益。

例如，一家汽车制造商，假设在开发一种新车型时需要一种新型的前保险杠，保险杠托架的装配设计工作由设计工程师完成。在设计过程中，配件供应商派来了一位工程师（尽管新产品距离实际投产还有好几年时间，但是企业早已确定了使用该配件供应商），他询问设计工程师托架的安装位置是否可以移动 1/2 英寸。设计工程师经过考虑之后，认为这样做对最终产品不会产生什么影响。设计工程师随后问他为什么会提出这一问题，那位工程师说，移动托架的安装位置后，供应商就可以利用原有的工具和模具进行生产。而如果采用原来的设计方案，供应商就需要投入大量资金购买新工具。这一更改大大降低了生产托架所需要的成本。

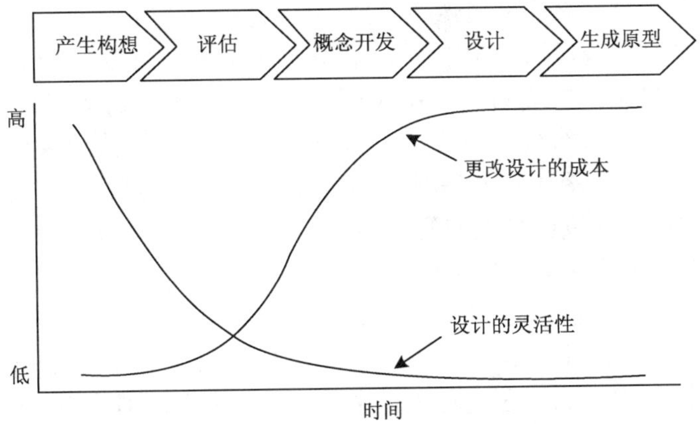

图 3-4　更改设计的灵活性和成本

价值管理超出了企业采购活动的范畴，它要求内部和外部的多个参与者进行密切协作。也就是说，采购团队、工程团队、生产团队、市场销售团队、物流团队以及关键供应商的工作人员必须共同努力，降低总成本，提高运作绩效，更好地满足客户需求。

3.2.3　采购策略组合

在采购领域中，帕累托效应可以简单表述为：数量很少的原材料、部件和服务占用了较多的投资金额。

决定采购策略的一个关键步骤是了解企业目前要购买（或者计划购买）什么以及在每个购买商品或服务上要花多少资金。花费分析是一种用来确认公司所有部门购买每一类产品或服务所花费资金的工具，同时也会确认目前正在采用的所有供应商。花费分析是确定合适的采购策略、购买所需的产品或服务的重要步骤。

图 3-5 给出了一种决定合适采购策略的途径。这个策略组合矩阵基于两个标准：一是从某一供应商采购某一物品的潜在供应风险；二是该物品对企业的价值。

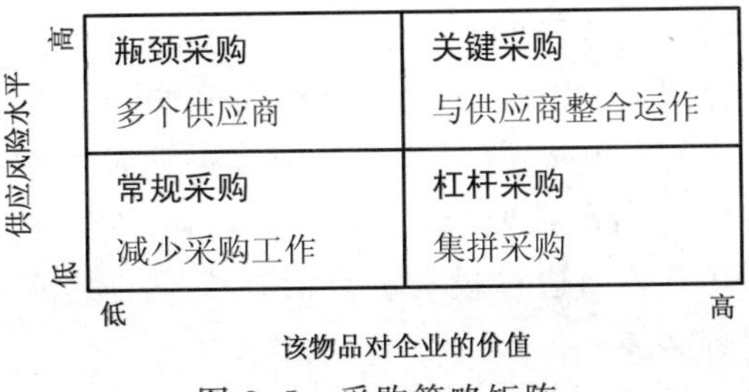

图 3-5　采购策略矩阵

（1）常规采购。指的是通常只占到企业总采购资金较小比例并且采购风险很低的物品。此外，它们通常对组织发展来说并不重要，而且对总体绩效影响甚微。这类采购产品的例子包括办公用品、保洁服务等，这些都可以通过很多种渠道购买。常规采购策略的重点是要减少采购工作以降低成本。具体来说，该策略要求在组织中实行标准化库存单位，减少采购商品种类。

（2）瓶颈采购。这代表了一个特殊的采购问题——这类采购品只占到公司总采购资金的一小部分，但采购风险很高，并且采购不到会给公司带来严重的运作问题，这类采购品通常只有少量供应商有售。在这种情况下，瓶颈采购策略的重点是要维系多个采购来源，并且要在可行的条件下签订长期合约，以保证持续供应。

（3）杠杆采购。杠杆采购涉及的采购风险很低，这类采购品通常存在多种可选货源，但是由于花费在这些产品或服务上的资金相对较多，必须通过将采购合并从少量的几个供应商处节约潜在的采购成本。批量合并和供应商一体化运作在杠杆采购中时有运用。

（4）关键采购。通常指的是那些预算很大并且对组织成功至关重要的战略性产品或服务。由于这类采购品十分重要，并且涉及很高的风险，因而强调必须通过战略上优选的供应商实行集中采购。在进行关键采购时，供应商一体化运作与价值管理是首选的采购方式。

3.3 供应商的甄选与评估

采购策略的实施与执行有赖于企业的供应基础，因此必须确认潜在的供应商，并对他们满足组织采购要求的能力进行评估。对于不同类型的采购，完成甄选和评估所需的时间和进行的工作不同。针对常规采购品和长期购买的物品，甄选和评估过程相对简单明了，但是对于瓶颈采购和战略性采购，这一过程通常更加正式、复杂。对于许多采购需求来说，采购过程必须对供应商的能力进行细致的审查，但是有时候甚至找不到一家潜在供应商能够满足买家所有的采购要求，这时买家就必须自己开发供应商。此外，有效的采购也要求必须对供应商的表现进行持续监控并将意见反馈给供应商。最终，有的供应商可能会被指定为认证供应商。

3.3.1 供应商开发

在供应商审核中，买方组织尝试对供应商组织及其能力进行细致的了解。通常，买方企业会组成跨职能部门的团队参观供应商的厂房设备，对生产过程和系统进行深入的审查，从而评估他们持续、及时提供高质量产品的能力。审查团队还要关注的另一个方面是整体企业文化以及供应商管理团队服务买方企业的意愿。尽管这只是一个主观判断，但这些特征在评估供应商持续满足瓶颈采购及关键采购要求时十分关键。

当企业不能找到有能力满足其要求的供应商时，就必须开发出具有这些能力的供应商。也就是说，买方组织必须通过投资提高潜在供应商的能力和绩效。在下述情况下，供应商开发过程十分必要：

（1）企业需要购买一种新产品，但是目前没有供应商能够供应该产品。

（2）企业想要找到更加便捷、成本更低的供应商。

（3）企业不想过度依赖单一供应商。

（4）现有供应商没有足够能力来满足企业的需求。

（5）企业发现某一供应商在质量、时效以及柔性的态度上符合要求，但所要求的产品目前尚未投入生产。

（6）企业对当前供应商的糟糕表现不满意，但是却找不到其他潜在供应商。

3.3.2 绩效监控与认证

对于持续性的供应商关系，很重要的一点是，要为供应商设定正式的目标，并定期对照这些目标评估他们的表现。采购过程必须确认关键的供应商表现指标，要通过设计一定的过程收集每日表现数据，以进行分析。同时，供应商应该定期收到有关自身表现的反馈信息。

监控的关键供应商表现指标包括产品质量、送货情况、成本减少、服务以及其他对公司来说重要的表现特征。应该定期与供应商检查指标内容，及时提供反馈，使供应商有机会对自己的表现做出反应并改善表现。

如果某个供应商能够不断达到采购组织设置的表现标准，就有可能被指定为认证供应商。这样，采购组织在与该供应商打交道时，便可以省去这些重复的、浪费时间的程序。

3.3.3 电子商务及采购

在传统方式下，许多日常性的采购工作都是通过手工方式完成的。大量的手写工作难免会造成人为失误，这会降低处理效率。在采购领域应用科学技术，对加快运作处理速度、减少失误、降低采购成本具有重大意义。

在采购中最为常见的技术可能就是电子数据交换（EDI）。简单地说，EDI 就是在企业和供应商之间进行电子化的数据交换，使两家或两家以上的企业能够得到及时、准确的信息。

电子商务在采购中的另一种应用方式就是开发电子目录。事实上，发布产品相关信息并获得合格供应商的信息，是基于互联网进行沟通的一种最基本的方式。电子目录可以使买方迅速获得产品信息、规格说明和采购价格。目前，许多企业都建立了自己的在线电子目录，并且不遗余力地为许多供应商建立各自的电子目录，这样买方就可以方便快捷地对多种产品的特性、规格和价格进行比较了。

在供应链管理中，企业与外部供应商之间的联系有非常重要的作用，它有助于实现外部物料和资源在企业内部运作中的整合。为了尽可能快速有效地完成这种整合，采购承担了其中的主要责任。研究企业与供应商物流运作之间的衔接，是采购活动关注的重点之一。从本质上说，采购的最终目的就是按照生产需求整合原材料流，因此物流在促进高效采购中扮演了不可或缺的重要角色。

3.4 物流与采购对接

有效的采购战略最终依靠物流实现。物流与采购的对接将企业与其供应商连接起来，对实现采购目标具有重要意义。由于很多企业现在实行物流服务外包，因而采购也可以将企业与其客户连接起来。准时制、物流服务外包以及基于绩效的物流是企业物流与采购对接的 3 个关键方面。

与生产、仓储、运输等业务活动一样，采购也是供应链或过程序列中的一个环节。通过这些过程，供应的物资转换成满足客户需求的最终产品。制造行业的采购职能会和生产、库存和运输等环节相衔接；而对比建筑行业来讲，他们的采购职能就会和建筑师、工料测算师、项目经理、工地代理商或承包商及承建人员等去协调。

3.4.1 准时制

近年来，在与供应链管理相关的各个领域中，准时制（JIT）得到了广泛的关注。它有时表现为准时生产，有时候表现为准时采购，而更多时候则是指人们熟知的准时配送。不管它的表现形式如何多变，JIT 的根本目标始终如一，那就是按照时段对运作行为进行划分，从而使采购的原材料或部件能够在需要的时候，准时无误地到达生产或装配环节。在理想的情况下，由于降低了库存数量，甚至不需要库存，因此原材料和在制品的库存就可以达到最低水平。

JIT 的内涵非常丰富。显而易见，企业应该选择品质优良、服务质量稳定的供应商。可靠的物流运作无疑可以消除，至少是降低作为缓冲的原材料库存。JIT 经常要求小批量的原料供应，因此有时企业需要对运输模式进行调整。显然，为了确保 JIT 行之有效，制造商的采购部门和供应商之间就必须及时沟通并做到协调一致。在 JIT 运作中，企业试图获得垂直一体化的优势，同时摆脱正式的所有权束缚。很多企业通过与供应商的协调和流程整合实现了上述效果。

由于生产的高效运作取决于最终的生产计划，因此 JIT 最初主要应用于 MTP 生产过程中。而现在，随着制造策略的出现，企业加强了对柔性的重视，降低了批次生产的数量，提高了快速调整的能力。基于此，JIT 的理念得到了进一步完善，这一理念逐渐应用于按订单组装（ATO）和按订单生产（MTO）的制造模式中，被称为“精益生产”。很多时候，制造商会要求关键供应商完成物料的分拣、分类、排列等工作，使物料可以直接送入装配线进行生产。这样，制造商可以减少对物料的处理过程，保证 JIT 的连续性。当一些企业获悉了 JIT 的优点，认识到实施供应商一体化的好处之后，它们将供应商的员工邀请到自己的企业，允许这些员工查看客户的订单、全面了解企业信息、安排原材料的到货计划等。JIT 模式最早由 Bose 公司提出，现在主要用于缩短从订货到交货的周期和降低成本。

3.4.2 物流服务外包

传统上而言，大多数组织的采购部门基本主要关注“直接花费”，考虑物料供应商相关战略及关系，以及采购企业要求的其他原材料。物流服务的采购被认为是“间接花费”，在战略上通常不予同等重视，以往在许多企业是通过“用户购买”的方式采购，但情况变化很快。随着越来越多的非核心能力业务被外包出去，一体化物流服务得到更多的关注。一项针对主要制造企业的调查指出，平均每个企业将 11%的收入花费在物流方面，而这笔支出中的 42%被用来外包物流服务。”管理物流服务的采购应该像其他任何种类的产品和服务的采购一样，给予相同的战略考虑。事实上，尽管物流活动的绩效可能不是许多承运人的核心能力，但物流服务对客户的重要性使得这种花费在很多企业被归类为杠杆采购或关键采购。

3.5 采购职业化和职业精神

早在 1928 年 Carr-Saunders 就对职业精神和职业化给予了区分。传统意义上的职业精神是与某些属性联系在一起的，包括：

（1）以理论知识为基础的一种技能。

（2）延续时间很长的培训和教育。

（3）专业人员须通过考试展示其竞争能力。

（4）遵循一套职业规范。

“职业化”则与职业发展有关协会或社团联系在一起，它们的工作是为进入某种行业进行从业而制定最低资质的要求，在职业团体的成员中实施适当的法规和行为准则，提高职业团体在全社会的地位。

为推广“职业化”采购的概念而成立了一些专门的协会，例如，英国皇家采购与供应学会（CIPS）及美国采购供应管理专业协会（ISM）。

采购是一门交叉学科，大量依靠别的学科知识组成自身的知识基础。这些学科包括会计学、经济学、职业道德、信息技术、市场营销学、管理学和心理学等。采购从作为一项被动的行政业务活动到强调它的主动性和战略性，这一变化对采购人员应该具备的技能和属性提出了新的要求。研究表明，以下 10 个主题对采购工作来讲是重要的：

（1）总成本分析。

（2）谈判策略和技巧。

（3）供应商/合作伙伴的管理。

（4）符合职业道德的行为。

（5）供应商评价。

（6）质量控制技巧。

（7）采购策略和部署。

（8）价格/成本分析。

（9）电子数据交换。

（10）人际交流。

【延伸阅读】商务部关于推进现代物流技术应用和共同配送工作的指导意见

商流通发 [2012] 211 号

为提高商贸物流技术应用水平，降低物流成本，提高流通效率，根据国家“十二五”规划纲要、《国务院办公厅关于促进物流业健康发展政策措施的意见》（国办发

[2011] 38 号)、《国内贸易发展规划(2011—2015)》和《商贸物流发展专项规划》(商商贸发 [2011] 67 号),商务部决定从 2012 年开始,组织开展现代物流技术应用和共同配送工作,相关工作意见如下:

1. 重要意义

改革开放以来,我国商贸物流取得快速发展,服务领域不断深化,服务模式不断创新,为流通规模扩大、流通方式变革提供了有力支撑。然而,从总体来看,我国商贸物流服务网点分散、技术装备落后、组织化程度低,自营配送、多头配送仍占主导地位,城市"最后一公里"物流成本高、中转难、货车停靠难等问题较为突出。大力推广现代物流技术应用,促进共同配送水平不断提高,是推动商贸物流现代化、提高物流组织化程度的重要途径,对于降低物流成本、提高流通效率、促进国民经济健康发展,扩大消费具有重要意义。

2. 工作目标

通过开展现代物流技术应用和共同配送工作,促进大中城市合理规划和布局城市物流节点、优化物流配送组织方式,形成布局合理、运行高效、通行有序、绿色环保的城市配送网络体系。同时,引导和推进批发、零售企业、第三方物流企业供应链模式创新,培育一批运营规范、技术应用水平高、管理有序的商贸物流示范企业。力争重点城市共同配送(含统一配送)网点覆盖率达到 40%以上,等量货物运输量降低 30%以上,物流费用占商品流通费用的比率下降 2 个百分点。

3. 工作任务

(1)完善城市共同配送节点规划布局。从实现物流资源利用的社会化、物流资源信息共享、提高重点商品共同配送率为出发点,加强试点城市商贸物流设施规划布局,构建以重点商贸物流园区、公共配送中心和末端共同配送点等物流节点为支撑的城市物流配送网络体系。

(2)鼓励商贸物流模式创新。支持商贸、物流企业以联盟、共同持股等多种形式开展共同配送;鼓励连锁零售企业、网络零售企业构建新型配送体系,提高统一配送水平;支持各类批发市场完善和提升物流服务功能,形成集展示、交易、仓储、加工、配送等功能于一体的集约式商贸物流园区;引导物流公共信息服务平台健康发展,支持建设一批物流电子交易平台。

(3)加快物流新技术应用步伐。支持企业改造升级现有物流信息系统,实现物流企业与商贸流通企业、生产企业及相关管理部门之间的数据共用、资源共享。大力推进物联网技术、RFID 射频识别码、GPS 实时监控等新技术在共同配送工作中的应用水平。引导企业在物流活动中采用标准托盘和集装单元,实行货物生产、包装、装卸、运输的全过程标准化管理,推动大型连锁零售企业率先采用标准化托盘共用系统,提高托盘使用率。

(4)加大商贸物流设施改造力度。根据城市共同配送节点规划布局,引导和支持建设、改造一批商贸物流设施:一是支持商贸物流区建设、改造,支持城市近郊服务于城市配送和货物转运的商贸物流园区发展;二是支持标准化配送中心建设、改造,鼓励企业建设立体化仓库、采用先进的分拣设备、设施,引导企业加大冷库设备更新改造,鼓励建设低耗节能型冷库;三是支持流通末端共同配送点和卸货点建设、改造,鼓励建设集配送、零售和便民服务等多功能于一体的物流配送终端。

4. 保障措施

（1）明确工作思路，制定实施方案。各地商务主管部门要根据本地区商贸物流工作基础、发展特点和实际需求，选择工作重点，提出推进本地区现代物流技术应用和共同配送工作的总体工作思路，提出符合地区经济发展需要、与本地经济社会发展规划相衔接的工作方案，确定工作目标、实施范围、重点内容和具体措施。

（2）加强组织领导，完善工作机制。各地商务主管部门要高度重视现代物流技术应用和共同配送工作，建立健全与相关部门密切沟通、相互协作的工作联动机制，会同相关部门协调解决工作中企业遇到的土地、城市车辆通行、停靠、企业融资等方面遇到的困难。

（3）有序开展试点，树立工作典范。各地区要结合本地实际，组织重点城市、选择重点领域组织开展试点，树立典范，以点带面。商务部将把实施方案科学合理、组织措施得力、工作成效显著的城市，列为商务部现代物流技术应用和共同配送综合试点城市。

（4）完善政策措施，加大支持力度。各地要充分运用财政资金，通过多种形式引导和带动社会投资，加大对现代物流技术应用和共同配送工作的支持力度，有条件的地区要积极争取设立有关专项支持资金。商务部将相关部门对纳入商务部试点城市组织实施的示范项目给予一定的财政资金支持。

（5）明确目标责任，强化绩效考核。各地要建立以共同配送网点覆盖率、商贸物流费用率、货物运输量等指标为主体构成的商贸物流量化指标考核体系，加强对比分析和绩效考核。商务部将以此为依据对各地工作开展情况和取得的成效进行量化考核。

（6）加强新闻宣传，扩大社会效应。各地要对工作中出现的新情况、新特点和新的经营模式及产生的效果要及时进行总结、分析。同时，要充分发挥网络、报刊等媒体的作用，宣传试点建设成效、典型经验和成功模式。商务部将通过召开工作现场会、经验交流会、发布工作通报等形式，加大交流、宣传和工作推进力度。

商 务 部

二〇一二年六月二十一日

【实验与思考】熟悉供应链管理的采购

1. 实验目的

（1）熟悉供应链采购管理的基本概念。

（2）熟悉采购策略，理解“准时制、物流服务外包以及基于绩效的物流是企业物流与采购对接的3个关键方面”观点。

（3）掌握供应商甄选与评估方法。

2. 工具/准备工作

在开始本实验之前，请认真阅读课程的相关内容。需要准备一台带有浏览器，能够访问因特网的计算机。

3. 实验内容与步骤

【概念理解】

（1）结合查阅相关文献资料，为“采购”给出一个权威性的定义：

答：________________

这个定义的来源是：________________

（2）为什么当代商业理论认为采购是一种战略活动，而不是传统意义上的“购买”？

答：________________

（3）结合我国经济发展的现状，请阐述文化差异可能影响国际采购的两种方式。

答：________________

（4）阐述物流运作对 JIT 的重要性体现在哪些方面。

答：________________

（5）列举并描述采购人员不符合职业道德的 5 种行为，并阐述采购人员遵循职业道德的重要性。

答：________________

【实践案例】

Eagersaver.com 是由现任集团公司总裁 Colette Bevan 在 2005 年创办的网站，主要提供车辆保险及相关业务的对比服务。网站创办后，公司通过自身发展和兼并重组不断壮大，已经从原有业务扩展到提供房屋保险、法律保险、宠物保险、旅游保险、人寿保险和意外保险的对比服务。公司已经向多样化发展，提供理财产品、旅游服务和公用事业服务的对比服务。另外，除了网上服务外，公司还开通了电话服务热线和一个电视购物频道。公司营业额已经达到了 1 亿英镑。

公司执行董事 Dirk Bradfield 期望让公司上市；在顾问公司完成尽职评估后，向总裁 Colette 提出建议，整个集团中采购职能应该更专业化。这份尽职评估报告中披露了以下情况：

集团在英国本土有 5 个经营点，分别设在切斯特、爱丁堡、设菲尔德、布里斯托尔和卡迪夫。这 5 个点都独立营运，但只有一个点（电视购物频道）配备有采购经理的职务。

- 整个集团的最大开支是市场推广（1 200 万英镑用于在线、800 万英镑用于电视）。
- 市场推广统一由市场营销总监管理。
- 大多其他项目的采购都由各部门负责人自行承担，包括信息技术和代理人员。
- 没有经过货比三家的对比和竞争，就与众多中介公司开展业务。
- 不同的供应商提供着相同或者近似的产品和服务。
- 相同产品或服务的支出差异很大，有些达到上下 30%的幅度。
- 大多数采购合同都是采纳供应商的条款，更有些合同是口头承诺。
- 集团快速壮大，原有的一些供应商无法跟进其脚步，已经无法满足集团的需求，已经出现了有些（供应）合同执行情况的下滑。
- 集团总裁还是按照公司初建时一些个人关系来负责处理许多这类有问题的关系。

现在任命你为该集团公司新设立的采购总监，安排你和总裁 Colette 开会讨论未来的运作。你计划如何来具体解决以下问题？

（1）如何重组采购职能？

（2）如何使产品和供应链合理化？

（3）如何改变营销总监认为的公司开支等同于他的预算，合同签订由他说了算的做法？

（4）如何管理和分配各部门负责人的开支？

请将撰写的讨论提纲粘贴如下：

4．实验总结

5．教师评价

第 4 章

物 流 管 理

现代社会，每年 52 周，每周 7 天，每天 24 小时，物流时时刻刻都在世界的每个角落不停地运转着（见图 4-1），它根据客户的要求将产品和服务准时送往目的地。如果缺少了物流，将难以想象市场营销、生产和全球贸易将如何进行。当消费者在零售商店中购买商品，或者通过电子商务等手段进行采购时，他们希望商家能够遵守双方达成的交货承诺。事实上，即使在最忙碌的时期，他们也期望每一个订单都伴随着及时准确的物流服务，几乎不能容忍任何失误。

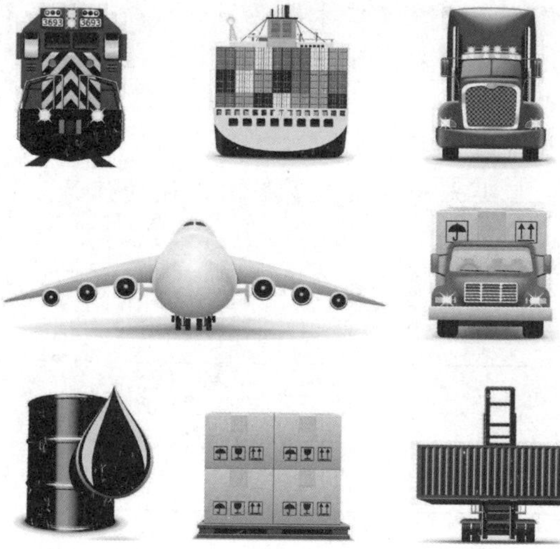

图 4-1　物流

物流是将供应链中所有成员连接起来实现一体化运作的过程。在供应链和大多数企业的运作中，物流活动的成本是总成本的主要组成部分。

物流的职能运作主要包含客户关系管理、生产（制造）以及采购这 3 个主要的运作环节。为了实现内部一体化，企业必须实现对在各个环节之间流动的库存和信息进行有效的协调。

在尽可能提供使总成本最小化的服务时，实现物流的稳定性是企业头等重要的目标。企业所面临的问题在于如何设计一个既能快速地执行各项物流工作，又能尽量维持这些运作的稳定性的供应链。无法预料的延迟以及计划之外的提前到货，将延长或缩短完成运作周期所需的时间。从运作的角度来讲，提前交货或延期交货都会给企业带来不利影响。

4.1 物流业务的重要性

物流涉及一系列的流程管理，包括订单处理、库存管理、运输管理以及对仓储、物料处理及包装的一体化管理。物流设施网络将上述所有过程有机地结合在了一起。物流的目标是协助采购和生产活动，满足客户提出的要求。如何协调企业各职能部门之间的冲突，使它们形成一个以满足客户服务为目标的有机整体，是进行企业内部管理时存在的主要问题。在广阔的供应链环境中，运作的同步化能够实现企业内部和外部运作流程的一体化，对原材料供应商、服务提供商以及消费者都非常有利。

物流是指以总成本的最小化为目标对系统进行设计和管理，控制原材料、在制品和产成品在整个供应链运作中的流动状况并提供库存定位管理。要实现总成本的最小化，就意味着企业必须最大限度地减少与物流相关的财务费用和劳动力数量，并且必须在实现客户服务目标的同时将运作费用控制在尽可能低的水平。如何将物流运作所需的资源、技能和系统三者有效地融合在一起，是一个非常棘手的问题。

通过物流运作，企业将原材料送往制造厂进行加工，然后经过配送将产成品运到客户手中。现阶段全球业务的快速发展扩大了物流运作的规模，同时也使物流活动变得更加复杂。当生产出的产品用于销售时，物流就在供应链的各个环节中增加了产品的价值。创造物流价值所需的成本非常高昂。例如，2010 年美国的物流费用约占国民生产总值的 8.3%，美国当年的国内生产总值为 145 900 亿美元，因此其物流费用约为 12 110 亿美元。2010 年的运输费用是 7 690 亿美元，约占物流总成本的 63.5%，如表 4-1 所示。

表 4-1 美国 1980—2010 年的物流成本

（5 年间隔，除了国内生产总值之外，其他各项的单位均为 10 亿美元）

年份	国内生产总值（单位：万亿美元）	库存成本	运输成本	管理成本	物流总成本	物流总成本在 GDP 中所占比例/%
1980	2.80	220	214	17	451	16.1
1985	4.22	227	274	20	521	12.3
1990	5.80	283	351	25	659	11.4
1995	7.40	302	441	30	773	10.4
2000	9.82	374	594	39	1 007	10.3
2005	12.43	395	739	46	1 180	9.5
2010	14.59	396	769	47	1 211	8.3

虽然物流费用巨大，但是物流所具有的吸引力并不仅仅在于控制和削减物流成本，同时也在于如何帮助企业充分利用物流能力获得竞争优势。那些拥有世界顶尖物流能力的企业为其最重要的客户提供了卓越的服务，因而能够在竞争中立于不败之地。通常，优秀的企业利用信息技术，实时监控物流在全球范围内的运作情况。信息技术能够帮助企业发现物流过程中存在的潜在问题，以便在交货之前采取必要的补救

措施，减少损失。一旦企业无法及时完成补救措施，它们往往会提前通知客户，让客户知道货物配送中出现的问题，避免客户因无法按时收到货物而担心。通常情况下，企业与供应商开展的紧密合作，加上企业与客户之间的有效沟通，能够帮助企业采取正确的办法杜绝运作故障，避免由于客户服务失误所导致的高额成本。供应链中理想的合作伙伴，是那些能够在库存管理、运作速度、交货的稳定性和运作效率等方面实现协调，同时进行高速运作的、成熟的物流企业。

4.2 物流的价值构成

如今，人们完全了解必须对物流进行一体化的管理，从而以最低的总成本实现客户满意度。在这种方式下，物流运作能够创造价值。

4.2.1 服务收益

在当今的运作环境下，主要的限制因素是经济情况，而不是技术。例如，企业可以将产品存储在尽可能靠近主要客户的地方；运输车辆随时都可以做好发货准备；为了便于处理订单，在物流运作方面，客户和供应商可以通过实时沟通的方式进行交流。假设所有物流环节都处于随时可用的状态，那么一旦明确了客户需求后，企业就能够在很短的时间内完成产品或部件的交货过程。如果供应商委托客户进行库存管理，那么运作速度就会变得更快，因为不存在对所需产品进行配送的中间过程。在这种方式下，在客户提出产品需求之前，就已经完成了与委托管理相关的物流运作。虽然有些销售经理幻想着能够提供这种理想的服务承诺，但是实现该承诺的成本却非常高，往往超出了客户的可承受范围，同时也不适用于大多数的生产运作。

企业的关键战略问题在于如何使用最具有成本效益的方式击败竞争对手。如果在生产时出现某种关键原料的短缺，那么很有可能会导致工厂停产，带来巨额的成本，同时也造成了潜在的销售损失，甚至可能失去重要客户的业务。与之相反，在补充仓库库存时，一两天的发货延迟对整个物流运作的利润影响可能非常小，甚至微乎其微。通常而言，物流失误导致的成本或利润影响与终端客户服务的重要性直接相关。物流服务的失误对客户业务的影响程度越大，执行正确无误物流运作的必要性就越高。

可以通过可得性、运作绩效和服务的可靠性这 3 个指标对基本物流绩效进行衡量一基本物流服务是指企业为所有客户提供的服务水平。

（1）可得性是指企业通过维持一定的库存量、稳定地满足客户对产品或物料需求。在传统模式下，可得性越大，相应的库存量和成本就越高。信息技术实现了系统的灵活性，也提供了一种在不增加库存投入的情况下提高客户可得性的新方法，因此信息是企业实现物流运作的关键要素之一。

（2）运作绩效与完成客户订单所需的时间相关，它涉及交货速度和交货的一致性。显而易见，大多数客户都希望能尽快收到产品，但是如果企业各个订单之间的一致性很差，那么实现快速配送的可能性就非常低。

（3）服务的可靠性反映了物流的根本特性，需要对可得性以及运作绩效进行准确的衡量。只有全面、系统地衡量了运作绩效之后，才能判断出物流的整体运作是否实现了预期的服务目标。实现服务可靠性的关键在于确保库存的可得性以及确定衡量物流运作绩效的方法。企业如果希望物流运作能够持续地满足客户期望，就必须对管理方法进行不断的完善。因为物流是一个综合产物，它涉及员工培训、良好的运作、全面衡量以及持续的改进等诸多方面，所以实现高质量的物流并非易事。为了提高服务水平，企业必须有选择性地设定目标。

例如，如果企业以承诺不现实的跨国物流服务作为目标，那么只会降低企业自身的能力，使其无法满足具有很强购买能力的客户所提出的特殊需求。

4.2.2 成本最小化

1956年，一篇有关空运经济学的经典专论提出了一种有关物流总成本的观点。当刘易斯、卡利顿以及斯蒂尔解释在什么情况下利用高成本的航空运输合理时，他们使用了总成本物流模型这个概念，认为总成本包括执行物流活动所需要的全部费用。他们通过一个电子部件的分销策略，指出了在工厂与客户之间进行直接空运所创造的经济效益将远远超过库存和仓库管理成本的减少，并得出结论：将库存集中在一个仓库并采取空运的方式，可以提供较为满意的客户服务，同时实现物流总成本的最小化。

管理者习惯关注职能部门运作成本的最小化，如运输成本，期望通过这样的方式实现多项成本加总的最小化。总成本概念的提出和发展，为审视各职能部门之间运作成本的相互联系和影响提供了依据，这类影响被称为“成本间均衡”。随着总成本概念的不断完善，企业对物流成本的组成要素也有了更深刻的认识，了解了分析运作成本时需要哪些关键资料，同时也提高了自身基于活动的成本分析能力。

4.2.3 物流价值的产生

企业要想在物流运作方面处于绝对的领导地位，就必须依照关键客户的期望和要求，实现运作能力与承诺之间的高度统一。从成本结构的角度分析，客户承诺就等同于物流的价值观，它是企业对单个客户或客户群体做出的一项特殊承诺。

企业往往希望通过发展和实施综合物流能力，以切实可行的总成本费用满足客户的要求。很少有企业会单方面追求物流总成本的最小化，或者仅仅以提供最优质的客户服务作为物流战略的目标。企业必须将总成本最小化与优质的客户服务两者有机地结合起来，针对不同的客户需求提供不同的解决方案。一个设计精良的物流方案既能够提供高水平的客户服务，又可以降低库存。此外，最重要的一点是，企业提供的服务必须与特定用户的需求紧密相连。为了对成本和服务之间的均衡点进行测定，涌现出了大量的辅助管理工具。一个完善的运作战略公式，必须可以估算出实现不同的服务水平时，所需的物流运作成本分别是多少。同理，如果企业不从客户服务、制造和采购策略等角度进行宏观分析，那么衡量不同物流系统的运作绩效就变得毫无意义。那些优秀的企业早已意识到，一个设计精良且运作良好的物流系统有助于提高企业的竞争实力。事实上，企业依靠物流能力获得战略优势，成为行业的领头羊，已经成为一种普遍规律。

4.3 物流过程

在供应链管理中，物流的作用在于以最低的总成本移动库存，在规定的时间内将其送往指定地点，并实现库存的定位。只有在正确的时间将产品送到正确的地点，完成所有权的交换或实现增值过程后，库存才具有了真正的价值。供应链任何一个运作环节中的决定都将影响其他环节中的成本，但是各运作环节之间的高度相关性却为实施一体化物流管理带来了极大的困难。物流的 5 个运作环节是：订单处理、库存管理、运输管理、仓储/物料处理及包装、设施网络。

4.3.1 订单处理

长期以来，人们都低估了信息的准确性对于实现卓越物流运作的影响作用。很多方面的信息都对物流运作有极其重要的影响，其中订单处理信息显得尤为关键。如果不能准确地理解订单处理过程中的信息失真，不了解信息是如何影响物流运作的，那么自然也就无法完全理解订单处理信息的重要性。

信息流的快速传递有助于实现各运作环节之间的平衡。假设某企业希望将若干个销售点的订单积累一周后，寄往该地区的处理中心对订单进行批量处理，随后将处理后的订单发送到配送仓库，最后通过空运方式完成快速交货。遗憾的是，这种做法非常不现实。与之相反，如果企业利用互联网与客户进行沟通，直接获取订单信息后，使用低成本、相对较慢的运输方式完成配送，或许能以较低的总成本完成交货服务，同时速度反而比上述方式更快。因此，关键在于如何实现物流系统中各个组成部分之间的协调与平衡。

预测以及与客户沟通是与物流运作相关的两个方面，它们都受信息的影响。供应链究竟采用预测模式还是快速响应模式，会影响运作信息的相对重要性。预测型模式与响应型模式之间的平衡构成了供应链设计中的基本发展趋势。供应链设计的响应性越高，信息的重要性就越大，企业就必须更及时、更准确地获得有关客户采购行为的信息。在大多数供应链中，客户的需求都以订单的形式进行传递。订单的处理过程涉及客户需求管理的各个方面，如接收初始订单、产品交付、货物计价和结算以及收款等。企业处理订单的能力直接反映了企业物流能力的高低。

4.3.2 库存管理

企业的库存需求与它的设施网络和预期的客户服务水平直接相关。从理论上说，为了满足所有客户的需求，企业可以在供应链的任何一个节点上都存储各种类型的待售产品。然而，几乎没有企业会采取这种近似于浪费的库存部署战略，因为维持大量库存会带来极大的风险，并导致过高的总成本。库存战略的目标是在实现高质量客户服务的同时，尽可能降低库存量。过量的库存也许能够弥补物流系统中的某些不足，但是却会导致完全不必要的物流总成本。在制定物流战略时，企业既要尽可能减少在库存上的投资，又要提供令客户满意的服务，最终目标是要实现库存周转率的最大化。要想制定一个完善的库存战略，就必须将以下五方面有机地结合在一起：①关键客户细分；②产品的赢利能力；③一体化运输；④基于时间的运作；⑤竞争能力。

企业将产品销售给大量不同的客户，因此难免会遇到需求不均匀的问题。企业的关键细分市场由那些最能为其创造利润的客户组成，鉴于此，企业在制定库存战略时必须将重点放在这些客户身上。因此，只有制定了能够优先满足关键客户的库存战略，才能进行有效的物流细分。

对于大多数企业而言，各种产品的数量和赢利能力之间存在着明显差异。企业很有可能会发现，那些占总数量不到20%的产品却为总利润做出了80%以上的贡献，这种规律在商业运作中相当常见（80/20 法则，或帕累托法则）。为了应对这种现象，管理者必须以正确的产品分类为基础，实施有效的库存战略。

通常情况下，企业根据运输总量和运输批量的大小收取运输费用。那么，出于对成本和运输的考虑，企业需要制定一个合理的库存战略，在某个特定的中心仓库储存足够的库存和多样化的产品，以便进行集拼运输。一般而言，运输量越大，单位货物的运费价格越低。这样，节约的运输成本足以抵消由于库存增加带来的库存维持成本。

为了满足客户需求，企业提出了快速交货承诺，这是体现其竞争优势的一个主要方面。如果企业能实现产品和物料的快速配送，那么客户就没必要持有大量库存；同样，如果零售商店能够实现快速补货，便可以在降低安全库存的同时减少缺货情况的发生；而如果想完全消除安全库存，就必须准确无误地、及时地补充库存。尽管基于时间的运作方式能够尽可能减少客户的库存量，但是这种物流运作方式对时间的敏感度非常高，从而增加了供应链的其他成本，因此必须将节约的成本与增加的成本加以比较，然后再决定应该采取何种时间策略。

在物流系统中，维持物料和部件库存的原因与维持成品库存的原因有所不同，企业必须站在总成本的角度审视各种类型的库存以及服务承诺。同时，企业还需要理解订单处理、库存管理、运输和设施网络决策之间的相互关系，以此为基础实现一体化物流运作。

4.3.3 运输管理

运输是物流运作中的一个操作环节，它实现了物品在地理位置上的移动以及库存定位。运输对企业有非同寻常的重要影响，因此为了更好地控制运输成本，管理者在运输管理上投入了大量精力。一般而言，无论企业的规模有多大，绝大多数企业都设有专门的运输部门及管理人员。

运输需求能够通过以下 3 种基本的方式得以满足：第一，企业自身拥有运输车队；第二，企业与专业运输公司签订合同，将运输转包出去；第三，企业与大量运输公司签订服务协议，根据客户对交货的具体需求，要求运输公司有针对性地提供不同的服务。从物流系统的观点来看，成本、速度和稳定性是影响运输管理的 3 个关键因素。

运输成本包括两部分，将货物从甲地运往乙地的运输费用以及维持在途库存所需的费用。企业的物流系统应该致力于优化运输过程，实现系统总成本的最小化，也就是说，最便宜的运输方式并不一定意味着物流系统的总成本最低。

运输速度是指完成某项特定运输任务所花费的时间。运输速度和成本之间有着紧密的联系：一方面，如果企业愿意支付高额费用，那么运输企业就能够实现快速送货；另一方面，运输速度越快，就意味着库存滞留在运输过程中的时间越短。因此，企业在选择最理想的运输方式时，需要考虑如何实现运输速度与运输成本之间的均衡。

运输稳定性指的是当企业完成相同的运输任务时，所需的运输时间是否会发生变化。运输的稳定性越高，则运输的可靠性越大。长期以来，物流管理者在衡量运输服务水平的高低时，都将运输的稳定性作为一项最重要的因素。随着新信息技术的出现，企业能够对运输状况进行实时控制与监测。因此，在维持运输稳定性的同时，物流管理者开始积极寻求更迅捷的运输方式，尝试着将运输速度和运输可靠性有机地结合起来，提供更高质量的运输服务。

企业在设计物流系统时，必须维持运输成本和运输服务水平两者之间的平衡。在某些情况下，企业以较低成本提供速度较慢的运输，或许能够满足客户要求。但是，如果运输速度对于客户来说非常重要，那么企业就必须提供快速的运输服务。因此，根据客户要求，选择合适的供应链运输战略，是物流管理的一项关键职责。

4.3.4 仓储、物料处理及包装

物流的第四个运作环节是仓储（见图 4-2）、物料处理及包装，它同样也是物流运作方案中一个必不可少的组成部分。然而，仓储、物料处理和包装等功能紧密相关，并非彼此独立。例如，在物流过程中，库存往往需要妥善存入仓库，运输则要求有效地完成物料的装卸，而最后，只有对单个产品进行包装，放入装运箱或其他运输容器之后，才能实现高效的货物处理。

图 4-2 仓储

仓储管理的一个重要环节是如何接收、处置退货和受损库存。大多数企业都面临处置过剩库存、受损库存或瑕疵库存的问题，这一过程通常被称为逆向物流。

为了提高物料处理的效率，企业通常将听装、桶装和盒装产品集中到更大型的包装单元中（见图 4-3）。这种大型的包装单元有两个主要特点：第一，它能保护产品在物料过程中免遭损坏；第二，大纸箱使物料处理变得更简单，因为它将产品集中了起来，使企业不用费时费力处理那些小型的单件产品。为了提供更高效的物料处理，

同时方便运输，企业还可以进一步将大纸箱集中起来，组成更大的包装单元。

当企业将仓储、物料处理及包装等环节有效地集成到物流运作中之后，物流系统中产品流的速度和整体畅通性都能够得到明显改善。事实上，一些企业已经实现了产品从生产工厂或进口入境集装箱直接流向零售商店的运作模式，同时将中间环节的处理过程以及库存降到了最低限度。

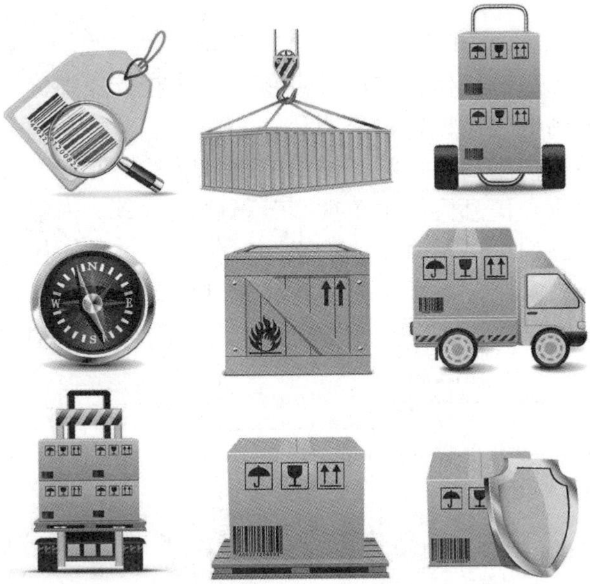

图 4-3 物料处理

4.3.5 设施网络设计

最初，经济学家在研究需求与供应之间的关系时，他们假设设施位置和运输成本的差异对于各个竞争者而言都是相同的。然而，在商业运作中，开展物流活动所需的设施数量、大小以及所处的地理位置，将直接影响企业的成本以及提供客户服务的能力。设施网络是物流管理的一个重要组成部分，这是因为企业需要借助设施网络将产品和物料运到客户手中。物流设施通常包括生产厂、仓库、接驳式作业设施以及零售商店。

进行设施网络设计时，企业首先要确定完成物流运作各种所需设施的数量、地理位置及所有权，然后还需要确定每个设施中存储产品的种类、存储数量以及如何将库存分配给客户。设施网络为物流运作的开展建立了一个总体架构，实现了信息与运输能力的集成。也就是说，与客户订单处理、库存存储以及物料处理相关的各种具体业务都可以在设施网络中进行。众所周知，不同地域的市场之间存在着明显区别，因此在设计设施网络时需要对地理环境的差异性进行细致的分析。

例如，按照人口数量来计算，美国 50 个最大的城市几乎占据了零售市场的全部份额。因此，当企业在全美国范围内对某种产品进行市场推广时，它所建立的物流网络必须能够为其关键市场提供所需的服务。

此外，原材料和部件在地理位置上的分布也存在显著差异。由此可见，当企业参与全球物流运作时，与设施网络有关的问题将会变得更加复杂。但是，企业也不能为了满足需求和供应结构的变化而过于强调不断改进设施网络的重要性。在动态的竞争环境下，产品分类、客户、供应商和生产需求不断地发生变化。一个良好的设施网络能够帮助企业赢得竞争优势。

4.4 物流运作

图 4-4 中的阴影部分表明了一体化物流的内部运作过程。当客户信息从客户端流出后，以销售行为、供应链协作预测以及订单等形式在企业中流动。企业从中提取关键信息，组织相应的制造、销售以及采购活动。当产品和物料的采购活动完成之后，企业开始管理具有增值作用的库存流，并最终将成品的所有权转移给客户。因此，可以从相互联系的库存流和信息流两个角度来分析物流过程。内部流程的一体化对企业的成功固然有着重要影响，但同时企业也必须对供应链进行一体化管理。为了在当今高度的竞争环境中取胜，企业必须扩充一体化管理的范围，将客户和供应商也囊括到一体化管理中，这种协作式扩展反映了物流在广义的供应链管理中的重要地位。

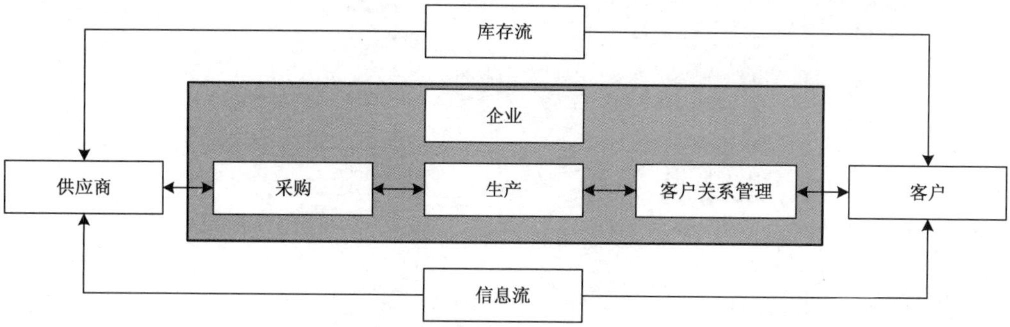

图 4-4　物流的一体化

4.4.1 库存流

物流的运作管理涉及库存的移动和存储。在流动过程中，库存通常表现为原材料、在制品或产成品。物流运作的起点是从供应商处购买原材料或部件，终点是将经过加工或制造后的产品配送到消费者手中。

从原材料和部件的采购开始，根据特定需要，物流活动应当在合适的时间将库存运送到正确的地点，从而实现价值的增加。当所有运作环节都不存在问题时，在将原材料和部件加工为产品的过程中，原材料和部件在每一个步骤上都获得了更大的价值。换句话说，一个部件经过加工成为成品的一部分，其价值将增加。同样的，当成品交付给客户后，也能实现价值的增加。为了辅助生产活动，企业必须对在制品库存进行妥善管理。每种原材料或部件的成本及其在供应链中的运动都是增值活动的组成部分。物流运作通常可以分成三部分：

（1）客户关系管理。物流的最终目标是将产品运送到客户手中，客户指定的运输地点就是供应链的最终目的地，产品的可得性是所有渠道参与者从事市场营销的关键。处理客户服务各方面事宜的过程被称为客户关系管理（CRM）。正是通过客户关系管理过程，企业才实现了库存在时间和空间上的配置，使其真正成为市场营销运作中必不可少的组成部分。

（2）生产。生产的重点是管理在各个生产环节之间流动的在制品库存。对生产过程而言，其最主要的物流职责是参与制订主生产计划，并通过适时地提供原材料、部件以及在制品库存来完成主生产计划。因此，生产支持所关心的不是如何进行生产，而是产品将于何时、何地、以何种方式生产。从整体计划的角度来看，将生产从客户关系管理和采购活动中分离出来，有助于提高生产效率，同时为实现其专业化发展提供了有利条件。例如，企业采取快速响应战略就能够降低或消除生产的分离。

（3）采购。采购包括购买物料和部件，以及安排物料、部件、成品库存从供应商流向制造/加工工厂、仓库或零售商店的过程。物料指的是流入企业的物资，不管其目的是用于销售还是加工；产品指的是出售给客户的、完成了增值过程的物品。换句话说，物料在生产过程中实现了价值的增加，而产品则用于最终消费。两者之间的根本区别在于，产品是物料经过生产、挑选、装配等活动后实现了增值的最终产物。

在典型的企业中，物料运作的上述3个环节有时候会相互重叠，可以把它们都看成是所有增值流程中不可缺少的组成部分，这样就为总体流程中各个组成部分的投资创造了机会，同时也有利于流程的专业化。供应链面临的挑战在于如何有效地整合各个参与企业的物流过程，从而提高整体的运作效率。

4.4.2 信息流

信息流反映了物流系统中特定环节上的需求情况。信息同样也有助于实现物流运作3个环节的集成。在单个物流环节中，根据订单大小、库存的可得性以及紧急程度的不同，需求情况也会有所不同。信息流管理的主要目标是调和不同需求之间的差异，从而提高供应链的整体绩效。需要强调的一点是，信息流与客户关系管理、生产以及采购这些实际工作是平行的，它实现了计划与日常操作控制两者之间的协调，如果缺少了准确的信息，物流系统中的所有工作都无法正常进行。

4.5 物流整合目标

为了在供应链中实现物流整合，必须同时达到6个运作目标：①响应性；②减少差异；③降低库存；④集拼运输；⑤质量保证；⑥生命周期支持。每个目标的相对重要性与各个企业的物流战略直接相关。

（1）响应性。响应性是指公司及时满足客户需求的能力。正如前面多次所提到的那样，通过信息技术可以使某些作业在最后一刻进行，然后进行快速交付，这样实施快速响应战略将更加容易。实施快速响应战略，可以减少为了满足预测的客户需求而持有的库存。快速响应使企业的运作重点发生转移，从预测客户将来的需求转移到通过快速地进行订单至发货之间的作业，满足客户需求。在理想情况下，在一个快速响应系统中，企业在接到客户订单以后才进行库存配置。为了支持这种运作模式，一旦客户订单到来时，企业必须持有有效的库存并能够做到及时交付。

（2）减少差异。物流系统的所有运作领域都有可能出现差异，产生差异是因为不能按照预期的效果完成物流运作。例如，延期完成客户订单、订单分拣过程中的意外中断、当到达客户地点时发现货物损坏以及不能及时在正确地点完成交货，这些都是订单到交货过程中可能产生的差异。通常，防止这些差异造成负面影响的办法是在各运作环节中设置安全库存来进行缓冲。为了克服运输中出现意外变化而导致计划交货的延迟，一个通用的办法是使用额外的运输工具。以上这些方法都会增加总成本，但是使用信息技术能保证物流的积极运作，同时最少地使用以上这些方法。如果差异性降低了，从一定意义上说物流生产效率就提高了。因此，减少差异、消除系统运作的中断是整合物流管理的一个基本目标。

（3）降低库存。为了降低库存，整合物流系统内部必须控制库存资金投入和库存周转。库存投资是指系统中配置库存的财务价值。库存周转反映了一定时期内库存补给的速度。高效的库存周转和满足需要的库存可用性，就意味着库存占用的资金被有效使用，同时也说明支持整合运作的总投入资产达到了最低水平。

应该牢牢记住一点，库存有助于实现人们的预期收益。在生产和采购中，库存对实现规模经济是非常重要的。我们的目标是在实现供应链总体绩效目标的同时，尽可能地降低库存水平。

（4）集拼运输。物流成本中最重要的成本之一就是运输成本，平均而言，每支出1 美元就有 60 美分用于运输。运输成本与货物种类、货物批量大小以及运输距离有直接关系。许多物流系统通过高频率、小批量运输进行直接补货，这种补货方式的成本很高。系统目标是通过集拼运输来降低运输成本：一般说来，货物的批量越大、运输距离越长，每单位货物的运输成本就越低。集拼运输要求运用创新的方法将小批量货物集拼后进行及时的统一运输，并且要求多个企业之间相互协调。成功的电子商务直接完成向客户的配送，这就需要创新的方法来实现有效的集拼运输。

（5）质量保证。持续提高质量是企业的根本运作目标之一。全面质量管理（TQM）是贯穿于行业大多数方面的主要质量措施。如果产品有瑕疵或者未能信守服务承诺，那么这样的物流运作就不能实现增值。一旦发生了物流成本，就不可能再收回。事实上，如果在产品交付给客户之后发现产品存在质量问题，就必须更换产品，这样物流成本会迅速增加，除了最初的物流成本外，还必须退回或更换产品，这种计划外的运输比最初产品配送的成本要高。因此，物流运作中的一个主要目标是实现订单到交付过程的零缺陷。

物流运作本身就面临着很多挑战。由于物流作业是在广阔的区域内全天候进行的，并且没有对此进行直接监督，因此要实现零缺陷的物流就更加困难。

（6）生命周期支持。如果产品达不到广告中承诺的标准，就不会有人购买。在某些情况下，已经送达客户的产品必须返回。越来越严格的产品质量标准、产品有效期限制以及对客户造成危害的责任追究使产品回收也变得越来越普遍。由于越来越多的法律鼓励饮料瓶和包装材料的循环使用，产生了逆向物流。逆向物流最重要的用途是在出现潜在的产品责任问题时，如潜在的产品污染问题，对该产品进行最大限度的控制。当企业被要求召回产品时，设计良好、协调运作的逆向物流尤为重要。

逆向物流的运作目标很广泛，从总成本最低（当回收饮料瓶时）到对有缺陷产品的最大限度地控制。设计有效逆向物流的企业通过减少产品生产数量来收回部分价值，否则这些生产出来的产品将被废弃或者打折销售。仔细评估逆向物流需求，才能制定出正确的整合战略。

例如复印机这样的产品，其主要收益在耗材销售和维修机器的售后服务。当主要收益来自售后市场时，生命周期支持的重要性就大不相同了。对于生产耐用消费品或工业设备自公司来说，生命周期支持的承诺形成了一个多用途、高需求的市场机会，同时也是物流运作成本中的一个很大的组成部分。

4.6 物流的运作模式

物流服务对客户具有直接影响，这种影响力与运作系统的设计有直接的关系。物流运作需求表现在许多不同的方面，这大大增加了设计运作系统的难度。精心设计的物流运作结构必须实现绩效、成本和柔性之间的平衡。在世界范围内，物流系统的类型可谓是多种多样，它们为广阔多样的市场提供服务。当前使用最为广泛的 3 种物流系统结构分别是多阶式结构、直接式结构以及混合式结构。

4.6.1 多阶式结构

物流系统所具有的阶梯结构指的是当产品流从起点流向终点时，产品通常在常规的企业和设施中进行加工。企业选择多阶式结构的原因在于，根据总成本分析，在供应链中维持一定水平的库存或者连续进行某种具体的运作是非常有必要的。

在多阶式系统中，仓库的作用是进行库存的分拣以及实现大批量集中运输带来的经济利益。企业对仓库中的库存产品进行快速调配，以满足客户需求。典型的多阶式结构供应链的构成如图 4-5 所示。

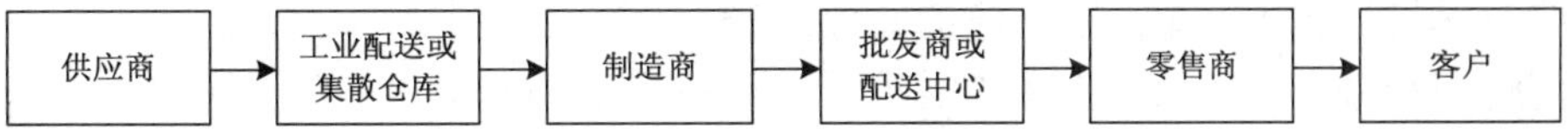

图 4-5 多阶式结构物流

典型的多阶式系统通常使用杂货仓库或者集散仓库。杂货仓库通常接收来自于多个供应商的大批货物，然后基于对消费者需求的预测情况，进行库存分类和存储。这种杂货仓库最典型的例子就是由主要的食品供应商和批发商管理的食品配送中心。集散仓库则按照相反的方式进行运作。有些制造企业在不同的地区设有工厂，因此这些企业常常希望能够将产品合并起来进行运输。在集拼运输模式下，企业将不同工厂生产出来的产品存放在一个中心仓库中，然后根据客户需求，将其所需的全部产品一次性发送给客户。主要的消费品制造商是使用多阶式系统实现全部产品集拼运输的典型代表。集散仓库在入站式生产中也十分常见，供应商的零部件及组件按需依次运往工厂，支持生产运作。

4.6.2 直接式结构

与多阶式结构对比的是一种将产品从一个或几个库存集中地直接运送到最终消费者手中的方式，这种方式被称为直接配送，它将高质量、高效率的运输服务与信息技术结合起来，快速完成客户订单的处理以及相应的产品配送。这种方式将各种能力有机地结合在一起，既减少了时间延迟，又克服了由于客户地理位置的分散带来的问题。应用直接式运输的例子很多，例如，将产品从工厂送往客户所在地的货车运输，直接在商店发货，以及通过各种方式将网购商品直接发送给消费者等。同样，直接式物流结构在制造厂的物料采购活动中也非常普遍，这是因为每次采购的平均批量都非常大，所以进行直接运输比较有利。

当经济实力允许时，物流设计者通常倾向于采用直接式结构，因为这有助于降低库存，简化相关产品的处理环节，但直接式物流的局限在于运输成本过高。一般而言，大多数企业现在已经不再使用以前惯用的仓库管理方式，它们对多阶式结构进行了逐步调整，并且把直接式运作模式融入了进去。图 4-6 显示了如何将直接式物流能力融入多阶式物流结构中。

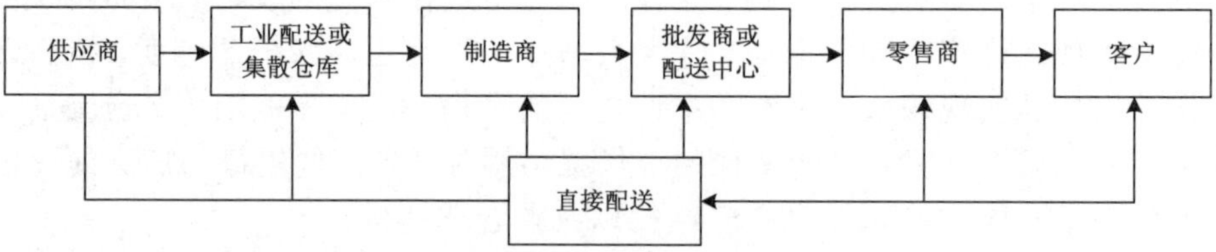

图 4-6　多阶式物流与直接配送相结合

4.6.3　混合式结构

最理想的物流运作模式是将直接式和多阶式物流结构各自的内在优势有机地结合在一起，构成一种混合模式。在理想的情况下，供应链上的企业应该尽可能长时向地实施延迟策略以应对产品的预期承诺。企业在运用库存战略时，通常将移动迅速的产品或物料存放在靠近客户端的仓库中，而把那些高成本或高风险的物品存储在中心仓库，采取直接配送的方式将其发送给客户。基本的服务承诺和经济效益决定了企业向特定客户提供的最合适、最经济的物流运作模式。

所有企业都面临着特殊的客户需求，为了在竞争中获胜，它们必须使用不同的物流策略。那些能够以最低的总成本提供满足客户期望的战略，往往是结合了多阶式与直接式两者优点的混合式运作模式。

4.7　柔性结构

灵活运作是企业为了杜绝物流发生故障而预先制定的可行策略。由于设施中的物料发生短缺或其他原因导致无法及时履行客户订单，是物流运作中比较常见的紧急情况。例如，仓库中某种物品出现了短缺，而企业在客户指定的交货日期之前却无法完成对该物料的补货工作，那么为了避免订单延迟或由于延迟交货而导致客户取消订单，一种可行的运作策略是对总订单进行分配，从其他仓库中调配那些无法获得的所需物料。企业通常根据特定客户的重要性以及客户订购产品的重要程度，来灵活使用运作模式。

随着供应链中各节点企业之间的沟通不断完善，柔性物流运作得到了广泛的运用，它作为基本物流战略的一个组成部分，为特定客户的运作提供服务。柔性物流运作的规则和决策方案说明了企业如何通过不同的方案来满足客户的特定需求，例如，可以将不同的运输设施重新进行分配或改变交付方式。

图 4-7 在物流运作结构中引入了灵活运作的概念。企业要实现有效的灵活运作，先决条件就是运用信息技术通过物流网络来监管库存，以及利用信息技术提高处理订单时的快速应变能力。在紧急情况下使用灵活运作就是一个绝佳的例证。信息技术的全面进步促使了灵活运作的发展，使其逐渐成为基础物流战略中越来越重要的组成部分。

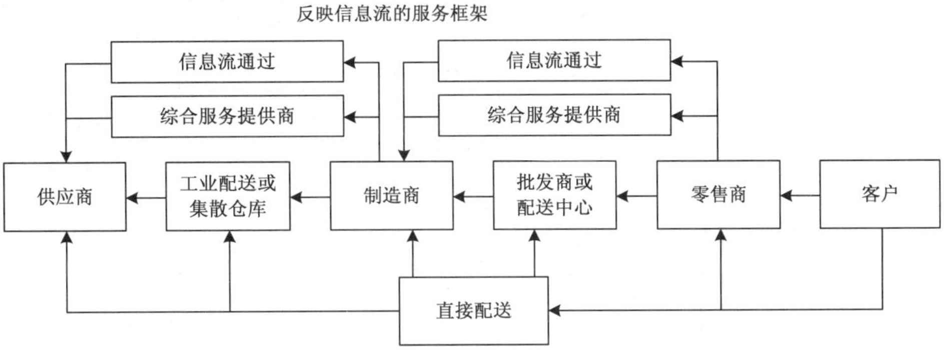

图 4-7 灵活型物流与直接配送相结合

4.8 供应链的同步化

除了单个企业内部的一体化管理流程之外，供应链管理面临的一个挑战是实现多个企业之间运作的整合。为了促进物流运作过程，供应链中的所有成员必须联合起来，共同制订计划并开展物流运作。供应链运作同步化指的就是供应链中多个企业运作的一体化。供应链运作的同步化致力于协调供应链伙伴之间的物流、产品流和信息流，将重复和不需要的冗余工作减少到最低限度。它也希望完成供应链各企业内部运作的重组工作，从而实现供应链总体运作实力的平衡。经过平衡后的运作要求供应链中每个参与企业必须共同制订计划，规定各自应该负责的物流工作以及需要履行的职责。供应链一体化的核心目标是协调各个成员企业的核心竞争能力，从总体上降低库存闲置时间。

闲置时间是一个比值，指的是库存在闲置状态下的时间，与它在供应链中为实现某种目的而流向指定位置所花的时间的比率。具体地说，在仓库中停滞不动的产品和零部件就是处于闲置状态；而那些通过运输车辆运往客户目的地的相同部件，则进行着有目的的调度活动。最理想的情况是，货物能够准时到达目的地，并立刻被投入到某一增值过程中。企业要实现的目标是完成产品与客户的增值过程的直接整合，尽可能杜绝产品的存储或者其他方式的停滞不动。同步化带来的诸多好处证实了一个结论，即在时间上实现供应与需求之间的同步，比为了提供特定服务以及实现产品移动而强调速度显得更为重要。

4.8.1 运作周期的构成

运作周期是指完成与客户服务、制造和采购相关的物流活动所需的各项工作，包括从确定客户需求到产品发送等一系列过程中的所有具体操作。因为运作周期集成了物流中各方面的工作，因此它成为进行物流设计和同步化分析时最主要的对象。信息和运输必须将供应链中的所有企业有效地连接起来，这是一个最基本的要求。通常把这些被信息和运输连接起来的运作点称为节点。

运作周期涵盖的方面很多，除了供应链中的节点和连接线之外，它还涉及库存资产。衡量库存的依据是企业对维持节点、在途产品和物料的运作而投入的资产水平。供应链节点的库存由基本库存和安全库存两部分组成。基本库存是节点上持有的库存，通常是该节点接到的平均到货量的一半。安全库存则是用来应付需求变化以及满足提前期内的需要量。物流活动就是在供应链的单个节点上，以及节点与节点之间展开的。一部分库存存储在节点上，另一部分库存在各个节点之间进行流动，因此企业需要提供多种不同形式的物料处理活动。尽管在运输中也存在物料处理和在途货物存储等活动，但是与供应链节点上的典型运作相比（如仓库提供的存储服务），这些活动就显得微不足道了。

对供应链运作周期的运作目标进行了分析之后，与运作周期相关的工作就能完全处于供应链中的单个成员或多个企业的控制和管理之下。例如，生产支持周期的运作通常由某个企业进行控制，而与客户服务或采购相关的运作周期则需要由多个企业共同控制。

图 4-8 通过一个多阶的供应链结构对基本的物流运作周期进行了阐述。

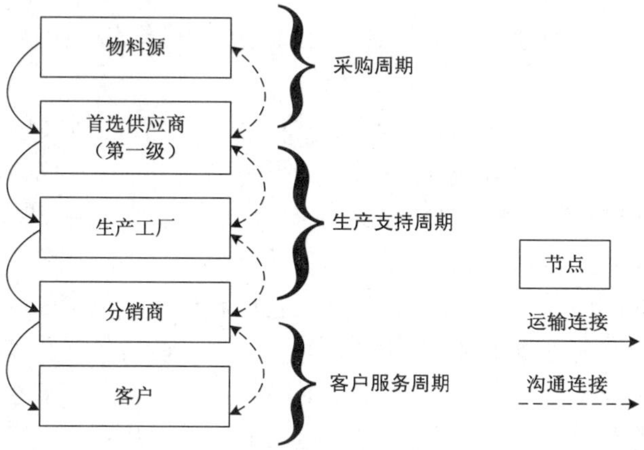

图 4-8　物流的运作周期

一般可以从 3 个主要方面去了解一体化供应链中物流系统的架构：第一，运作周期是实现供应链中物流一体化的基本单元；第二，从节点和连线的观点来看，无论是涉及客户关系管理、生产还是采购，供应链中各个运作周期结构的本质都是基本相同的，不同之处表现在单个企业对不同运作周期的控制程度上；第三，不管供应链的整体结构多么复杂，涉及的范围多么广阔，企业必须从运作周期的设置和相关管理责任方面对关键接口与控制流程进行确定及评估。

4.8.2　运作周期的不确定性

所有运作领域的物流管理都必须实现一个主要目标，即减少运作周期的不确定性。然而，存在的问题是，运作周期自身的结构、运作条件以及物流运作的水平都会随时导致运作差异的产生。

在一些特殊的工作中，工作自身具有的性质也会造成差异。例如，使用电子数据交换（EDI）或互联网进行订单传输，会比使用电话或日常的邮件传输数据更为可靠。

除了运用技术程度的影响，每天工作量的不同以及对突发事件采取不同的应变策略也会导致运作的差异性。订单处理的时间和差异取决于工作量的大小、自动化程度以及企业进行信用审核的相关政策。订单的选择、运作的速度和相关的延误都与企业的生产能力、物料处理能力以及现有人力资源的情况直接相关。当产品出现缺货时，完成订单选择的时间则包括安排生产计划或采购该产品所需的时间。完成产品运输所需的时间取决于送货的距离、送货量的大小、运输的方式以及运输的环境等因素。将产品发送给客户的最终交货也会因为双方达成交货的具体时间、交货约定、劳动力供给、交通状况以及完成特殊卸货作业、使用特定卸货设备而存在差异。

运作周期一体化的目标在于使运作按计划进行。供应链中任何一个节点上的操作延误都有可能导致运作出现中断，企业可以通过设置安全库存来避免出现此类延误。当运作速度比计划快时，企业就需要处理一些计划之外的工作，并存储那些提前到达的物料。提前或延迟交货都会给管理工作带来麻烦，同时增加企业的费用，正因为如此，物流经理才会格外强调运作的稳定性。一旦实现了稳定持续的运作，那么企业所付出的各项努力都将有助于缩短运作周期所需的时间，实现运作时间的最小化。换句话说，较短的运作周期可以降低资产的投入，因而备受企业青睐。此外，速度对企业的重要性与运作的稳定性直接相关。假设企业将运作的稳定性作为它的首要目标，那么快速的订单作业将有利于企业降低库存风险，并且提高库存周转率。

【延伸阅读】我国电商发展亟须解决物流“痛点”问题

随着人们生活水平的不断提高，越来越多的人喜欢海外购物，也正是这样的原因加速了电商不断发展，而物流业也迎来全新的商机。物流业是现代服务业的重要组成部分，更是跨境电商不可或缺的一部分。虽然跨境电商在经济与政策双重推动下蓬勃发展，但是物流业却成为当前跨境电商发展中的突出短板。

国务院常务会议提出，要改革完善与新业态、新模式相适应的体制机制，扩大跨境电商、市场采购贸易方式、外贸综合服务企业等试点。在经济复苏乏力的状态下跨境电商给外贸带来了新的生机。

1. 物流是电商发展的关键要点

当国务院新闻办公室举行发布会中提到2016年商务发展情况时，商务部部长表示，中国消费者消费需求不断增加，且更趋于个性化，境外购物已成为一大消费趋势，在这样的背景下，跨境电商也成为了今年国民经济的一大重点工作。

随着经济的全球化以及互联网技术的发展，电商也获得了极大的发展机遇，尤其是我国的电商发展速度，更是超过了其他国家。电商大大方便了人们的信息沟通，但其核心还是商品的交换。为了客户的需要，把商品从发生地运送到消费地，中间可能经历商品的包装、存储、质检、运输甚至二次加工，就是通常所说的物流。所以，可以看出，物流是电商发展的重要基础设施，也是电商能够发展的关键核心。

电子商务的快速发展，使得我国电商物流保持较快增长，企业主体多元化，经营模式不断创新，服务能力显著提升，已成为现代物流业的重要组成部分和推动国民经济发展的新动力。

此外，为了加快电子商务物流发展，提升电子商务水平，降低物流成本，提高流通效率，商务部等六部门印发了关于《全国电子商务物流发展专项规划（2016—2020）》的通知。这一专项规划的提出，极大促进了现代物流的快速发展，使得人们跨境消费成为了可能。而跨境电商之所以能够快速发展，就是因为满足了人们方便及时地要求，现代物流通过信息技术、人工智能等高科技，可以将不同的商品，以最优的方式、最快的速度运送到消费者。如果没有现代物流快速及时地运输，很难吸引人们的跨境消费。

同时，现代物流与电子商务的相生相伴，让企业对商品流、物流以及信息流、资金流有了更全面的了解，从而对产品市场以及消费趋势有更精准的把握，提高企业的效益。现代物流的快速发展，可以提供更多的附加服务，让购物更加方便。比如，它免除了人们携带、运输的麻烦，交货的时间和地点更加自由，这些都能极大地促进跨境电商的发展。

2. 行业短板制约物流发展

据深圳海关统计，2016 年上半年，在前海自贸区共验放网购保税进口物品清单（包裹）约 794.8 万票，同比增长 211.97%，货值 8.73 亿元，同比增长 293.40%。随着国内、国际的物流量逐年增长，市场潜力不断加大，我国物流业的问题与不足逐渐显露出来，影响和制约着我国物流业的发展。

从这些数据看到，虽然电商发展速度很快，但是总体金额还比较小，但这也是将来发展的大方向，我国需要在这方面加快发展，取得相对优势，不仅可以促进对外贸易，对冲外贸的下滑趋势，也可以确立将来我国在这一领域的发展优势和话语权。

一些从事物流的企业纷纷表示，在物流为王的跨境电商时代，优质高效的跨境电商物流服务商，是电商企业打开市场、提高用户体验的重要筹码，物流服务做不好，企业就会栽跟头。目前，跨境电商进口商品五花八门，商品种类直接影响到税率、税额、监管条件以及报关的要求，因此对物流公司的通关能力也要求颇高，谁的清关全、能力强，通关效率高，确保包裹安全、快速地到达买家手中，谁就能提高用户体验，占领市场。

目前，我国现代物流起步比较晚，跟发达国家相比有的地方还比较落后，具体来说主要有三方面：

一是现代物流基础不完善，现代物流高度依赖信息、电子等高科技技术，而我国在物流管理理论、新概念以及新技术方面，主要是学习西方发达国家，还没有形成适合我国的理论、技术体系。我国许多物流设施陈旧、管理落后，在全国层面，缺少整体规划。这些都阻碍了物流的发展。

二是我国物流企业的电子化程度还不高。随着这些年有了快速的发展，但是对于与发达国家相比，信息化、智能化水平还是有很大差距，这就使得物流企业的效率不高，不够快捷。同时，物流企业需要跟不同的企业实现对接和集成，比如航空、海运公司以及海关等，我国在这方面的信息集成也相对落后。

三是我国缺乏现代物流方面的专门人才，现代物流的发展不仅需要懂信息技术、企业管理、金融等方面的复合型人才，也需要懂法律、运输方面的复合型人才，还需要专门的高校和科研院所的研究人员。而这方面的人才，我国普遍比较缺乏，也是阻碍物流发展的最大障碍。

电商的发展需要一系列配套措施，而物流是其中的重要一环。如何解决好电商与贸易流通等领域联动发展的问题是目前发展的关键。而要想解决这些问题，需要国家高度重视，加大人才的培养力度，尤其是在高校教育方面，通过国家重大专项课题，一方面可以在国家层面，对物流建设有整体规划，同时加快培养高层次人才，要加快法律法规的建设，构建物流企业发展的良好环境，充分发挥市场的作用，通过建立统一的标准，加快企业、海关、第三方物流的信息集成。另一方面我国应该加快和其他国家通关便利化的谈判，提高物流通过的速度。而国家应该支持我国的物流企业走出去，在其他国家建立分支机构，这都会极大地促进跨境电商的发展。

物流本身不是独立的产业，必须和其他行业结合在一起，它的服务才有明确的方向和目标。目前我国物流配送体系尚处于发展初期，其规模还比较小、发展水平也比较低，在电商的快速发展过程中更是体现了我国物流体系的不足。因此构建高效、快速、合理的现代物流体系已经成为电子商务发展中亟待解决的问题。

资料来源：转载自中储会，中国物流行业网，2016/9/12

【实验与思考】熟悉物流管理的基本目标和运作模式

1. 实验目的

（1）理解物流业务的重要性，熟悉物流管理的主要流程。

（2）熟悉物流的价值构成。

（3）熟悉物流整合目标和运作模式，了解物流的柔性结构。

2. 工具/准备工作

在开始本实验之前，请认真阅读课程的相关内容。需要准备一台带有浏览器，能够访问因特网的计算机。

3. 实验内容与步骤

【概念理解】

（1）简述物流的基本流程。

答：________________

____

____

____

（2）对物流进行一体化管理，目的是以最低的总成本实现客户满意度。简述物流的价值构成包括哪些具体内容。

答：________________

____

____

____

（3）废弃物的管理和处理对环境的影响在许多国家已经引起人们的十分注意。假如从未来10年来考虑，激发出更多的反向物流的业务活动，那么采购职能方面可以采取哪些新方案？

答：________________

____

（4）假如一个建筑项目是在所谓的城市棕色地带工地（也称作待重新开发的城市用地的工地），对这样的项目请精心地规划出它的供应链。

答：

（5）一家制造业公司的一项战略性的原材料在全世界仅有一个供应来源地。这个来源地所在的国家每年中有 4 个月是在严酷的气候环境下度过的，在这段时间的冰雪天气里使它的国内任何运输都无法实施。你将如何来确认这样的自然条件造成的风险大小，还会有什么样其他相关的风险？

答：

（6）一条供应链和一条输送管道，如果它们之间有区别，是什么样的区别？如果确实有区别，那么有什么样的问题可能出现在输送管道中而不会出现在供应链上？是否还有相反的情况？

答：

（7）根据自己的经验，举几个例子来论证由 Peter Drucker 提出的论点："经济的发展正不断地改变着它的结构。从围绕着物资流和资金流而构造和组织的经济，正在变成围绕信息流而构造和组织的经济。"

答：

（8）为什么客户不能一味偏好最小总成本运作？请举例说明。

答：

【实践案例】

Wyldeburd 公司（以下简称 WL）是一家小型的提供花鸟鱼虫（包括种子、饲料等相关产品）的公司。他们最畅销的产品是葵花籽芯。

这个产品在市场上以 1 kg、3 kg 和 10 kg 的包装出售，分别供应给 176 家园艺中心，25 家宠物店和两家连锁超市，且同时在网络上销售。

这个产品原料来自中国，用 50 kg 袋包装，每次订单不少于 11 t。通常供应周期从订单至 WL 收货为 43 天。WL 聘请专门货运代理来安排货物送至 WL 的包装配送站。货物抵达后，WL 根据该月月初的销售预测将产品分装成以上的 4 种小包装。产品的需求会随着市场趋势和季节更换不断变化。整体来说，每个月浮动在 5 ~ 20 t。

WL 的包装配送站最多可以同时容纳等待配送产品 24 t 和 50 kg 袋装原料 26 t。

园艺中心和宠物店每周下订单，连锁超市则每周提供预测，但是在配送前一天下午 6 点确认订单细节，且订有"卖不出则退回"的条款。网络直接订购的客户，如果当天下午 3 点前确认订单，则会在当天发出货物。给本地园艺中心和宠物店的配送是由 WL 自己安排运输的，而长途点则由一个全国运输商承包。给连锁超市的配送和退回，则由另一个全国运输商安排，而网络订单则通过皇家邮政的包裹寄送承运。

至今为止，WL 遇到了一系列与物流相关的问题，如：

- 园艺中心和宠物店因运输或卸货时包装破损而退货。
- 连锁超市因为有了替代产品而大量退货。
- 1 kg 和 3 kg 包装的产品断货。
- 包装配送站无法容纳更多库存。

任务

你是这家公司新聘的物流经理，并放手给你权力去检讨公司的物流运作程序，那么在以下两方面如何考虑：

(1) 以上哪些问题确实与你作为物流经理的职责有关？你可能会提出什么样的解决方案？

(2) 在你和销售、生产及采购这些职能部门来讨论协同解决上述问题时，估计会遇到什么样的麻烦？为了说服他们配合，你认为哪些方面是他们各自职责范围内应做改进的？

请将考虑的书面解决方案粘贴如下：

4．实验总结

____

____

____

____

5．教师评价

____

____

第 5 章 客户关系管理 «<

物流的基本原理是满足客户的需求，满足客户对交货服务以及库存可得性的期望和要求，从而推动企业走向成功。当代的市场营销观点认为，与客户维持良好的关系远比正确无误地完成与客户的交易更为重要。这种理解还强调，企业应该更多地了解每个客户的需要和需求，并将其视为市场营销的核心。从供应链的角度来说，物流运作必须满足与地域便利、采购批量大小、等待时间长短及产品品种多元化等相关因素的客户需求。

只有深入了解不同客户的物流服务需求，才能正确选择合适的客户关系管理（见图 5-1）策略。客户关系管理技术在这一过程中的运用日益频繁，为企业及其客户提供维持长期高效合作关系所需的各种信息。

图 5-1 客户关系管理（CRM）

5.1 以客户为中心的市场营销

不管客户的动机和交货目的是什么，接受服务的客户是企业制定物流运作标准时必须考虑的关键因素，它同时也驱动物流运作的发展。在制定物流战略时，关键点之一就是企业一定要认识到满足客户需求的重要性。

5.1.1 客户的区分

从供应链的观点来看，终端用户就是产品或服务的最终客户。长期以来，企业始终对两种不同类型的最终客户加以区别对待，这对企业来说非常有必要。一类是个体或家庭消费者，他们为了满足个人需要而购买商品和服务。当一个家庭打算购买一辆汽车作为日常交通工具时，这个家庭就成为供应链的消费者。另一类是组织消费者，即一个组织或机构为了完成某项工作或达到某个目标而进行采购。当一家企业为销售人员购买汽车，或为生产车间的装配工人采购生产工具时，这家企业就成为购买供应链产品的最终客户。从供应链管理的观点出发，无论客户是个体消费者还是组织消费者，供应链中所有企业都必须将工作重点放在满足最终客户的需求上。

对于某些特定的企业来说，在供应链中还存在另外一种类型的客户。在企业和最终客户之间经常存在中间组织，通常称之为中间客户。例如，在某公司向最终客户提供洗衣粉的供应链中，超市就是中间客户，它们从公司购买洗衣粉，然后将其销售给最终客户。对于物流工作人员来说，客户就是交货的最终目的地。通常，交货目的地包括消费者的住处、零售店、批发商、生产厂和仓库的货物接收点等。有些时候，客户是企业或个人，它们拥有产品或服务的所有权；而在另外一些时候，客户则是供应链中同一企业内的不同组织，或者供应链中位于不同地区的商业合作伙伴。例如，配送中心的物流经理常常将各个单独的零售店作为其客户。

5.1.2 以客户为中心的营销理念

以客户为中心的市场营销的基本原理来源于市场营销理念（见图 5-2）。这种理念认为，企业要想实现其目标并取得成功，就必须比竞争对手更清楚地了解客户的具体需求，然后将各种资源及运作集中起来满足客户的这些需求。很显然，企业必须将战略中的多个方面集成起来，而物流是其中的一个方面。

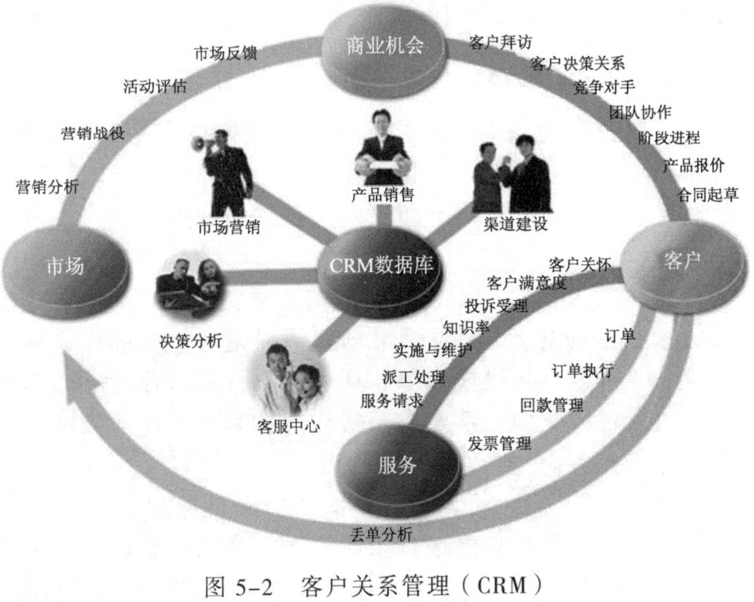

图 5-2 客户关系管理（CRM）

市场营销的概念包含以下 4 个基本概念：

（1）认为客户需求比产品或服务更为重要，这是因为客户需求可以帮助企业充分了解哪些因素能带来市场机会。在这种观点中，至关重要的一点在于将产品和服务有效地结合起来，从而满足客户需求。例如，如果客户只需要 3 种不同颜色的设备，那么为其提供 6 种颜色的设备就显得毫无必要了。同样，如果客户更看重色彩的多样性，那么当企业只能提供白色的设备时，势必会影响其销售情况。因此，关键在于深入调查客户的基本需求，并提供与需求相匹配的产品或服务。成功的市场营销必须以深入的客户研究为基础，真正了解客户对产品和服务的确切需求是什么。

（2）不同的客户有不同的需求，对于任何产品或服务而言都不存在唯一的市场。所有市场都由各种不同的细分市场组成，每一个细分市场的需求情况都存在一定程度的差异。要进行有效的市场细分，企业必须对每一个细分市场进行明确定位，然后选择具体的目标群体。企业必须认识到，客户对物流运作的需求通常是进行市场细分的一个重要的基础。

（3）客户必须能够获得他们所需的产品。企业要为客户创造额外的价值可以通过有效地利用以下 4 种经济要素：形式、所有权、时间和地点。产品的形式多半与生产过程中的加工环节有关。通过告诉潜在客户关于产品或服务的可得性以及所有权转换等信息，市场营销便完成了所有权的转移。物流则满足了时间和地点的要求。究其本质，这意味着物流必须确保在客户规定的时间，准时无误地将产品运送到目的地。要满足时间和地点的要求，企业需要付出大量的精力，并支付高额的成本。企业只有按照客户要求对上述 4 种经济要素进行组合，才能真正从交易中获利。

（4）对于企业来讲，应该将关注的重点放在赢利能力上，而不是销售量。衡量企业是否成功的一个重要指标是，企业在与客户的交易中获得多少利润，而不是企业的销售量有多少。因此，如果客户或客户的细分市场重视企业在 4 种基本经济要素（形式、所有权、时间和地点）上所做的调整，并愿意为这些调整支付费用时，那么这些调整便物有所值。

5.1.3　交易型与关系型市场营销

传统的市场营销战略重视与客户之间的成功交换或交易，推动企业收入和利润的增长。在这种策略下，企业通常与客户进行短期交易，这便形成了交易型市场营销。然而，许多企业实施这一方案的结果却仅仅只是片面地追求供应商和客户之间每一笔成功的交易而已。

供应链管理思想使人们对于市场营销战略本质的理解发生了变化，通常将这种变化的产物称为关系型市场营销。关系型市场营销强调与重要的供应链合作伙伴形成长期关系，如客户、中间客户和供应商等，从而保持长期合作关系以及忠诚度。关系型市场营销认为，在许多行业中，重要的是留住现有客户，在他们的购买活动中占据较大的市场份额，而不是去努力寻找新的客源。

企业进行市场细分以及关系型市场营销的最终目标都是为了重点满足个体消费者的需求，这种方式被称为微观市场营销或一对一的市场营销。这种市场营销观点认为，任何个体消费者都有独特的需求。例如，尽管苏宁和国美都是大型的零售业巨头，但是当它们与供应商合作时，对物流提出的要求就有显著差别。那些希望与这两大零售业巨头从事商业贸易的制造商必须针针对它们各自的特殊需求，提供相应的物流运作服务。企业要想获得长期成功，最好的方法就是对客户进行深入的调查，并采取合理的措施来满足各个客户的特殊要求。然而，这种方式对于有些客户而言也许并不适用。一对一的市场营销能够帮助企业大幅减少交易成本，为客户提供更好的服务，并且促使一对一的交易形式成为企业的日常性工作。

5.1.4 供应链的服务产出

在现实生活中，当个体开始从事特定产品或服务的专业化生产时，必须针对这些产品和服务建立起一套交换机制，以满足个体的消费需求。为了有效地实现这一点，企业必须克服以下 3 种问题：空间上的不一致、时间上的不一致以及数量和类别上的不一致。

空间上的不一致指的是从事生产活动的位置和消费所在地的位置往往不相同。例如，在美国，大多数家用家具的生产地都集中在北卡罗来纳州一个很小的区域里，而大量的办公家具则在密歇根州的西部完成加工制造。但是，家具的需求所在地在哪里呢？答案是，遍布整个美国。这种生产所在地和消费所在地的地域差距，给运输带来了极大的难题，然而企业必须克服这些难题，并最终完成产品交易。

时间上的不一致是指生产和消费活动的间隔时间存在差异。有些产品，如农产品，加工时间虽然非常短，但是却能长期维持稳定的需求量。与之相反的是，很多产品的生产并不是基于实际情况，而是以客户未来需求的预测为基础。正是因为制造过程常常与产品的需求时间不同步，才导致了库存和仓储的产生。

数量和类别上的不一致则是指制造企业通常会选择有限的产品种类进行大规模的生产。然而，客户却常常希望能获得多样化的产品，每一种产品的需求量则比较小。企业必须合理协调这种生产和消费环节之间的差异，为客户提供所需的各种类型的产品。

为了消除上述这些不一致，巴克林提出了一种理论，将满足客户需求的服务分为 4 种类型的服务产出，企业为了满足不同的服务要求，必须采取有差异的供应链结构。

（1）空间上的便利性。这是第一种服务产出，它指的是为客户提供服务所需的运输时间以及在运输过程中所付出的努力。在供应链中，如果要实现高水平的空间便利性，企业就必须确保能在大量地区提供产品，使客户能够随时随地购买到这些产品，从而减少客户在购买时所付出的精力。例如在家具行业中，一方面，制造商通常会构建起自己的销售网络，包括百货公司、大型零售商店、众多连锁店以及独立的家具特色经营店等；另一方面，伊森艾伦（Ethan Allen）则严格执行品牌管理，只授权给少数几个伊森艾伦零售店进行销售。这种空间便利性上的区别对于整个供应链的结构有极大的影响，同时也会影响供应链中的物流成本。当然，也有一些客户愿意花更长的时间和更多的努力选择他们青睐的特殊服务或品牌。

（2）批量大小。它指的是在每一项交易中所购买的产品数目。当客户进行大批量采购时，他们就必须支付高额的存储费用和库存维持费用。如果供应链允许客户从事小批量采购，那么他们就可以更灵活地实现消费需求与采购活动之间的协调。在发达的经济体系中，供应链常常允许客户在购买量上自由选择。

（3）等待时间。它是指客户从下达订单后到接收产品所必须等待的时间，等待时间越短，则供应链的服务水平越高。一些供应链为消费者和终端客户提供定制化的等待服务。例如，在个人计算机行业中，客户可以亲自逛电子商店或计算机专卖店选择所需的计算机，完成购买以后就可以直接将计算机搬回家，不需要花费任何等待时间。

另外，客户还可以通过阅读产品目录或者互联网下达采购订单，然后等着企业将产品送货上门。通常而言，从客户角度来看，等待的时间越长，就越不方便。但是，这种类型的供应链通常具有较低的运营成本，因而客户可以在付出较长等待时间的同时享受到产品的价格优惠。

（4）产品种类的多样性。不同的供应链为消费者和最终客户提供了不同程度的多样化产品。供应链中的超市通常提供大量不同类型、不同品牌以及规格各异的产品。在实际生活中，一家超市或许拥有超过 35 000 种的不同产品，而仓储商店中产品的品种就要少得多，通常有 8 000 ~ 10 000 种不同的产品，并且品牌和规格种类有限。与超市相比，便利店中的产品种类则更少，往往只有几百种。

除了上述 4 种类型的服务产出之外，一些研究人员还指出，与信息、产品客户化以及售后服务相关的服务对于某些特定的客户而言非常重要。不存在完全相同的市场，这是因为在不同的客户看来，服务的重要性有所区别，同时满足他们特定需求的服务水平也会具有差异。

5.2 客户服务

通常，对客户服务的理解包括“容易与之从事商业活动”以及“对客户做出快速响应”。但是，如果企业希望对客户服务有全面透彻的理解，就必须建立起一个更加完善的体系。

从理论上讲，客户服务是企业进行市场营销时物流活动需要完成的一项任务。为了满足客户对物流的需求，客户服务计划必须明确企业所要从事的工作，帮助企业区分这些工作的优先次序，这样才能使企业在竞争中取胜。在制订客户服务计划时，企业必须为每项工作制定明确的执行标准，并确定衡量这些标准的指标。在基本的客户服务计划中，重点通常是物流的运作方面，以及确保企业能为客户提供“七项正确”的服务：按照正确的信息，在正确的时间、正确的地点，以正确的数量、正确的价格、正确的质量提供正确的物品。

卓越的客户服务可以增加整个供应链的价值。客户服务的基本特性，就是产品的可得性、运作绩效以及服务的可靠性。

5.2.1 可得性

可得性是当客户提出产品需求时，企业能够获得该产品库存的能力。我们经常可以看到，尽管企业花费了大量时间、金钱和精力来引导客户需求，但却往往无法按照客户订单的要求提供所需的产品。在传统的运作方式中，企业对客户的需求量进行预测，然后根据预测的结果做出库存安排。也就是说，库存计划通常以需求预测为基础。企业针对特定产品的销售情况、赢利能力以及产品对整个产品线的重要性采取不同的库存政策。

企业只有进行大量的计划才能确保实现较高的库存可得性。究其本质，库存可得性的关键在于尽量降低企业对库存和设施的总投资额，同时保证高水平的产品可得性。企业制订并执行库存可得性计划时不能一概而论。可得性是以三项绩效衡量指标为基础，即缺货频率、订单完成率和订单配送的完成情况。

（1）缺货频率。缺货，是指企业无法提供满足客户需求的产品。缺货频率则指的是出现缺货的可能性。

（2）订单完成率。它衡量了缺货随时间变化的程度和影响情况。只有当客户提出产品需求时，缺货才会影响企业的服务水平。因此，判定哪些产品发生了缺货以及客户的需求量有多少就显得非常重要。为了更有效地研究订单完成率，企业的通常做法是对一段时间内客户订单的完成情况进行评估。这样，企业便可以针对特定的客户、特定的产品以及客户、产品和商业细分的组合来分析订单的满足情况。

（3）订单配送的完成情况。在衡量产品可得性高低及配送绩效时，最准确的指标便是订单配送的完成情况，它将客户订货过程中涉及的所有环节都看成是标准的、可接受的运作。在处理客户订单的过程中，即使企业仅仅只是无法提供一件物品，但是从完成配送的角度上讲，这张订单的效果却为零。

将上述 3 个指标结合起来便能衡量一个企业库存策略满足客户需求的能力和程度。借助于信息技术，企业能够在客户下达订单之前就了解客户的需求，于是就可以采取新的策略，在不增加库存的前提下提供可得性高的基础服务。

5.2.2 运作绩效

运作绩效需要处理完成客户订单配送所需的时间。无论涉及的实际运作周期是处在客户服务阶段、生产支持阶段还是采购阶段，通常都能够从速度、一致性、柔性以及故障的解决这几方面对运作绩效进行衡量。

（1）速度。运作周期的速度是指从客户产生需求、下达采购订单、完成产品的配送直到客户能够使用产品这一系列过程中所花费的时间。完成整个运作周期所需的时间取决于物流系统的设计情况和运作策略。在交通和通信技术高度发达的今天，订货周期甚至可以短到仅需要几个小时。当然在多数情况下，订货周期通常为几周或几个月。

毫无疑问，大多数客户都希望订货周期的时间越短越好。在许多及时和快速响应的物流战略中，速度是至关重要的影响因素，这是因为快速的运作周期能够降低客户对库存的需求。然而，提高服务的速度常常会带来高额的成本，导致总成本的增加。因此，企业必须寻求恰当的服务速度与适宜的成本，做出合理的权衡，实现两者之间的协调。也就是说，企业需要建立一套相关体系用于评估服务速度的价值，这样才能使客户获益。

（2）一致性。订货周期的一致性是指实际运作周期符合计划所规定时间的次数。尽管服务的速度对于企业而言非常重要，但是物流管理者更加重视运作一致性，这是因为一致性将直接影响客户计划和开展自身工作的能力。举例来说，如果订货周期发生了变化，那么客户必须持有一定数量的安全库存以应付可能出现的延迟交货，这样订货周期的变化程度就会直接影响客户对安全库存的需求。订货周期的执行过程包括了大量的活动，因此在许多环节上都可能存在运作的不一致。

越来越多的客户在下达订单时就明确提出了期望的交货日期，有的客户甚至在订货时就对送货事宜进行了具体的约定，因此保证订货周期的一致性是企业进行有效物流运作的基础。

（3）柔性。包括企业应对特殊环境的能力，以及满足客户特殊的或预期之外的需求的能力。例如，一家企业的标准客户服务模式是在卡车上装满产品后发往客户仓库。然而，有时候客户或许会提出要求，希望以小批量的形式直接将产品送到各个零售地点。企业的物流能力直接表现在它如何解决这种意料之外的情况。从很多方面来讲，卓越的物流运作的本质在于它所具有的柔性能力。

（4）故障的解决。不管企业的物流运作多么通畅、多么高效，发生故障是在所难免的事情。对企业来说，每天都不断地提供服务承诺是一项非常艰难的工作。最理想的情况是，企业有能力调整措施以应对特殊情况，从而防止运作故障的发生。举例来说，如果仓库中某种关键物料发生了缺货，企业则可以从其他仓库中以快运的方式将短缺的物料迅速调配过来。有效的客户服务通常认为在运作中难免会出现故障或服务失误，因此企业事先就需要制订出适当的应急计划，以便尽快解决问题。

5.2.3　服务的可靠性

服务的可靠性综合体现了物流的多种特征，它涉及企业从事与订单相关的所有活动的能力，同时还为客户提供有关物流运作和物流状态的重要信息。除了可得性和运作绩效之外，服务可靠性还包括以下特征：货物到达时必须完好无损；正确无误地结算；将货物准确送达目的地；产品的数量完全符合订单要求。研究表明，企业提供准确信息的能力是企业实现优质服务的一个重要组成要素。”越来越多的客户认为，企业应该将运作中出现的问题及时告诉他们，如哪些订单无法按时完成等，这类信息比订单完成信息显得更加重要。

5.2.4　完美订货

物流服务的终极目标是做好每一件事，并且第一次就把所有事情全部做好。企业既要确保到货的准确性，又要保证按期交货，两者缺一不可。如果企业能够按期交货并确保到货的准确性，但却出现结算错误或在订单处理及运输过程中损坏了产品，这同样是不可取的。过去，绝大多数物流经理都用几个相互独立的指标来评估客户服务的绩效，即根据与标准水平相比，判断订单完成率、准时交货率以及货物的损坏率等。当以上每个指标均符合标准水平时，就认为整体的服务绩效是可以接受的。

然而，近几年来，物流和供应链的管理者将更多的注意力放在了零缺陷或六西格玛的运作上。企业的物流运作流程从全面质量管理（TQM）中衍生而来，它和制造流程以及其他企业运作流程一样，都受到了严格的控制。如果企业对于每个服务项目都设立相对独立的标准，即使这些服务都达到了各自的标准，但由于这些服务的标准彼此独立，那么仍然会有许多客户无法获得满意的服务。

完美订货的定义就是所订购的货物要按照时间要求，完好无误地运送到正确的目的地，同时，也必须保证与货物相关单据的完整性和准确性。完美订货中的典型误操作包括：

（1）数量错误（多或少）。

（2）物品错误。

（3）交货期提前或延迟。

（4）信息不全或信息错误（如价格信息或促销说明信息）。

（5）运输方式错误。

（6）目的地错误。

（7）单据错误（如提货单、发票）。

（8）货物损坏。

（9）货物装载或货物排列错误。

（10）支付错误。

显然，企业实施完美订货时需要投入大量的资源。要想有极高的订单完成率，企业就必须维持较高的库存水平，从而满足客户各种不同的订购需求和特殊要求。可是，要实现这种完善的服务并不能仅仅依靠高水平的库存。为了提高物流运作绩效，企业可以将客户联盟、信息技术、延迟战略、库存维持战略、最优运输以及选择性的特殊计划结合起来。采用这种方式，企业的物流绩效几乎能达到零缺陷水平，从而更好地实现自身的物流资源与关键客户需求之间的协调和匹配。企业要想提供出色的客户物流服务，就要充分认识到在实现零缺陷时所面临的各种挑战。如果企业能够尽量杜绝任何运作中的错误，或者在一旦发生失误后能立刻为客户提供解决办法，那么就能超越竞争对手，获得更有利的战略优势。

5.2.5 基本的服务平台

在实际运作中，很多企业根据以下两个要素建立自身的基本服务平台。一个要素是竞争对手或本行业中已被广泛接受的惯例。大多数行业都设有最低服务标准以及平均服务标准，通常行业中的供应商和客户都对这些公认的服务标准了如指掌。物流和供应链管理者常常把客户服务挂在嘴边，他们把客户服务作为与竞争对手抗衡或战胜竞争对手的一种方法。另一个要素从企业的整体市场营销战略中衍生而来。如果企业希望在物流方面与竞争对手有所区别，就必须为客户提供高水平的基础服务。如果企业力图在价格上取得优势，那么企业有可能会降低物流的服务水平，因为提供高水平服务会增加企业的运作成本，同时需要使用较多的资源。

企业做出服务承诺的通常做法是针对各项不同的服务要求，制定出相应的执行标准，这些标准通常反映了行业内的普遍做法，并在成本和资源的使用之间进行了仔细权衡。企业不仅要设立一些常规的服务标准，还要依据这些标准开展运作，并实时监控运作的情况。

5.3 客户满意度

长期以来，客户满意度始终是企业市场营销以及商业战略中最核心的理念之一。在制订衡量客户满意度的方案时，企业首先要回答的问题就是：客户得到满足究竟意味着什么？定义客户满意度时，最简单同时也是企业使用最多的方法就是以客户期望为基础。简单地说，如果卖方的服务水平能够达到客户的要求，甚至超过了客户的期望值，那么客户就能够得到满足；与之相反，如果企业无法提供客户期望的服务，那么客户就得不到满足。

在物流运作中，建立客户服务平台是一项非常复杂的工作。要建立这样一个平台，企业需要更全面地了解客户期望的本质究竟是什么。客户的期望是什么？客户是如何形成那些期望的？客户满意度与客户对整个物流服务质量的要求之间有什么关系？为什么许多企业无法提供使客户满意的服务？为什么客户认为大量企业提供的物流服务的质量不高？企业的服务能够使客户满意，做到这一点就足够了吗？

5.3.1 客户期望

当客户与供应商进行交易时，毫无疑问，他们会有各种各样的期望，其中不少期望都涉及供应商所提供的基本物流服务。也就是说，客户的期望往往与可得性、运作绩效以及服务可靠性有关。一般情况下，企业通常会针对这些维度制订正式的计划和方案，对供应商的物流服务绩效进行评价。对此，一项创新性研究中提出了 10 种不同类型的客户期望。表 5-1 利用他们的研究，详细阐述了各种与物流相关的客户期望。

表 5-1 与物流运作绩效相关的客户期望

可靠性	这是企业基本服务体系中的一个方面。然而，这里所指的可靠性则是供应商对所有承诺的履行情况。如果供应商承诺第二天交货，但实际花了两天的时间才交货，客户就会觉得该供应商的服务不可靠。如果供应商接受了生产 100 箱某产品的订单，这就意味着供应商承诺交付 100 箱货物。只有当客户收到了这 100 箱货物之后，他们的期望才能得到满足，此时客户才会对供应商的工作表示满意。客户根据基本服务系统中的各个方面来判断供应商的服务是否可靠。此外，客户预先也对货物的损坏以及单据的准确性等方面进行了考虑
响应性	指的是客户希望供应商的工作人员愿意为其提供快速的服务，并且具有提供快速服务的能力。这种要求不但包括快速配送，而且还涉及快速处理客户查询的需求，以及快速解决问题等诸多方面。很显然，响应性是一个基于时间的概念，它代表客户对供应商及时处理各种相关问题的期望
可得性	指的是客户希望供应商具有容易接触、方便联系等特点。例如，客户能够方便地下达订单，以及比较容易从供应商那里获取库存信息或订单状态信息等
沟通	指的是供应商能够预先向客户提供有关信息。与被动地查询订单状态信息相比，客户更希望供应商能够主动及时地为他们提供这些信息，尤其是出现交货问题或发生产品缺货后，这种主动的沟通能够降低客户的损失。客户不喜欢出现意外事件，因此，供应商对于类似情况所做的提前通知就显得非常必要了
可信度	指的是客户希望供应商提供的信息是真实、可信的。可信度既要求供应商不能有目的地误导客户，还对双方之间沟通的完整性有一定的要求
安全性	涉及客户在与供应商交易过程中所感觉到的风险和疑虑。客户往往以对供应商运作绩效的预测为基础，来制订自身的计划。例如，在进行了初步预测后，客户在供应商按时交货的基础上，冒一定的风险制订生产计划，安装机器和生产线。如果发生延迟交货或者不完全交货，客户就必须更改原先的计划。安全性的另一个方面是，客户希望他们与供应商的交易过程是保密的。这在供应链背景下显得尤为重要，特别是当与某客户进行交易的供应商同时又为该客户的竞争对手提供服务时，安全问题的重要性就不言而喻了
礼貌	包括是否有礼貌、友善以及是否尊重他人。这可能是一个令人很伤脑筋的问题，因为客户需要接触企业内的大量人员，包括销售代表、客户服务人员以及卡车司机等，其中任何一个人的无礼行为都有可能破坏客户对整个企业的印象

续表

胜任能力	客户是通过与供应商的各种接触来判断其胜任能力的，如同礼貌一样，它也是一个让人头痛的问题。这是因为，一旦在与客户接触的任何一个环节中出现失误，都会对全局产生影响。换句话说，在供应商交货时，客户可以判断卡车司机的能力是否胜任；在核对订购货物时，客户可以判断仓管人员的能力是否胜任；在打电话时，客户也可以对服务人员的能力进行判断。同样，任何一个人的失误都会影响客户对整个企业的感觉
外部特征	指的是客户对企业的设施、设备及其工作人员的期望。举例来说，如果供应商用一辆又破又旧、性能极差的卡车交货，客户会有什么样的感觉呢？这种外在的特点也是客户衡量企业整体运作状况的指标之一
对客户的了解	一方面供应商要根据客户的共同特点划分客户群体，进行市场细分；另一方面，客户却认为他们都具有独特性。客户希望供应商能够充分了解他们的独特性，并且能够提供专门的服务来满足他们的特殊需求

在物流和供应链环境下，客户期望的概念则相当复杂，这是因为供应链中的客户通常是由大量部门和个体组成的商业组织。组织中不同的工作人员对服务绩效评估标准的优先顺序有不同的理解，因此他们对这些标准也有不同的期望值。企业要想满足客户的期望，就必须了解客户是如何形成这些期望的，同时也要明确不少企业无法满足客户期望的原因所在。

5.3.2 增加客户的期望

作为全面质量管理的重要组成要素之一，持续改善的概念已经得到大多数企业的认同和接受，持续改善带来的必然结果之一就是客户对供应商能力的期望值也在不断增加。

从一定程度上讲，客户期望的增加是竞争的产物。绝大多数行业都有明确的或潜在的内部绩效水平标准，如果企业真正想参与某一行业的竞争，那么它所提供的服务至少要符合行业内的最低标准。然而，一旦行业中的某些企业将物流作为其核心竞争力，并承诺提供高水平的运作服务，那么客户将希望其他企业也能做到这一点。

企业实现了高水平的交货之后，客户就一定会满意吗？表面看来的确如此。实际上，完美订货非常重要，但它所涉及的只是单笔交易和交货工作，而客户满意度的涵盖范围更广，例如还有供应商与客户之间关系的各个方面，供应商人员的个人表现以及人际关系，等等。

5.4 客户成功

如今，越来越多的企业开始意识到，企业能够不断壮大并且拓展市场份额，取决于企业吸引并留住行业中最关键客户的能力。基于此，企业应用自身的运作能力确保关键客户取得成功，就成了实现以客户为中心的市场营销的关键所在。企业对客户成功的重视，体现了企业为满足客户需求所做的主要承诺。企业强调客户服务，建立起一系列的内部标准，用于衡量企业基本服务的绩效水平。企业通常根据这些内部标准的执行情况来评价其客户服务水平。

5.4.1 实现客户成功

客户成功计划包括两方面：一是全面了解个体消费者的需求情况；二是承诺与客

户建立长期业务关系，以获得较高的增长空间和赢利空间。但是，企业并不会为所有客户都提供这种服务承诺。企业做出服务承诺时，需要广泛地与客户进行接触，了解客户的具体需求、客户内部的业务流程、客户所处的市场竞争环境，以及为了使客户在行业内获得成功而采取的措施。此外，企业还需要进一步了解如何利用自身的能力来提高客户的运作绩效，体现“客户成功便是我们的使命”。

从很多方面来说，要想实现客户成功计划，需要企业的物流管理者站在供应链的角度进行整体的统筹规划。一般而言，基本服务与满意度计划的重点在于企业必须尽可能满足未来客户所提出的标准和期望，这些客户有可能是消费者、工业企业的终端客户、中间客户或者是内部客户。从供应链的整体观念以及客户成功计划的角度出发，有助于物流管理者意识到他们必须改变关注的重点，即他们必须了解整个供应链的运作情况，明确供应链内部的客户处于哪些不同层次，然后制订并执行计划，确保企业能够使未来的客户成功地满足其供应链下游客户的需求。

为了保证客户获得成功，企业需要不断改进产品的生产方式、配送方式或者销售方式。事实上，供应商和客户之间的合作不但能够给双方带来更多的收益，或许还可以带来更大的改革和突破，如改造供应链的流程等。此外，为了深入了解客户需求和供应商的能力，双方必须进行大量与业务有关的信息交流。

5.4.2 增值服务

增值服务是指企业与企业之间共同开展的一些特殊活动，目的是增加企业的效率和效益，稳固彼此之间的合作关系。增值服务具有很强的针对性。

当企业对其主要客户提供增值服务时，需要进行客户化的物流运作，从而帮助它实现自身的目标。例如，戴尔公司能够根据客户的需求，生产和配送满足客户化定制的个人计算机与网络产品，就是一个典型的为标准产品提供增值服务的例子。在物流运作中，企业为了实现客户成功，可以采用独特的产品包装，按照客户要求设计专用的货物装载工具，提供特殊的信息服务，实施供应商管理库存策略，以及进行客户化的运输安排等。

在实际操作中，一些得到买卖双方认可的增值服务有时候还涉及综合服务提供商，这些服务提供商专门为企业提供此类增值服务。运输公司、仓储企业以及其他专业化公司都可以参与到供应链的运作中，为供应链中的企业提供增值服务。

无论是自有仓库还是第三方仓库，都可以被用于从事客户化的服务活动。例如，零售商在进行特殊的托盘操作时需要独特的装运服务，以帮助它在仓库中完成交叉作业，从而最终满足其各个销售商店对产品的特殊需求。为了在实现库存最小化的同时保证正常运营，每一个销售商店都根据自身的库存情况，对产品的数量和种类提出了不同的需求。再例如，我们知道急救工具箱中包含了各种各样不同的物品，它最终的组装工作实际上是在仓库中完成的，在组装时操作人员根据客户的特殊要求，在急救箱中放入客户所需的各种工具。同样，仓库还可以为制造商提供采购、标价、再包装的服务，以满足不同客户对产品配置的特殊需求。

提供增值服务的对象，既可以是与企业有业务关系的参与者，也可以是专业的服务公司。越来越多的企业会选择专业服务公司，这是因为专业公司具有更大的灵活性，它们能够更好地集中精力为企业提供所需的服务。

5.5 客户关系管理策略

随着对营销概念和关系型市场营销的进一步讨论，人们发现，必须对不同客户采取不同的措施和策略才能更有效地管理客户关系。对一些客户来说，基本的物流服务可能就足够了；对于另一些客户而言，则需要保证客户满意；对其他客户也许就必须想办法取得客户成功。实际上，在供应链环境中物流管理的一个基本原则是必须针对客户不同服务水平的需求对客户进行细分，并设法分别满足不同类型的客户需要，如图 5-3 所示。

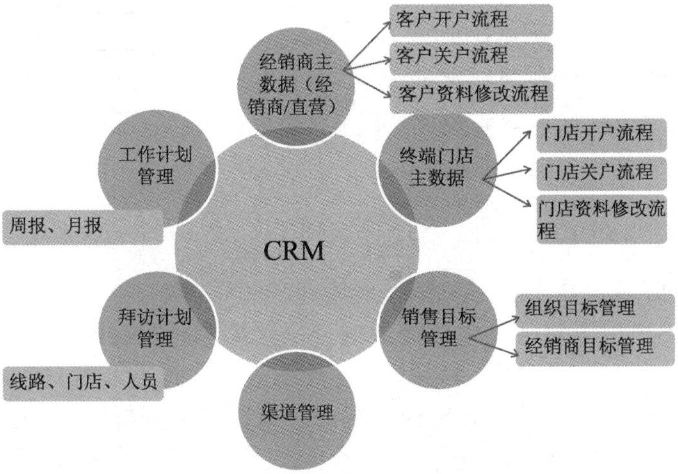

图 5-3 客户关系管理（CRM）

5.5.1 策略选择模型

实现客户成功显然需要企业投入较多的人力和物力，因此企业不可能期望在每一个潜在的客户身上都能实现客户成功。实际上，很多客户自身也并不乐意同供应商保持这种亲密关系。从战略管理角度来看，企业必须决定哪种关系策略适用于哪种类型的客户。

这个问题的答案比较复杂，其中一种解决办法基于 20/80 原则。简而言之，这个原则的意思是企业收入和利润的绝大部分（约 80%）来自企业的一小部分客户（约 20%）。这个百分比也许并不确切，但该原则的意义毋庸置疑。此原则同样也能适用于营销管理，大部分的销售收入和利润同样来自销售业务中的一小部分产品。很显然只有一小部分客户/产品有利可图。这一类客户/产品就是我们要实施客户成功计划的对象。

5.5.2 客户关系管理技术

很多企业都采用了客户关系管理（CRM）这个名词来描述他们对更好地满足客户需要以及不同客户需求所做的努力。然而，“客户关系管理”也被用来描述对组织中各种资源数据进行管理和分析以深入了解客户购买行为（如电话订货、通过订货中心或实地购买等）的技术和软件。事实上，很多软件供应商都提供名为“客户关系管理”的软件包来实现这一目的。设计 CRM 技术是为了拓展 ERP 销售与交付应用软件的功能。CRM 为销售代表和客户提供最新的历史销售情况、装运历史情况、订单状况、促销活动概要、装运情况等信息。企业把现有及历史的状况信息与产品开发、定价及促销结合起来，能够更好地获取、管理客户订单。企业与客户及时、准确地进行信息交换，能够更好地确保产品销售和促销计划能够得到所需产品的支持。

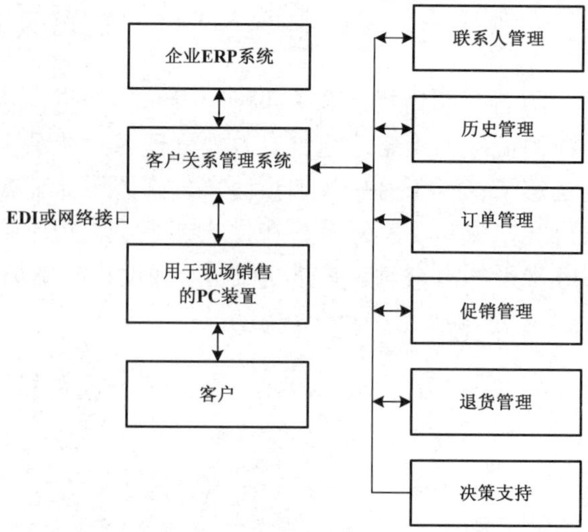

图 5-4　典型的客户关系管理拓展系统

图 5-4 展现了一个典型的 CRM 系统包含的元素及其流向。传统的 ERP 运用软件关注如何有效地获取客户订单，但企业发现，必须从把客户当作可开发的收入来源向把客户视为可培养的资产转变。尽管安装传统的销售和交付技术能够接收各种形式的客户订单，并且能够在订单完成的整个过程中实施管理，但企业需要具备更多必要的能力来管理整体客户关系。

一体化的 CRM 系统包括基于服务器的公用数据库、销售代表携带的远程 PC 装置以及确保企业和销售代表能够获取及时、一致信息的全球同步程序。除了这些基本功能外，现在的 CRM 系统还要求具有销售跟踪、销售历史分析、定价管理、促销管理、产品组合管理以及类别管理等功能。在某些情况下，客户期望供应商的销售人员能够在客户的设备上管理所有的产品类别。例如，杂货店期望供应商能够对饮料、特产等主要产品类别进行产品组合以及上架数量管理，这一做法越来越常见。这种“类别管理”，要求从生产商处获取大量的信息支持，并且还要求推动信息分享。

重视客户关系管理的企业把客户看作是所有运作环节的唯一推动力。除了技术之外，企业的其他运作都围绕着如何更深入地理解客户需求以及如何与关键客户保持稳定关系而进行。例如，一些供应商在关键客户的公司附近甚至公司内部设置办公场所。这样一来，供应商就容易从客户那里得到客户的需求和计划的关键信息，从而提高预测客户下一步行动的精度。

客户关系管理和物流的关系在于客户关系管理需要物流运作来为其提供企业与客户之间交互环节的支持。产品增值和实施客户成功的很多环节都有赖于物流运作。客户关系管理系统提供了一个发展和管理恰当的客户关系的商业平台。

【延伸阅读】交通运输部：四方面发力促进物流业“降本增效”

“十三五”时期将继续推动交通与物流融合发展，围绕交通运输促进物流业“降本增效”出台一系列政策措施。重点在优化交通基础设施网络、降低物流业发展制度性成本、推进“互联”。

交通运输部综合规划司副司长 2016 年 8 月 21 日在交通运输部新闻发布会上表示，“十三五”时期将继续推动交通与物流融合发展，围绕交通运输促进物流业“降本增效”出台一系列政策措施。重点在优化交通基础设施网络、降低物流业发展制度性成本、推进“互联网+”高效物流、大力发展多式联运四方面发力。

据介绍，交通运输部将组织实施《推进物流大通道建设行动计划（2016—2020年）》，重点推动通道的主线贯通、加快繁忙区段扩能改造，并加强通道与口岸衔接，加快构建货畅其流、经济便捷的物流大通道。

在完善物流园区布局上，继续推进货运枢纽（物流园区）建设，重点支持一批具备多式联运、干支衔接和口岸服务功能的货运枢纽（物流园区）发展，提高节点货物组织转换效率。进一步畅通枢纽节点“微循环”，支持港站枢纽和大型综合物流园区集疏运专用通道的配套建设，补齐节点“最先一公里”和“最后一公里”短板。

降低物流业发展制度性成本，重点是在行政审批、优化监管服务、降低不合理收费、强化部门协同等方面采取一系列政策措施。

“推进重型载货汽车标准化，将加大对车辆运输车等重点车型标准化治理工作的力度，力求到2020年，车辆运输车等重型载货汽车标准化率达到80%。”在规范和减免收费方面，正在加快修订《收费公路管理条例》、进一步规范港口相关费用的征收管理。此外，在道路运输从业资格管理、道路运输车辆维护管理、跨省超限运输许可、道路运输超限超载治理等方面将进一步优化服务和完善监管。

在推进“互联网+”高效物流方面，一是重点依托国家交通运输物流公共信息平台等，推动物流相关信息跨部门、跨运输方式、跨区域、跨国界交换共享与互联应用，打造物流信息互联“高速公路”。二是优化服务，在公路港、快递、冷链运输等领域，引导和鼓励一批全国统筹布局、线上线下交易融合的平台型物流企业发展，提高市场规模化、集约化发展水平。三是启动道路货运无车承运人试点工作，探索完善“互联网+”形势下无车承运人等道路货运市场新兴业态的管理制度和标准规范。

张大为透露，交通运输部正在制定《关于推进多式联运发展的若干意见》，推动跨运输方式货物高效转换、畅通运输全链条，全面提升货物运输组织效率。将大力推广应用集装箱、厢式半挂车等标准化运载单元和货运车辆，发展江海联运、陆海联运等先进运输组织方式，促进中欧班列优化布局和集约利用。

资料来源：赵文君，新华社北京2016年7月21日

【实验与思考】熟悉供应链中的客户关系管理

1. 实验目的

（1）熟悉客户关系管理的基本概念。

（2）熟悉客户服务的基本特性，理解客户满意度。

（3）熟悉客户关系管理的基本策略。

2. 工具/准备工作

在开始本实验之前，请认真阅读课程的相关内容。需要准备一台带有浏览器，能够访问因特网的计算机。

3. 实验内容与步骤

【概念理解】

（1）简述什么是“以客户为中心的市场营销”。

答：

（2）客户服务的基本特性，就是产品的可得性、运作绩效以及服务的可靠性。请分别简述之。

答：

可得性：

运作绩效：

服务的可靠性：

（3）根据表 5-1 中所列的 10 种不同类型的客户期望，以自己为例，说明客户是如何评价供应商的运作水平的。

答：

（4）请比较供应链中客户服务、客户满意和客户成功之间的异同之处，并简述之。

答：

（5）增值服务指的是什么？为什么说增值服务在实现客户成功的计划中扮演至关重要的角色？

答：

【实践案例】

你受雇于Gambell金融服务集团，你的职务是负责IT采购的分部经理。你刚刚参加完集团内部的一个高级管理人员会议，在会上你对IT采购的情况做了一个汇报。主要内容如下：

年度开支（不包含一次性项目）	3 000万英镑
提供服务的供应商数目	25
IT服务提供的场所数量	6
每年必须提前支付的费用	1 800万英镑
合同规定的供应商数量（去年）	4
预期服务费用的增长（明年）	本年度开支的3.6%

在汇报了这些基本数据后，会上出现了异常热烈的讨论。原因是你在汇报中提出了一个观点，即要准备把所有的软件维护、有关计算机问题的紧急求援、台式计算机的更新及手提计算机的维护和更新都长期外包给合作伙伴去做(你提议说合作期可以先定为7年、过后可以有一个再延期3年的选择权）。计算机部经理说他不同意，而应该维持目前的做法。他非常坚信，目前的供应商都是他们领域的专家，比任何人对软件都要了解。然后财务部的董事也参与到讨论中来了。他说，他只对降低成本感兴趣。他也提出要把每年必须提前支付的费用停掉。主持会议的执行董事给出了如下的几项具体任务，并要求在两个星期之后把你和计算机部经理磋商后一致同意的意见再在高级管理人员会议上汇报。

任务

(1) 有哪些论据来支持你提出的IT外包的长期合作计划？

(2) 你要如何实施这样的合同来完成财务部董事所关心的降低成本的目标？

(3) 假设你提出寻找外包合作伙伴的论点在据理力争后仍未被采纳，你要采用哪些办法来节省费用？

(4) 你觉得对知识产权的考虑是否会对你制定的策略产生影响？

请将考虑的书面记录下来并粘贴如下：

4．实验总结

5．教师评价

第 6 章

制 造 管 理

在供应链中，大量企业都从事产品的加工制造。制造商通过将原材料或零部件加工成制成品，以满足客户的需求（见图 6-1）。当然，这里所说的客户可能也是制造商，它们将购买的产品组装到自己的制成品中；也有可能是供应链中的中介企业，如零售商，它们可以从不同的制造商那里购买各种各样的产品，形成商品的多样化，增强对消费者的吸引力。有时制造商甚至可能直接与消费者打交道，例如戴尔、苹果等公司便通过网络营销与消费者建立直接的联系。

图 6-1　生产企业

制造商必须在产品的产量、种类、生产能力与客户的需求以及企业的资源限制之间进行权衡。不同的制造流程意味着要选择不同的制造策略。反过来，制造策略的选择又影响着客户总订货提前期的长短。许多当代制造方面的理论重塑了这些基本流程和策略，这些理论包括：大众化定制、精益生产、柔性生产、六西格玛、把制造和物流纳入产品设计等。因此，企业能够以更加整合、更高效率、更高效果的能力准确地满足客户要求。

6.1 制 造 概 述

企业生产的产品与其技术能力以及营销战略有关。企业根据市场机遇，自觉自愿地进行改革，从而提高自身的生产能力和竞争能力。企业早期的市场成功有助于客户和供应商判断企业所具有的能力。在贸易伙伴看来，一家生产汽车部件的企业与一家服装公司是截然不同的。首先，直观地看，两者生产的产品就明显不同；其次，本质的区别在于，不同行业的企业拥有的知识、技术，作业流程和运作战略都存在显著的差异。自从建立之后，企业就要与供应链伙伴开展业务，进行新产品研发，提供协商后所承诺的增值服务。在此过程中，企业的工作重点和形象也在不断地发生变化，因此，企业所表现出来的生产能力和竞争能力也是动态的。从供应链参与者的角度来看，产品、服务、生产能力和竞争能力的组合体现了企业的价值，并且为其在供应链中获得机遇创造了条件。公司的生产能力包括品牌影响力、生产规模、产品的多样性、能力制约和提前期要求等方面。

6.1.1 品牌影响力

人们往往根据产品的品牌对企业加以区分。消费者会对企业的声望、产品的质量和供应链能力进行综合分析，然后做出购买决定，这体现了品牌影响力对消费者的影响。供应链中的买方包括从最终用户到工业采购代理等多种类型的成员。在市场环境中，一个拥有较高知名度、较高客户认可度和客户青睐的制造商通常具有很强的影响力。一般而言，企业的产品品牌给客户留下的印象越深，在确定供应链结构和战略时企业越能发挥更大的杠杆作用。

有时候，企业在对某一特定的产品系列进行品牌宣传或市场营销时，并不直接参与到产品的生产/装配或者相关的物流服务运作中。企业常常将一种产品的部分运作活动，有时甚至是全部生产和物流运作实施外包，这种做法非常普遍。了解生产运作的本质、成本和供应链活动的下一个目的地，有助于企业确定是否应该采取外包策略。生产地点、供应商的地理位置以及各个客户所处的地理位置决定了企业进货和分销运作的物流需求，而增值服务、物品流动的需求、运作的及时性以及供应链中的流动特性等指标则与产品和服务的品牌影响力有直接关系。

6.1.2 生产规模

可以根据单位成本与生产规模之间的关系对生产过程进行分类。传统观点以完善的规模经济理论为依据，给出了生产规模的定义。规模经济理论中存在一种关系，即随着生产规模的扩大，每单位产品的平均制造成本将逐渐减少。因此，只要提高产量能降低产品的制造成本，企业就应该努力扩大产量。生产过程的专业化、员工工作的专业化、强化固定资产的利用、实行大规模采购以及减少作业流程的变更等措施，也有助于企业实现规模经济。在企业使用高价值的机器设备将原材料加工为成品的过程中，实现规模经济显得尤为重要。在造纸、钢铁和化工等行业，这样的例子比比皆是。有些石油企业已经把精炼工厂（见图 6-2）从自身的供应链中分离了出去，将精炼工厂变成了独立的外部服务提供商。这样，精炼工厂就可以在公开市场上向所有潜在客户销售产品，从而更好地利用规模经济所带来的优势。

某些行业对生产规模的影响较为敏感，在此类行业中，高额的投资，再加上生产方法的改变带来的巨额成本，使企业必须从事长期的生产运作。在这种情况下，从物流的角度来看，供应链在以下两方面受到了规模的影响：第一，在制造产品的某段时期内，供应链的物流运作必须与规定次数的生产要求相适应，这种生产频率会直接影响流入和流出物流的需求；第二，在一个生产周期中，企业会生产出一定数量或一定批量的产品，供应链中的企业必须有能力处理和存储这些产品。

图 6-2 天然气精炼厂

6.1.3 产品的多样性

某些制造环境的生产过程的特点是：产品周期相对较短、生产批量较小、生产的重复性较高。与规模经济相比，这些生产运作更强调多样性，能够快速地从生产一种产品转向生产另一种产品，同时保持高效率，这就实现了所谓的范围经济。范围在这里是指企业利用资金、原材料、设备和劳动力的不同组合，生产出各种产品的制造过程。

产品的多样性是指企业在特定的制造过程中所能生产的不同产品的种类，它取决于企业如何组织生产运作，以及企业在生产中使用的是专用设备还是通用设备。企业从生产一种产品转向生产另一种产品的速度和所需的成本，同样会直接影响企业能否实现范围经济。从物流支持方面来说，产品的多样性意味着生产批量相对较小、原材料需求比较灵活、产品种类的增加。高度的产品多样性会给物流运输和存储方式带来直接影响。

6.1.4 能力制约

所有制造过程都试图实现规模经济与范围经济之间的平衡。生产规模和产品的多样性推动了企业对物流活动的需求。能力制约与规模和多样性共同作用，形成了企业实际的生产计划。

对生产运作能力的制约主要来自三方面，即生产能力约束、设备约束、准备/调整的约束，上述每一种能力制约都对理想化的生产作业具有一定的不利影响。企业在进行销售预测和制订促销计划时需要综合考虑上述能力制约，并以此为依据形成最终的生产计划。

生产能力是指单位时间内能够生产出的产品数量，相比之下，生产出优质产品的能力有多大对企业而言更为重要。工厂、运作过程和机器都有各自固定的能力，因此，生产能力就是指企业在可预见的时期内，能够达到并且能够维持特定水平的产出的能力。衡量生产能力的指标之一就是当需求发生预期之外的变化时，某一生产作业能够以多快的速度响应这种变化，并且满足其需求。将企业的生产过程、采购活动以及物流的灵活性有机结合起来，有助于测量上述响应速度。

设备的限制与企业的柔性有关，柔性关注的重点是使用特定机器完成多种生产任务的先后次序。显然，设备和加工工序要求会直接影响企业生产出的产品种类。然而，采用成组设备和不同工序有时可以更容易达到某些生产的要求。在很多情况下，某一台设备或者某一道工序常常成为整个生产过程中的瓶颈，阻碍生产运作的有效进行。同样，那些能够满足不同设备使用要求的物流能力，也有可能增强或者降低整个生产过程的柔性。制造企业的管理者花费了大量的时间、人力和物力，希望消除束缚生产运作的瓶颈。

准备/调整的约束则与产品的多样性有直接关系。企业在生产管理方面已经取得了很大进步，例如，加快了调整工艺的时间，缩短了实现既定生产能力所需的时间。以模块式的制造设备为例，喷漆机可以在离线状态下进行安装和调试，并且随时可以投入装配线的生产中。

6.1.5 提前期

生产提前期是指从订单送达生产车间开始，一直到完成所有制造工作所需的时间。在此期间，产品始终处于随时可交货的状态。所有生产过程都包括运作时间和运作过程的衔接时间。运作时间包括准备/调整时间、加工时间或者称为实际的生产时间。在任何生产中，实际生产时间所占的比例越大，转换过程的效率也就越高。企业要想有效地利用运作时间，就必须综合考虑前面讨论过的规模和多样性问题，进行权衡和取舍。

生产过程同样还包括一些预期之外的延误或意外的时间损失。排队、等待、停工或物流供给中断会造成加工流程、生产线或机器处于闲置状态，这将极大地降低生产效率。任何形式的意外延误都意味着在运作过程中存在严重的瓶颈问题。原材料或部件供应商造成的延误会直接导致企业无法按原计划进行生产。提前期对企业的战略实施有直接影响。一般来说，企业可以通过压缩生产提前期，控制或减少意外变动，来获得更高的柔性，从而既可以满足客户需求，又能够降低生产成本。

与影响生产运作可预测性的所有其他因素一样，物流活动也会给生产运作带来很大的不确定性，这一点可以通过库存来解决。当企业或者供应商无法按照客户的要求将正确的货物准时送到目的地时，安全库存就有了用武之地。

6.2 制造流程与制造策略

制造策略主要受到市场营销和技术力量两方面的约束。根据顾客的认可程度来制定企业的制造策略，是当前最常见的一种模式。领先的技术水平能够使企业的制造策略具有更强的竞争力。例如，一家由规模经济占主导地位的制造商希望增强生产的柔性，但是为了提高柔性，必须提高生产频率并增加生产的重复性，这需要制造商投入大量的资金。市场和技术水平都会随着时间发生变化，相应地，企业的战略模式也会随之改变。

6.2.1 基本制造流程

企业的生产要求与生产量及产品种类相关，而制造流程结构必须能够较为容易地适应这些要求。大批量生产少数种类产品的企业与少量生产多种类产品的企业不大可能会采取同样的基本流程。为了满足企业的生产要求，有4种不同的基本制造流程。

1. 单件生产

在单件生产中，产品的定制化程度很高，但每个产品的产量很小。工人掌握的技能很广泛，而且设备可以根据需要调整，用来生产不同类型的产品。例如，商业打印店的一台打印机可以完成不同尺寸纸张、不同颜色组合（如双色、四色或六色）以及不同质量的打印。在这种情况下，工人应该掌握多种技能，从而能够调整设备，灵活地完成多种工作。但是，由于每一个新任务都需要对打印机进行特别的调整，因此每个任务通常都需要较长的停机时间。

单件生产的另一个特征是会根据一般加工特征而不是产品特点来组织安排设备及物料。例如，定制家具制造商很可能在某个地方放置着削车床（用于削圆桌子或椅子腿），一个单独的地方用于上漆，而另一个单独的地方则用来进行家居装饰。这样的组织方式很合理，因为不同的产品会以不同的方式经过该系统流程。

2. 批量生产

批量生产在本质上是更大数量的“单件生产”，重复生产同样或相似的产品。批量生产中的产品种类比单件生产的种类少得多。一个生产流程会生产中等批量的同一个产品，之后转而生产另一种产品。

3. 流水线生产

流水线生产过程（见图6-3）可以较大批量生产相对标准的产品。当许多客户想购买相似的产品时，如家用电器、汽车或手机等，企业便可以采用流水线生产。企业围绕同一产品来组织工作流程，按照先后顺序分不同的步骤，并且拆分到尽可能小的步骤。工人们只要专注于一个任务，设备可能从设计上便只专注完成一个动作。该流程中的每一个步骤都是反复地进行，产品差异非常小。这种生产方式的缺点是，工人们可能会倦怠，并且对最终产品没有较好的理解，因为他们只是负责成百上千个步骤中的一个。即便经过精心的设计，能够引入的多样化程度也很有限。例如，通常汽车组装线上会装载不同的音响系统或不同类型的装饰，但特定组装线上的种类通常只局限于一种模式，如果要有所改变，必须全线停工，并且需要花很多时间进行改装和调整。

4. 连续性生产

连续性生产过程用于生产高产量的产品，该产品的需求很大，生产过程柔性很低，要调整流程生产一种不同的产品很难。连续性生产的例子包括石油炼制，化工产品、钢材、铝及软饮料的生产等。连续性生产需要投入大量资金，流程非常标准化，并且为了收回设备上的投资，必须进行 24 小时的连续运作。连续性生产的效率非常高，但由设备故障、原材料瑕疵或工人误操作等引起的产品破坏十分巨大。

图 6-3 生产流水线

6.2.2 制造策略

企业通常采取的制造策略有 4 种：按订单设计（ETO）、按订单生产（MTO）、按订单装配（ATO）以及按计划生产（MTP），它们在满足单个客户具体产品规格需求的能力方面存在较大的差异，因而支持这些策略的物流要求也各不相同。不同的生产策略选择将对客户的订单交付总时间产生影响。

（1）按订单设计。采用 ETO 策略时，产品是独特的，根据单个客户的具体需求进行深度的客户定制。按订单设计的产品包括定制建造的房屋、游艇、专业工业设备等。从定义上看，只有在收到订单之后，采用 ETO 策略的企业才开始生产。由于每一个按订单设计的产品都需要完全重新设计，因而库存中往往没有生产所需的物料。ETO 产品通常采用单件生产方式，有时可能会根据客户订单指定的数量进行批量生产。不管怎样，从 ETO 厂家购买定制产品的客户一般要经历很长的时间才能收到货品。

（2）按订单生产。MTO 生产策略也是以客户订单作为生产进程开始的起点，但 MTO 策略中，客户通常是根据标准化产品设计下订单，而这种设计具有一定的定制化特征，能够满足特定的客户需求。MTO 的例子包括民航飞机、定制家具以及其他许多高端消费产品。

（3）按订单装配。在 ATO 模式中，企业对未来客户的需求情况进行预测，据此提前生产出基本产品和部件。然而要注意的是，只有在客户下达了订单之后，企业才会生产出成品。这种最后阶段的组装反映了制造或形式延迟策略。通过延迟最后阶段的组装运作，制造商不用持有大量、各种各样的制成品。事实上，越来越多的 ATO 产品的最后装配工序都是在物流分销仓库内完成的。企业要想充分执行 ATO 战略，就必须将库存运作也转换为一种增值过程，从而完成客户化的生产和装配工作。

（4）按计划生产。MTP 是自工业革命开始以来占据主导地位的制造策略，其特点是通过长期的流水线生产或持续性生产来实现规模经济。企业完全依赖于对客户需求的预测，通常是根据对未来客户订单的预测来生产大量的成品库存。产品定制化程度受限于与市场细分及产品差异化相关的市场战略。采取 MTP 模式，企业的物流要具备分类存储成品库存的能力，并能根据客户的特定要求完成产品的分配工作。此外，客户期望能够随时买到多种多样的产品，通常不愿意长时间地等待订单交付。

制造策略显然会影响客户订货的提前期。图 6-4 总结了这一影响。

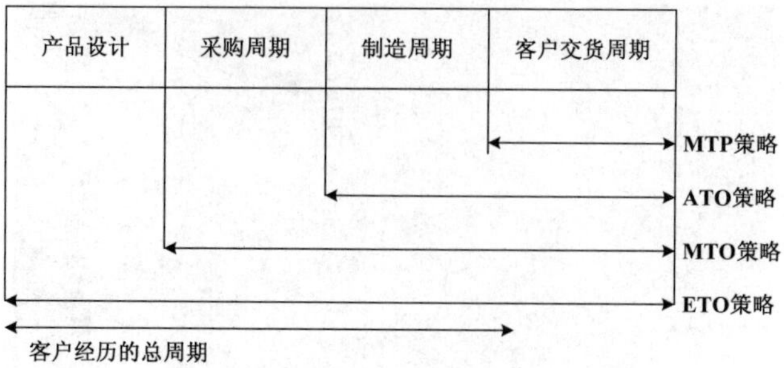

图 6-4　制造策略与循环周期

6.2.3　总生产成本

企业的营销策略和制造策略推动了对物流服务的需求。例如，与 MTP 和 ATO 模式相比，MTO 模式中通常成品库存较低，但是 MTO 模式往往需要大量的零部件库存，有可能导致总成本的增加。因此，企业在设计物流辅助系统时应该从总生产成本的角度来权衡各种利弊。

总生产成本包括生产/采购、仓储和运输成本，这些成本都受到制造策略的影响。企业在实际运作中要从总生产成本的角度出发，并将其作为制定客户服务战略的基础。图 6-5 是一个基本的总生产成本模型，反映了单位成本随着制造模式改变的变化趋势，从 MTO 到 ATO 再到 MTP。当然，成本关系同时还会受到商业环境的影响。设计制造策略的目的就是寻找一种最适合当前市场机制的模式。

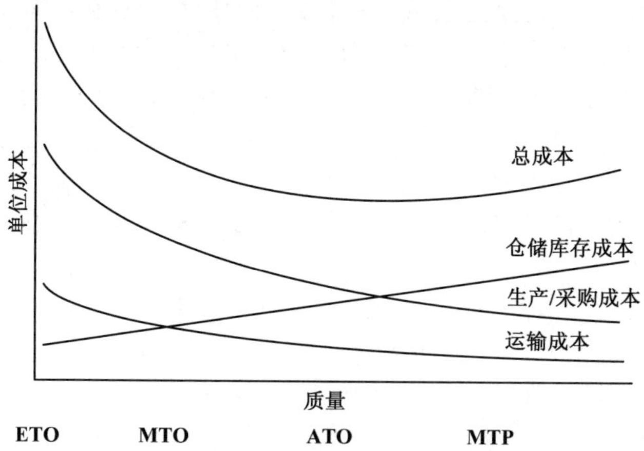

图 6-5　总生产成本

6.3　当代制造理论的发展

近年来，多种技术发展促使产生了几种有关制造的新理论，这些理论有矛盾，但也有互补。

6.3.1 大众化定制

随着客户对产品的要求越来越多，并且这些要求越来越精细地指向个人期望，制造商在保持必要的生产效率、以经济的方式推出产品的同时，不得不调整流程，提供更好的个人定制产品。在这方面，许多制造商期望获得大批量持续性生产与流水线生产的成本优势，同时又为客户提供多样化产品。满足这一目标的制造方式被称为大众化定制。

有的企业运用延迟制造、ATO 等方式来作为这一问题的解决方案。过程柔性对于真正的大众化定制至关重要。在制造延迟或 ATO 模式过程中，企业用库存中的标准模块组件组装最终产品，从而减少订单交付时间，在拿到客户订单时才根据要求完成产品组装。

6.3.2 精益生产

精益生产有很多不同的定义，但一般指的是一种强调用最少的资源（一切资源，包括时间）进行企业运作的生产理念。消除浪费是精益生产的一个基本原则，之后，精益生产系统将大幅度降低工人、原材料、能源消耗的成本。精益生产同时也强调只在客户需要的时间生产其需要的产品。一个实现了精益生产的企业不仅能应对更小批量的生产任务，而且可以对客户需求的变化做出更加敏捷的反应。精益生产的主要目标包括：

（1）仅生产客户需要的产品/服务。

（2）仅在客户需要的时间内生产出产品。

（3）保证产品的完美质量。

（4）尽可能地缩短提前期。

（5）产品仅包括客户需要的功能。

（6）确保工人、材料、设备的浪费为零，明确每个运作环节的目标都是实现闲置库存为零。

（7）采用能够提高员工技能的生产技术。

6.3.3 柔性生产

柔性生产体系有时候被认为不符合精益生产体系的原则。然而，柔性是精益生产前两个原则的核心，在客户需要时生产他们想要的产品。要同时实现精益和柔性体系是很难的，需要有严谨的设计过程，并且较多地依赖工作人员的能力（第七个原则）和柔性自动化的实施。

柔性自动化使用自动化技术和机器人系统快速调试制造流程以满足不同产品要求。为了实现这样的调试，生产企业必须把精益生产体系的想法集中用于问题转换以及从一个产品转到下一个产品的调试时间中。一般来说，调试和转换时间以及成本的减少使得企业可以高效率地进行小批量生产。减少调试时间通常需要进行过程分析，找出可以减少的步骤，更快速地执行调试，或者几个调试步骤同时进行。

汽车产业的例子说明了组织如何通过运用精益原则实现柔性。以前，大多数汽车厂只能生产出一种汽车的几个模型，而且从一个模型转换到另外一个模型需要几个星期，并且耗资巨大。但是，本田公司在俄亥俄州的工厂将调试时间减少到可以用分钟计算。从一个模型转换到另一个模型的生产只需要工人改变焊接机器人庞大系统的部分装置（这些部分和人手相似）即可，如图 6-6 所示。

图 6-6　汽车生产流水线

6.3.4　六西格玛

在统计学上，西格玛是一个希腊字母，表示标准偏差值，用以描述总体中个体的偏离程度。传统的质量管理思想将三西格玛作为质量管理的目标。一个过程具有六西格玛能力意味着过程标准差的 6 倍小于设定的规格上下限之间的距离。六西格玛管理思想的主要目的是设计和改进产品及其制造流程，以减少产品缺陷。例如，想象一个自动打磨机器，它的任务是将金属零件打磨成一定的宽度，随着磨床刀具的磨损，所加工零件的宽度就会增加，这是一种会引起质量问题的加工环节。对于一个稳定并且有具体加工标准限定的工序，三西格玛质量水平意味着企业生产良品率为 99.74%，六西格玛质量水平则意味着良品率达到 99.999 66%。也就是说，做 100 万件产品，其中只有 3.4 件是有缺陷的。而在三西格玛质量水平下，做 100 万件产品，其中就有 66 807 件是有缺陷的。

六西格玛管理过程实际上是一个改进和重构的过程，首先明确引起缺陷的原因，然后设法减少流程的缺陷。实际上，能达成六西格玛目标的公司少之又少。六西格玛不单纯是一个质量改进的目标，更应该看成是企业不断改进制造流程，追求持续进步的一种改善过程。

6.3.5　物料需求计划

一些大型的制造企业常常采用物料需求计划（MRP）来推动买方和供应商之间的联系。企业之所以使用 MRP，是为了获得与 JIT 类似的优势，如实现库存的最小化、保持生产能力的高利用率、协调交货、采购及生产运作等。实施 MRP 对技术具有很高的要求，现在研究人员已经开发出一些应用软件，如高级计划与排程等。这类软件能够处理多种复杂的信息，如从订货到交货所用的时间、存货数量、采购数量、位于多个制造地点的机器对成千上万种不同材料的加工能力等多种数据。

6.3.6 制造导向设计

越来越多的人认识到，许多制造或物流方面的问题都是由产品设计过程导致的。许多组织在设计产品时未考虑对运作过程的影响，而这个过程要求按照客户的意愿生产并配送产品。制造导向设计（DFM）是一个概括性描述，包括一整套将设计活动集中于改进产品“可制造性”的方法和工具。可制造性指的是生产一种产品的速度、难易程度、成本效率以及可靠性。DFM 利用多种技巧进行沟通，强调制造流程对产品设计的要求和限制。尽管 DFM 经常把重点放在产品制造方面，但是这种分析可用于供应链上的多个流程：

（1）组装导向设计：重点是要减少零部件的数量，简化组装过程。

（2）产品适用导向设计：重点是简化拆分、再使用产品部件的过程。

（3）六西格玛导向设计：根据所使用流程的能力，系统地评估生产、配送某一产品或服务的一致性。

DFM 要求产品设计师和制造人员一起召开设计评审会。设计开发早期的会议通常把重点放在产品架构决策上，如设想的产品种类数、在不同产品上重新使用已有部件或者标准部件的潜力、模块在产品设计中的作用等。当产品设计细化、设计出一些模型时，设计评审会要更多地聚焦在具体零部件和特征上，如尺寸公差、紧扣件的使用、其他组装方式或零件几何问题（如形状、对称等）等。DFM 能够有效地提高产品质量，从而为企业节省大量资金。

6.3.7 物流设计

如果在产品开发初期就引入物流设计的概念，那么就能进一步提高物流与采购、生产、工程和营销等活动的协调。JIT 和 MRP 的目标是要实现库存的最小化，减少物料的处理过程，在组装和生产的具体环节中获得所需的原材料和部件。产品、原材料和部件的设计，都会对运作环节产生极大的影响。此外，在设计过程中企业还必须考虑产品的包装和运输需求等问题。例如，采购某部件时，假如供应商按照标准要求在集装箱中装入 50 件，但是企业实际生产只需要 30 件，那么多出的 20 件就会造成浪费。另外，在进行产品和部件的设计时，也必须仔细考虑运输方式和原材料的内部处理方式，以确保达到成本效益最优，实现无物料损坏的物流运作。同样，进行成品设计时也必须考虑类似的问题。

6.4 中国制造 2025

《中国制造 2025》是由国务院于 2015 年 5 月印发的部署全面推进实施制造强国战略文件，是中国实施制造强国战略第一个十年的行动纲领。

制造业是国民经济的主体，是立国之本、兴国之器、强国之基。18 世纪中叶开启工业文明以来，世界强国的兴衰史和中华民族的奋斗史一再证明，没有强大的制造业，就没有国家和民族的强盛。打造具有国际竞争力的制造业，是中国提升综合国力、保障国家安全、建设世界强国的必由之路。

新中国成立后，尤其是改革开放以来，中国制造业持续快速发展，建成了门类齐全、独立完整的产业体系，有力推动工业化和现代化进程，显著增强综合国力，支撑我世界大国地位。然而，与世界先进水平相比，中国制造业仍然大而不强，在自主创新能力、资源利用效率、产业结构水平、信息化程度、质量效益等方面差距明显，转型升级和跨越发展的任务紧迫而艰巨。

新一轮科技革命和产业变革与中国加快转变经济发展方式形成历史性交汇，国际产业分工格局正在重塑。必须紧紧抓住这一重大历史机遇，按照“四个全面”战略布局要求，实施制造强国战略，加强统筹规划和前瞻部署，力争通过 3 个十年的努力，到新中国成立一百年时，把中国建设成为引领世界制造业发展的制造强国，为实现中华民族伟大复兴的中国梦打下坚实基础。

6.4.1 中国制造 2025 的建设目标

新世纪以来，新一轮科技革命和产业变革正在孕育兴起，全球科技创新呈现出新的发展态势和特征。这场变革是信息技术与制造业的深度融合，是以制造业数字化、网络化、智能化为核心，建立在物联网和务（服务）联网基础上，同时叠加新能源、新材料等方面的突破而引发的新一轮变革，将给世界范围内的制造业带来深刻影响。这一变革，恰与中国加快转变经济发展方式、建设制造强国形成历史性交汇，这对中国是极大的挑战，同时也是极大的机遇。

到 2012 年，中国制造业已经占全球制造业 20%，但却大而不强。主要制约因素是自主创新能力不强，核心技术和关键元器件受制于人；产品质量问题突出；资源利用效率偏低；产业结构不合理，大多数产业尚处于价值链的中低端。

由百余名院士专家着手制定，并由国务院发布的《中国制造 2025》是为中国制造业未来 10 年设计顶层规划和路线图，通过努力实现中国制造（见图 6-7）向中国创造、中国速度向中国质量、中国产品向中国品牌三大转变，推动中国到 2025 年基本实现工业化，迈入制造强国行列。

《中国制造 2025》提出，坚持“创新驱动、质量为先、绿色发展、结构优化、人才为本”的基本方针，坚持“市场主导、政府引导，立足当前、着眼长远，整体推进、重点突破，自主发展、开放合作”的基本原则，通过“三步走”实现制造强国的战略目标。

图 6-7 中国制造

2025 年前，大力支持对国民经济、国防建设和人民生活休戚相关的数控机床与基础制造装备、航空装备、海洋工程装备与船舶、汽车、节能环保等战略必争产业优先发展；选择与国际先进水平已较为接近的航天装备、通信网络装备、发电与输变电装备、轨道交通装备等优势产业，进行重点突破。

中国制造 2025 的“三步走”是：

第一步，到 2025 年迈入制造强国行列。

第二步，到 2035 年制造业整体达到世界制造强国阵营中等水平。

第三步，到新中国成立一百年时，制造业大国地位更加巩固，综合实力进入世界制造强国前列。

“中国制造 2025”具体体现为四大转变、一条主线和九项战略任务。

（1）四大转变：

一是由要素驱动向创新驱动转变。

二是由低成本竞争优势向质量效益竞争优势转变。

三是由资源消耗大、污染物排放多的粗放制造向绿色制造转变。

四是由生产型制造向服务型制造转变。

（2）一条主线：以体现信息技术与制造技术深度融合的数字化网络化智能化制造为主线。

（3）围绕实现制造强国的战略目标，《中国制造 2025》明确九项战略任务（见图 6-8）。

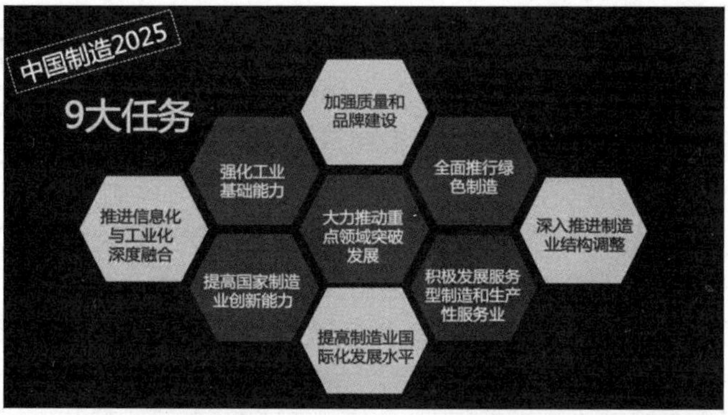

图 6-8 中国制造 2025 的九项战略任务

一是提高国家制造业创新能力。

二是推进信息化与工业化深度融合。

三是强化工业基础能力。

四是加强质量品牌建设。

五是全面推行绿色制造。

六是大力推动重点领域突破发展，聚焦新一代信息技术产业、高档数控机床和机器人、航空航天装备、海洋工程装备及高技术船舶、先进轨道交通装备、节能与新能源汽车、电力装备、农机装备、新材料、生物医药及高性能医疗器械等十大重点领域（见图 6-9）。

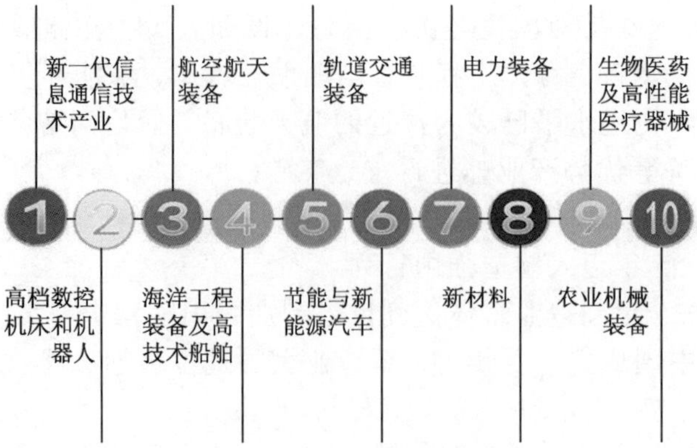

图 6-9　十大重点领域

七是深入推进制造业结构调整。

八是积极发展服务型制造和生产性服务业。

九是提高制造业国际化发展水平。

借鉴发达国家经验，结合我国实际，要打造中国制造 2025，实现制造业由大到强的转变，创新是关键，质量是根基。坚持以质取胜战略是其核心要素，即以质量铸就中国制造的灵魂，以标准引领中国制造质量的提升，以品牌打造中国制造的名片，以质量秩序保障中国制造的健康繁荣。

6.4.2　中国制造 2025 的发展方向

2015 年政府工作报告提出，要实施“中国制造 2025”，坚持创新驱动、智能转型、强化基础、绿色发展，加快从制造大国转向制造强国。在这一过程中，智能制造是主攻方向，也是从制造大国转向制造强国的根本路径。

《中国制造 2025》明确，通过政府引导、整合资源，实施国家制造业创新中心建设、智能制造、工业强基、绿色制造、高端装备创新等五项重大工程，实现长期制约制造业发展的关键共性技术突破，提升中国制造业的整体竞争力。

为确保完成目标任务，《中国制造 2025》提出了深化体制机制改革、营造公平竞争市场环境、完善金融扶持政策、加大财税政策支持力度、健全多层次人才培养体系、完善中小微企业政策、进一步扩大制造业对外开放、健全组织实施机制等八方面的战略支撑和保障。

2015 年 3 月 25 日，国务院总理李克强主持召开国务院常务会议，部署加快推进实施“中国制造 2025”，实现制造业升级。会议强调要顺应“互联网+”的发展趋势，以信息化与工业化深度融合为主线，重点发展新一代信息技术、高档数控机床和机器人、航空航天装备、海洋工程装备及高技术船舶、先进轨道交通装备、节能与新能源汽车、电力装备、新材料、生物医药及高性能医疗器械、农业机械装备十大领域。会议还决定，推出中国制造重点领域升级方向绿皮书目录指引，动态调整、滚动推进。多数业内人士表示，提出十大重点发展领域，意味着“中国制造 2025”不再是一个抽象的概念，而是有了具体的实施路线图。

2015 年 10 月 4 日，李克强在国务院常务会议上强调，“互联网+双创+中国制造

2025，彼此结合起来进行工业创新，将会催生一场‘新工业革命’。”他说：“在消费领域，中国‘互联网+’创新已经走在世界前列。今后在工业和制造业领域，也要把‘中国制造 2025’与‘互联网+’和‘双创’紧密结合起来，这将会催生一场‘新工业革命’”（见图 6-10）。

图 6-10 新工业革命

6.5 德国工业 4.0

德国制造业是世界上最具竞争力的制造业之一，在全球制造装备领域拥有领头羊的地位。这在很大程度上源于德国专注于创新工业科技产品的科研和开发，以及对复杂工业过程的管理。德国拥有强大的设备和车间制造工业，在世界信息技术领域拥有很高的能力水平，在嵌入式系统和自动化工程方面也有很专业的技术，这些因素共同奠定了德国在制造工程工业上的领军地位。

“工业 4.0（Industrie 4.0）”源于 2011 年汉诺威工业博览会（见图 6-11），最初的想法是通过物联网等媒介来提高德国制造业水平。两年后的汉诺威工业博览会上，由“产官学”组成的德国“工业 4.0 工作组”发表了题为《德国工业 4.0 战略计划实施建议》，称物联网和制造业服务化宣告第四次工业革命的到来。工业 4.0 是德国政府《高技术战略 2020》确定的十大未来项目之一，并已上升为国家战略，旨在支持工业领域新一代革命性技术的研发与创新，目的是为了提高德国工业的竞争力，在新一轮工业革命中占领先机，该战略已经得到德国科研机构和产业界的广泛认同。通过工业 4.0 战略的实施，将使德国成为新一代工业生产技术（即信息物理系统）的供应国和主导市场，会使德国在继续保持国内制造业发展的前提下再次提升它的全球竞争力。

德国学术界和产业界认为，工业 4.0 概念是以智能制造为主导的第四次工业革命，或革命性的生产方法。该战略旨在通过充分利用信息通信技术和网络空间虚拟系统——信息物理系统相结合的手段，将制造业向智能化转型。

图 6-11　汉诺威工业博览会

工业 4.0 项目主要分为两大主题：一是“智能工厂”，重点研究智能化生产系统及过程，以及网络化分布式生产设施的实现；二是“智能生产”，主要涉及整个企业的生产物流管理、人机互动以及 3D 技术在工业生产过程中的应用等。该计划将特别注重吸引中小企业参与，力图使中小企业成为新一代智能化生产技术的使用者和受益者，同时也成为先进工业生产技术的创造者和供应者。

6.6　制造 2025 与工业 4.0

德国工业 4.0 在全球产生重大影响，标志着全球加快全面进入以智能制造为核心的智能经济时代。德国工业 4.0 与美国比较流行的第三次工业革命提法和一些学者说的第五次工业革命等，都是以信息技术革命性突破为基础，反映了工业经济数字化、信息化、智能化、网络化的发展趋势。

我国是发展中国家，当前仍处于工业化的进程中，落后与先进并存、传统与现代共生，需要积极探讨中国特色工业化道路，提升传统产业与培育新兴产业相结合，传统手工艺与先进制造业相结合，第一次工业化与第二次工业化相结合，信息化与工业化相结合。

2015 年，中国在分析国内外市场的基础上，遵循产业升级与转型的客观规律，编制中长期十年规划，颁布了中国制造 2025，明确了十个重点行业，包含战略性新兴产业、先进制造业、其他关系到国计民生的传统行业，以及相应的供应链和销售网。其主线是两化深度融合，主攻方向是推进智能制造，主要形式是“互联网+”。

“中国制造 2025”与德国“工业 4.0”都是在新一轮科技革命和产业变革背景下针对制造业发展提出的一个重要战略举措。比较两个战略可以看出各有特点，除了技术基础和产业基础不同之外，还存在战略思想等方面的明显差异。德国工业 4.0 为德国工业发展描绘了细致的发展蓝图，反映了德意志民族特有的认真与严谨，在战略思想、基础研究、技术教育、政策机构和措施方面有很多值得我们学习和参考。

6.6.1 战略思想的差异

比较德国工业 4.0 与中国制造 2025，一个重要的区别在于，德国工业 4.0 战略是一个革命性的基础性的科技战略。其立足点并不是单纯提升某几个工业制造技术，而是从制造方式最基础层面上进行变革，从而实现整个工业发展的质的飞跃。因此，德国工业 4.0 战略的核心内容并不拘泥于工业产值数据这个层面上“量的变化”，而更加关注工业生产方式的“质的变化”。相对于德国工业 4.0，《中国制造 2025》，则强调的是在现有的工业制造水平和技术上，通过应用“互联网+”，实现结构的变化和产量的增加。这种区别就好比《中国制造 2025》是在工业现阶段水平和思维模式上寻求阶段内的改进和发展，德国则是寻求从工业 3.0 阶段跨越到工业 4.0 阶段，实现“质的变化”。这种战略思想上的差别应该说是客观条件的反映，符合现实基础。

6.6.2 战略基础的差异

战略基础包括基础研究、技术教育、人才培养等，是战略实施成功的基本条件。仔细研究《德国工业 4.0》，我们不难发现这个战略最重要的因素是基础科学研究，很多细节方面的任务目标，都以“高、精、尖”的理论知识作为依凭。致力于改善德国科学基础研究的条件，提高科研创新能力。相比之下，中国基础学科的研究比较薄弱，科研创新能力不强，很难有重大突破。其根本原因，除历史基础条件因素之外，也有政策的因素。在政策支持上，中国横向研究比纵向研究无论在数目上，还是支持力度上都要大很多，导致中国应用型的研究领域较强，理论基础研究较薄弱。中国还在制定国际化行业标准方面缺乏经验和条件。因此，有必要下大力加强基础研究。同时，我们还有必要采取开放式的合作方针，积极成为网络化先进理论和先进标准体系的重要接入者，积极开展国际合作，与包括德国在内的发达国家一起分享理论、技术与市场。

6.6.3 战略措施的差异

在配套政策方面，德国为了有效实施工业 4.0，比较重视对技术、政策和环境等进行评估调整。比如，德国系统评估新技术对相关法律可能造成的颠覆性影响，以及创新周期缩短可能导致相关规则架构频繁更新等，及时对现行不利于发展的各项规章制度进行了修改。德国比较重视构建支持工业 4.0 的法律环境，及时对与企业责任、数据保护、贸易限制、密码系统等相关法规进行调整，培养全国国民的竞争意识，比较重视反思和自我调适。

6.6.4 对中国的启示

工业 4.0 将使人类-技术（Human-Technology）和人类-环境（Human-Environment）

的相互作用发生全新转变。借助 CPS 系统[①]，特别是“互联网+”，可以巨大地提升人的智能。智能是把人的智慧和知识转化为一种行动能力。基于人类智慧、计算机网络和物理世界有机融合的经济具有更高的效率，这种效率是传统工业无法达到的，因而智能一旦出现将以新的结构和形态取代传统工业，形成“智能经济”。在智能经济时代，智能环保、智能建筑、智能交通、智能医疗等，构成智能经济的不同领域；智能家庭、智能企业、智能城市、智能地区、智能国家、智能世界，构成智能社会的不同层面。在智能经济时代，全球经济一体化的整体性更加突出，市场主体相互之间内在联系更加紧密，社会经济系统对外更加开放。以智能工厂为特征的智能经济也很可能是工业经济发展的最高阶段。可以预料：世界的不平衡性将更加突出，竞争的形式将会改变，全球治理方式将有重大变化。对此，我们要有一定的准备，在发展战略、科技创新、人文道德上占据制高点，形成良好态势。

我国是发展中国家，仍处于工业化进程中，落后与先进并存、传统与现代共生，需要积极探讨中国特色工业化道路：提升传统产业与培育新兴产业相结合；传统手工艺与先进制造业相结合；第一次工业化与第二次工业化相结合；信息化与工业化相结合。我国相当一个时期可能还需要同时推动工业 2.0、工业 3.0 和工业 4.0(见图 6-12)，既要实现传统产业的转型升级，还要实现在高端领域的跨越式发展，建立既符合中国实际情况、又体现世界发展潮流的中国工业体系，为全面实现小康社会，实现现代化提供坚实和广宽的基础。既要考虑提高劳动生产率，又要考虑解决就业问题。

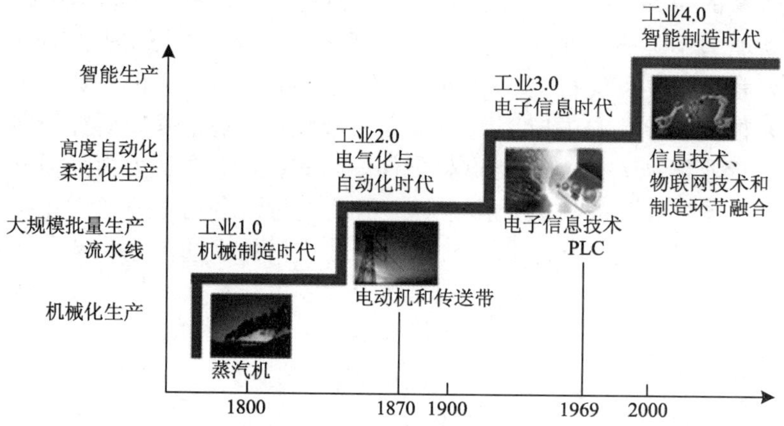

图 6-12　从工业 2.0 到工业 4.0

在当前国际形势下，中国制造业面临三方面挑战：一方面来自高端挑战，发达国家通过“再工业化”，将“再工业化”与新的工业革命相结合，必定使发达国家在科技、信息、资本等方面长期积累的优势进一步强化，成为科技革新与产业革命红利的主要受益者，使不利于发展中国家的“中心-外围”世界分工体系进一

① 信息物理系统（Cyber Physical Systems，CPS）是一个综合计算、网络和物理环境的多维复杂系统，通过 3C（Computation、Communication、Control）技术的有机融合与深度协作，实现大型工程系统的实时感知、动态控制和信息服务。通过人机接口实现和物理进程的交互，使用网络化空间以远程、可靠、实时、安全、协作的方式操控一个物理实体。CPS 实现计算、通信与物理系统的一体化设计，具有重要而广泛的应用前景。

步固化，进一步拉大与我国的距离；另一方面来自低端挤压，印度、越南、印度尼西亚等发展中国家可能以更低的劳动力成本承接劳动密集型产业的转移，抢占制造业的中低端，我国制造业在中低端广大市场的优势面临失去的危险；再一方面来自内部的困境。从整体来看，我国自主创新能力不强，核心技术对外依存度较高；制造业仍处于产业中低端水平，缺乏世界一流大型企业与知名品牌，在全球产业链中的高附加值环节份额相对较小；产业结构不尽合理，技术密集型产业和生产型服务业比重偏低，产业集聚和集群发展水平不高，产品质量问题比较突出；资源利用效率偏低，环保问题严重；管理水平不高，管理效率低，导致管理成本高，严重影响产品竞争力。

中国制造业也迎来了三大机遇。首先是新的契机，新一轮科技革命和产业变革与我国加快转变经济发展方式形成历史性交汇，国际产业分工格局进入重塑阶段，新理念、新技术、新方式启动期有很多空白点，在某种程度上为全球提供了新的起跑线，也为中国赶超发展提供了契机。其次是新的供需，发达国家“再工业化”与正在兴起的新一轮工业革命有机结合，向我们展现了不同于传统流水线、集中化机器大生产的全新生产方式、生产要素、组织模式，必将创造新的市场和供需，这些都是我国可以大展身手之处。再次，发达国家“去工业化”和“再工业化”为我们提供了经验教训。发达国家过度“去工业化”及发展高风险、高杠杆的金融业务，导致实体经济与虚拟经济脱节，我国充分汲取其教训，借鉴其“再工业化”发展战略中具有前瞻性、符合发展大势的政策措施，根据不同类型行业的特点，有重点、有差别地推进结构优化升级，通过突破研发、设计、营销网络、品牌和供应链管理等制约产业结构升级的关键环节，完全有可能加快改造提升制造业。

“互联网+”是科技与经济的有机结合，在实施“互联网+”战略中，“互联网+”企业组织变革具有特别重要的意义，企业作为市场的重要主体和经济的细胞，除了利用互联网加强与市场的互联和联系、推动网络化协同制造和服务之外，还要下大功夫增强内生动力，焕发内部活力。如何利用信息技术改善重构生产要素，深化企业组织变革，创新生产方式，提升资产质量和服务功能，适应市场需求和变化，是影响中国制造 2025 战略全局性的问题。解答这个问题首先需要正确理解技术与组织的关系。技术结构与企业组织结构的关系是相互促进和相互构建的过程，特别是互联网技术将企业的消费者、供应商、合作者和企业员工等各种关系全部组织在计算机网络里，使信息的获取、处理、传递和应用变得高速便捷，必然要求企业的生产方式、管理模式和组织机构做相应的调整和变革。在这种情况下，只有深化企业组织变革，将互联网技术和企业生产方式紧密联合起来，形成有效的信息沟通反馈机制，才能实现技术与组织的良性互动，才能使互联网技术的发展为企业所需要，企业才能成为推动企业技术进步的主要力量。

“中国制造”需要从要素驱动转变为创新驱动；从低成本竞争优势转变为质量效益竞争优势；从资源消耗大、污染物排放多的粗放制造转变为绿色制造；从生产型制造转变为服务型制造。中国制造发展战略核心要义应该是：以加快新一代信息技术与制造业融合为主线，以提质增效为中心，以满足经济社会发展和国防建设对重大技术装备需求为目标，以开放合作为手段，强化工业基础能力，提高综合集成水平，完善多层次人才体系，培育中国特色的制造文化，促进产业转型升级，实现制造业由大变强的历史跨越。中国完全有可能成为新的工业革命的重要受益者，也为新的工业革命做出重要贡献。

【延伸阅读】物流业“短板”该如何补齐

物流业是支撑实体经济发展的重要基础，既涉及调结构，又关系降成本。记者在调研中发现，尽管物流业近年来发展迅速，但物流成本、物流效率、行业监管依然存在不少“短板”。相关专家指出，当前，高成本物流正侵蚀着企业利润，成为制约供给端效率提升的关键瓶颈。

那么，究竟应从何处发力补上“短板”？

互联网思维引领：以物联网提升物流效率

【改革探索】走进浙江传化集团数字信息展示中心，记者看到，屏幕上不断更新着司机与货物的大数据信息，这张智慧公路物联网正改变着200万司机的生活与工作方式。过去，货运司机自己找货平均要6到7天，现在通过下载智能物流终端，可以在短短几小时就实现车货精准匹配。

某日早晨7时，四川成都传化公路港物流交易中心人头攒动。货车司机老周一早来到交易中心。在看完大屏上的众多物流货源信息后，老周在手机上打开“传化易配货”进行查询，短短3个小时就找到了匹配的货源。

像老周这样的货车司机全国大约有3 000万人，他们奔波在全国各物流节点之间。“物流目前还有明显的‘短板’，特别是占货运总量75%以上的公路物流，没有形成系统，导致公路、铁路、水路、航空做不到互联互通，水平低，效率差。”传化集团董事长徐冠巨说，而传化公路港就是要打造物流“大脑”。

徐冠巨告诉记者，杭州传化公路港将作为传化物流全国母基地，应用物联网、云计算和大数据等先进技术，高效连接人、车、货，立足杭州，实现联通全国，最终形成“物流+互联网+金融”的中国智能公路物流网络运营系统。

在上海市嘉定区，自营式电商企业京东打造了规划面积20万平方米的“亚洲一号”物流仓储中心，利用物联网平台，实现自动补货、快速拣货、多层阁楼自动输送。京东在全国打造的仓储网和“互联网+物流”配送系统为网上销售提供了保障，同时创造了巨大的就业空间。

创新制度供给：以标准化抢占现代物流制高点

自2007年开始，交通运输部与浙江省政府共同推动全国物流公共信息平台建设，目前由平台提供服务的企业已达40万家，其中交通运输及仓储业占55%。目前，平台已互联中日韩3国20个港口、52个部省重点物流园区，日信息交换量高达2 000万条，年服务物流货值13.5万亿元，占全国物流总额6.4%。

华东医药是一家年销售额超百亿元的综合性医药企业。自2011年该企业与全国物流公共信息平台实现互联以来，物流信息处理时间缩短了95%，通过平台每天发送药品品类达2 000余种、总价超过2 500万元，分别增长33%、25%。依靠物流公共信息平台的大数据支撑，华东医药仅直接物流成本一项每年就节约200余万元。

来自浙江省交通运输厅的统计显示，近8年来，物流信息平台建设累计投入资金约两亿元，仅仅相当于建设1 km,高速公路的造价，但是实际形成的经济效益和社会效应远超百亿元。近四年来，该省营运货车运输时间缩短25%，降低油耗38%，5 t以上货车空载率下降了34.7%。

“当前，必须创新制度供给，以标准化抢占现代物流发展制高点。”浙江交通运输厅厅长郭剑彪指出，近年来，物流公共信息平台以“物流信息交换技术标准”建设为统领，推进国家、地方、行业统一标准制定。目前，物流公共信息平台率先主导建立了东北亚物流信息服务网络。

构建诚信评价体系：以法治化监管推进新业态发展

进入福建交通物流交易平台，挑到自己所需要的商品（车或货）后，买家点击下单，填写交易信息，确认收货并付款，最后给对方打分。除了交易的便捷性，平台还构建了一套诚信评价体系，平台运营方会对交易双方的诚信交易状况进行评价，这些评价数据实时传输给福建交通物流公共信息平台，供会员查询共享。

在福建交通卡行天下物流平台上，如果货主想要查询车辆的信息，输入车牌号或车主姓名后，车辆类型、驾驶证、企业许可证、车辆范围等信息一目了然，保障车货双方放心交易。

此外，依托信用，物流平台的增值服务正在拓展。企业想要新增车辆但周转资金不够怎么办？凭借良好的信用记录就能获得在线小额贷款。货还没运到但急需现金怎么办？平台可以先行垫付买方应付账款。代收货款、先行赔付、小额贷款、保险理赔……这些服务解决了单个物流企业融资难等困难，最大限度降低支付成本，为企业发展补足后劲。

下一步，要加快平台间的互联互通和信息资源的整合利用，进一步构建真实交易信息的诚信机制，同时，以法治化监管推进新业态发展。

业内专家指出，要加强各类平台信用记录归集，逐步形成覆盖物流业所有法人单位和个体经营者的信用信息档案，根据信用评价实行分类监管，建立实施“红黑名单”制度和预警警示企业、惩戒失信企业、淘汰严重失信企业的机制。

资料来源：供应链管理网（http://www.hg-scm.com/），2016-8-2

【实验与思考】熟悉“中国制造2025”背景下的制造管理

1. 实验目的

（1）从深入研究物流管理的角度出发，熟悉制造管理的基本概念。

（2）了解当代制造理论的发展。

（3）熟悉“中国制造2025”和“德国工业4.0”，理解它们的深刻意义。

2. 工具/准备工作

在开始本实验之前，请认真阅读课程的相关内容。需要准备一台带有浏览器，能够访问因特网的计算机。

3．实验内容与步骤

【概念理解】

（1）请解释什么是“中国制造 2025”，它和“德国工业 4.0”有什么异同？

答：

（2）什么是“精益生产”？

答：

（3）什么是“六西格玛”？

答：

（4）以电视机为例，解释 3 个不同的消费者为何会有各自认为质量最好的 3 种不同品牌的电视机？他们是如何进行判断的？

答：

（5）举例说明企业的营销策略是如何影响企业选择合适的生产策略的。

答：

（6）有些人认为精益生产体系与大众化定制以及柔性生产不符，为什么说这个结论不正确？

答：

（7）制造导向设计和物流设计的关键因素是什么？

答：

【实践案例】

Crank 公司是成立于 1920 年的集团公司，在英国有 3 个生产基地。其总部位于 Leicester，这里同时也是主要的生产制造基地之一。该基地为军事国防机构、石油和天然气行业及运输系统生产制造复杂的短线组件产品。位于 Southampton 的基地则专门生产高尔夫球棍的管轴；而位于 Glasgow 的基地则专门生产直径可以达 8 英寸粗的，用于航天工业的管状组件。

该集团一直是采取分散式采购模式。Leicester 基地有一位采购经理，而 Southampton 和 Clasgow 则各自有自己的采购主任，负责各自的采购小组。集团最近新任命的总裁迫切认为企业需要以新的观念来调整采购的结构。在过去的一个月里，该总裁已默不作声地获取了一些突出的问题，其中一些比较重要的问题列举如下：

- 每个基地都是“自负盈亏”，其主管都必须保障预订的资本回报率。
- 集团没有总的采购合同。
- 5 大采购项目占了集团总开支的 61%——采购内容全部都是原材料，包括不同规格的管子。
- 5 大采购来自 40 多家供应商。
- 两年多来，3 个基地都没有采取过任何正式招标的采购形式。
- 生产设备是由集团总工程师安排采购的。
- 公司已经开始实施一些现代物流运作模式，包括“即时交货”和“准时全部交货”。
- 采购部门没有任何降低成本的计划。
- 每个基地采购部门之间也不想互相往来。

该总裁想要通过调整采购的结构为整个集团和各个基地带来新的收益。根据你的认识及上述问题，你会给他什么样的建议？

任务

(1) 可以考虑什么样的结构调整？

(2) 可能遇到什么样的潜在阻力？

(3) 采购结构的调整会给企业带来什么样的收益？

请将考虑的书面解决方案记录下来并粘贴如下：

4．实验总结

____

____

____

5．教师评价

____

____

第 7 章

一体化运作 «‹

供应链管理主要围绕着实现供应链一体化运作而进行（见图 7-1）。企业只有不断增强一体化管理的能力，才能不断提高生产力。这种一体化的管理必须从职能和流程两方面提高运作水平。从职能上说，要尽可能用高效率完成关键工作。单个企业的业务流程和供应链中多个相互合作的企业之间的业务流程都创造了价值，企业必须对这两种流程进行不断的改进。供应链一体化运作的收益与企业内各部门以及供应链各成员企业的收益紧密相关。

图 7-1　一体化物流管理

从一体化物流管理的角度来看，供应链战略的制定为一体化物流管理的实现提供了运作框架，企业应该将物流运作直接与供应链的构成和策略连接起来。确定了国际化供应链构成和策略后，全球化就会给物流运作带来诸多挑战。

7.1　供应链革命

如今，企业的管理者正在经历一场供应链革命以及与之相关的物流复兴，它们两者相互关联，都涉及企业的最优运作绩效，同时极大地改变了原有的商业规则。然而，供应链和物流又是现代管理中完全不同的两个方面。

7.1.1　为一体化物流提供运作框架

供应链管理的研究对象是由多个相互合作的企业所构成的整体，这些企业通过合作实现战略定位，增加运作效率。对于供应链中各个成员企业而言，供应链关系反映出了一种战略上的选择。供应链战略是建立在相互依存、相互合作的基础之上的，这就要求相关企业建立跨越传统部门的管理流程，并使这一流程突破企业组织的界线，与上下游的供应商、贸易伙伴以及客户等相互连接起来。

与供应链管理相比，物流则强调库存在供应链中移动和存放定位等工作。因此，物流是供应链的一个组成部分，它必须在供应链这个大框架下进行运作。物流通过正确选择库存的时间和存放地点实现了增值，它是包括企业订单管理、库存管理、运输管理、仓储管理、物料处理和包装等过程的有机整体。一体化物流将供应链的各个环节有效地连接在一起，实现了供应链的同步化，使整条供应链上的活动成为连续的过程，它对于供应链的高效连接至关重要。十几年来，尽管物流管理的目标始终没变，但实现物流管理的方法却发生了根本性的变化。

在经历了早期的工业革命后，管理者开始站在战略的高度考虑企业的核心竞争力、专业化以及规模经济等问题，这使他们意识到，只有与其他企业紧密合作才能不断获得成功。

7.1.2 整合创造价值的原因

为了介绍企业进行整合管理的好处、面临的挑战以及进一步解释整合管理的重要性，至少要了解 3 种消费者的价值观。

（1）传统价值观，即经济价值。经济价值和效率一样，都建立在运作的规模经济基础上。规模经济就是通过充分地利用企业的固定资产，实现总成本最低。经济价值关注的焦点是创造产品和服务的效率，要尽可能地做好所有工作。消费者寻求的经济价值是物美价廉。

（2）市场价值。就是在正确的时间和地点，提供分类产品以实现产品效用。市场经济关注的焦点是推出产品和服务时实现范围经济。多品种大型购物中心、大型百货零售商店和多厂商电子商务订单履行作业的产生，就是为了实现市场价值。对于消费者来说，市场价值就是便利的产品和服务分类及选择。

（3）关联价值。包括定制化增值服务，这种服务超越了基本的产品特征及实体位置，给客户带来了真正的差异。市场价值反映的是正确的产品和服务；经济价值反映的是正确的价格；关联价值除了包括以上两种价值以外，还意味着以定制化价值的方式对产品和服务进行改进、排序、同步处理及定位。从消费者的角度来看，关联价值就是将原材料做成可以直接享用的食品。在百货零售业中，关联价值就是将产品变成时尚的服装；在制造和装配过程中，关联价值就是在产品中加入特殊的部件，以增加客户需要的功能。客户需要的关联价值是独特的产品和服务类别。

要同时获得经济价值、市场价值和关联价值，就必须对整个企业的流程进行整合。

7.1.3 供应链的基本模式

密歇根州立大学提出了供应链管理的基本模式（见图 7-2）。这张图用箭线将供应链成员企业连接在一起，形成了一个协同合作、具备竞争力的整体，从而很好地阐述了供应链一体化这个基本概念。

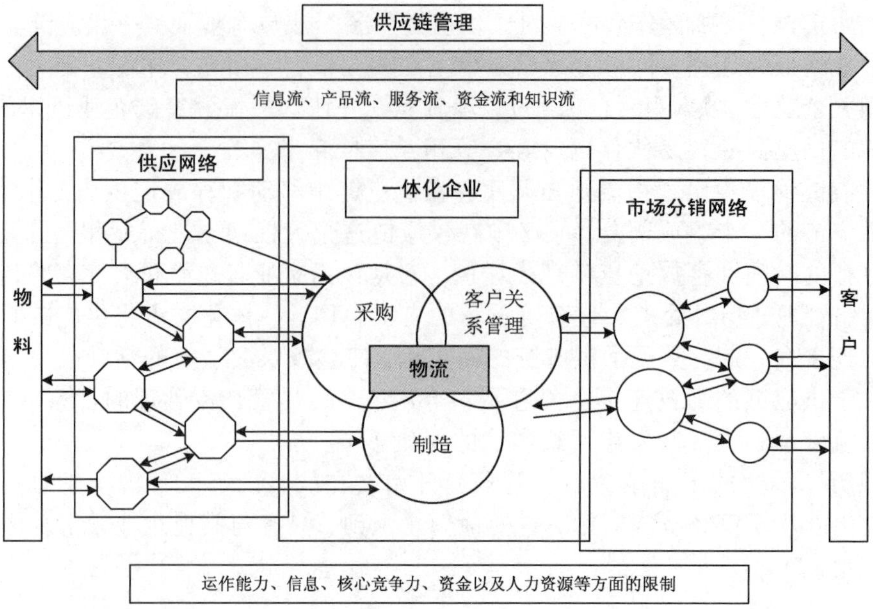

图 7-2　供应链一体化的基本模式

供应链一体化指的是在考虑关键资源受限制的情况下，多个企业之间的合作关系。为了获得竞争优势，企业必须与客户、起支持作用的分销网络和供应商网络结成联盟，从而形成供应链结构和战略。因此，供应链模式集成了多种活动，包括从最初的原材料采购到将最终产品和服务送到客户手中的一系列运作过程。

供应链中的价值来源于供应链成员企业之间的协同作用，其中 5 种关键流对价值有重要的影响，分别是：信息流、产品流、服务流、资金流和知识流（见图 7-2 上方的双向箭头）。物流是供应链模式中产品流和服务流的主要载体。供应链中每家企业都要执行物流过程。图 7-2 描述了供应链一体化的基本模式，它从逻辑上和物流上将一体化企业与它的分销网络、供应网络与客户连接在一起。由此可见，物流一体化增值过程的实现要求企业必须从物料采购时就开始进行管理，直至将产品或服务送到最终客户手中，以达到高效果、高效率、高关联及持续发展。

供应链一体化通过科学的管理方法将彼此独立、从事买卖的企业连成一个整体，提高了企业的市场影响力、整体效率和竞争力，并能不断进行完善，这是供应链一体化与传统渠道运作的根本区别之处。然而，在实践中，大量复杂的原因导致供应链无法像单线图表示得那么容易理解。例如，许多个体企业同时也是多个相互竞争的供应链中的成员。由于供应链已经成为竞争的基本单位，因此在多个供应链中从事活动的企业难免会遇到保密问题以及忠诚问题，这些问题常常会导致利益冲突。

7.2　供应链信息系统（SCIS）

信息技术是支持供应链管理的首要因素。供应链信息系统能够跟踪运作过程中的信息，促进企业内部及供应链伙伴之间的信息共享，并且辅助管理者做出决策。综合信息系统是由交易系统、决策支持系统和通信系统组成的有机整体。

7.2.1 供应链信息的重要性

最初，企业把物流运作的重点放在产品的存储以及产品在供应链中的流动上。由于信息的传递对于客户来说无关紧要，因此企业往往忽视了进行准确信息交流所具有的重要意义。此外，由于纸质信息的传输速度较慢，因此信息的交换速度也受到了一定局限。

及时准确的信息之所以对于物流系统的设计和运作来说变得越来越重要，是因为受到了以下四方面的影响。

（1）客户希望获得实时的信息，他们认为客户服务应该提供订单状态、产品的可得性、送货和运输状态查询及结算等必要的信息。

（2）为了实现减少供应链资产总额这个目标，管理者逐渐意识到，有效地利用信息可以减少企业对库存以及人力资源的需求，尤其当企业以最新的信息为基础做出需求计划后，就可以减少需求的不确定性，并且减少库存。

（3）信息能够提高企业的柔性，告诉管理者应该在何时、何地、用何种方法使用资源，从而获得战略优势。

（4）互联网的发展大大地增强了信息的传输与交换，促进了买卖双方的合作，并且重新定义了供应链中各个成员之间的关系。国际航运是综合信息系统推动供应链优化运用的典型例子。在国际航运中，企业常常需要根据当地市场的实时反馈重新调整在途集装箱的目的地，信息技术促成了这样的调整，改善了物流服务水平，同时提高了资源利用率。

供应链信息系统（SCIS）连接了各种物流活动，并将它们串联成一个有机整体。具体来说，它由以下 4 个不同层次的功能模块组成：①交易系统；②管理控制；③决策分析；④战略规划。图 7-3 阐述了在各个信息功能模块上发生的物流活动及决策活动。正如这个金字塔所显示的一样，一个强有力的交易系统为提高管理控制、决策分析以及战略规划水平奠定了坚实的基础。

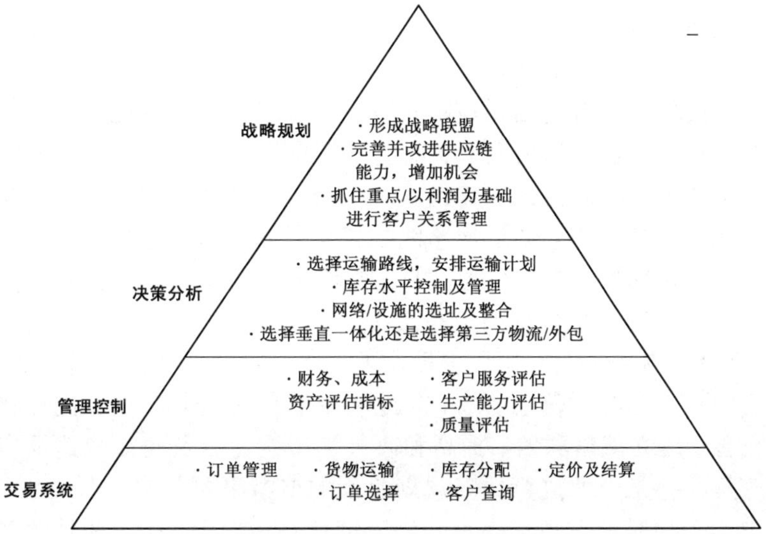

图 7-3 供应链信息系统的功能

交易系统的特点在于，它有正式的规则、正式的程序以及标准化的沟通模式。同时，交易系统注重日常操作，具有庞大的交易量。交易系统将结构化的运作与庞大的交易量结合在了一起，因此信息系统的运作效率成为关注的焦点。交易系统最基础的功能包括促使单个物流活动，并且记录其运作情况和效果。交易活动通常包括订单录入、库存分配、订单筛选、发货、定价、结算及提供客户查询服务等。举例来说，企业完成了客户订单的录入，就意味着该客户的产品需求信息已经进入了信息系统；订单录入的同时又引发了另一种交易行为，即为订单分配所需的库存；紧接着又产生了第三种交易行为，即根据订单的要求，将货物从仓库中拣选出来，随后将货物交付给客户；最后一个行为是结算并记录相应的应收账款金额。在整个过程中，企业和客户都希望能够获得与订单状态有关的实时信息。综上所述，经过信息系统的一系列处理之后，客户订单的运作周期得以圆满完成。

供应链信息系统的第二个层次是管理控制，它把重点放在对运作的评估和汇报方面。绩效评估能够非常有效地提供反馈，帮助企业了解供应链绩效及资源的使用情况。通常，绩效评估的指标包括成本、客户服务、生产能力、产品质量和资源管理等。例如，可以使用每磅货物的运输以及仓储成本、存货周转率、订单完成率、单位劳动力每小时的工作效率以及客户的认同度等指标完成特定的绩效评估。

供应链信息系统在反映系统过去绩效的同时，也应该具备分辨特殊运作的能力。对特殊信息的管理有助于企业增强对潜在的客户失误或操作故障的重视程度。例如，企业如果希望供应链信息系统具有一定的预见性，那么该系统就必须能根据需求预测和库存计划，判断将来是否会出现库存短缺。企业在对特殊运作进行处理时，还应该了解潜在的运输、送货、仓储及人力等方面的需求约束，并及时做出相应的调整。有些控制指标的含义非常明确，如成本；但是有些指标的意思却不是十分明确，如客户服务或者产品质量等。例如，客户服务既可以从内部即企业自身的角度来进行衡量，同时也可以从外部即客户的角度来进行衡量。内部的衡量指标比较容易测定，而外部衡量就相对较难掌控，因为外部衡量要涉及大量的客户。

供应链信息系统的第三个层次是决策分析，它利用软件工具进行辅助管理。决策分析有助于企业对多种战略和策略进行分析、评价和比较，从而选择出最合适的战略，提高运作效率。典型的分析包括供应链设计、库存管理、资源配置、路径安排以及计算各种运作的利润率。在理想情况下，供应链信息系统的决策分析还应该包括数据库维护、建模、对物流情况进行分析并且及时汇报。与管理控制类似，决策分析同样也涉及一些战略层的运作考虑，如运输路线的安排及仓储计划。此外，决策分析还能用于管理客户关系，帮助企业进行有效权衡，使客户达到满意，并进一步实现客户成功。

战略规划是供应链信息系统的最高层次，它收集各种交易数据，然后将它们集成起来，形成一个关系型数据库，用以辅助企业对各种战略的评估工作。从本质上来说，战略规划关注的重点是各种信息，它不断地利用信息对企业的供应链和物流战略进行评价并加以完善。建立战略联盟、提高和改善生产能力以及建立快速反应机制以获得更多市场机遇等，都是企业进行战略规划决策的典型事例。

图 7-4 中两个相对的三角形揭示了供应链信息系统的特点，并且针对这些特点进

行了论述。开发和维护成本不仅包括购买硬件和软件的费用、沟通和培训方面的开销，还包括人力成本的支出。过去，在进行系统开发时，许多企业往往将注意力放在提高交易系统的效率上。尽管这种方法最初可以提高运作速度并降低运作成本，但是随着运作速度的不断提高，可以完善的空间就大大缩小了，因而这种方法就失去了用武之地。当前，在大多数供应链信息系统的开发和实施过程中，企业应该重点关注如何加强供应链系统的一体化，以及如何有效地进行决策。

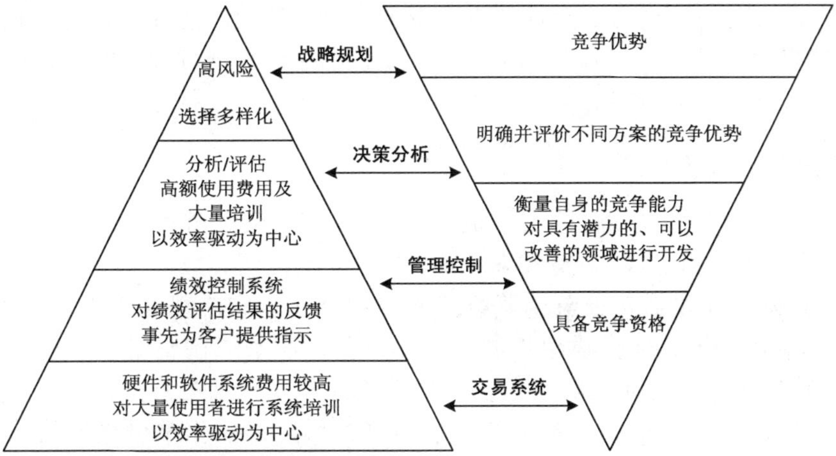

图 7-4　供应链信息系统的应用、决策特点以及合理性

7.2.2　供应链信息系统的组成模块

综合信息系统的一体化在企业的决策过程中起到了促进、监控以及辅助作用，同时它还可以及时反映出企业完成物流运作、实施物流计划所需的各种活动的运行情况。信息系统的一体化的主要组成部分包括：① 企业资源计划（ERP）；② 通信系统；③ 执行系统；④ 计划系统。图 7-5 从企业应用角度说明 SCIS 的构成，以便阐述每个模块的具体特点和功能。

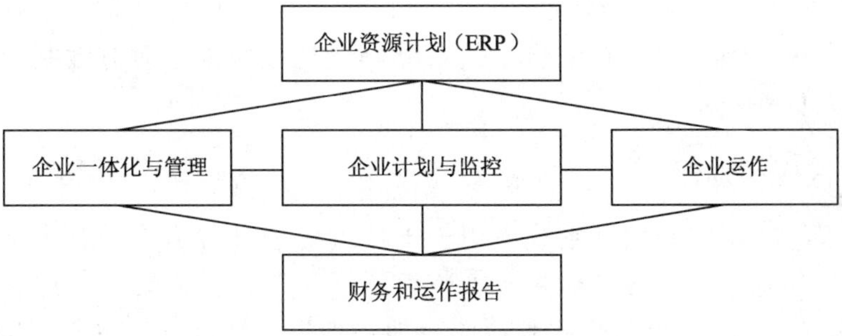

图 7-5　从应用角度说明 SCIS 的构成

对大多数企业而言，图 7-5 中所示的 ERP 或资产管理系统是物流信息系统中最核心的部分，它包括了维护当前数据和历史数据、对事务进行处理从而促使运作的开展以及监控运作水平等内容。20 世纪 90 年代，大量企业逐渐用 ERP 系统代替了传统的资产管理系统。ERP 系统是一个集成的事务处理模块，它建立在通用、稳定的数据库基础之上，该数据库存储了运作（即基于产品或企业活动的运作）和财务（即基于

货币的财务管理）相关的信息。ERP 系统既有助于企业顺利开展一体化运作，又为企业对关键活动的监控和跟踪提供了便利，如对订单的完成、补货过程等活动进行跟踪。除此之外，ERP 系统还包括了一个集成的、涵盖了整个企业所有运作的数据库（有时也称为数据仓库），并且建立了合适的事务处理方式，以便于企业从事物流和供应链计划与运作。使用了 ERP 系统后，供应链中的各种事务都得到了优化，如订单输入和订单管理、库存分配和运输等。ERP 系统不仅能够在供应链的多个环节中充分发挥作用，它通常还具有财务、会计和人力资源管理等功能。企业在进行数据挖掘、综合决策支持以及应用其他一体化的方法时，为了获得与客户、产品和运作有关的信息，不可避免地要使用 ERP 系统。

7.2.3 企业的一体化管理

企业的一体化管理模块的主要组成部分包括：① 总体管理；② 应付账款和应收账款；③ 库存财务账；④ 总分类账；⑤ 人力资源管理。

其中，总体管理包括各种与企业组织架构和企业运作流程规范相关的管理活动。供应链运作中，总体管理模块用于制定报表规范、明确或调整组织架构、规范流程（如交货和补货）等。应付账款和应收账款模块的作用包括处理应收款项（客户）和支付款项（供应商）。这只是基本的会计功能，供应链运作中更重要的是处理材料或服务的可得性对应付账款的影响，以及订单完成的交货和开发票对应收账款的影响。库存财务账模块的作用是跟踪供应链中的增值环节以便制作财务和税务报表。供应链中增值环节（如生产、库存控制、包装等）发生在何时、何地与企业的纳税额度和财务表现（如股票价值的浮动）紧密相关。总分类账模块的作用是管理并制定细分账目的结构，这些细分账目既用于监管纳税和财务状况，也用于制作相关报表。在供应链中企业内外的各个环节处理着大量业务往来，这些业务总会涉及总分类账中的部分内容，因此总分类账影响着客户服务水平和客户服务成本的衡量、监控和上报。ERP 系统中人力资源管理模块用于跟踪员工的工作绩效和技能水平。在很多企业中，员工分布在供应链的各个部门（如制造部门、配送部门、采购部门等），甚至分布在全球各地，因此跟踪员工的薪酬等级与技能水平对有效制定供应链人力资源决策至关重要。

7.2.4 企业供应链运作

企业运作包括供应链信息系统中用于支持供应链日常运作的各个模块，具体如图 7-6 所示，分别是：①客户服务；②物流；③制造；④采购；⑤库存的配置。将企业运作系统和 ERP 系统结合起来，就能为各种供应链运作活动提供有力的支持。

客户服务系统，也称为客户关系管理（CRM）系统，是用于客户、销售人员、运作管理人员进行信息交互的管理软件。物流模块用于指挥和监控物流活动，包括完成品库存管理、仓储管理、运输管理和停车场管理。制造模块用于制订计划、调度生产资源、制定组件需求决策。采购模块用于发起和跟踪采购活动，包括采购订单的下达、完成和供应商管理。库存的配置及管理模块用于调度并监控物料流动，满足生产需求。

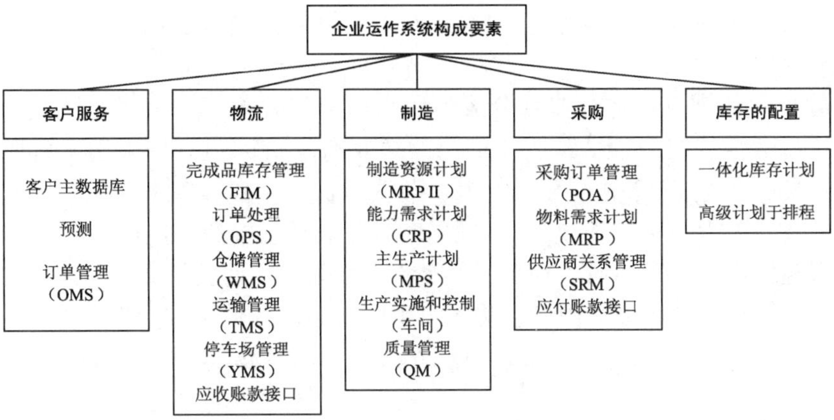

图 7-6 企业运作模块

企业越来越多地以外部主系统的形式购买供应链信息技术支持服务。技术应用企业开发了多种提供并维护高水平绩效体系的技术系统，如仓储管理系统（WMS）、运输管理系统（TMS）、车场管理系统（YMS）等，这些应用型软件包通常被称为软件即服务（SaaS），企业可以通过内部使用或外部主系统的形式购买。一些专业主系统服务企业开发的应用具有调用海量计算机资源的能力，这类应用被称为云计算。

7.2.5 企业计划与监控

企业计划与监控模块包括企业内部和外部供应链伙伴之间进行计划交互和信息共享的过程和技术，其构成是：①销售和运作计划；②供应链可见性和异常管理；③供应链遵守。由于此模块的很多活动涉及企业内部多个部门以及企业外部其他供应链成员，所以企业各部门之间、供应链成员之间必须建立规范的标准以保证相关活动的有效实施。

其中，销售和运作计划（S&OP）是指企业和供应链成员之间平衡需求和供应能力的过程。销售和运作计划本质上是各部门相互协调和整合的过程，因此需要利用信息技术来评估客户的需求量、企业的供应能力，并在企业的资源限制下进行二者的平衡，主要应用的技术是计划和排程管理软件。供应链可见性和异常管理的作用有两个：一是对在途的产品进行跟踪；二是提高对供应链中异常的预测能力，尽可能避免生产中断或服务失败。供应链遵守系统监控组件和产品的流动信息，确保产品分类、纳税、安全标准等遵守当地政府的法规以及其他相关规章制度。

互联网为实施、追踪产品维修或替换（逆向物流）提供了快捷、准确的方式。此外，消费者与产品制造商之间的直接沟通能够促使企业快速地解决客户服务中与产品使用或保修相关的问题。信息技术是贯穿供应链始终的主要驱动源。

7.3 一体化管理与供应链流程

长期以来，企业执行的是以职能部门为基础的运作模式及传统的衡量标准。管理者普遍认为，单个职能部门的绩效越好，整体的效率就越高。这种基本观念已经把实现最佳运作方式的理念扩展到企业的组织结构、绩效衡量以及财会等方面，并成为实现一体化管理的障碍。

按照管理学的观点，将企业划分成不同部门能够提高工作的关注程度、日常化和标准化，从而增强控制力度。跨职能部门的绩效衡量指标则只局限于所有职能运作的管理成本，如一般管理费用、人工费用、杂费、保险费以及利息等。

供应链物流要取得卓越的成绩，必须同时具备 8 种主要的物流运作流程(见表 7–1)。尽管这些整合作业并不专门属于物流，但是物流绩效的一些关键要素是企业取得高水平的运作绩效不可缺少的成分。因此，物流组织、战略以及持续的运作所关注的焦点是实现并不断改善这 8 种重要的物流运作。同时实现这 8 种物流运作流程是实现整合运作和卓越绩效的根本。

表 7–1　8 种供应链运作流程

运作流程	描述
需求计划响应	对需求和战略设计进行评价，以实现客户需求的最快响应
客户关系协作	开发并管理客户关系，实现战略信息共享、联合计划和整合运作
订单履行/服务交付	有能力实现优异的、持久的订单交付绩效以及相关的基本服务
开发产品/服务投放市场	参与产品服务开发和精益投放市场
定制化生产	支持生产战略并实现供应链内的延迟制造
供应商关系协作	开发并管理供应商关系，实现战略信息共享、联合计划和整合运作
生命周期支持	支持产品生命周期内的修理，包括保修、保养和修理
逆向物流	以低成本和安全的方式回收与处理库存产品

如何将传统意义上对职能部门的重视转变为对实现整体流程成功的重视，是一体化管理面临的最根本的挑战。在过去的几十年中，管理者越来越清楚地意识到，即使能够使单个职能部门的绩效达到最优，也不一定能够实现企业整体总成本的最小化，或提高企业的运作效率。一体化管理则可以通过部门间的协调，实现企业总成本最小化这一目标。一体化管理要致力于实现整个流程总成本的最小化，而不是流程中各个运作环节成本的最小化。

7.3.1　协同合作

虽然在自由市场经济中，竞争仍然占主导地位，但是随着供应链合作重要性的不断提高，供应链随之成为竞争的主要单位。在当今全球经济环境下，为了提高客户的忠诚度，供应链与供应链之间展开了激烈的竞争。

1984 年美国颁布《国家合作研究法》以促进成立协同合作机构。这项法案在 1993 年和 2004 年的修订中得到了进一步完善。这项全国法案及修正案的颁布，标志着传统的反托拉斯法发生了根本性的变化，它鼓励企业积极合作，以增强美国企业的国际竞争力。

正是由于管理者广泛意识到政府允许合作并鼓励企业相互合作，于是产生了新型的供应链运作模式。政府颁布合作法案的目的是帮助跨组织企业共享生产信息、分享技术以及共同承担风险，从而增强企业的竞争力。

7.3.2 企业扩展

企业扩展的优势在于超越单一企业所有权的界线，拓展管理影响力，提高控制力度，与客户、供应商一起推动联合计划及共同运作。它的根本观点是企业间的合作集成了业务流程，能够使客户的影响力达到最大，降低总体风险，显著提高效率。信息共享和过程专业化是企业扩及的基础。

信息共享模式是一种早已被广泛接纳的理念，要实现企业间的高度合作，供应链成员必须自愿共享运作信息和战略规划。跨企业的协同合作除了包括销售记录外，还应该包括详细的促销计划、新产品介绍以及日常的运作计划。信息共享有助于企业之间的协同合作，然而需要强调的一点是，共享的内容不仅仅限于销售数据或者当前的销售数据，共享未来的战略信息显得更加重要。获得了这些战略信息之后，企业之间的业务合作就能够变得更加容易了。为了更迅速有效地满足客户需要，供应链中的所有参与者必须进行信息共享。

过程专业化模式则指的是企业致力于协同合作、共同规划，以便消除供应链中非生产性或者不增值的运作环节。它的基本理念是通过设计供应链的整体流程，确定特定企业在供应链中的竞争力和具体职责，实现整体收益的最大化。

供应链中的成员企业在运作中有相同的战略目标，分别扮演各自特定的角色。信息共享和共同规划能够降低库存导致的风险。企业之间通过合作，将任务分配或授权给供应链中的专业成员，让其完全承担责任，以消除企业自身重复和冗余的工作，如重复的质量检查工作等。企业扩展的一体化引发了新的问题，如衡量方法、收益共享、风险共担、信任机制、领导能力以及解决冲突等问题。显而易见，协同合作和企业扩展所带来的问题又形成了新的管理理念。

7.3.3 综合服务提供商

现代商业起源于职能部门的专业化，因此公司常常会将业务外包给在特定领域内有专业优势的企业。从事运输和仓储管理的专业企业，是两种传统的物流服务提供商。

货运行业由成千上万个运输公司组成，它们在不同地域之间从事着专业的运输活动。经过多年的积累，运输行业已经建立起广阔的运输网络，能够提供多种运输服务，利用各种可用的运输形式及相关的科学技术。运输行业通过专业化分工、高效运作和规模经济获取利润。运输公司则通过向多个托运人同时提供运输服务来创造价值。托运人既可以选择将资金投入到运输设备和运作中，也可以选择委托专业运输公司代理运输业务。一般而言，大多数企业会综合考虑上述两种运输方案。

除了运输之外，还有很多提供仓储服务的企业，传统上将它们称为公共仓库。这些企业提供产品储存业务及相关的专业服务。当托运人使用公共仓库时，它们能获得两大好处：首先，可以避免在建筑仓库上投入资金；其次，当运输批量较小时，托运人可以与共同使用该公共仓库的其他企业进行组合发货，换句话说，也就是将不同企业的产品组合在一起运输。这种把多个不同托运人的货物组合在一起的方式，能够帮助企业提高运输效率。相比之下，自营运输的企业则无法获得此类优势。

在物流服务行业中发生的种种变化，都揭示了从单一功能到多功能物流外包的根本性转变。综合服务提供商（ISPS）开始为客户提供一系列物流服务，它囊括了从下达订单一直到交付最终产品的所有物流环节。在通常情况下，大量专业化服务的出现大大扩展了传统运输和仓储服务领域的范围。这些客户化的服务通常被称为增值服务。例如，联合包裹服务公司（UPS，见图 7-7）在它位于肯塔基州路易斯维尔市的仓库里存放着耐克牌运动鞋，并以小时为单位处理订单。与耐克客户的沟通以及财务管理方面的业务全部由 UPS 的电话呼叫中心进行处理。如此一来，耐克便成功地将基本物流业务和相关的增值服务转包给了 UPS。

图 7-7　联合包裹服务公司（UPS）

在物流行业，综合服务提供商通常被称为第三方物流提供商或第四方物流提供商。一般意义上，将综合服务提供商分为两类：资产服务提供商和非资产服务提供商。两者之间的区别在于：资产服务提供商（第三方）拥有运输设备和仓库，并自行进行管理；而非资产服务提供商（第四方）则致力于专业领域，为客户提供详细的信息服务，使客户能更好地实施供应链运作。第四方服务提供商通常代表它们的客户，对第三方资产公司提供的服务进行合理的安排及整合。

综合服务提供商的增长使供应链的形成和分解变得相对更加容易。综合服务提供商会随着企业组织对速度和操作灵活性要求的变化而进行调整。供应链的参与者也能够更好地投入到运作中，充分发挥一体化物流网络的能力。因此，外包服务促进了以运作为重点的一体化管理。

7.3.4　全球一体化

在工业化经济与新经济领域中，产品和服务的增长潜力大不相同。在全球经济的工业化领域里，企业将重点放在提供满足高层次客户要求的、高质量、高价格的产品上。先进的经济模式为企业的发展提供了机遇，帮助企业了解如何在进行销售的同时提供增值服务。

除了销售市场的扩大之外，企业运作效率的大幅度提高也促进了全球业务的开展。全球化运作至少能够在三方面有助于企业提高运作效率：第一，全球市场为原材料和零部件的战略性采购提供了极大的便利；第二，企业可以在发展中国家建立工厂和配送中心，以便从当地极低的劳动力成本中获利；第三，某些国家提供优惠的税收政策，这使具有增值作用的运作模式显得更有吸引力。

随着业务的不断扩展，企业参与到全球运作中，既扩大了市场份额，又提高了运作效率。一般而言，企业往往通过从事进出口贸易进军国际市场，进出口贸易涉及大量的国际商业运作，这是企业完成国际化的第一阶段。第二阶段是企业在国外和贸易地区建立分支机构。设立分支机构的方式包括对当地企业进行授权经营，或者企业自己投资建设厂房和配送设施。从事进出口贸易与在当地建立分支机构对于企业而言有着显著的区别，企业的投资金额不同，同时在管理的控制程度上也存在差异。国际化的第三阶段是企业跨越国界的限制，自由地在国际市场上全面开展业务，这是参与国际业务的最高阶段，称为全球化。

与国内物流运作或地区内的物流运作相比，国际化物流运作有4个明显的不同之处：第一，显而易见，从订货到发货，与国内的业务相比，国际化物流模式的业务流程运输距离要远得多；第二，为了适应各地政府的政策和法规，企业进行商业交易所需的单据更加复杂；第三，在设计国际化的物流运作模式时，必须针对不同地区，考虑当地的运作环境以及员工工作习惯的多样性；第四，掌握不同文化之间的差异，了解当地消费者对产品的需求，是实现物流运作成功的关键。

必须注意到，现代商业运作在一定程度上也受到了恐怖主义的威胁，因此企业迫切需要更加有效的安全保障制度。恐怖主义者的破坏活动包括毁坏公共运输系统以及利用物流设施运送炸药和化学药品等，这些恐怖活动具有极大的破坏性。对企业而言，只有解决了与国际化物流相关的挑战和难题，才能真正实现国际化物流的运作成功。

7.4 响 应 性

一体化管理为供应链带来了机遇和挑战，此外，还有一些驱动力也推动着供应链的发展。信息技术的发展直接影响了企业的战略思想，使之发生了根本性的转变。信息的连通性为响应型商业模式的提出创造了有利条件。

7.4.1 预测型商业模式

由于无法及时获得采购信息，分销渠道中的各个企业不能紧密联系在一起，同时它们也不认为有必要与其他企业共享自身的计划，因此，自工业革命以来，主要的商业模式都是以消费者未来的需求预测为基础，制造商根据市场预测组织生产。与此类似，批发商、分销商和零售商则根据它们自身的预测与促销计划进行采购。由于预测结果经常不准确，企业的实际行为与它们的预测之间往往存在较大的偏差和不连贯性，因此造成了大量计划外的库存。这种以预测为基础开展业务的方法带来了高成本和高风险。

图 7–8 指出了企业采用预测型商业模式时的几个典型阶段。对零售或批发商而言，其运作主要是为了满足预期的销售而采购各种库存产品。几乎所有的重要工作都是以未来的需求预测为基础而展开。除此之外，分销渠道中的每一家企业都重复着类似的预测过程。

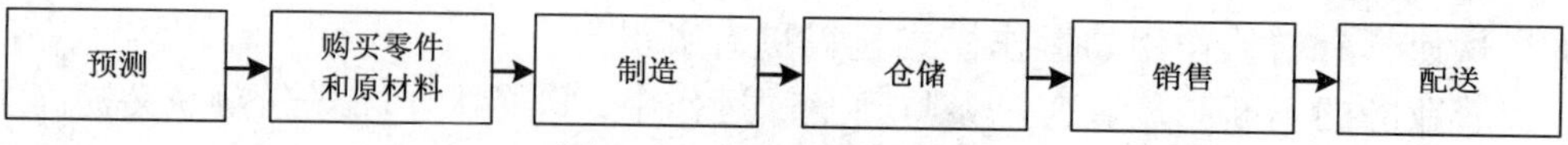

图 7-8　预测型商业模式

7.4.2　响应型商业模式

响应型商业模式通过供应链参与者之间的共同计划和信息快速交换，减少或消除了对预测的依赖性。由于以较低成本就能获得所需信息，企业与企业之间不得不展开基于时间的竞争。管理者不断共享信息，以便提高供应链物流的速度和准确性。例如，企业可以通过信息共享改善预测的准确性，甚至取消预测以杜绝由预测产生的计划外库存。从预测型商业模式到响应型商业模式的转变之所以可行，是因为当今的管理者拥有敏锐、响应性强的先进信息技术，能够快速获得并共享准确的销售信息，改善对运作流程的控制。如果供应链的所有成员都能做到协同运作，就可以降低整体库存，消除那些重复性、高成本的运作环节。更重要的是，消费者能快速获得他们所需要的产品。

图 7-9 描述了根据客户订单进行生产或装配的响应型商业模式。可以很直观地看到，响应型商业模式需要的步骤更少。步骤减少通常意味着费用的降低以及从接收订单到最终交货过程中总时间的缩短。响应型商业模式由销售驱动，随后是原材料采购、客户化定制和直接将产品送到客户手中。

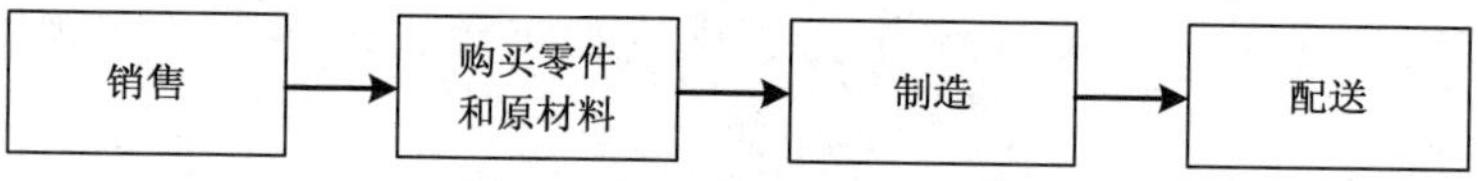

图 7-9　响应型商业模式

响应型商业模式与传统的接单生产（BTO）的制造模式，在很多方面都有相似之处，两者之间的主要区别在于执行时间和客户定制服务的程度上。从接收订单到发货所需时间的角度上说，现代的响应型系统比传统的接单生产模式更快。企业每天根据销售情况对零售店进行补货已经逐渐成为一种普遍现象。与传统的大量接单生产相比，响应型供应链最突出的特点在于它具有独特的小批量定制生产能力。通过互联网，企业能够直接与客户沟通，这进一步促进了客户化生产的服务方式。响应型供应链强调客户的直接参与。

7.4.3　延迟策略

基于时间竞争的核心在于，企业是否具备将客户化定制和物流供给的准时性尽可能向后延迟的能力。使用延迟策略往往取决于企业是否具有先进的信息技术。延迟策略的主要目的是降低供应链运作的潜在风险。供应链运作中常见的延迟模式有两种：① 延迟生产，或称为形式延迟；② 地域延迟，或称为物流延迟。

1. 延迟生产

全球一体化竞争促进了新型生产工艺的发展，这些生产工艺能在维持成本和质量水平不变的前提下增加企业的柔性，提高企业的响应性。通常，企业通过制订长期生产计划，增大生产规模，从而实现规模经济。而今，企业为了不断提高对客户需求的响应速度，提出了一种灵活的精益生产模式。

所谓生产延迟或组装延迟指的是，企业实行一次一单的生产活动，在客户下达确切的订单之前不提前做任何准备工作，在完全获得详细的采购信息之前也不进行任何物料采购。这种柔性生产方式能够在不以牺牲效率为代价的前提下，实现客户的快速响应。借助于科技的力量，这种以市场需求为基础的柔性生产策略可以使企业在一定程度上摆脱预测型商业模式相关的风险。

在实际操作中，规模生产的经济意义同样不可忽视。但是，问题在于如何量化采购、制造和物流的成本，并在它们之间做出权衡。这种权衡指的是企业在预测型生产过程中带来的高成本和高风险，与采用灵活的延迟策略后丧失的规模经济之间所做的取舍。当企业考虑减少生产规模时，必须将生产线的建设费用、转换费用和采购费用与存储成品库存带来的风险进行比较，然后加以权衡。在传统的职能管理模式中，组织生产过程的依据是实现单件产品生产成本的最小化。从一体化管理的角度来看，安排生产过程的目标则是为了在总成本最低的前提下，提供让客户满意的服务。

应用生产延迟最理想的方式是，为了实现规模经济而生产出大量的标准件或基本件，在收到客户的订单前不对产品进行任何处理，接到订单后再根据产品最终的不同特性完成相应的加工，如涂上不同的颜色或者安装不同的配件等。企业首先生产大批量的标准件或者基本件，然后经过延迟运作满足不同客户的需要，这样企业便能够通过延迟的运作模式将规模经济成功地引入物流中。

在有些行业中，企业通常先进行大量生产，然后将产品存储起来，最后按照客户订单的要求对产品进行包装和配置。有些企业先把加工后的产品包装在罐头里，在获得客户明确的订单信息之后才进行包装处理，贴上品牌标志。还有一些关于生产延迟的例子，比如在汽车、家电以及摩托车等行业中，当顾客购买产品的时候，根据顾客的要求安装配件，完成客户化服务。这些生产延迟的例子有一个共同之处，它们既满足了市场需求，维持了规模经济大生产带来的效益，同时又降低了物流中的库存数量。生产延迟意味着在满足客户的特定需求之前，产品能满足大量客户的一般需求。

2. 地域延迟

地域延迟或物流延迟与生产延迟是两个截然不同的概念。地域延迟指的是在一个或者几个具有战略意义的地点，建立仓库，存储全部产品。只有收到客户订单后，才对库存产品进行分拨配送。只要物流活动一开始，企业就必须全力以赴，用经济有效的方法尽可能快速地使产品运抵客户手中。地域延迟策略在保留了规模生产带来收益的同时，完全摆脱了由预测型商业模式导致的库存风险。

使用地域延迟时通常会涉及部件的供应服务。企业将关键部件和高成本部件存放在中心仓库，确保所有用户都能及时获取所需部件。在获得客户需求后，中央服务中心接收到用电子方式传输的订单信息，进行相应处理，然后使用高速、可靠的运输，将产品直接送到客户手中。这种方式既能够减少整体库存投入，同时又可以提供高质量的客户服务。

物流系统加工能力的提高、运输方式的多样化、高速准确地将产品配送到客户端的先进运作模式，都极大地促进了地域延迟技术的发展。地域延迟技术代替了预测型商业模式对市场进行的库存调度，能够更加快速准确地满足客户需求。与延迟生产不同的是，使用地域延迟后，供应链既能获得生产的规模效益，同时也能够加快直接运输的速度，满足客户对服务水平的要求。

在现实中，最成功的供应链运作方式既不是极端的预测型商业模式，也不是极端的响应型商业模式。在很大程度上，大多数企业仍然在使用预测型商业模式。企业会进一步加强与客户和供应商的合作，更积极地参与到响应型商业模式中去。

7.5 优化的财务管理

企业拥有的、能够实现及时高效财务管理的能力，是推动具有竞争性供应链战略发展的第三种驱动因素。显而易见，能够对客户的需求做出快速及时的反应，会给企业带来极大的财务收益。提高配送速度既有助于削减库存，又能够减少对配送设备的需求。快速的客户响应意味着可以大大减少投入到供应链运作中的流动资金。优化的财务管理包括三方面。

（1）现金转化周期。它指的是将原材料或者采购的物品转化为销售收入所需的时间。现金转化周期与库存周转率密切相关，库存周转率越大，现金转化的速度就越快。供应链设计的目标之一就是控制并降低从订货到交货所需的时间，从而加快库存周转率。

供应链中的库存指的是从生产出产成品开始，一直到产品抵达最终目的地一系列过程中的库存。与单个企业管理自身库存的能力相比，管理供应链中库存流通速度的能力可以在更大程度上提高整体效率。为了实现协同运作，必须有一家企业在供应链中扮演核心的库存存储中心的角色，同时供应链的其他参与企业也需要共同承担库存风险。为了简化上述做法，供应链中的各企业经常采用完全净价来代替折扣。

完全净价的意思是所有的折扣和补贴都包含在销售价格中，这样按照某一确定净价销售产品的模式就取代了刺激买主及时支付货款的方式。在这种模式中，双方经过协商，针对净价达成一致，然后接收货物并完成检验，确定无误后按照发票单据支付款项。企业通常采用电子转账（EFT）的方式付款，既简化了供应链中资金的流动过程，又缩短了供应链中有形产品的流动时间。此外，对供应链物流进行同步化管理也可以缩短设备的闲置时间。

（2）闲置时间的最小化。闲置时间是衡量供应链生产力的一个关键指标。闲置时间比例指的是不使用设备的时间与该设备正常运转、满足供应链指定目标所需时间的比率。例如，闲置时间可以是单件库存在仓库中的存放时间与库存移动时间的比率，也可以是库存的存放时间与将其销售出去所花费时间的比率。

供应链运作之所以能够实现杠杆作用，是因为供应链成员企业愿意在对方需要的时候进行库存转移，同时乐于尽可能地增强彼此之间合作和信息共享。合作和信息共享既有利于维持供应链中多种“流”的连续性，又有助于实现库存在供应链中的快速移动。供应链连通性的一个重要优势就是实现了同步化。

为了缩短闲置时间，供应链中的企业必须相互合作，主动消除那些重复的库存和非增值活动。同样，供应链成员之间的准时到货、库存流动的畅通无阻都有助于缩短闲置时间。如果从供货商发货到零售商对交叉堆存的货物进行分类的整个过程中，货物既没有经过任何停留，也没有被调配到其他仓库，从而实现了闲置时间的最小化。缩短闲置时间并降低相应物流成本的一个间接好处在于能够帮助企业减少在库存和相关资产上的投资。

（3）现金周转。这个术语用于描述减少供应链中资金投入所带来的收益，有时候也被称为自由现金周转。现金周转的核心思想是降低对实现供应链绩效的资产的投资。如果重组供应链后能减少 1 美元的库存成本或者 1 美元的仓储成本，那么这些资金就能够重新得到利用，或许企业可以将其投资到那些看起来风险非常大的项目中。现金周转带来的优势并不是供应链所独有的，在企业的各种运作中都能够进行现金周转，但是企业彼此之间的合作使供应链中的现金周转具有更大的吸引力。

快速的现金转化周期、缩短了的闲置时间以及现金周转，这 3 种优势相结合，无疑能从财务的角度增加供应链的吸引力，促使供应链的参与者进行更有效的合作。

7.6 供应链计划

在供应链计划管理过程中，主要运作环节之间的相互协作至关重要。为了满足客户需求并有效配置和管理资源，需求计划反应、客户关系管理、订单履行/服务输出、定制生产、供应商关系管理、生命周期支持以及逆向物流等环节必须协同运作，而一体化供应链计划正是实现协同运作的有效框架。供应链计划系统与信息支持系统尝试整合相关信息，协调整体的物流及供应链决策，与此同时，还要重新调整其他企业职能与过程之间的协作。高效的计划取决于三个方面：

（1）供应链的可见性。不仅是对供应链中的库存和资源进行追踪，而且还要对可用资源的信息进行评价和管理。例如，在任何时间点，制造商有数以千计的货物在运输途中，全球有数百个地点存储货物。仅仅识别出所有位置的运输货物和库存是不够的，供应链的可见性还要求对资源的流量及作业改变进行例外管理，以避免潜在的问题出现。

（2）资源的同步考虑。一旦确定了资源状态和可提供的资源，就需要同步考虑供应链需求、能力、物料需求及约束。供应链设计必须考虑客户对产品数量、交货期以及交货地点的要求。其中，一些客户需求可能需要经过协商后才能确定，物流必须按照达成一致的要求和标准执行。

（3）资源的利用率。物流和供应链管理决策对许多企业资源都有影响，包括生产、分销设施与设备、运输设备和库存。这些资源消耗了企业的大部分固定资产和流动资产。当进行资源权衡时，需要使用协调的方法，在实现服务需求的同时最少地使用供应链的资源。当供应链和企业绩效非常重视总资产利用率时，这是一种至关重要的能力。

7.7 供应链计划应用系统

供应链计划应用系统的数量和范围都在不断增加。这些应用系统简化了供应链计划中范围更大的活动和资源方面的安排。然而，有的应用系统适用于大多数供应链环境，这些应用系统包括需求计划、生产计划、物流计划。

7.7.1 需求计划

由于提供的产品和市场营销策略日益复杂，再加上产品的生命周期不断缩短，使企业在制定库存需求时要求更高的准确性、灵活性和一致性。需求管理系统试图为企业提供这种能力。需求管理对预期的供应链流程，对每月、每周、甚至每天的生产和库存需求进行预测。预测结果一部分是根据预期的客户需求下达的未来订单，还有一部分是基于历史数据预测的需求。这些信息与影响将来的销售活动有关，如促销计划、价格变动和新产品引进，从而得到一份尽可能完整的需求。

需求管理过程还关注多种产品和多个仓储设施之间的一致性。有效的整合管理要求企业对每种产品和每个仓储设施都有一个准确的预测，这个总体需求必须与各部门和整个公司的销售与财务计划保持一致。需求管理系统是销售和作业计划中的信息技术组成部分。

需求管理系统首先进行一个基本预测，然后再结合一些因素进行调整，如产品生命周期、分销渠道的变化、定价和促销策略以及产品组合变化。需求管理系统必须使每个仓库和产品的独立预测及详细的物流计划与总体的产品组群及全国的计划相一致。例如，各配送中心的销售量之和应该与全国的总体销售计划相符。同样，每种产品的需求水平应该根据相关产品的活动进行调整。例如，当引进一种新产品时，市场中原有产品的需求应该减少；在某种产品的代替品的促销期间，该产品的需求也应该调整。

7.7.2 生产计划

生产计划是根据需求管理中制订的需求报告，同时考虑生产资源和约束得出的一套可行的生产计划。生产计划使需求计划与生产约束相匹配。生产计划的目标是在所有约束的条件下，以最小的总生产成本满足必要的需求。有效的生产计划在设施、设备和劳动力约束的条件下，对生产进行时间上的安排，高效率地生产出正确的产品。生产计划需要确定哪些产品应该提前生产，以便在生产约束的条件下实现库存最小。

7.7.3 物流计划

物流计划模块的作用是协调企业内部以及供应链伙伴之间的运输资源、仓储资源和库存。以前，在努力降低采购和产成品运费方面，企业各部门各自为政，采购部门只与自己的供应商和进货承运人协作努力减少原材料运输成本；物流部门只与自己的客户和分销承运人进行合作减少企业的产品配送成本；另外，在国际加急运输中通常还有第三种管理焦点。然而，各个部门片面地从运输角度来考虑问题通常会导致规模经济效益减少、信息共享程度有限，相对增加了运输费用。

在运作决策支持系统中物流计划模块综合考虑了运输需求、运输资源和相关成本，因此可以实现总运输费用最小的目标。物流计划模块的分析结果可能会提出在多个承运商之间转移货物的建议，或者实施集运的方式以实现规模经济。分析结果还可能指出企业与供应商、其他服务商之间如何更好地进行信息共享，以提高资源利用率。

由于人们对资产利用率的关注度越来越高，随着信息管理能力和决策能力及技术的飞速发展，全面的计划系统已经成为现实。有效的计划系统既需要信息系统提供数据，也需要管理者做出决策。接下来将要讨论的是销售和作业计划系统的应用要点、系统处理过程以及系统组成模块。

7.7.4 库存部署

库存部署是企业集成销售、市场和财务目标的主要方式之一。库存部署可以由供应链职能部门独立完成，可以由供应链总体以整合的方式完成，也可以由整个公司以协调的方式完成。当库存部署由整个公司以协调的方式完成时，这种方式被称为“销售和作业计划”。

这些战略目标通常由包括季度更新的企业多年规划周期制定。销售和市场方面的战略目标界定一系列的问题，包括目标市场、产品开发、产品促销、其他营销组合计划，还包括服务水平及能力等物流增值活动。这些目标包括客户范围、产品和服务范围、促销计划以及预期达到的绩效水平等。销售和市场目标作为客户服务的政策及目标，将界定物流和供应链活动以及绩效目标。绩效目标包括服务可得性、能力以及前面探讨过的质量因素。财务战略目标对销售收入、财务活动及水平、相应费用和资金及人力局限等进行界定。

销售、市场及财务目标结合起来将界定市场范围、产品、服务及相关活动水平，而这些正是物流和供应链管理在规划周期中必须相互适应匹配的内容，具体的目标包括预期的年度或季度活动水平，如销售额、装运量、装箱量等。必须考虑的大的方面包括产品推销、新产品介绍、市场首展以及兼并活动等。理想的情况下，市场营销和财务目标应该是一致的，因为不一致将导致较差的服务、过度库存以及财务目标上的失败。

库存部署必须包括长期和短期因素。长期因素聚焦年度或季度计划，目标是要协调市场和财务计划以实现企业目标。尽管供应链和物流运作并不是关注的焦点，但也必须有相应的考虑，因为计划必须保证有充足的总产量、仓储及运输能力。短期因素聚焦每月或每周计划，目标是要协调供应链和物流资源以保证特定的客户要求能够得到满足。库存部署系统的关键目标是指定一个能够逐渐发展成为高级计划与排程系统（APS）的整合性库存计划。

7.8 销售和作业计划

销售和作业计划（S&OP）是在组织内部协调需求与供应计划的过程，该过程将进行信息分享，并系统地制订出共同一致的计划。尽管 S&OP 是一个组织流程，但是它要求有大量的信息技术支持，从简单的电子表格到复杂的高级计划与排程系统。一般来说，S&OP 技术整合企业有关预测、库存可得性、生产资源以及其他资源局限的信息。

S&OP 的要求包括时程化设施、设备、人力以及完成物流任务的库存资源。例如，在物流要求部分，将安排把制成品从制造厂家装运到仓库，并最终配送到客户手中，装运量是客户要求与现有库存之间的差量。对未来的要求是以预测、客户订单及促销为基础，而预测则要将销售、市场投入与历史销售水平结合起来。客户订单包括已有订单、未来承诺的订单以及合同。考虑促销活动在计划物流要求方面尤为重要，因为促销活动往往会引起物流量的大变动，并对物流能力产生很大的影响。已有库存指的是目前可以装运的产品。

图 7-10 所示为销售和作业计划的流程。该流程的第一个组成部分是关于财务预测和相关预算的企业计划，该计划用于指导活动水平，并决定总体生产数量和需要的资源。第二个组成部分是销售计划，它是根据不受约束的市场计划制订出来的。不受约束的市场计划是指当没有任何供应链运作约束时，能够达到的最大销售数量和赢利水平。如图 7-10 所示，不受约束的市场计划综合了以下几方面的信息：现有订单、当前客户、新客户、竞争、销售利润、潜在的新产品、定价和总体经济，这些信息都是没有任何供应链或运作约束情况下的信息。最后一个组成部分是资源计划，是根据公司内部或合作伙伴的资源约束制订的。作业计划综合了需要的资源和资源约束，确定并评价两者之间潜在的权衡。

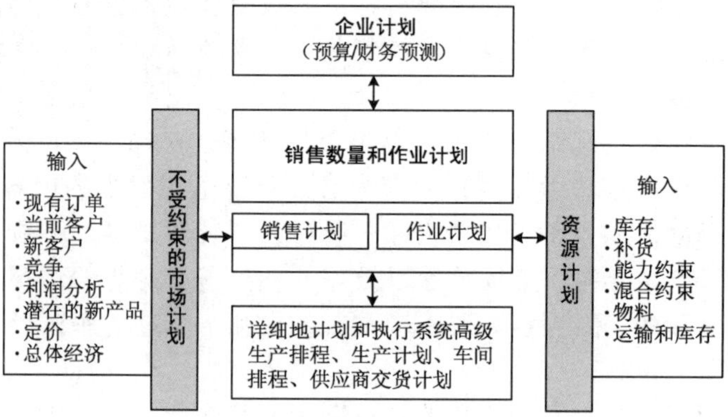

图 7-10　销售和作业计划流程

在销售和作业计划过程中，企业、不受约束的市场和资源计划是综合并同步制订的。要求综合使用多种技术来确定并评价所有约束，同时也可以采取一些管理方法确定哪些约束可以消除。例如，区分客户订单装运的顺序、变更市场计划、加班作业或者生产外包。一旦制订出了当前或将来时间段内的销售和作业计划，那么该计划就是一个共同的、一致的计划，在企业资源能力的约束下，综合制订出财务和市场计划。一旦这份总体计划得到了认可，那么它便是开发更加详细的供应链计划应用系统的基础。

7.9　高级计划与排程系统

为了与有效的物流和供应链战略的设计及实施相符，供应链计划系统必须同时从空间和时间两个角度考虑。从空间角度考虑的是物料在原材料供应商、生产车间、仓库、分销商、零售商和最终消费者之间的移动，从时间角度考虑的是物料移动的时间和进度。

7.9.1 高级计划与排程系统的组成部分

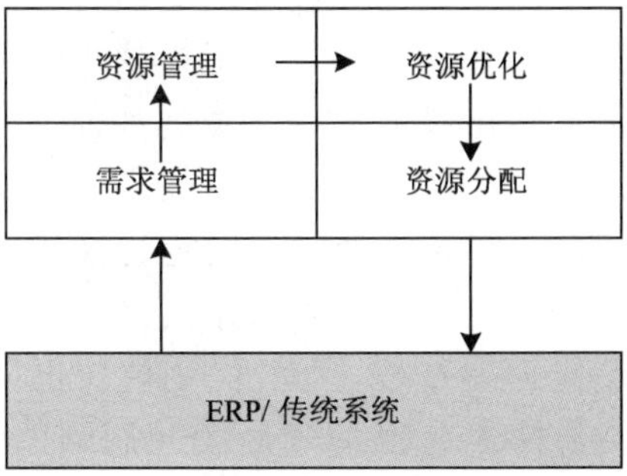

图 7-11 高级计划与排程系统模块

高级计划与排程系统的主要组成部分一般包括需求管理、资源管理、资源优化和资源分配。图 7-11 显示了这些模块是如何相互关联的，以及如何与 ERP 或传统系统相关联的。

需求管理模块对计划编制范围内的需求做出预测。实际上，需求管理是根据企业的历史销售数据、现已安排计划的订单情况、已安排的市场营销活动以及客户信息进行销售预测。在需求计划情况下，是对订单进行预测，但是在运输计划中，就是对转运进行预测。理想情况下的需求管理是指企业内部各职能部门之间以及供应链参与者之间，紧密协作、相互沟通，针对每个时段、每个地点、每种产品的需求进行统一的、一致的预测。预测还必须同时反馈客户信息，了解诸如广告和促销这类刺激需求活动对需求的影响。

资源管理模块定义并协调供应链系统的资源及约束。由于高级计划与排程系统使用资源和约束信息来对供应链决策中的各种方案进行评价，因此信息的准确性和完整性对于企业制定出最优决策并提高计划系统的可行性是非常重要的。显然，错误的计划决策不仅降低供应链绩效，而且还会严重降低计划系统本身的管理可信度。除了需求管理模块中对需求的明确定义外，高级计划与排程系统还需要以下四类信息：产品和客户的定义、资源定义和成本、系统限制和规划目标。

产品和客户的定义可为企业提供支持计划过程的有关企业产品和客户的信息。产品定义是对产品本身及其物理特征进行描述，如产品的重量、体积、标准成本以及物料清单。客户定义则描述了产品的发货地点、配送安排以及特殊的服务要求等。两种定义结合在一起就提供了以下几方面的信息：企业正在生产和配送的产品、配送目的地以及配送过程的运行周期。

资源定义是指企业完成供应链作业的有形资源，如供应链中的生产、仓储以及运输作业，这些资源包括生产设备和设备的作业率、存储设施、运输工具及其利用率。除了资源定义，系统还应该提供成本、绩效特性以及资源的使用成本方面的信息。

系统限制对约束供应链活动的主要因素进行了定义，包括与生产、存储和运输相关的能力限制。生产能力规定了企业在某个时间段能够生产的产品数量以及各种各样的产品组合。存储能力是指在某个仓库内能够存储的产品总数。运输能力则规定了在某个时间段内，各个配送中心之间或者配送中心能够向客户配送的产品总量。

规划目标制定了企业确定作业方案的标准。一般来说，规划目标有以下几种：最小化总成本或任何一部分成本、满足所有的客户需求、超过能力约束的次数最少。

需求管理和资源管理信息是高级计划与排程系统对供应链战略进行评价的基础，模块包括存储了各种定义、资源、约束和目标信息的数据库，还包括促进系统有效运作和维护系统的程序。系统的使用者发现，要想有效地使用高级计划与排程系统，首要的问题是如何保持这些数据的准确性和一致性。

资源优化模块是供应链计划系统的计算引擎或“黑箱”。根据需求管理模块中的需求信息以及资源管理模块中的定义、资源、约束和目标信息，资源优化模块通过数学规划和启发式算法确定如何最优地利用资源来最有效地满足客户需求。数学规划包括线性规划和混合整数规划，这两种方法的结合能够实现目标职能最小。启发式算法在制定综合规划时，制定运算规则，这样可以减少运算时间和运算资源。实际上，资源优化模块可以对多个规划方案进行系统地评估，通过权衡取舍得出接近最优结果的最佳选择方案。资源优化模块也能确定在何时有些需求是不能得到满足的，以及哪种资源是供应链绩效最大的瓶颈。资源优化模块的结果是企业在未来一段时间内的计划，可以在各种主要资源约束的条件内，将供应链总成本降至最低。这个计划明确规定了企业应该生产哪些产品、在什么时间生产以及供应链中的运输和仓储需求。也可以使用资源优化模块进行敏感度或假设因果分析，来确定市场需求或约束的变化对计划的影响。这些分析帮助供应链计划人员避免需求和绩效的不确定性对供应链能力与运作的影响。由于能够分析各种方案并洞察不确定因素的影响，因此供应链计划中的资源优化模块能够引导计划人员制定出最有效的资源、生产、运输和仓储战略。

在计划人员对资源优化模块的结果进行检查和判断后，资源分配模块对资源进行详细配置，并且将资源分配导入企业资源规划系统内进行处理。处理结果包括对采购、生产、库存和运输的要求。每个处理都是对以下几方面的详细指导，如各种供应链活动、供应商、客户、涉及的产品、需求时间以及相关产品和数量清单。资源分配模块还可以为企业提供产品可用承诺（ATP）或可承诺能力（CTP）信息。可用承诺表明，即使目前企业不能提供足够的产品，但是在未来的某个具体时间企业能够将产品配送给客户。实际上，企业可以根据制定的生产进度，向客户做出承诺。可承诺能力表明企业何时能够对客户的需求进行承诺。可承诺能力要求范围更广的分析，因为它根据目前和未来的供应链需求，决定在未来时间内是否可以提供某种特定的能力。可用承诺和可承诺能力通过确定未来的生产和能力，能够大幅度地提高供应链绩效和响应性，其结果是更快地实现对客户的承诺、使客户能够预先知道何时能够得到产品，并且提高了资源利用率。

使用计划系统通常有三方面的收益，分别是对变化的响应、综合性的视角和资源利用率。

7.9.2 供应链计划应考虑的问题

供应链计划可以采用全局的、动态的视角来看待整个供应链，并且更关注资本市场中供应链需求资产的减少。在实施供应链计划之前，管理者主要应该考虑 3 个问题：

（1）整合应用系统与外挂应用系统。它是指供应链计划系统与其他供应链应用系统的整合程度。从技术上说，开发和实施计划应用系统的方法有 3 种。第一种方法是利用企业内部资源进行开发。这种方法并不普遍，因为开发计划系统需要大量专家。另外，由于各个企业间的计划过程差异不大，因此针对单个企业开发出的计划系统不能使企业获得任何竞争优势。第二和第三种方法是使用与 ERP 集成在一起的供应链计划系统，或者采用第三方提供的供应链计划系统，外挂到公司的 ERP 系统上使用。

（2）数据整合。计划系统有效制定决策的基础是完全整合的数据。尽管数据整合一直都是很重要的，但是由于数据丢失和数据不准确会极大地影响决策的可信性和稳定性，因此数据整合对计划系统尤其重要。我们经常提到的数据整合问题是产品的细节数据，如体积和质量，尽管这些数据都是一些基本数据，但是当产品数量很多并且经常发生变化以及引进了新产品时，保持数据的准确性还是很困难的。

（3）应用系统教育。供应链实施和计划系统的用户培训通常把主要精力集中在信息交换技术上。因此，用户要接受如何输入数据的培训，当系统收到了输入的数据后，会很快做出反馈。计划系统教育必须将重点放在供应链管理活动和流程之间的特点与关系上，这些活动和流程既可以是企业内部的，也可以是企业外部的。计划系统教育覆盖的范围必须比现有的培训工作的范围要广泛。可以在假定的或者模拟的工作环境中，帮助员工获得计划系统的经验。假定的工作环境可以实时地为员工提供真正的在岗实践机会。模拟环境提供了一个实验室，没有经验的计划者可以在这个实验室中观察他们制订的计划执行的结果，这种做法对企业来说，存在的风险很低。这两种方法的结合运用为成功实施供应链计划应用系统提供了坚实的基础。

7.9.3 一体化商业计划

许多企业组织的销售和作业计划正在向一体化商业计划（IBP）演进，这一转变反映出企业需要更全面的、跨组织与供应链的商业计划体系。顾名思义，销售和作业计划的含义是仅限于销售与运作职能。一体化商业计划尽管与销售和作业计划类似，但在设计中却广泛地包括：①提高财务整合水平；②纳入战略举措与活动；③强化模拟，构建可替代计划；④加强整体层面与细化层面计划的沟通等。向一体化商业计划转变的趋势促使企业能够在更高效地运用资源的同时，更好地满足客户需求，因此这一转变很可能会持续下去。

一体化供应链计划系统的主要目的是整合并协调相关的供应链资源，包括生产厂、配送中心、运输资源等。能力管理计划的作用是平衡市场需求和生产资源。以预测系统提供的信息为基础，在约束条件下明确瓶颈资源并指导资源配置，以满足市场需求。各种限制因素影响产品的产量、生产、仓储和运输的时间及地点，这些约束条件众多，如周期性生产能力、运输能力、库存能力等。

能力不足时，可通过加大资源投入或者通过预测并推迟产品的生产或交货来解决。调整能力的办法包括获取外部资源或者寻求其他企业的合作，如外包生产或是租赁设备。预测出必需的生产能力后选择提前生产或是外包生产以减少瓶颈资源的影响，称为预测生产方式。推迟生产方式是指推迟生产或运货，直到生产能力能满足目前的需求。可能需要采取折扣或者补贴的方式与客户达成推迟交货的协议。企业的销售和作业计划在不同时期涉及的能力约束包括设施能力约束、财务能力约束和人力资源约束，这些约束是影响物流、生产、采购计划的主要因素。

7.10 供应链中的预测

合理使用预测方法，完善预测过程，能够为企业带来优质的物流运作服务，从而为企业带来极大效益。预测是指企业计划将于什么时候、在哪里销售何种产品。企业从事供应链运作时，必须尽可能想办法调用库存和可用资源，满足预期的需求情况。对于企业而言，潜在的销售机会同样会涉及大量物流和供应链活动，因此企业的预测能力是影响客户服务的一个重要因素。

从表 7-2 中可以了解到，补货响应时间的长短和规模经济对企业的需求预测存在哪些影响。当企业的补货提前期较长，同时规模经济较大时，预测的准确性就成为企业需要重点关注的问题。而在其他情况下，如补货提前期较短或规模经济较小时，预测的准确性就显得没那么重要。

表 7-2　产品特点对于需求预测的影响

规模经济 / 响应时间	规模经济较低	规模经济较高
补充货物的响应时间较长	并不需要详细准确的预测，因为企业具有相当高的生产柔性。例如，可以通过延迟来实现最终产品的客户化定制，因而只需要对标准产品做出预测（如维持较高的总量），在临近需求发生时再进行客户化生产	在这种情况下，准确预测显得非常重要。因为从生产和运输的经济性出发，必须对未来一段时间的需求进行预测
补充货物的响应时间较短	当获得产品的速度较快，同时规模经济较低时，应该将关注的重点从预测转移到设计具有响应性和灵活性的流程上来	关键问题在于：根据市场情况和竞争策略，开展准确的短期预测。较少甚至不用考虑历史情况对预测的影响

可以从两种不同的角度理解表 7-2 中的内容：一方面，根据产品的特性，如果该产品需要较长的提前期，同时具有较高的规模经济，那么企业就可以把重点放在预测上；另一方面，假设产品的生命周期较短且具有很高的变化性，企业对进行准确预测的潜在影响做出估计后，最终决定将精力主要放在缩短产品的提前期上。上述分析解释了以下观点：虽然企业通常希望不断提高预测的精确性，但这并非是唯一的途径，仍然有不少其他方法可以帮助企业提高服务水平或减少库存。一种方法是站在总体累积水平上进行预测；另一种方法是开展具有柔性的供应链运作模式，实现按订单生产，从而减少供应链中的库存。尽管企业可以使用这些办法降低对预测的依赖性，但是我们必须认识到，在很多情况下，为了实现企业的服务目标或者享受规模经济带来的效益，预测都是不可或缺的一个环节。

7.10.1　预测的组成要素

通常，企业每周或者每个月都会对各个分销点的库存单位进行预测。预测的组成要素包括：①基本需求；②季节性因素；③趋势因素；④周期性因素；⑤促销因素；⑥不规则因素。假设基本需求是企业销售量的平均水平，并假设除了不规则因素之外，其他类型的因素都随着基本需求的增加而增加。

之所以要了解这些要素，目的在于明白它们会对预测产生影响，并掌握如何用恰当的方法将这些要素结合起来。例如，有些预测技术无法有效地估计季节性因素的影响，而另一些预测技术则可以做到这一点。

基本需求是指不考虑其他要素的影响时，企业长期需求的平均数量，它反映了需求在很长一段时期内的平均值。当不存在季节性因素、趋势因素、周期性因素或促销活动的影响时，预测值就是基本需求量。

季节性因素反映了需求每年上下波动的情况。例如，玩具的需求每年都会发生波动，在一年 3/4 的时间内，玩具的需求量都非常少，但是到了圣诞节之前，玩具的需求量一下子就会大幅增加。需要注意的是，上面提到的季节性指的是季节性因素对零售商的影响。对于批发商来说，季节性因素的影响会造成批发商每年的预测数量大约是客户实际需求的 1.25 倍。

趋势因素则反映了在一段时期内，销售走势的变化情况。这种趋势既可能上升或下降，也有可能保持不变。上升的趋势意味着销售量会随着时间而增加。

周期性因素反映了在一年以上的时期内，需求的周期性变动情况。需求的周期性变化既可能向上波动，也可能向下波动。

促销因素对需求变动的影响来源于企业的市场营销活动，如广告、商业交易以及促销等。在开展促销的前期，企业的销售量会增加。随后，客户为了从促销中获利，纷纷出售其持有的库存，于是会造成企业销售量的下降。促销的种类很多，既包括企业为消费者提供的促销活动，也包括企业为了促进批发商和零售商增大购买量而提供的优惠政策。促销是一种很常见的手段，企业可以在每年的同一时期开展促销活动。

不规则因素指的是无法归入其他类型范畴中的影响因素，包括随机需求或难以预测的需求。由于不规则需求具有随机性，因此几乎不可能对它做出预测。企业进行预测的目标是：通过找出其他影响因素的规律，对其做出预测，将随机因素的影响减小到最低程度。

7.10.2 预测过程与方法

尽管预测不是一门精确的科学，但是预测管理的过程必须包括多种科学方法，如合适的数学和统计方法以及决策支持等，同时还包括接受过培训、具有一定能力的管理人员。供应链中的预测通常以日、周或者月为单位。高效的预测管理过程由大量的要素组成，如图 7-12 所示。

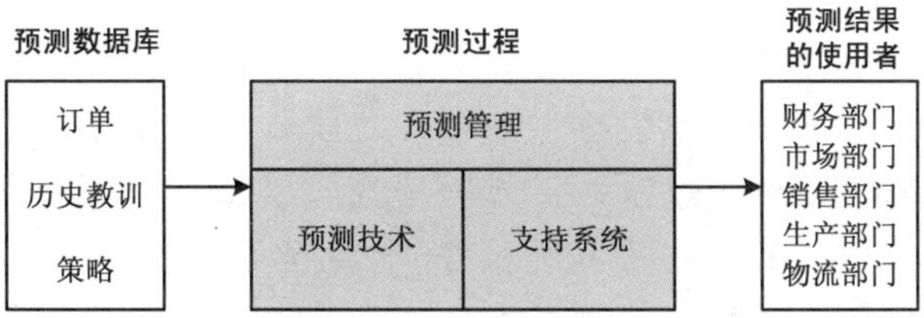

图 7-12 预测管理过程

预测管理的基础是预测数据库，它包括经过处理后等待发货的订单、以往需求的历史数据以及刺激需求的策略，如促销、特殊交易或者产品交换等。在理想情况下，预测数据库是企业从事企业资源计划（ERP）时的数据存储中心。该数据库通常也包含了企业所需的其他数据，如经济环境的情况和竞争活动等。为了帮助企业进行有效的预测，此数据库必须采取一种有利于信息使用、总结、分析和传递的方式，及时对历史数据和计划信息进行更新。最后，进行有效的预测还要求整合下述三个因素：预测方法、预测辅助支持体系及预测管理。如图 7-12 右侧方框所示，理想的情况是企业能够持续使用同一个预测体系对所有的职能计划进行预测。

预测方法通常分为三类：①定性分析法；②时间序列法；③一般方法。定性分析方法通常利用专家意见或特殊信息等数据对未来进行预测，它既可以考虑也可以忽略过去的影响。时间序列法将重点放在对历史数据的研究上，按照以往数据的走势分析可能发生的变化。一般方法，如回归分析，则根据变量的确切信息，建立主导活动与预测之间的关系。

【延伸阅读】有效仓储管理需要考虑的几个方面

仓库布局设计和设备的改进作为物流流程整个系统的枢纽，仓库的设计布局是否合理影响着整个库内的作业效率。

(1) 是否能够分配好人力资源进行有效运作是高效仓储管理的重要评判标准之一。

人工管理技术可以帮助那些被员工困扰的仓储企业，辅助管理者决策所需仓储员工的数目，并且可以采用工程劳动标准和支持系统评估仓储工人的绩效。另外，公司应该提供激励措施给由员工组成的团队而不是个人，发挥团队的最大潜力。有不少仓储管理系统缺少在人工管理及绩效考核方面的考虑，或者是缺少对人工管理这一功能的衔接。

(2) 仓库布局设计和设备的改进作为物流流程整个系统的枢纽，仓库的设计布局是否合理影响着整个库内作业效率。例如，可以把仓库按产品类别分为不同的拣选区。这样，整箱、拆箱、整盘分开作业，可以避免现场零乱，减低货物掉落破损。

(3) 开展额外的增值服务。仓储的功能在现今已不仅限于单纯的存储功能了，所以，提供额外的增值服务，如流通加工、组合包装、贴标签等可以实现仓库的额外增值功能，提高收益、提升客户满意度。

(4) 仓库内的中枢指挥中心。中枢指挥中心可以是一个项目管理机构，指导库存新账的完成、报告执行结果以及每一部的进展情况，同时维系外部客户联系。指挥中心应该包括两部分：人和系统。

仓库管理系统除了能够实现包括进出货管理、库存管理、订单管理、拣选、复核、商品与货位基本信息管理、补货策略、库内移动组合等“墙内”的系统功能之外，还要考虑仓库管理系统和运输管理系统、客户管理、员工管理系统之间的衔接。

人在指挥中心的作用不能被技术所代替。物流项目负责人需要在大量数据的基础上对有限的资源进行最佳分配。仓储不是自动化业务，仓储有太多的不确定因素，需要对仓储内外熟悉的负责人担任起总控的角色。

仓储业作为社会经济活动中的一个行业，其管理既具有一般企业管理的共性，也体现出其本身的管理特点。以物流系统功能的整体观念来看，仓储管理不仅是对仓储业务活动与作业过程的管理，也包括仓储的战略规划和以仓库定位为中心的物流网络设计与物流结点布局。

仓储业务活动与作业过程的管理内容包括仓储网点的布置和选址，仓储设施的选择，仓库规模的确定，仓储商务管理，特殊物品的仓储管理，库存货源组织，仓储计划，仓库作业，货物包装和养护，仓库治安、消防和生产安全，仓储经济效益分析，仓储货物的保税制度和政策，库存控制与管理，仓储管理中信息技术的应用以及仓储系统的优化。

仓库的选址与建筑：仓库的选址原则，仓库建筑面积的确定，库内运输道路与作业的布置等。

仓库机械作业的选择与配置：如何根据仓库作业特点和所储存货物种类以及其物理、化学特性，选择机械装备以及应配备的数量，如何对这些机械进行管理等。

仓库的业务管理：如何组织货物入库前的验收，如何存放入库货物，如何对在库货物进行保管养护，发放出库等。

仓库的库存管理：如何根据企业生产的需求状况和销售状况，储存合理数量的货物，即不因为储存过少引起生产或销售中断造成的损失，又不因为储存过多占用过多的流动资金等。

仓库的组织管理：货源的组织、仓储计划、仓储业务、货物包装、货物养护、仓储成本核算、仓储经济效益分析、仓储货物的保税类型、保税制度和政策、保税货物的海关监管、申请保税仓库的一般程序等。

仓库的信息技术：仓库管理中信息化的应用以及仓储管理信息系统的建立和维护等问题。具体涉及以下方面的内容：

(1) 订货、交货。

(2) 进货、交货时的检验。

(3) 仓库内的保管、装卸作业。

(4) 场所管理。

(5) 备货作业。

此外，仓储业务考核、新技术新方法在仓库管理中的运用、仓库安全与消防等，都是仓储管理所涉及内容。

资料来源：供应链管理网（http://www.hg-scm.com/），2016-8-3

【实验与思考】深入理解供应链信息系统

1．实验目的

(1) 熟悉供应链信息系统的基本概念。

(2) 熟悉供应链信息系统的主要内容。

2．工具/准备工作

在开始本实验之前，请认真阅读课程的相关内容。需要准备一台带有浏览器，能够访问因特网的计算机。

3．实验内容与步骤

【概念理解】

(1) 请结合查阅相关文献资料，简述：什么是供应链信息系统？SCIS 对供应链物流管理有事么现实意义？

答：____

____

（2）什么是一体化管理？

答：

（3）请比较预测型和响应型两种商业模式，并解释为什么响应型商业模式更有利于供应链战略与合作。

答：

（4）请比较生产延迟和地域延迟之间的异同。

答：

（5）软件即服务（SaaS）及云计算的概念与传统数据处理服务中心提供的服务有何差异？

答：

（6）逆向物流如何创造价值？请具体讨论。

答：

（7）请指出预测的主要组成因素有哪些。为什么在进行预测时必须根据以上要求对预测进行细分？

答：

（8）请解释为什么在零售商的需求发生很小的变化时，分销商、制造商和供应商的需求会出现巨大的波动。

答：____

【实践案例】

Granite 住房协会是一家注册公共物业产权的慈善机构，其运作资金部分来自政府拨款。该机构位于英国的东南地区，管理着 30 000 个物业。该机构是由原来 7 家独立注册的公共物业产权机构联合组建成的，每家分别管理着 1 800～14 600 个物业。其中有 5 家产权机构自己设有物业维修部门，而另 2 家则将维修外包给承包商。5 家产权机构的物业维修部门有 30%的人员同时也是租客。这些物业维修部门的雇用条款和条件也各不相同，他们各自独立经营，互不关联。

由物业维修部门来负责的业务分为 3 大类：

(1) 应对维修。应对维修都是由租客提出，要求对诸如房子有破损、门锁被撬、窗户漏水等进行的维修。

(2) 空屋管理和修缮。空屋管理发生在租约期满，原租客退房后。通常来说，需要检查租屋安全性，如是否需要加固门窗或者安装报警装置。在新的租客到来之前，根据租屋的状况确定是否需要全部或部分装修，如中央供暖系统是否要更新，或者厨房和卫生间是否要装修等。

(3) 预算项目。预算项目通常是同一地区多栋物业建筑的统一翻新，如将所有建筑门窗都更换成双层玻璃结构。

Granite 的框架协议显示，水暖材料和建材的物资供应还有 2 年期满；报警系统的材料供应和安装服务的框架合同还有 4 年期满；而厨房设备和门窗玻璃的物资供应的框架合同也是 4 年期满。

Granite 机构的会计师正在分析一份政府鼓励使用可再生能源的新规划，并由此提议实施一项资金需求量较大的计划，来将屋顶朝南的物业都安装太阳能板。其中，8 000 栋物业在财务上是可行的，而另 7 000 栋需要进一步调查和分析其经济上的可行性。这个计划对租客和 Granite 都将是有利的。但是，该机构所属的物业维修部门都没有安装太阳能板的能力。

任务

要求身为采购经理的你考虑以下问题：

- 着手安排对外承包安装太阳能板。

- 将物业维修部门的三大类业务都外包出去。

(1) 对于以上两项安排，需要考虑哪些与之相关的问题和麻烦？

(2) 考虑如何协调对外承包的安排和有效合同之下的现有工作架构之间的关系。

请将考虑的书面解决方案记录下来并粘贴如下：

4. 实验总结

5. 教师评价

第 8 章

供应链物流运作 «

供应链的物流运作主要包括库存管理、运输基础设施、仓储管理和包装盒物料处理等内容。

库存（见图 8-1）是物流成本中仅次于运输的第二大成本构成要素。当产品沿着供应链向下游（即靠近客户的方向）移动时，与维持库存相关的风险也会逐渐增加。

图 8-1 库存管理

对于大多数物流运作而言，运输成本是物流成本中开支最大的一项。熟悉运输经济性的基本原则，了解运输的经济性与定价等，有助于企业进行高效的物流管理。

仓储有助于更有效地进行生产和配送。带来经济收益的仓储作业包括集拼和分拨、分类、季节性存储以及逆向物流。带来服务收益的仓储作业包括定点存储、全产品线存储和增值服务。仓库的作业也从传统的存储转向以定制化、周转率和移动为特征的作业。

包装对物流的成本和生产效率都有重要影响。包装材料的采购、包装的设计以及随后的物料处理是包装成本的主要部分。

8.1 库存管理

对于供应链管理而言，库存决策既会带来很大的风险，同时也具有相当大的影响力。库存能够对未来的销售活动提供支持，也可以推动大量预期的供应链运作行为。

假如企业没有适量的库存，那么许多产品就很有可能会丧失销售机会，同时也可能造成客户的不满。库存计划对于生产具有至关重要的影响。原材料或零部件的短缺很有可能导致整个生产线停产，迫使企业不得不重新调整生产进度。这不但给企业带来大量的额外成本，还会造成产品缺货。另外，正如缺货会破坏销售计划和生产计划一样，库存过剩也会导致严重的运作问题。库存过剩会造成仓储成本的增加，占用大量营运资金，增加企业的保险费、税费和商品废弃成本等，从而增加企业的总成本，降低企业的利润。

8.1.1 库存的功能

衡量库存管理的指标通常包括库存管理的延续时间、库存管理的深度和广度。制造商的库存开始于原材料和零部件的采购，且贯穿于整个生产过程，直至生产出产成品。另外，产成品制造商经常需要根据客户的要求把生产出的产成品存放在仓库里，以满足客户未来的需要。在某些情况下，客户会委托制造商为他们管理库存，这样所有库存风险都被转移到了制造商的身上。尽管制造商的产品线比零售商或者批发商的产品线要窄得多，但是制造商的库存数量却相当大，库存的维持时间也非常长。

批发商从制造商那里购进大量产品，然后以少量批发的形式把产品出售给零售商。从经济学角度来看，批发商运作的合理性在于它能够获得来自不同生产厂家的多种产品，然后根据零售商的要求提供它们所需的产品种类及数量。如果是季节性产品，那么在销售季节来临之前批发商就必须做好准备，维持一定的产品库存，这样会增加批发商风险的深度，同时延长风险持续的时间。批发商所面临的最大挑战就是产品线的扩展，其风险的广度近似等于零售商风险的广度，而其风险的深度和持续时间却仍然与传统情况下批发商的风险特点相同。

对于零售商而言，库存管理影响了它们买卖产品的速度。零售商购入各类商品的同时，也承担了销售过程中的风险。零售商库存风险的广度很大，但是深度却不明显。由于存储场地的费用很高，因此零售商更注重库存周转率和直接的产品收益率。库存周转率是衡量库存周转速度的一个指标，用年销售额除以平均库存量就可以得到企业的库存周转率。

尽管零售商承担了由多种产品带来的风险，但是针对某一种具体产品而言，它所承担的风险其实并不大。鉴于库存种类如此之多，零售商总是千方百计地希望制造商和批发商承担更多的责任，从而降低自己面临的风险。零售商为了把库存风险尽可能地推给上游企业，它往往要求批发商和制造商实施快速交货，并且一次性运输多种商品。专卖店零售商与大众化零售商不同，它们销售的产品种类较少，因此库存风险的广度也就相应较窄，但是它们在库存存储的深度和持续时间方面的风险却比大众化零售商更大。

库存的 4 种功能（见表 8-1）分别是：地域专业化、库存分离、供需平衡以及降低不确定性的影响。要实现以上 4 种功能，企业需要对库存进行投资，以实现运作目标。物流在降低供应链库存总成本方面取得了很大的进步，正确地配置库存可以为企业创造价值，同时降低总成本。

表 8-1 库存的功能

地域专业化	允许企业的制造和配送点可以位于不同的地理位置。在增值过程中，位于不同地点或不同阶段的库存能够实现地理位置上的专业化
库存分离	企业能够在一个单独的设施内实现规模经济。同时，任何一个过程都能够以最高效率进行运转，整个过程不必受最低运作速度的约束
供需平衡	平衡生产过程（制造、成长或取出）与消耗过程在时间上的差别
降低不确定性	为了解决需求超出预测值，或者在订单接收和订单处理过程中出现意外延迟等情况，通常采取的做法是持有一定的安全库存

在最低库存水平之上，用于实现地域专业化和分离作用的库存仅仅只会受到两种因素的影响：物流网络中设施地点的改变和企业运作流程的变化。例如，汽车制造商运用库存的地域专业化功能，把金属薄片和缓冲器（汽车车身部件）存放在温度相对较低的地区，因为在那些地区，冰冻天气导致撞车事故频发。

库存分离指的是生产过程与销售过程的分离。例如，生产过程可能明显体现出规模经济的特点，但销售中的规模效应却相对较低。在这种情况下，企业会通过库存分离的功能大批量生产产品，获得规模经济效应，但在销售之前，多余的产品便以库存的形式存在。当产品的供应时间与需求季节之间存在差异时，必须通过库存实现供需平衡。例如，水果和蔬菜生长季节有限，但消费者一年到头都有需求并且愿意购买。因此，必须通过平衡库存来实现供需之间的匹配。当供应和需求都不确定时，则需要通过库存降低不确定性。当产品不知何时有售（供应）或者不知道顾客何时需要产品（需求）时，就必须通过持有缓冲库存来应对这样的不确定性。

安全库存对于改善企业的物流运作绩效有极大的潜力。究其本质，安全库存属于操作性行为，企业可以在运作出现错误或者政策发生改变时，快速地对安全库存做出相应的调整。企业在确定安全库存的数量时，可以使用多种技术。

8.1.2 库存的定义

企业在制定库存政策时必须对库存关系进行考虑。企业必须利用这些关系来制定其库存政策，确定最佳的订货时间和订货数量。库存政策决定了库存的运作绩效。衡量库存运作绩效的两个重要指标是服务水平和平均库存。

1. 库存政策

库存政策包括确定购买什么产品或者生产什么产品，决定何时将上述行为付诸实施，以及决定购买或者生产产品的数量等。同时，如何在不同的地点对库存进行配置，也是库存政策的一个组成部分。例如，有些企业可能会把货物放在工厂里，从而推迟库存的配置；而另一些企业则可能会采取更为投机的办法，它们将产品存放在靠近当地市场或区域市场的仓库中。在库存管理中，要想制定出一套适当的库存政策绝非易事。

库存政策同时还涉及库存管理的实际运作，即对库存进行单独管理还是集中式管理。集中式库存管理需要企业采取有效的沟通和协作。随着信息技术和一体化计划系统的日益普及，越来越多的企业趋向于使用集中式库存计划模式。

2. 服务水平

服务水平是一种衡量企业运作绩效的标准，它通常由企业的管理层制定，并确定了库存的绩效目标。服务水平的衡量指标通常包括订购周期、单笔订单完成率、订单线完成率、订单完成率等，或者也可以使用以上各项指标的组合来进行衡量。订购周期是指买方从发出订单开始，直到最后收到货物所花费的全部时间。单笔订单完成率是指实际发货量与订购的货物量之间的比例。例如，95%的单笔订单完成率是指，平均算起来，在订购的 100 件货物中实际发出了 95 件，剩余的 5 件货物要么可以通过再次订购获得，要么就被取消了。订单线完成率是指已经完成订购的产品线在订购的所有产品线中所占的比例。订单完成率则是指完全满足顾客订单的订货量与所有订货量之间的比例。

库存管理是物流策略的主要组成部分之一。企业必须对其物流策略加以整合，才能够实现所有服务目标。有两种方法可以帮助企业获得较高的服务水平：一种是增加库存量；另一种则是加快运输速度。加强客户与服务提供商之间的合作，可以减少不确定性因素的影响，从而提高服务水平。

3. 平均库存

平均库存指的是物流系统内存储的原材料、零部件、在制品和产成品。从库存政策的角度来看，企业必须为每一个库存设施制定具体的库存水平。图 8-2 形象地展示了一个仓库中某一库存产品的运作周期。

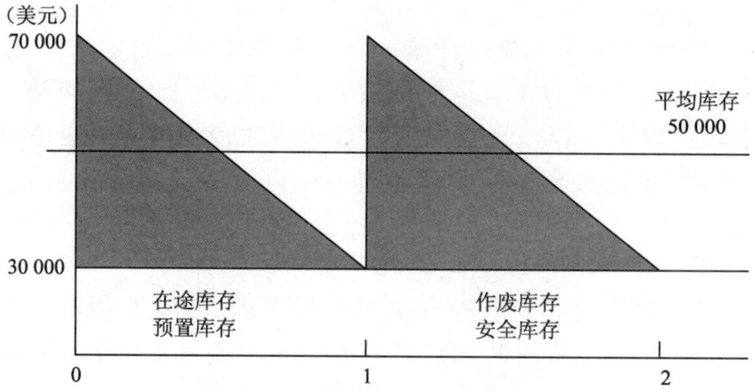

图 8-2　典型产品的库存循环

当不存在缺货且处于正常的运作周期时，该仓库所能够达到的库存最大值为 70 000 美元，最小值为 30 000 美元。最高与最低库存水平的差值为 40 000 美元（70 000 美元-30 000 美元），即为订货量。这个订货量将会引起 20 000 美元的周期库存。周期库存，或称为基本库存，是平均库存中的一部分。在运作周期的初期，企业从供应商那里获得了订购的货物，因而此时的库存水平是最高的。随着客户逐渐消耗掉企业的库存量，库存水平也逐渐降至最低水平。在库存达到最低水平之前，企业必须及时发出补货订单，以保证补充的库存能够在出现缺货之前及时到达。在运作周期中，当现有库存量小于或者等于预测的需求时，企业就必须发出补货订单。我们将企业为了补货而订购的产品数量称为订货量。根据基本的订货计算方法，平均周期库存或基本库存等于订货量的一半。

在途库存指在仓储设施之间处于运输状态的库存或订单中已发货但未交付的产品。作废库存指过时的库存或近期都没有需求的库存，最终将以捐赠、销毁或低价出售的方式处理掉。预置库存是指通过货币保值交易在需求发生之前提前购买的库存，通常是为获取折扣或为潜在的劳动力中断做准备。预置库存的一个典型例子是：每年，许多亚太地区国家都有为期数周的时间庆祝春节，这期间厂家会有计划地关闭停产，因此商家必须准备预置库存。

通常情况下，在物流系统中，大部分的库存都是安全库存。企业维持安全库存的目的在于应对需求不确定性及运作周期不确定性的影响。在补货周期的末期，只有当不确定性因素导致实际需求高于预计需求，或者实际的运作周期比预计的运作周期长时，企业才需要使用安全库存。因此，平均库存就等于订货量的一半与安全库存之和。

4．独立需求和非独立需求

供应链通常由独立需求和非独立需求组成。在消费者层面，大多数需求是独立性的。消费者到了商店，一般期望要买的商品就在货架上。尽管如此，零售商可以根据历史情况预测需求，预先在店内准备库存来预期消费者的需求，这种情况通常被称为“备用”库存，以备消费者随时进店购买。在供应链的供应商端，零部件库存通常具有非独立性特点。非独立性需求中，零部件的特点是必须组装成最终产品，如汽车或电子产品厂家便是如此。在非独立需求的情况下，生产商会制定生产日程安排，并且会把这个安排分享给供应商，以这个生产日程为基础，供应商便可以预测到需求以及所需零部件的送货日程。例如，一家汽车组装厂家的日生产量是 1 000 辆，那么轮胎供应商便知道应该每天派送 4 000 个轮胎以满足其生产需求。在非独立性需求的情况下，可以实行“即时”部署方案，因为一旦成品生产日程定下来并分享给供应商，需求便确定下来。

8.1.3 库存维持成本

库存维持成本是指与持有库存有关的各种成本。标准的会计制度按照采购价格或者标准生产成本来计算库存的价值，而不是以销售价格来计算库存价值。

要想确定合适的库存维持成本百分比，就需要对与库存相关的成本进行分摊。与库存维持成本百分比相关的成本有资金、保险、产品老化、存储和税费。

1．资金成本

企业投资在库存上的资金数目很难一概而论。资金成本率既可能与基本贷款利率相当，也可能达到一个很高的比例，这完全由企业的管理层来决定。不同企业、不同行业所需的资金成本各不相同。现金流动较多的企业通常资金成本占的比例更高。企业必须明确与资金成本相关的问题，因为资金成本对企业的物流系统设计和物流绩效有重大的影响。

2．税费

税收机关通常会对仓库中的库存进行评估。不同地区的税率和评估办法有所不同，税收机关会根据一年中某一天的库存水平，或者根据一段时期内的平均库存水平来收取税费。

3. 保险费用

保险费用是根据一段时间内的风险估计值或损失值来确定的。损失风险取决于产品及其存储设备。例如，对于容易被盗的贵重产品和危险产品而言，它们的保险费用就很高。此外，保险费用也会受到设施条件的影响，如使用安全监控和自动喷淋消防系统或许有助于降低风险，因而会降低企业的保险费用。

4. 产品老化成本

产品在存储过程中会出现变质或损坏，于是就产生了老化成本。产品超过预期销售时段而出现老化，是形成老化成本的主要原因。例如，食品和医药产品就很容易出现老化；另外，由于时尚产品的落伍或者款式的过时而导致的损失，也属于产品的老化成本。

5. 存储费用

存储费用是指与产品的存储环节有关，而与产品的处理过程无关的设施成本。由于存储费用并不直接与库存价值挂钩，所以企业必须根据各种产品的具体需求来对存储成本进行分摊。在公共仓库里，存储成本往往是单独结算的。用总的占地费用除以该设施能够处理的商品总数，就可以得到单位商品的平均存储费用。

企业最终的库存维持费用百分比是由企业的管理政策决定的。在进行物流系统设计和运作决策时，企业需要在库存维持成本与其他物流成本之间进行衡量和取舍，因此有关库存维持成本的决策就显得十分重要。

8.1.4 库存计划

库存计划包括确定订货的时间以及订货的数量。订货的时间取决于产品需求的平均值、需求变化以及补货计划等。订货的数量则由订单数量决定。库存控制决定了对库存状态进行监控的步骤和方法。

8.2 运输基础设施

运输（见图 8-3）是物流过程中开支最大的环节，通常运输部门经理使用或管理整个公司物流费用的 60%以上，他们负责把库存商品通过企业供应链送到客户手中。如今，辅助供应链物流运作的运输方式有很多种，最基本的选择是采用租赁式运输和企业自营运输，许多物流管理者选择将自营与外购运输两种方式结合起来。

图 8-3 物流的运输

许多供应商除了提供运输服务外，还提供多种多样的增值服务，如对产品进行分类、排序、改装、即时或保证交付等。实现产品的准确交付能够减少库存、存储和物料处理等多种运作活动，因此与只是单纯将产品从一个地方运送到另一个地方相比，运输服务的增值作用就显得更为巨大。随着一系列的变化，如预测的准确度变高，从订货到交付的运作周期缩短，以及运作过程中出现错误的可能性趋于零等，成功的企业已经逐渐地认识到“根本不存在所谓的廉价运输”。如果无法实现高效的运输管理，那么采购、生产和客户服务等运作活动都不能达到预期的目标。运输的价值已经远远超过了简单地把产品从一个地方运送到另一个地方。

8.2.1 运输的作用

运输环节是物流运作的组成部分，但很少有人能够完全明白经济体系对于节约的、可靠的运输方式有多大的依赖性。运输企业主要提供了两种类型的物流服务：产品移动和产品存储。

1. 产品移动

无论运输的对象是原材料、部件、在制品还是产成品，运输服务的基本价值都在于将货运送到某一个确定的地点。对于采购、生产客户服务而言，运输渠道是否通畅将起到至关重要的作用。运输对于逆向物流的重要性也不可忽视。如果没有可靠的运输作为保障，很多商业活动都无法正常地开展下去。

运输之所以存在种种限制，是因为产品在运输过程中通常是不可用的。我们将运输系统的产品称为在途库存。在设计物流系统时，管理人员要尽可能减少在途库存的数量。信息技术的发展极大地增加了在途库存的可得性，同时也能够为运输提供准确的地点信息和到货时间信息。

运输过程消耗了多种资源，如时间资源、财力资源和环境资源等。运输成本包括司机工资、车辆运行费用、设备投入的资本及管理费用等。此外，运输成本还包括货物的丢失和损失。运输需要直接或间接地使用环境资源。例如在美国，运输是耗费燃料和石油最多的产业之一。虽然使用节能车辆能够减少运输对燃料和石油的消耗，但是能源的总消耗量仍然很高。此外，运输产生的交通拥堵、空气污染以及噪声污染对环境都有间接的负面影响。

2. 产品存储

运输所提供的另一种服务就是产品存储，但是这种服务却不太引人注目。产品被装载在运输工具上的时候，实际上就等同于被储存起来，因此运输工具在运货的起点或终点也可以起到临时储存产品的作用。

转移是另一种运输服务，它也具有临时储存产品的功能。当运货地点发生改变而产品仍处在运输途中时，就可以使用转移的方法。例如，产品起初是由温州运至苏州，然而在运输途中，产品的目的地改为杭州。这种情况就是使用了转移这项运输服务功能。尽管使用运输车辆来储存产品的成本很高，但是如果考虑装卸费用、存储容量约束、延长提前期等因素的影响，从总成本和运作绩效的角度来看，这种方法也具有一定的可行性。

8.2.2 运输的参与者

运输决策主要受到以下六方面因素的制约：①托运人，或称为发货人；②接收人，通常称为收货人；③承运人和代理人；④政府；⑤互联网；⑥公众，如图 8-4 所示。为了理解运输环境的复杂性，研究每一方面的作用和相互关系是很有必要的。

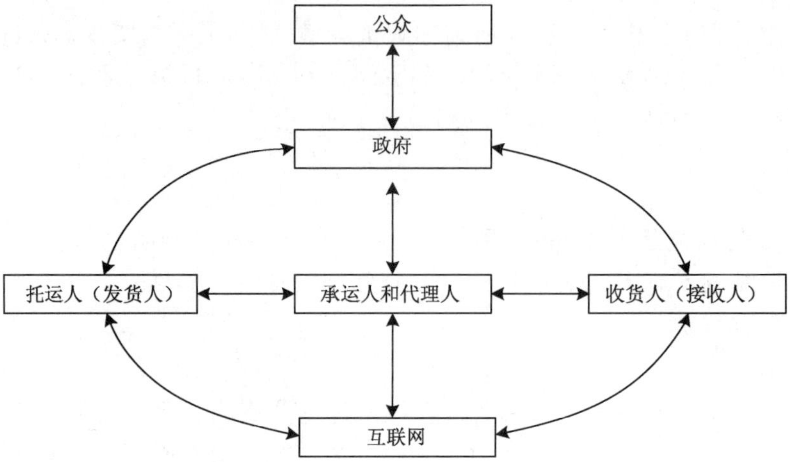

图 8-4 运输环节中各成员之间的关系

1. 发货人和收货人

发货人和收货人有共同的目标，即在一定时间内以最低的成本把产品从起始地运往目的地。在此过程中，运输所提供的服务包括明确的提货和交货时间、预计的运输时间、零货物损失、零货物损坏、及时准确的信息交换以及运费结算等。

2. 承运人和代理人

承运人是提供运输服务的商业机构。作为商业服务企业，承运人一方面希望尽可能多地向客户收取高额费用，另一方面努力将完成运输所需的人工、燃料、车辆等相关成本降到最低。为了实现上述目标，承运人会想方设法协调提货和发货时间，将不同发货人的产品集中在一起进行集拼运输。经纪人和货运代理公司都属于运输代理人，他们在货运公司和客户之间起到协调作用。

3. 政府

政府对运输活动颇为关注，这是因为可靠的运输服务对于经济和社会的稳定发展具有相当重要的意义。为了支持经济增长，政府希望创造一个稳定高效的运输环境。为此，承运人必须以合理的费用提供关键的运输服务。运输对于经济的稳健发展有直接影响，因此传统上政府越来越多地参与承运人运作及运输定价实践中。以前，政府通过限制承运人的服务市场以及限定承运人的收费价格等方式对承运人进行管理。同时政府也使用了一些手段促进承运业的发展，如支持研究工作以及提供公路、机场等运输必备设施。

4. 互联网

运输业的一个变化就是出现了大量基于互联网的运输服务。利用互联网进行沟通可以使承运人与客户和供应商一起实时地共享信息。除了在物流运作中直接用互联网进行企业之间的沟通外，近年又出现了各种类型的网络企业。这些网络企业一般可以提供两种类型的市场：第一种是用于交换信息的市场，针对承运人的运输能力与现有货物进行匹配；另一种形式的信息交换与燃料、设备、部件和补给品的采购直接相关。通过互联网进行的信息交换使承运人能够将不同的采购订单合并在一起，在一大批潜在的卖主中寻找机会。

5. 公众

公众也是运输体系的参与者，它与运输的可得性、运输费用、运作效率以及环境和安全标准都有关系。通过采购物品，公众间接地对运输提出了需求。虽然最低运输成本对于消费者而言十分重要，但同时也应该充分地考虑对环境的影响和安全问题。

由于各方面的相互作用，运输政策相当复杂，这常常会导致发货人、收货人和承运人之间出现冲突或纠纷。保护公众的利益一直都是政府制定经济和社会规章制定的主要目的。

8.2.3 运输的组成

货物运输由以下几部分组成：通行权、运输工具以及运输公司，运输公司通常使用5种基本的运输模式，分别是铁路运输、卡车运输（也称为汽车运输或公路运输）、水路运输、管道运输及航空运输。卡车运输在整个运输市场中所占的份额远远大于其他几种货运方式所占份额之和。

衡量一种运输方式的重要性的衡量指标很多，包括运输公里数、交通流量、收入以及运输货物的种类等。尽管每一种运输方式对于国家健全的运输结构体系都非常重要，但毋庸置疑的是，无论是现在还是未来，经济的健康发展都离不开公路运输所提供的有力保障。

1. 铁路运输

以前，铁路是最主要的运输方式（见图8-5）。对于美国国内的运输而言，与铁路对应的吨/英里数最大。吨/英里是一种用于衡量货物运输情况的标准单位，它将运输量与运输距离结合了起来，从而对运输情况进行综合衡量。在早期，铁路运输网络曾经得到了广泛而全面的发展，网络的辐射范围几乎遍布所有城市与城镇，在第二次世界大战以前，铁路运输一直在城际货物运输中占据统治地位，这是因为它能够以低成本对大批货物进行运输，同时还能够提供高频率的运输服务。

图8-5 铁路运输

第二次世界大战之后，随着技术的迅猛发展，美国大力发展公路和高速公路的建设，促进了汽车运输业的快速发展，从而打破了铁路占据主导地位的局面。铁路运输能将大吨位的货物高效地送往较远的目的地，因此它至今仍然在城际货物的运输中扮演着重要的角色。铁路运输的固定成本十分高昂，这是因为进行铁路运输需要购买贵重的设备，同时还需要对铁轨、道岔区以及沿途各站的设施进行大量投资。然而，铁路运输的可变成本却相对较低。柴油引擎的发展大大降低了铁路运输每吨/英里的可变成本，电力引擎的发展则进一步降低了成本。此外，对人力配置方案进行修改可以减少对人力资源的需求，从而进一步降低铁路运输的可变成本。

铁路运输的主要服务对象是原材料开采行业，这些行业往往位于离水运交通网络较远的地区，货物多为汽车、农场设备、大型机械等重型设备。铁路运输的固定成本较高而可变成本较低，这种特殊的成本结构为它从事远距离运输创造了优势。20 世纪 70 年代中期以来，铁路运输对其运输市场进行了细化，将重点集中在整车运输、多式联运和集装箱运输等业务上。由于加强了对大宗散杂货物及重工业产品的重视，铁路运输能够对特定客户的需求做出更加快速的响应，这与传统的铁路篷车运输服务形成了鲜明的对比。通过与汽车货运公司形成战略联盟，铁路多式联运的业务范围得到了扩大。

未来铁路运输有赖于高速列车技术的发展。日本著名的子弹头高速列车自 1964 年起便开始持续运营，中国目前拥有世界上最大的快速列车运行网络。很显然，美国的铁路发展已经滞后于中国、日本、德国等国家。

2．公路运输

第二次世界大战结束后，高速公路运输得到了迅猛发展。由于运输速度快，并且能够提供相对灵活的上门取货、送货上门的服务，汽车货运行业迅速发展到了一个极高的水平。

公路运输具有极高的灵活性，它们可以在多种类型的公路上行驶，如图 8-6 所示。在美国，高速公路的长度比其他几种运输方式的长度总和还要多。

图 8-6　公路货运

与铁路运输相比，汽车货运公司在终端设施上的投资额相对较少，且公路由政府进行投资修建。虽然营运证、养路费以及过路过桥费等需要花费一笔不小的开支，但是这些开支都与车辆的数量及行驶的距离有密切联系。由于每辆运输车辆都需要配备一个独立的动力单元和司机，因此公路运输每英里的可变成本就显得相对较高。此外，在运输过程中还必须为司机的安全提供保障，需要大量的工人完成货物的装卸，因而公路运输对人力资源的需求也较高。较低的固定成本与较高的可变成本是公路运输的特点。

汽车运输非常适合于运送分销贸易中的货物，还涉足本属于铁路运输的中小型制造业的货物运输市场。由于公路运输在交货时具有很高的灵活性，因此，当批发商进行货物配送或者在仓库与零售店之间进行货物运送时，公路运输就占据了绝对的统治地位。在可以预见的将来，公路运输仍然将是物流运输中最重要的方式。

3．水路运输

水运是一种最古老的运输方式。老式的帆船在 19 世纪 80 年代初期被蒸汽机轮船所取代，随后于 20 世纪 20 年代进一步被以柴油为动力的轮船所取代。水运的主要优势在于它能够运输超大型货物。深水航运（见图 8–7）与内陆可通航水域的运输（见图 8–8）存在区别。水运主要使用两类工具：深水船只一般适用于近海沿岸、远洋运输的运输；以柴油为动力的驳船则主要在河流和运河上运行，它比深水船只更为灵活。与其他运输方式相比，内陆水路的总通航里程相对较短，水路运输网络的规模相对比较稳定。

图 8–7　海路运输

图 8–8　内河运输

水运的固定成本位于铁路和公路运输二者之间。尽管水运公司必须对码头进行开发并从事相应的经营活动（从这一点来看成本较高），但是由于政府给予了其优先通行权，因此水运的固定成本就低于铁路的固定成本。水运的主要缺点是它的运作范围较窄且运输速度较慢。如果运输的起点和终点都不临近水路，就需要铁路或公路运输为水运提供辅助服务。从客户的角度来看，如果客户最希望获得较低的货运费率，其次才是运输速度，那么这种运送吨位较大、可变成本较低的运输方式也未尝不可接受。

4．管道运输

管道运输（见图 8-9）是运输系统中的一个重要组成部分，例如，管道运输约占美国所有原油和石油货运总吨/英里数的 67.8%。除了运输石油产品之外，天然气也可以利用管道进行运输。与石油类似，美国天然气的所有权和经营权归私人所有，许多天然气公司既是天然气的分销商，又是合同运输提供商。

图 8-9　管道运输

与其他运输方式相比，管道运输有其独特之处。管道运输用于输送气体、液体及浆液等形式的货物，可以每周 7 天、每天 24 小时进行不间断的工作，它仅仅只受到商品的更换与管道维护的影响。此外，管道运输的固定成本最高，而可变成本最低。高额的固定成本源自获取管道的优先通行权、建立控制站、管理控制站以及管道的泵送能力等。

5．空运

空运（见图 8-10）的最大优势是货物运输的速度非常快。以美国为例，完成东西海岸之间的空运只需要几个小时，而采取其他运输方式则通常要花费几天时间。虽然空运的价格相当贵，但它可以减少或消除储存等物流运作的中间过程。

空运的好处多半都是潜在的。空运承担的运输业务实际上还不到城际运输吨/英里数的 1%。空运的能力会受到载重大小、重量提升能力和飞机可用性等方面的限制。城际空运通常使用固定的客机航班，这样可以减少开支，但也导致货运能力和运输灵活性的下降。喷气式飞机的高额成本，再加上空运需求的不稳定，使空运公司很难对所有空运活动做出有效的承诺。

图 8-10 航空货物运输

联邦快递、联合包裹空运公司、敦豪（DHL）快递公司等优质空运服务公司的出现，标志着全球性空运服务的产生。这种优质的服务起初是针对具有极高优先权、高度加急的文件，后来逐渐发展到了包裹运送领域。对于那些拥有大量昂贵的产品，同时对运输时间有严格要求的公司来说，在一天之内就能完成配送的空运方式具有非常大的吸引力。

与铁路、水路和管道运输相比，空运的固定成本仅次于公路运输。通常情况下，政府负责开拓航线、修建机场以及机场维护。一方面，空运的固定成本与购买飞机、建立特殊的处理系统和购买空运集装箱有关；另一方面，由于燃料消耗、飞行员的薪水、飞机的维护保养费以及飞行人员和地面人员所构成的劳动的密集度，使空运的可变成本变得非常高。

将空运与其他运输方式有机地结合起来，形成一种全方位的货运方式，用以消除空运与乘客运输之间的冲突，能够产生相当客观的商业利益。在空运中，大部分货物是按照最高优先原则进行运输的。当企业能够从高成本的运输中获得合理的服务回报时，就会采用预定的或未预定的空运方式。如果需要对具有高价值或者极易毁坏的产品进行运输，那么空运方式就无疑成为首选。对于市场销售周期非常短的产品而言，如鲜鱼或者鲜花等，为了确保产品在全国范围内的正常销售，空运可能是唯一的、最可行的运输方式。

8.2.4 专业化运输服务

将各种运输方式的实际运输能力有机地结合起来，就形成了运输服务。政府对运输管制的目的，是为了促进各种运输方式之间的竞争，并控制潜在的垄断行为。而解除对运输的管制，则可使运输公司自由地发展综合的运输模式服务，以便更有效地满足客户的需求。

1. 包裹服务

包裹服务是物流服务的重要组成部分之一。由于具有一定规模以及使用多种方式进行运输的能力，包裹服务的影响力与日俱增。随着电子商务的出现，再加上企业直接与客户进行交易的新型商业模式，极大地增加了企业对包裹配送的需求。包裹配送服务一般通过铁路、公路和空运服务来完成，可以分为普通型服务和加急型服务两种。

1973 年，联邦快递公司（FedEx）首先推出了加收额外费用的加急包裹运输服务。FedEx 有专用货机队运送包裹，承诺在全美范围内在第二天就能完成送货。自此开始，FedEx 最初的服务项目在全球范围内实现扩张。

起初，联合包裹服务公司（UPS）所提供的服务只是百货商场的一些本地配送业务。现在，UPS 可以提供跨城市的各式各样的包裹服务。事实上，为了满足客户和商务企业的需求，UPS 遵照客户对货物尺码的特殊要求以及对重量的限制，在全球范围内提供包裹运输服务。UPS 通过从事包裹服务已经极大地拓宽了自身的服务范围。UPS 能够提供涉及各种货物的物流服务，尤其是小包裹货物运输。

2. 多式联运

多式联运将两种或两种以上的运输方式结合在一起，它利用每种运输方式的优势，以较低的总成本提供了一种综合性的运输服务。实现多种运输方式的协调发展可以追溯到 20 世纪 20 年代初期，然而，当时政府为了防止出现垄断而制定的限制因素抑制了运输方式之间的协作。随着铁路和汽车运输联合运输服务的出现，多种模式运输在 20 世纪 50 年代期间开始有了较快的发展。当时，这种综合性服务被称为“驮背式服务”。这种联运方式将汽车在短途运输上的灵活性与火车在长距离运输中长途运输成本较低的特点有机地结合在一起，形成了一种更加经济有效的运输手段。因此，这种多式联运的方式很快就风靡一时。

从技术的角度来讲，协调式的货运或联运的运输完全可以在 5 种基本运输方式的基础上实现。那些具有描述性质的专业术语，如背驮式运输、火车渡运以及运货飞机承载等，已经成为标准的运输专用词汇。

（1）拖车运输/集装箱运输。运输行业中最广为人知的多式联运方式是在轻型运货车上使用的拖车运输（TOFC）和集装箱运输（COFC，见图 8-11）。集装箱是一种货箱，通常用来储存联运的货物，以及在汽车运输、铁路运输、水路运输中完成货物的装卸。拖车和集装箱都可以放在铁路平板货车上，用以完成城际间的部分长途运输。此外，在始发站和终点站，拖车和集装箱都是由卡车来进行牵引运输的。利用集装箱进行收货和送货时需要使用专用设备。

（2）集装箱船舶运输。船背式运输、火车渡运、集装箱船舶运输（见图 8-12）都是一些比较传统的多式联运形式。它们都需要借助于水路运输。对于长途运输来讲，水运是最便宜的运输方式。一项对比调查指出，一条可以牵引 15 条驳船的拖船的运输能力等同于 225 辆有轨机车或 900 辆汽车的运输能力。

船背式运输、火车渡运、集装箱船舶运输将卡车、拖车、有轨机车或集装箱装载到驳船或海船上进行长途运输。考虑到驳船在进行口岸运输时成本与效率都较低，提倡短途海洋运输可缓解交通堵塞问题以及日益恶化的空气污染问题。

图 8-11　集装箱火车运输

图 8-12　集装箱船舶运输

多式联运方式还衍生出一种新的概念——大陆桥。大陆桥是指将铁路与海路运输相结合，共同运输集装箱货物。大陆桥在欧洲与环太平洋地区的集装箱运输业务中得到了广泛的应用，它既可以节约时间，又可以减少水路运输的总费用。举例来说，如果要将集装箱从北美的西海岸运送到环太平洋沿岸，就可以将集装箱放置在火车上先送到美国的东海岸，然后通过水路运输将其运到欧洲。考虑到将水运与铁路运输结合后能够降低运输成本，产生可观的收益，同时，使用这种方式只用上缴一份关税，比独立上缴海路与铁路两部分的关税总额要低。

3．不具备运作性质的中间商

在整个运输行业中，还包括一些不拥有设备的商业机构。这些不具备运作性质的中间商为其他公司提供中介服务。从某种程度上说，运输经纪人类似于市场分销渠道中的批发商。

这些中间商（货运代理人、托运人协会和经纪人）可以为发货人提供较低的运输费率，该费率往往会低于托运人直接向货运公司的询价。由于普通货运费率的结构中存在某些特殊性，如最低运费、附加费和低于容积费用等。因此，不具备作业性质的中间商可以帮助托运人减少成本。有时候中间商收取的费用甚至比货运公司还要高，之所以如此，是因为它有能力提供更为快速和完整的服务。

8.2.5　运输的经济性

运输的经济性和定价与影响费率的多个因素相关，其中主要因素包括运输距离的经济性、载货量的经济性及密度的经济性。

1．运输距离的经济性

运输距离对运输成本有非常重要的影响，因为它直接影响可变成本的大小，比如劳动力、燃料费和维修费等。图 8-13 所示为运输距离与运输成本之间的关系，从中可以得出以下两点结论：第一，成本曲线的起点不是原点，这是因为在运输过程中始终存在与收货、发货等活动有关的固定成本，这些固定成本不受运输距离的影响；第二，随着距离的增加，成本的增长速度逐步减弱。这种特点通常被称为远距离递减原则。

2．载货量的经济性

载货量的大小是影响运输成本的第二个因素。与其他物流活动一样，大多数运输活动也存在规模经济。如图 8-14 所示，随着载货量的增加，每单位重量货物的运输成本逐渐下降。这是因为收货、发货以及管理费用都是固定的，随着载货量的增加，这些固定成本得到了进一步的分摊。但是，载货量和运输成本之间的关系会受到运输工具大小的限制。应该尽量把小规模的载货量合并起来，聚集成为大规模的载货量，从而实现规模经济的最大化。

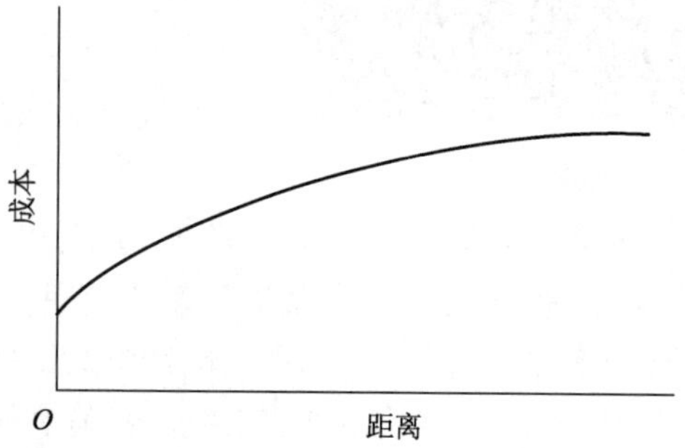

图 8-13　运输距离和运输成本之间的关系

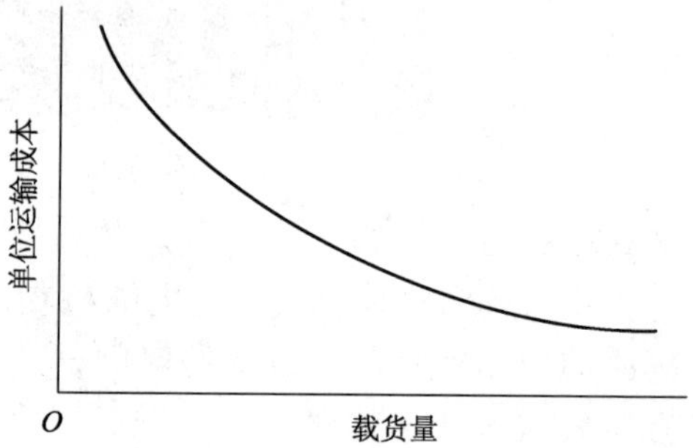

图 8-14　载重量与每磅货物的运输成本之间的关系

3．密度的经济性

影响运输成本的第三个因素是产品的密度。密度将质量和体积结合在一起，这两种要素之所以重要，是因为运输成本通常都表示为每单位质量的费用大小。以每英担（CWT）来计算运费的方式也很常见。就质量和体积而言，载货容积对运输工具的影响比载货质量更为显著。在实际运输中，载货质量对运输工具、劳动力和燃料费用的影响并不大，因此高密度的产品能够将相对固定的运输成本分摊到更多的质量上，从而降低货物单位质量的运输成本。产品密度与运输成本之间的关系，是随着产品密度的增加，每单位质量的运输成本呈下降趋势（与图 8-14 类似）。一般而言，运输管理者通常都会想方设法增加产品的密度以充分地利用运输工具的载货空间。

4．其他定价因素

其他几个因素对运输的经济性也很重要，下面介绍 4 个较为重要的因素。

（1）装载性。装载性是指怎样才能将货物恰到好处地放入运输工具之中。具有不规则尺寸和形状的产品，或者超高、超重、超长的产品都不能够很好地放置在运输工具中，从而造成运输工具载货空间的浪费。显然，长方形的物品比形状不规则的物品更容易装载。例如，尽管钢片和钢棍都具有相同的密度，但是由于它们在长度和形状方面存在区别，因此装载钢棍要比钢片困难。此外，装载性也会受到载货规模的影响，大量物品可能比少量物品更容易运输。例如，装载一卡车垃圾桶也许会比装载一个垃圾桶更容易。

（2）搬运处理。从卡车、火车或轮船上装货、卸货时需要使用特殊的搬运设备。此外，为了满足运输和储存的需要，必须按照正确的方式将产品摆放在箱子里或者托盘上。搬运设备和摆放要求都会对搬运处理的成本有所影响。

（3）责任。这涉及产品的特性，这些特性有可能使产品比较容易损坏，因此运输公司既可以选择购买保险以防止潜在的损失，也可以选择承担由于货物损坏而引起的经济责任。托运人可以通过改善产品的包装或者降低导致货物损坏及丢失的可能性来降低运输公司的风险，并最终实现降低运输成本的目的。

（4）市场因素。例如，运输通道中的货物流量以及通道中流量的平衡会影响运输成本的大小。运输通道指的是货物在运输的起点与终点之间进行移动的通道。一般而言，运输车辆和司机最终都要返回起点，在返回的过程中他们可以带回一些可供销售的产品进行返程运输。但是，如果空车而归，返回过程中产生人力、燃料和维修成本就必须分摊到送货成本中，这样就增加了送货成本。理想的方法是尽可能实现双向运输（或者称为平衡运输），也就是使送货与返程的货物运送量相等，但是由于生产地与消费地的需求不平衡，很少会满足这种情况。

8.2.6 运输管理系统与单据

运输管理涉及多种计划、实施及管理职责。企业越来越倾向于将运输管理系统（TMS）视为其信息技术战略的一个重要组成部分。通常而言，运输管理系统必须能够对各种运输策略进行评估与比较，根据企业存在的限制条件选择出最优的运输方案。运输管理系统的功能包括选择运输方式、制订装货计划、将多个托运人的货物进行合并、提高运输设备的利用率等。运输管理系统最基本的目的是减少成本，并提高按时配送的能力。

一般的运输管理系统都可以通过以下五方面的能力来描述：①运作管理；②集拼运输；③费率协商；④货物控制；⑤审核与索赔管理。

1. 运作管理

从运作的角度来说，运输管理最关键的要素包括设备安排与堆场管理、制订装货计划、路线安排与预先交货通知（ASN）以及承运人管理。

（1）设备安排与堆场管理。这是运输部门的主要任务之一。如果让运输设备长时间地等待装货或者卸货，会造成严重的浪费，还会形成瓶颈。进行有效的堆场管理要对多因素进行综合考虑，如装货计划、设备的使用和司机的安排等。此外，还需要考虑设备的预防性保养问题，以及相应的安排、协调与监督。最后，还必须明确是否存在使用特殊设备的需求，如果存在该需求，则需要做出相应的计划与安排。

与设备安排密切相关的工作是交货安排和提货约定。为了防止等待的时间过长，并且提高设备的利用率，有必要提前分配轮船的泊位，或者预先安排运输的工作地点。为了便于装卸作业，通常的做法是为常规运输确定一个固定的作业地点。有些企业甚至在下达订单的同时就已经确定了固定的作业地点。要想实施基于时间的一体化物流运作，对设备进行有效的安排就显得更为重要。例如，准确的交叉作业就完全依赖于对设备到达和出发时间的精确安排。

（2）制订装货计划。货物的装车安排将直接影响运输的效率。在汽车运输中，运输能力受到质量和容积的限制。如果一辆拖车上同时装有多种货物，那么在制订装货计划以及安排装货顺序时，就必须考虑货物的物理特点、批量大小和运送的先后顺序。

（3）路线安排与预先交货通知。提高运输效率的关键之一就是进行有效的路线安排。从管理的角度来看，运输部门在满足主要客户服务需要的同时，还要确保路线安排工作的有效进行。一种常见的做法是，发货人通过电子方式为收货人提供预先交货通知（ASN）。尽管 ASN 的具体内容会因为收货人的不同而发生变化，但是它的主要目的始终是为货物的到达提供足够的时间，排列交货的先后顺序，并对运输进行重新部署等。设计运输路线时必须考虑客户的特殊要求，如送达时间、送达地点及特殊的卸货服务等。

（4）承运人管理。运输管理者的一项基本职责是对租赁承运人和私营运输承运人的运作进行管理。要实现有效的管理，就必须持续衡量、评估承运人的运作水平。信息技术的发展大大增强了运输信息的可靠性。许多托运人都在努力减少承运人的数量，以便简化相应的管理工作。其中，对承运人的有效管理包括承运人的甄选、整合和评估等几方面。

2．集拼运输

由于运输成本与运输规模以及路程长短有关，因此，对货物进行合并就具有重要意义。货物合并的传统做法是将达到同一目的地的零担货物或者包裹集中起来。对流出的货物进行合并的目的是，与进行多笔小批量的货物运输相比，进行集拼运输所节省的运输成本足以支付装卸费用和在目的地进行货物分配的费用。

随着快速响应型的物流运作日益成为关注的焦点，货物合并也面临很多新的挑战。基于时间的物流正逐渐将安全库存转换成为小批量货物运输，以此来消除需求不确定性带来的影响。供应链中的所有企业都希望通过根据需求变化进行同步补货，以减少存货的闲置时间。其结果产生了大量频率高、订货量小的订单。小批量运输需求的增加不仅使运输成本大幅上升，同时还导致了更多的物料处理工作以及装卸作业。

当使用基于时间的策略对运输成本进行控制时，企业的管理者需要使用一些具有创新性的方法来实现运输集拼，并从中获益。准确地了解当前的库存情况以及计划维持的库存状态，是进行货物合并的前提条件。如果能做到按照生产计划来实现货物的合并，那就最好不过了。在实际操作中，应该在订单处理和选择仓库订单之前制订合并计划，以避免延误。同时，要想进行有效的集拼运作，与计划有关的各个方面都要及时传递相关信息。

3．货物控制

运输管理要对货物实施追踪、提供加急运输以及对司机进行管理。追踪是指对不知去向或延误的货物进行定位的过程。在运输过程中难免会发生货物被放错地方或延误到货的情况。通常情况下，大多数大型货物的承运人都提供在线追踪功能，帮助托运人确定货物所处的位置。通常由托运人的运输部门提出追踪要求，当追踪行为开始之后，就由承运人负责跟踪相关的信息。加急运输指的是托运人告诉承运人需要以最快的速度运送某批货物，不得发生延误。

4．审核与索赔管理

如果运输服务或者运输收费违背了事先的规定，托运人就可以申请索赔。索赔通常可以分为两类：货物丢失或损坏；索价过高或索价过低。丢失或损坏索赔指的是由于承运人的运作不善，当给托运人的部分或全部货物造成损失时，托运人所要求的赔偿。当承运人实际支付的赔偿金额与托运人预期的金额存在较大差别时，托运人可以申请索价过高/索价过低的索赔，并通过对运费清单的审核加以解决。

5．单据

企业在提供运输服务时，通常需要辅以大量明确的单据。除了那些仅仅在企业内部完成运输的货物之外，大多数货物通常运输的过程与售出的过程重叠。因此，一旦实施运输服务，就相应地会产生货物的所有权问题。如果租赁承运人也参与运输过程，就必须明确地区分交易中各方的法律责任。运输单据的基本目的就是要保护交易各方的利益。运输单据主要包括 3 种：提单、运费清单和装货清单。

8.2.7 产品定价与运输

定价是市场营销策略的一个重要方面，它直接影响物流运作。定价战略的主要趋势是将产品和原材料的价格分离，使以前包含在价格中的服务，如运输服务，成为一个独立的、可见的项目。定价对物流运作的准时性和稳定性都有直接影响。定价决策直接决定了在交易中由哪一方具体负责物流运作以及所有权和责任的转移。

1．FOB 定价

FOB 是指船上交货或者离岸价格。在实际应用中，可以看到不同形式的 FOB 定价。FOB 原产地定价是最简单的定价方式。在这种定价方式中，卖方标明货物在原产地的价格，并同意将货物装船，装船后卖方不承担任何责任。买方选择运输方式、挑选承运人、支付运输费用，并且承担运输途中货物丢失或损坏的风险。

在 FOB 交货地定价中，直到交货完成以后，货物所有权才移交给买方。其中，卖方安排运输，并且将运费计入货物的销售发票。支付运费的公司并非必须承担在途货物的所有权、运费或索赔文件的责任。这些协商事项在供应链协作中非常重要。

2．交货价

交货价中，卖方的货物价格包括运输费用。也就是说，运输成本不作为单独的一项列出，交货价也有很多种形式。

在单一地区交货价中，不论买方在什么地方，它们都支付相同的价格。这个交货价通常反映了卖方的平均运输成本。在实际操作中，有些客户支付的运输费用多于它们实际的运输费用，也有些客户得到了补贴。例如，邮政局针对境内的第一类信件就使用了单一地区定价政策，不管信件邮寄距离的远近，只要信件在一定的尺寸和质量范围内，都收取相同的邮费。

当运输成本在货物的销售价格中只占一小部分比例时，通常使用单一地区交货价。这种方法对于卖方来说，主要优点是可以完全控制物流；对于买方来说，尽管这种方法建立在平均水平的基础上，但是可以帮助买方简化运作。

多地区定价针对不同地理区域制定不同的价格。其运作理念就是把物流成本更加公平地分配到两个或更多的区域，通常根据距离远近进行报价。

3．提货折扣

提货折扣与基于 FOB 原产地价格购买货物是等价的。如果买方或他们的代理方在卖方所在位置提货并自己承担运输，卖方愿意以低于标准交货价的价格进行交易。买方也可以委托承运商和集成服务提供商从卖方处提货。

8.3 仓储管理

仓储包含物流运作的许多方面。由于存在很多类型的仓库，因此对仓储不能只进行简单分类。通常，仓库被看成是存储货物的地方。但是在当代物流系统里，人们更多地认为仓库是对分类存货进行组合以满足客户需求的地方。从理论上说，仓储的作用是使产品的库存降到最低。

8.3.1 战略仓储

虽然一个有效的物流系统不应该长期持有库存，但是在某些情况下，从成本和服务的角度来看，存储货物却是合理的。库存通常是促进经济发展的一个重要方面。

在前工业时代，家庭个体作为自给自足的经济实体，必须持有库存。随着运输能力的增强，专业化的运输服务已经成为可能。产品库存的工作也从家庭转移到了零售商、批发商和制造商。在物流通道里，人们利用仓库存储货物，以便协调产品供应和客户需求。由于以前人们没有充分认识到战略仓储的价值，并认为仓储增加了配送过程的成本，因此认为仓储是“不可或缺的弊端”。这种观念也促使人们认为中间商的存在自然增加了成本。于是对配送产品实施分类的需求受到了限制。那时，劳动生产率、物料处理效率和库存周转率这 3 个要素并没有受到人们的特别关注，并且由于劳动力相对低廉，因此人们大量使用人力资源。尽管最初的仓储存在许多缺点，但是它还是在生产和销售之间架起了一座必要的桥梁。

第二次世界大战以后，人们在管理上的注意力开始转移到战略仓储上。管理人员开始对是否需要如此多的仓储网络提出质疑。在批发和零售这样的配送行业中，传统的观念认为最好的方法是在每一个销售终端建设一个存储所有库存的分类仓库。随着预测和生产排产技术的进步，管理人员开始对这种库存调度方式产生怀疑。后来，生产过程中的中断和时间延迟逐渐减少，生产计划变得越来越可靠。虽然季节性的生产和消费仍然需要仓储支持，但是维持稳定生产和消费所需的库存总量已经大大减少了。

制造业的发展减少了库存量，但不断变化的消费需求不仅抵消了这部分减少的库存量，而且对库存提出了更高的要求。当零售商直接向供应商购买产品时，由于它们要为顾客提供种类越来越多的产品，因此感到越来越难维持采购和运输经济。由于小批量产品的运输成本高，使零售商不能向供应商直接订货。在这种情况下，就需要对仓库进行战略性的选址，让仓库为零售商提供及时并且经济的库存补给。理念较为先进的批发商和零售商联合开发了当时最先进的仓储系统，为零售补货提供物流支持。因此，仓储的重点从被动地进行货物存储转变为主动地进行战略分类存储。配送中心这一术语在行业中使用越来越广泛，它反映了传统仓库的变化。

由于零售业仓储效率的提高，因此制造业很快便开始采用战略仓储。对于制造商来说，战略仓储能够减少原材料和部件的库存时间，仓储成了准时生产和零库存生产战略的不可或缺的组成部分。尽管准时生产的基本理念是降低在制品库存，但是这种制造战略需要可靠的物流支持。在全球市场中，要想得到这样的物流支持，更加需要具有战略选址意义的仓库。在一个中心仓库里集中对部件进行存储，能减少每个装配车间的库存。统一运输的方式可以将采购的货物统一运输到具有战略选址意义的中心仓库，在中心仓库对产品进行分类、排序，然后再根据需要把产品运送到指定的制造车间，由于这些过程被完全整合，因此分类和排序设施成了制造部门至关重要的组成部分。

在制造业的外运环节或面向市场环节，可以利用仓库进行产品分类，并向消费者发货。仓储中一个重要的目标是使其柔性最大化。柔性是通过信息技术实现的，信息技术能够为存储和物料处理提供一些更新、更好的方法，从而影响仓储的各个方面。柔性是及时响应快速变化的客户需求的一个必要因素，柔性包括产品分类、增值服务以及安排发货的方式。信息技术使仓库作业人员对变化的客户需求做出快速响应，这样便实现了仓储的柔性。

只有证实仓储既能降低成本，又能改善服务，仓储在物流系统中才是有价值的。在理想情况下，仓库能同时带来经济收益和服务收益。

8.3.2 仓储的经济收益

当仓储降低了物流的总成本时，就体现了仓储的经济收益。例如，如果在一个物流系统里增加一个仓库，由于增加仓库所降低的运输总成本大于增加仓库所要求的投资成本和运营成本，那么总成本就降低了。只要能够降低总成本，就能从经济上证实仓库的合理性。

1. 集拼和分拨

集拼和分拨的经济效益在于通过对货物进行分组，从而降低运输成本。集拼和分拨作业都是利用仓储的运作能力来提高运输效率的。许多物流系统中既包括集拼运输，也包括分拨运输。

在集拼过程中，仓库将接收来自多个供应商的货物，然后这些货物以确切的数量合并成一个大批量的货物，发往指定的目的地。这样就可能实现最低的运输费率，并且可以及时发货，同时还可以减少客户卸货站台的交通堵塞。仓库可以将源于起始地的流入货物或发往目的地的流出货物合并成更大批量的货物进行运输，这样既可以降低单位运输成本，并提供更迅速的配送服务。

每个分拨作业人员一次只接收一批货物，并安排这批货物到多个目的地之间的配送。通过运输大批量的合并货物可以实现规模经济。分拨仓库或分拨站点对个人订单进行分类或拆分，并安排当地配送。

2．分类

分类的好处在于当货物从起始地流向目的地的过程中可以被重新配置。分类作业分为3种形式：越库转运、组合和装配，这些都是在物流系统中广泛应用的运作方式。

越库转运的目的在于将来自多个渠道的库存产品合并，然后按照特定的分类将它们配送给指定客户。目前，零售商大量利用越库转运作业来补充快速流动的产品库存。越库转运要求每个制造商保证配送时间的精确性。当货物到达仓库并卸货以后，作业人员根据目的地对货物分类。在大多数情况下，客户已经详细说明了每个目的地需要的每种产品的确切数量。制造商则根据这个说明，依次进行分类、装载，并且标注发往每个目的地的确切的产品数量。产品到达进货站台后，直接被装到出货站台的配送卡车上，并发货到目的地。当一辆卡车已经装满了来自多个制造商的产品后，它便开始向目的地出发。有效的越库转运要求高度的精确性，因此要想成功地运作，就必须高度依靠信息技术。

组合作业的最终结果与越库转运相似，但是组合作业通常发生在货物始发地和目的地之间的一个中间地点。通常在组合作业中，整车的产品从起始地运输到组合仓库，其目标是使流入物流运输成本最小化。到达组合仓库以后，作业人员就进行卸货，并按照每个客户的要求对货物进行分类、组合。对货物进行组合运输能够获得特价费率，这就是促使人们进行组合运输的经济动机。在组合作业过程中，流入的产品可以和那些定期存储在仓库中的产品进行组合。在运输过程中进行产品组合的仓库，除了可以根据客户的需求进行产品分类、使运输成本降到最低之外，还可以降低物流系统中全部产品的库存水平。

采用装配作业最常见的目的是支持生产运作。在邻近生产厂的位置设有装备厂房，对各类二级供应商提供的产品和零部件集中进行装配。当制造厂商开始装配时，一级供应商或综合服务提供商（ISP）通常会提供一些增值服务，如零部件分拣、排序以及在制造商需要的时候进行配送。就像越库转运和组合作业一样，装配作业也是在确切的时间和地点对库存产品进行精确的分组。很多汽车公司便成功地鼓励其一级供应商在装配厂附近设厂。

3．季节性存储

存储的直接经济收益在于调节季节性生产和需求。例如，生产草坪设备和玩具的厂商是在一年内连续生产的，但是它们的市场销售却集中在一段非常短的时间内；相反的是，农产品在特定的时期内收割，但是人们一年内都是需要消耗农产品的。这两种情况都需要库存来支持市场交易的持续进行。库存在这里起到了一个缓冲的作用，它允许生产在物质资源和客户需求的约束下仍然保持高效的运作。

4．逆向物流处理

与逆向物流相关的大量工作是在仓库中进行的。逆向物流包括支持以下几方面的活动：①退货管理；②重新制造与修理；③重新销售；④回收；⑤处理过期或损坏的库存产品。

退货管理针对那些未售出的产品和制造商召回的产品，设计它们的逆向物流线路。重新制造是指在产品过了有效期后的逆向物流。这些产品或零部件被生产厂商更新以后，再以一定的折扣价格投向市场。许多公司和电子设备制造商都在最初的租赁期结束以后，通过重新制造来提高它们的利润。重新销售是指当最初的使用者不再需要某产品时，重新销售该产品的逆向物流。

控制性库存是指那些对消费者健康和环境有潜在危害的危险原材料和产品。控制性库存的回收必须在严格的运作监督下进行，以防不合适的处理方式。各种各样的政府机构都直接参与控制性库存的处理工作。

以前人们对经常性库存回收的关注较少。经常性库存回收的产品通常是那些被损坏了的或者过期的产品。一些未售出的产品是在仓库中被损坏的，但是大多数产品是从零售商或顾客处直接退回的。

8.3.3 仓储的服务收益

仓储提供的服务能够促进收益增长。要从服务角度证明一个仓库存在的合理性，其基本原理是销售增长要大于建造仓库的成本。例如，建立一个服务于某个市场的仓库会使成本增加，但是也会增加市场的销售量、收入和潜在的总利润。仓储提供的服务包括以下 3 种：①定点存储；②全产品线存储；③增值服务。

1. 定点存储

定点存储通常是为消费者提供方便的。季节性强的产品制造商通常使用定点存储。制造商在销售旺季可以在有战略意义的市场上临时设置库存来提高快速反应能力，而不是全年都在一个仓库中设置库存，或者是直接从生产厂发货给消费者。在销售旺季，制造商将挑选的货物定点存储在当地市场的仓库中，以满足消费者的需求。利用仓储设施进行定点存储，就是在销售旺季到来之前把库存放在临近关键客户的市场中。例如，农业肥料公司有时会在农场附近定点存储肥料，以满足突然增长的季节性需求，季节性需求过后，这种定点存储的使用就会相应减少或者被淘汰。

2. 全产品线存储

传统上，生产商、批发商和零售商先预测客户订单，然后利用仓库来存储各种产品组合的库存。通常，零售商和批发商需要对来自不同制造商的多种产品进行分类处理。实际上，这些仓库可以为来自多家厂商的产品提供一站式服务。

定点存储和全产品线存储的区别在于使用仓库的程度和持续时间。采用定点存储战略的公司是在有限时间内，使用大量的仓库来临时存储少量品种的产品。而全产品线储存仓库通常仅限于少数几个战略性仓库，并且这几个仓库全年都在运作。全产品线存储仓库能够帮助客户减少需要面对的供应商数量，从而改进服务。如果在全产品线存储中采用产品分类组合的方式，则有可能进行经济实惠的大宗运输。

3．增值服务

高度定制化服务的需求使现代的分销仓库变成了专门提供增值服务的设施。增值服务（VAS）是指所有能为客户创造更大价值的活动。增值服务通常都会改变产品的物理性质或结构，因此配送到客户手中的产品形状是独特的，或者是定制化的。

仓库中可以完成如包装、贴标签，甚至是轻度制造等工作，这样能够延迟最终的产品配置。例如，蔬菜在加工厂中进行加工并装罐，但是铁罐上不贴标签。持有这种没贴标签的产品库存意味着库存产品并不是提交给指定的客户，一旦接到了某个客户订单以后，仓库就开始贴标签并进行最终的包装。

延迟带来了两方面的经济收益：一方面是能够降低风险，因为定制化的包装是根据客户的实际订单来执行的，并非对客户订单的预测；另一方面是能够减少总库存，其原因是仓库中存储的是基础产品，但是仓库能根据各种客户的要求提供贴标签和包装服务。尽管在仓库中进行包装的单位成本要高于直接在生产中包装的单位成本，但是降低风险和减少总库存所带来的经济效益抵消了一部分服务的成本。

8.3.4 仓库作业

一旦确定了仓库的任务，管理关注的重点就是仓库的运作（见图 8-15）。一个典型的仓库里存储的产品种类有原材料、零部件和流转过程中的产成品。仓库作业包括物料处理和存储，目的是有效地接收存货，按照要求进行存储，按照订单的需求把存货装配成成品并配送给客户。如今，人们已经把现代仓库建设成了一个混合产品的存储设施。因此，管理者的大部分注意力都集中在如何设计运作流程，使处理过程更加容易并且有效率。

图 8-15 仓库作业

1．物料处理

在仓库中进行搬运时，首先要考虑的是移动连续性和效率。移动连续性的意思是，对于同一批库存货物搬运的连续性来说，作业人员使用搬运设备将这批货物长距离地搬运到目的地，比进行几次短距离的搬运要好一些。产品在作业人员之间频繁交换，或者从一个设备移动到另一个设备，既浪费时间，又会增加对产品造成破坏的可能性。因此，物料处理中一般应遵守的原则是，一旦开始搬运某产品，就应该一直将该产品搬运到目的地。

规模经济理论认为搬运最大数量或装载量的货物是最合理的作业方式。物料处理作业不是以单个货箱为单位进行处理，而是将许多货箱成组装入托盘、滑板或者集装箱进行搬运。物料处理的总体目标是将流入的货物按照顾客要求，对它进行分类，使它成为许多独立的客户物品。物料处理的 3 种主要方式是：物料接收、库内物料处理或移动以及发货。

由于配送中心需要移动以及处理数量巨大、品种繁多的产品，射频技术（RFID）在仓储布局、物料接收、订单分拣和发货等环节具有很大的应用价值，能极大地提高运作效率。

2．存储

在安排仓库布局时，根据每种产品的特点将它们放在指定的位置（即仓位）是必要的。在仓位放置中要考虑的最重要的变量是货物周转率、重量以及特殊的存储要求。

货物周转率是考虑仓库布局时的主要因素。周转快速的货物放置原则是使移动距离最小。例如，周转率较高的产品应该放置在门口、主要过道附近，或者是仓库中较低的货架上。这种放置方式使物料搬运最少，并且减少了频繁搬运货物的需要。相反，周转较慢的货物应该放在距离主要过道较远的地方，或者是货架的上层。图 8-16 所示为一个基于产品移动周转率的存储设计图。

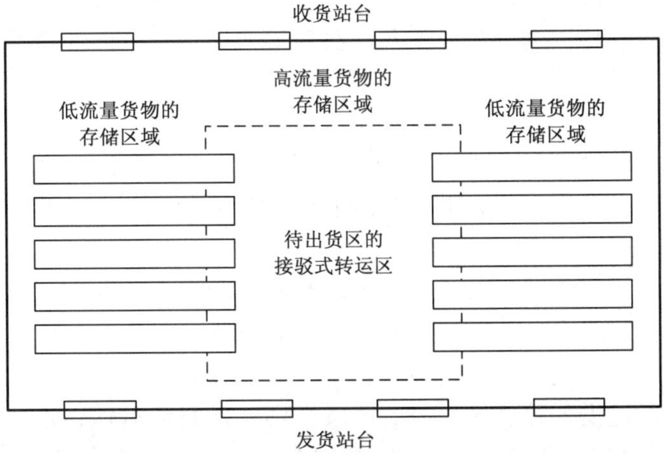

图 8-16　基于产品移动周转率的存储设计图

制订存储计划时，还要考虑货物的重量和其他特殊因素。相对较重的货物应该放置在离地面较近的位置，使提升作业最小。体积大或密度低的货物需要一定的存储空间，把它们放在靠墙的地面上是比较合适的。相反，体积较小的物品则可能需要使用储存货架、柜子或抽屉等存储设施。一份完整全面的存储计划必须考虑每种产品的特性。

在通常情况下，仓库涉及的存储作业包括短期存储和长期存储。直接为客户服务的仓库主要是进行比较积极的短期存储。相反，对于投机性产品、季节性产品或过时的库存品，仓库则实施长期存储策略。在对仓库的运作进行控制和测量时，企业需要对货物的短期存储和长期存储的不同需要与操作能力进行衡量，这一点非常重要。

8.3.5 仓库所有权与决策

通常按照仓库所有权对仓库进行分类，包括自有仓库、公共仓库、合同仓库等。其中，合同仓库和公共仓库之间的最大区别在于合作关系的持久程度、专门服务或定制服务的程度以及合作收益和风险的分担程度。

1. 自有仓库

在通常情况下，自有仓库是由拥有库存产品所有权的公司自己经营的，但是仓库可以是自己的，也可以是租赁的。从本质上讲，决定自己建立仓库还是租用仓库是财务上要考虑的问题。但是，有时租不到能够满足特殊物流要求的仓库，例如，一些仓库的物理性质不利于有效的物料作业，如存储货架或装卸平台不适用，或因柱子而限制了物流操作，这时唯一可行的解决办法是设计建造一个新的仓库。

自有仓库的主要优点体现在控制性、灵活性、成本以及一些无形因素上。因为管理者有权安排活动的顺序，因此自有仓库能够提供充分的控制力，这种控制力有利于企业整合仓储业务，平衡企业的物流运作。人们通常认为自有仓库的费用比公共仓库的费用要低，因为自有仓库不是以营利为目的的，因此，自有仓库的固定成本和可变成本都要低于租赁的公共仓库。

最后，自有仓库还可以提供一些无形收益。一个印有某公司名字和标志的仓库将会使客户立即联想到该公司，并加强客户对该公司的信任。这样该公司和其竞争对手相比，就树立了更好的市场形象。

如今，管理者越来越倾向于减少物流资产投资，因此自有仓库的使用正在减少。并且由于公共仓库对多个客户的存储量进行整合，这样能够实现规模经济和范围经济，从而在一定程度上弥补了公共仓库和自有仓库在成本上的差距。

2. 公共仓库

公共仓库广泛用于物流系统中。几乎所有服务的组合，不论短期服务还是长期服务，都可以以租赁的形式进行。根据公共仓库的经营专业化，传统上将它分为以下几类：①日用商品；②冷藏商品；③特殊商品；④保税商品；⑤家庭用品和家具。

许多公共仓库提供各种服务组合，可以提供一定的灵活性，并且可以共享服务收益。由于公共仓库的核心业务是仓储，因此它有潜力提供运作和管理方面的专业知识。

从财务角度来看，公共仓库的作业成本可以比自有仓库更低。可变成本的差异来自更低的工资等级、更高的生产率以及客户之间共摊管理费用。公共仓库提供特殊服务或增值服务的价格需要双方协商来确定。

3. 合同仓库

合同仓库综合了自有仓库和公共仓库两方面的特征。长期的合同关系通常会产生比公共仓库更低的总成本。事实上，许多合同仓库提供商在不动产领域投资广泛，一家综合服务提供商（ISP）可能在多个关键生产或配送地都持有并运作仓库，因此能够满足客户公司多个市场的需求。同时，因为多个客户分摊管理费用、劳动力成本、设备和信息资源，所以合同仓库具有专业化、灵活性、可扩展性、规模经济等优势。

合同仓库一般会提供一系列的物流服务，如运输管理、库存控制、订单处理、客户服务以及退回货物的处理。合同物流公司，通常也称为综合服务提供商，它们能为一个公司提供全套的物流服务。

4．仓储网络

许多公司综合使用自有仓库、公共仓库和合同仓库。通常仓库在一年中只有75%~85%的时间被充分利用，在这种情况下，就可以使用自有仓库或合同仓库来满足75%时间内的需求，使用公共仓库来满足高峰期的需求。

建立一个仓储网络需要考虑两个问题：一是要建造多少个仓库；二是在每个特定的市场内应该使用哪种类型的仓库。对许多公司来说，建立仓储网络除了要选择仓库外，还要区分客户以及产品的特点。对于一些客户来说，自有仓库能最好地满足他们的需求；对于其他客户来说，公共仓库和合同仓库能更好地为他们服务。随着关键客户对定制化增值服务和能力的要求越来越高，这种仓库分类的方式越来越普遍。

5．仓库决策

由于仓库是处理和存储物料的地方，因此在决定仓库的大小、类型和形状时，必须要仔细考虑它是否能满足这两项基本的要求。

选址的首要工作是确定仓库的位置。选址时，除了土地获取成本以外，建设成本和运营费用都需要评估，如交通便利性、有效的通信网络、税收和保险费率。这些基本服务的成本将因选址不同而变化很大。

在仓库设计过程中必须考虑产品的移动特性，要考虑以下3个因素：仓库的层数、空间使用计划和产品流。

理想的仓库设计是一个单层建筑，这样就能避免垂直搬运货物。通常作业瓶颈产生在垂直搬运设施处，如电梯和传送带，因为使用垂直搬运设施需要将货物从一个楼层运输到另一个楼层，这需要更多的时间和能源。图8-17说明直线产品流使仓储作业更加迅速，并且使货物拥挤和多余的物料处理降到了最低限度。

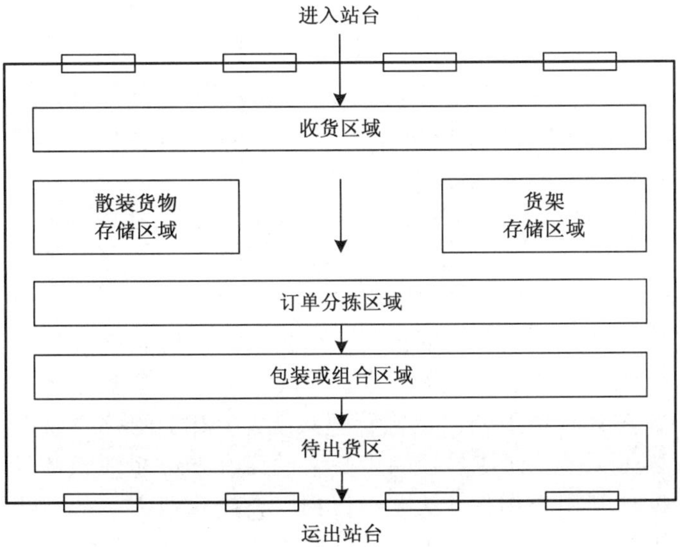

图8-17 基本仓库设计

8.3.6 仓储管理系统

大多数公司都使用仓储管理系统（WMS）来规范仓库的工作流程，鼓励实施最佳作业模式。管理者的职责就是确保所有员工都理解并应用这些程序。

仓储管理系统的一个主要作用是协调订单分拣作业。订单分拣的两种基本方法是离散拣货和分类拣货，分类拣货也叫作批处理拣货。在离散拣货过程中，一次只安排一个客户订单的分拣和装运准备工作。当订单和拣货作业都很重要时，通常会使用离散拣货。

分类拣货可以按照不同的分类方式进行设计和作业。一种订单分类方式是先将一个时期内的所有客户订单汇总，然后将所有订单中的某一类产品全部存放在仓库中的某个特定区域。使用这种分类方式的仓库时，需要指定一个员工负责仓库中的一个区域。除了这种分类方式以外，也可以根据某个特定运输目的地或承运人进行订单分类，例如，所有运到东海岸的 UPS 的货物可以分为一类。因为每个雇员对某特定的仓库分拣区域或装运流程都有一个全面的了解，因此分类拣选过程中出错的概率会更小。

仓储管理系统能够协调仓库的作业流程,这一点对接收货物和发货都是很重要的。仓库中接收货物并确保对入库货物都记录下来的程序很关键。如果使用托盘堆放货物，货物就必须以合理的方式摆放，以确保最大装载量的稳定性和货箱数量的一致性。发货的作业人员必须具备拖车装载实践操作的知识。在一些特殊的作业环节中，特别是当货物的所有权发生改变时，必须在货物装车过程中对货物进行清点。

除了地面作业程序之外，仓库作业还应该建立起管理和维护的作业流程。在理想状态下，采购员进行大批量采购或引进新产品之前，应该与仓库作业人员协商。一些公司的经验也表明，采购员在订货之前，必须预先了解仓库的空间分配情况。另一个潜在问题是，需要确定订货的货箱数量。订购的目标是按照托盘承载货箱的倍数进行采购。例如，如果在理想情形下，每个托盘装载 50 个货箱，那么采购人员就应该以 50 的倍数进行采购。如果某一次订货订购了 120 箱货物，那么要使用 3 个托盘堆放这批货物，而第三个托盘上只放了 20 箱货物。这 20 箱货物在仓库中占据的空间和 50 箱货物占据的空间相同，而且移动它所需要的搬运设备的能力也和搬运 50 箱货物需要的能力是相同的。

图 8-18 显示了一个先进的仓储管理系统需要协调的仓储作业。以前的仓储系统主要集中在一些功能活动，如接收补给货物、货物入库和订单分拣。

如图 8-18 所示，传统的活动罗列在“基本功能”下方。现在的仓库经常会提供一些增值服务，必须提供的服务范围更广，因而也需要按照准时制的要求管理更多的库存。图 8-18 中列出了常见的“高级功能”活动。车场管理是指管理仓库中的车辆和车辆上的存货，它有时属于公司运输管理系统（TMS）的一项职能。快速流动的产品要求更高的库存可见性，即使是运输工具上的库存产品也应该能够看到。劳工管理的目标是最大限度地利用仓储作业人员。以前，仓储作业人员的技能单一，这样制订仓储作业计划就很简单。但是，现在要求仓储作业人员掌握更多的仓储作业技能，这样就能保证在任意时间点上所需要的员工数量最少。仓储优化是指在仓库内选择最优的产品存储和回收地点，使搬运的时间和距离最小。

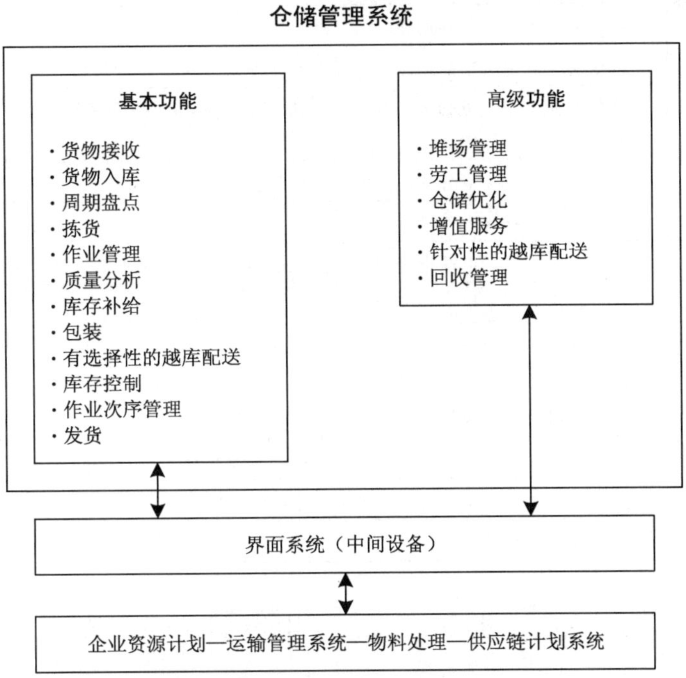

图 8-18　仓储管理系统功能

越库式转运和合并是指当一个客户订单的产品来自几个不同的供应商时，将两部分或更多部分的货物进行合并，这样就不需要在仓库中持有库存。在个人计算机行业经常会采用这种战略，通常在向终端客户配送计算机时，才在仓库中将计算机部件和显示器组装起来。由于仓库中没有任何零部件的库存，因此组装活动要求精确的时间和协调性。

最后一项功能是管理逆向物流活动的能力，如回收、修理和循环使用。供应链通过提供这些逆向物流活动，提高了客户价值并保护了环境。表 8-2 总结了仓储管理系统的功能和相应的决策支持收益。

堆场管理系统（YMS）是仓储相关信息系统重要的组成部分。本质上，堆场管理系统必须与仓库入库出库运输设备协调使用。为收到的预定货物安排仓库位置，为出库货运安排运输工具，这是进行协调的形式。从运作的角度来看，堆场管理系统是一个调度程序，要实现高效率的运输和仓储，很重要的一点就是要对入库和出库活动进行合理的排序。同时，准确了解仓库或工厂堆场有哪些货物或运输工具也很重要。经常遇到的困境是，供应商送抵的货物匆匆入库，尽管按照计划按时到达，却因为没有仓库位置而不得被不遣送放置到仓库堆场。看待堆场管理系统的合适方式是把它看作一个连接、协调 TMS 和 WMS 的软件。

表 8-2 仓储管理系统功能和决策支持

选择的功能	决策支持收益
货物入库	提高生产力和空间利用率
交叉作业	根据需求制定叉车的线路，而不是预先分配任务、作业区域和作业次序
拣货/库存补给	从单个或多个存储地点直接拣货，包括按照产品有效期进行分拣。合适的时候，直接补充库存到分拣区域
上架	通过可变的空位或分配产品的摆放位置提高空间利用率
越库式转运	货物接收后直接准备发货
库存可见性	通过仓库定位来追踪指定的库存，就像日常收货的可见性一样，进行特定的堆垛控制
解决作业排序问题	找出替代方法来快速有效地解决作业约束或排序问题
拣货策略	常规地执行选定的拣货策略
错误纠正	能够实时识别、解决并纠正数据错误；能够识别并解决采购订单或事先出货通知（ASN）与实际收到的产品数量之间的差异问题
模拟仿真	通过对某特定情形进行实时决策支持，以帮助制定运作决策
回收货物	逆向物流计划的流程简化和灵活性审查
周期盘点	能够进行实时库存盘点

8.4 包装和物料处理

货物无论是存放在仓库中还是在运输途中，都需要通过包装来区分和加以保护，而物料处理系统中的实体是装有产品的包装箱。人们一般将包装分为消费包装和工业包装，消费包装关注的是市场营销，而工业包装关注的重点是物流。物流运作关注的主要问题是工业包装设计。

8.4.1 包装作业

为了保护产品并提高物料处理效率，企业通常会将零散的产品和部件分组装入纸箱、袋子、货柜或桶内。将零散的产品分组装进一个容器里面，这个容器便称为主箱。为了方便物料处理，把主箱组合后装进更大的容器内，称这种组合方式为集装箱化或单元化。

主箱和单位装载是物流运作中的基本处理单元。主箱的质量、体积和易损坏程度，决定了对运输和物料处理的要求。当多个主箱组合在一起进行物料处理时，该组合便被称为单位装载。如果包装的设计不利于进行有效的物流处理，那么整个物流系统的运作绩效就会受到影响。包装和单位装载影响着整个供应链的运作以及存储成本，而零售商的销售量和销售形式不是确定主箱尺寸的主要因素。例如，零售商以 6 瓶啤酒为单位销售啤酒，但是一个主箱里通常装有 24 瓶啤酒。

物流的一个主要目标是设计运作流程来处理种类不多的标准化主箱，以有利于物料处理和运输。主箱的标准化促进了供应链的整合。当实际作业需要多种规格的主箱时，要注意可兼容单元的搭配。最终确定主箱尺寸时，应该综合考虑物流要求、生产、市场和产品设计等因素。

物流包装需要考虑的另一个因素是产品需要的保护程度，为此，应该将包装设计和包装材料结合起来考虑，这样既达到所需要的保护程度，也不会为过度保护花费额外的成本。设计包装时，首先必须限定所有情况下允许的损坏程度，然后同时考虑包装设计和选择的材料，以满足这些具体要求。

物流包装要考虑的因素还有主箱尺寸、订单数量和零售商销量之间的关系。从物料处理的角度来说，主箱应该标准化，并且足够大，使仓库中搬运的主箱数量最少。为了简化仓库处理作业，零售商应该以主箱为单位进行采购。为了实现劳动力成本最小，零售商经常会直接使用托盘把产品从主箱放到商店货架上，这样就不用卸货，而是直接将货物上架。因此，零售商愿意选择适合货架空间的主箱或托盘。

最终确定包装设计还需要进行大量测试，以确保能够满足市场和物流的要求。对包装的要求始终是消费者关注的焦点，由于测试设备和测量技术的进步，现在实验分析已经成为检验包装设计的一种可靠的方法。测试记录设备能够测量包装在运输途中的震动强度和特性。

在物流系统中造成产品损坏的 4 种最常见的原因是：振动、碰撞、刺破和挤压。由于货物装运过程中的监控成本很高，因此，为了增加测试的准确性，可以使用计算机模拟包裹在物流系统中所处的环境。实验室的测试设备能够检测包裹在振动情形下，产品易碎性、包装材料和设计之间的关系。

8.4.2 物料处理作业

在所有作业环节中，包装设计、单元化和信息交流特性都直接影响物料处理的效率。物料处理技术和处理设备的进步使物流生产效率的大幅度提高成为可能。供应链的各个环节都会发生物料处理作业。其中，散装处理适用于那些没有用主箱包装的散装货物，并且需要专用设备来处理散装货物，这些散装货物包括固体物质或颗粒状物质。处理流体或气体状的散装物料需要管道或传送带。

1. 包装设计

按标准规格和订单数量设计的产品包装有利于提高物流效率。例如，为减少包装的尺寸，提高空间利用率，对于橙汁和纺织品柔化剂之类的产品可以将它们浓缩以后再进行包装，也可以抽去包装中的空气，还可以运输那些未装配的产品、将产品嵌套运输以及放置最少的填充材料。例如，惠普公司通过空运和最小化包装的方式将打印机从美国运到欧洲，它们将每个打印机的部件进行收缩包装，以提高货物的稳定性并减少损害。除了降低运输成本外，这种做法还减少了进口关税。因为产品最终在欧洲进行装配和销售，这样延迟了产品增值的时间，当交纳关税时，打印机部件的价值小于打印机的价值，从而便减少了关税的支出。

体积和质量最小化对邮寄订货与电子商务来说是一种挑战。为了提高采购和作业效率，这些作业往往会选择标准化包装，其结果导致包装尺寸过大，需要一些额外的材料进行填充，这就增加了运输成本。由于产品具有不同的特性，并且电子商务的产品品种很多，需要对一个订单的多个产品进行组合包装。

2. 单元化

单元化包括各种形式的产品组合，如将两个主箱捆在一起，也有可能是使用专门的运输设备。不论哪种类型的单元化作业，其根本目的都是提高物料处理和运输的效率。单位装载与处理单个主箱相比，具有很多优势。首先，在目的地的卸货时间和滞留时间可以减少到最少。其次，单元装载的货物更有利于物料处理。单元装载所用的时间大约是利用人工装货或卸货时间的 1/5。由于单元装载的运入货物的收据都做成了条形码，因此简化了入库货物的核对工作。订单分拣需要的库存产品也能被快速定位。最后，由于使用了单元装载和专门的运输设备，运输途中的货损也减少了。以上所有因素都减少了物流成本。

3. 信息交流

信息交流中最显著的作用是帮助所有分销渠道中的成员识别包装中的货物。常见信息包括制造商、产品、集装箱的总价值、数量、通用商品码、产品电子代码，也有可能通过条形码或者射频识别技术交流信息。纸箱上的信息用于收货、订单分拣以及装运环节的产品确认。可见性是识别货物时需要着重考虑的因素，物料处理作业人员需要在一定的距离以外能够从不同方位看到或者通过电子技术读出货物的标签。但是也存在例外情况，当产品价值很高时，通常会使用小标签以防货物被盗窃。

简便的包裹跟踪功能对于有效的内部运作十分关键。此外，客户也越来越多地要求对供应链中流动的产品进行跟踪。对所有流动中的产品进行有效控制将会减少产品丢失和失窃情况的发生。此外，物流包装还能为物料处理人员提供物料处理和处理受损货物时的说明。

8.4.3 物料处理系统

物料处理系统可以被划分为 4 种类型：机械化、半自动化、自动化和信息控制系统。目前机械化处理系统是最普遍的，但是半自动化系统、自动化系统和信息控制系统的使用也在逐渐增加。

1. 机械化系统

机械化系统中使用的物料处理设备种类很多。其中，最常用的设备有升降式装卸车、步行码垛车、拖缆、牵引拖车、传送带和旋转式传送带。

升降式装卸车即叉车，它能够水平或垂直移动主箱，但是只能处理单元转载货物。根据产品的属性，包装容器也可以是垫木、盒子或者货箱。

拖缆是指设置于地板内或悬吊安装的缆绳或牵引设备，它们为四轮拖车提供持续的运行动力。拖缆最常用于仓库内拣选货物，经过分拣的商品被放在四轮拖车上，然后拖缆将拖车运到发货区。大量的自动配套设备可以引导拖车从主线到特定的发货站台的运行。

牵引拖车是指一个牵引车挂着几辆四轮拖车，也是为订单分拣服务的，如图 8-19 所示。

输送带，包括电力、重力、滚轴或传送带，被广泛用于发货和货物接收作业，也是许多订单分拣系统的基本设备。大部分系统都同时使用不同的处理设备。例如，在系统中使用叉车进行货物的垂直移动，而使用牵引式拖车或步行码垛车进行水平运输。

图 8-19　牵引拖车

2. 半自动化系统

半自动化处理系统中经常使用的设备有自动导向车辆系统、自动化分类设备、机器人以及各种各样的活动货架。自动导向车辆通常依靠光导、磁导或无线电引导系统来运作。在光导车辆中，导向线安装在仓库地板上，通过聚焦在导向线上的光束引导车辆行驶。磁导车辆则沿着地面上的一根电线行驶。无线电引导采用的是高频率的电磁波。自动导向车辆最大的优势是减少了直接劳动力。使用无线网络通信系统（Wi-Fi）的自动导向车辆的运行路线很灵活，不局限于仓库中事先确定的运行路线。由于自动导向车辆的成本更低，并且灵活性更强，因此在重复作业和拥挤的仓库内，更多地使用自动导向车辆搬运货物。

自动化分类设备经常和传送带结合使用。当产品在仓库中完成分拣后，放在传送带上运送到发货站台时，必须按照特定的组合进行分类。

物料处理中发展最快的方式之一是使用机器人。机器人是一种通过系统编程使其完成一个或一系列动作的机械，它的吸引力在于通过功能性的编程和决策逻辑能够控制处理流程。当今机器人最基本的用途便是生产及仓储运作环境中的物料处理。

从长远来看，在供应链上运用机器人（见图 8-20）的潜力十分可观，几乎所有需要反复操作的物料处理任务都可以采用自动化程序或机器人程序。对于固定进行的活动，如把一箱箱的货物放上或取下托盘，最有可能的解决方案就是采用某种形式的自动化设备。当工作任务涉及多个方向的水平运动，可能采用的程序便是某种形式的机器人。

3. 自动化系统

自动化系统是用固定设备代替了人工作业。除了需要更少的直接人工外，自动化系统与机械化系统相比，作业效率更高，并且更加准确。大多数自动化系统都是为特殊用途设计建造的。

在自动化系统中，信息技术控制着自动分拣设备，并且与仓储管理系统相连接。为了减少对专用信息技术网络的依赖，新一代的自动化系统由云计算资源控制作业。

图 8-20　码垛机器人

8.4.4　信息控制系统

信息控制处理系统综合了自动化系统的控制特点和机械化系统的灵活性，已经在物流领域内进行了大量的研发工作。信息控制系统使用了信息技术控制的机械化处理方法。两种常见的信息控制物料处理系统是无线电射频（Wi-Fi）、射频技术和摘取式拣货系统。

1. 无线电射频与射频技术

无线电射频处理系统使用标准的机械化物料处理设备，同时信息系统为设备操作员提供实时的指导和控制信息。在无线电射频系统中经常会使用叉车。然而，该系统是通过信息控制叉车的运行路径，这样就成了高度整合的物料处理系统。在进行仓库设计和布局时，仓库中的设备与任何其他机械化设备基本上是一样的。唯一的区别在于叉车的所有作业都是由安装在车上的计算机、手提式计算机或声控通信设备来指导和监控的。实时信息交换实现了更大的灵活性和更高的利用率。

射频技术的使用为叉车驾驶员和中枢数据处理系统提供了实时交流的可能。在作业过程中，仓储管理系统和作业控制计算机共同计划并启动所有活动，并且向物料处理人员发布作业要求，同时对所有任务的完成过程进行追踪。决策支持系统在分析了所有活动要求之后，安排设备作业，要实现的目标是使直接移动最大化、空驶移动最小化。向叉车分配连续作业任务的过程称为交叉分配。在交叉分配中，对叉车分配任务并不依据传统的工作区域划分方式，而是给每个叉车分配一项明确的工作，或将叉车分配给某个需要收货或发货作业的工作区。

应用射频技术以后，产品和叉车驾驶员之间可以实现双向的信息交互。仓储管理系统或驾驶员接收到装有射频装置的产品发出的信息后，就能明确产品在仓库中的位置。这种识别功能对信息控制系统大有裨益。

针对仓库设计和布局正在进行大量的研究，以充分挖掘信息控制物料处理系统的潜力。混沌设计是指通过信息技术实现灵活性，使仓库能够按照实现最大的流入和流出活动效率的方式进行存储与运作。按照混沌原则运作的仓库会在仓储管理系统的指导下存储货物，使总的物料处理活动最小。

2. 摘取式拣货系统

常见的摘取式技术是摘取式拣货系统，它是由旋转货架系统演变而来的。使用该系统时，订单分拣人员从指示灯亮着的货架或存储箱内取出指定的产品，直接放进货箱或传送带上。每个分拣区域前面都有一排指示灯显示从每个位置分拣的产品数量。摘取式装货系统是对摘取式拣货系统稍作变化而成的，该系统将分拣后的产品放在亮灯处的容器内。每一个容器或货箱都分配给一个特定的订单或客户，指示灯显示哪个客户就应该接收哪一种产品。

【延伸阅读】自动化仓储物流业引领智能机器人应用大时代

自动化立体仓库是现代物流系统中迅速发展的一个重要组成部分，它具有节约用地、有效地减少流动资金的积压、提高物流效率等诸多优点。目前，自动化立体仓库的市场总值已经超过 170 亿元，根据中国物流技术协会信息中心调研情况，未来几年的自动化仓储市场需求将每年有 17%的增长...

自动化立体仓库是现代物流系统中迅速发展的一个重要组成部分，它具有节约用地、有效地减少流动资金的积压、提高物流效率等诸多优点。

目前，自动化立体仓库的市场总值已经超过 170 亿元，根据中国物流技术协会信息中心调研情况，未来几年的自动化仓储市场需求将每年有 17%的增长。

人工成本、土地成本和能耗成本陡增，物流业各个环节独立运作，重复建设造成资源浪费都成了制约物流业实现转型升级的瓶颈。面对全国经营性通用仓库，特别是自动化程度较高的立体仓库的短缺。国内电商以及大型企业不得不构建自动化仓储物流。在这样的发展趋势下，物流机器人将得到快速发展。

在物流产业高速发展的今天，机器人技术的应用程度已经成为决定企业间相互竞争和未来发展的重要衡量因素。

目前，机器人技术在物流中的应用主要集中在包装码垛、装卸搬运两个作业环节，随着新型机器人技术的不断涌现，其他物流领域也出现了机器人的应用案例。智能机器人运用到物流产业，其效率不言而喻。

尤其货物搬运、周转，机器人都可以完全胜任，尤其在恶劣的天气条件下，有机器人来替代，可以说是非常安全的事情。首先不怠工，因为天气不耽误时间，还能提高货物周转效率。在未来智能工厂的构建中智能物流机器人将扮演重要角色。

AGV 机器人

不论是普通制造业还是码头仓库，物料装卸和搬运都是物流的要素之一，在物流系统中成本占比也很高。

美国工业生产过程中装卸搬运费用占成本的 20%~30%，德国物流企业物料搬运费用占营业额的 35%，日本物流搬运费用占 10%，我国生产物流中装卸搬运费用约占加工成本的 20%，所以企业一直都在最完美的自动化智能化的搬运技术和装备。

AGV 机器人是一种柔性化和智能化物流搬运机器人，在国外从 20 世纪 50 年代在仓储业开始使用，目前已经在制造业、港口、码头等领域得到普遍应用，在国内逐渐也有部分企业重视并应用 AGV 来完成一些简单的搬运任务。

AGV 机器人在我国汽车、烟草、印钞、新闻纸等行业已有大规模应用。其中，汽车制造业（主要是零部件制造）使用 AGV 机器人的占比最高，约占 43%；其次是电力行业，应用占比 13%；柴油发动机、烟草、乳品和饮料行业的应用分别占 AGV 总量的 9%、6%和 6%左右。

物流行业快速发展的一个重要标志就是物流自动化的进程不断加快，对于物流行业，企业厂内物流，自动化升级最主要的功臣自然是 AGV 机器人。AGV 机器人是物流装备中自动化水平最高的产品，是物流自动化系统中最具有柔性化的一个环节，几乎囊括了所有物流装备的技术。

码垛机器人

码垛作为自动化物流的重要环节之一，传统的码垛设备已经很难满足厂内自动化物流的发展需求，以传统码垛设备为例，机械式码垛机，具有占地面积大、程序更改复杂、耗电量大等缺点；采用人工搬运，劳动量大，工时多，无法保证码垛质量，影响产品顺利进入货仓，可能有百分之五十的产品由于码垛尺寸误差过大而无法进行正常存储，还需要重新整理。

码垛机器人主要有直角坐标式机器人、关节式机器人和极坐标式机器人，码垛机器人能适应于纸箱、袋装、罐装、箱体、瓶装等各种形状的包装成品码垛作业。

目前欧、美、日的码垛机器人在码垛市场的占有率超过了 90%，绝大数码垛作业由码垛机器人完成。从效率上说，码垛机器人不仅能承担高负重，而且速度和质量远远高于人工。

从精度上看，每一台码垛机器人都有独立的控制系统，保证了作业精度，目前有的企业码垛机器人重复精度可达±0.5 m。

从稳定性上讲，目前最先进的码垛机器人已经达到 5 轴和 6 轴，通过相应的科学、合理的刚性机械本体设计，使得机器人本体不仅适应高负重、高频率的码垛作业，还能适应食品快餐行业分拣烦琐，灵活性高的作业要求。

在成本控制方面，机器人虽然前期投入较高，但是却能达到边际成本效用最大化，且各家机器人都在为客户的成本控制都在产品中不断加入新的科技成果。

分拣抓取机器人

拣选作业是由分拣抓取机器人（见图 8-21）来进行品种拣选，如果品种多，形状各异，机器人需要带有图像识别系统和多功能机械手，机器人每到一种物品托盘就可根据图像识别系统“看到”的物品形状，采用与之相应的机械手抓取，然后放到搭配托盘上。

目前分拣抓取机器人在仓储物流的应用不是很多，有部分企业在尝试和研发生产中。未来，空无一人的仓库，一台台机器人可将货架送到包装台，通过准确识别货物，分拣出需要的商品，打包后放在传输带上。随着分拣机器人的研发、面市，无人仓储的梦想离现实越来越近。

分拣机器人已经形成了样机，一旦这些智能化的分拣机器人应用于电子商务、工厂、物流等行业，将极大地提高仓储管理的工作效率，压缩人工成本。分拣机器人要进入市场仍需一段时间，短期内仓储系统必然是以自动化与人工辅助的形式存在的，要真正实现无人仓储还需要一段时间。

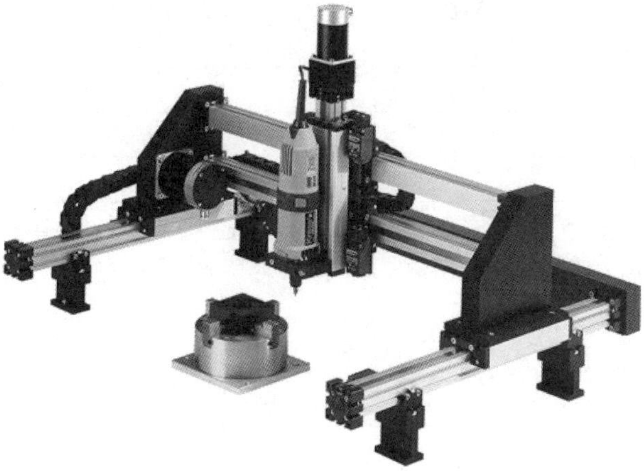

图 8-21 分拣抓取机器人

资料来源：物流搜索 www.soo56.com，2015-12-22

【实验与思考】熟悉供应链物流运作

1. 实验目的

（1）熟悉供应链物流运作的基本知识，了解库存管理、运输基础设施、仓储管理和包装盒物料处理等主要内容。

（2）熟悉供应链管理中的基本运输方式，分析规模经济与距离经济之间的异同。

（3）熟悉库存管理系统、运输管理系统、仓储管理系统和信息控制系统等供应链信息管理技术。

2. 工具/准备工作

在开始本实验之前，请认真阅读课程的相关内容。需要准备一台带有浏览器，能够访问因特网的计算机。

3. 实验内容与步骤

【概念理解】

（1）为什么仓库曾经被称为是一个“不可或缺的弊端”？

答：____

____

____

____

（2）请结合查阅相关文献资料，讨论并说明建立库存的经济合理性。

答：____

____

____

____

（3）从运输的角度出发，比较规模经济和距离经济之间的异同，并解释如何将二者结合在一起以实现高效的运输。

答：________________

（4）本章所提到的5种基本的运输方式至今已有50多年的历史，它们还会以现在的方式继续存在吗？你能不能预测一下，将来是否会出现第六种既经济又高效的运输方式？

答：________________

（5）假设你在一个医药公司工作，此时面临一场前所未有的全国范围内的药品召回。问题产品并不会影响健康，但是召回引起了公众媒体的高度关注。如何推动问题的解决？请详述你采取行动的顺序、相关支持逻辑以应对公共关系的措施。

答：________________

（6）在基本的物料处理系统中，单元装载的作用是什么？

答：________________

（7）假设在包装例子中，仓储人员不想把包装清单贴在马斯特箱的外部。主管认为，贴这个清单需要时间，使得仓储人员不能高效地对箱子进行物料处理并把它们送至仓库装运台。他的基本观点是，新的程序降低了仓库物料处理的效率。你是否支持继续在箱子上贴包装清单？请阐述你的理由。

答：________________

【实践案例】

尽管美国海军和空军常常使用无人驾驶飞机进行监视或执行战斗任务，但使用无人驾驶叉车看起来是难以做到的事情。

任务

(1) 为什么 FedEx 和 UPS 不能采用无人驾驶飞机运送货物?

(2) 为什么卡车不能以无人驾驶的方式在城市间来往?

(3) 如果有专门供卡车行驶的高速公路——不管是设置卡车专用道路还是通过通行时间安排来实现,你会不会给出不一样的答案?

(4) 在你看来,专家机器人的概念最终会发展到什么程度?

请将考虑的书面解决方案记录下来并粘贴如下:

4. 实验总结

5. 教师评价

第9章

供应链物流设计

全球运营正发展成为物流和供应链管理的普遍方式。国际采购和市场营销的决策与传统的国内物流相比需要更加复杂的权衡分析，定量和定性因素都更加复杂。全球运营中的运输成本、库存成本和仓储成本以及其他成本，包括关税、税收、单证以及进口限制等，都对实际的总成本有很大的影响。此外，全球运营中的许多其他变量难以量化，许多变量与物流运作直接相关。主要的定性因素有关系管理、基础设施的一致性、生产和运输的可靠性以及安全性。随着国际市场和生产运作越来越多，物流管理者也需要更多地制定并实施全球战略。图 9-1 所示为全球运营示意图。

图 9-1　全球运营示意图

推动物流网络设计的主要因素是一体化采购、生产和客户服务战略。在这些连锁战略的框架中，必须通过总成本和服务之间的权衡在企业设施网络中实现综合物流。物流系统设计中的仓库设施是否合理取决于它们对降低库存、改进服务的贡献。运输和库存经济是物流网络设计中很重要的因素。综合总成本为物流、生产和采购成本物流网络的整合提供了一个框架和方法。

物流运作分析包括物流计划流程、决策和方法。通过情境分析、确定备选方案、数据收集、定量评估以及提出可行的建议对物流管理者进行指导。该方法包括 3 个阶段：问题定义和计划、数据收集和分析以及建议和实施。

9.1　全球战略定位

全球化对物流和供应链运作与战略来说既是机遇，也是挑战。机遇包括新增的市场以及更多可供选择的制造方式，人力和物料资源的绝对与相对优势在制造中都是不断变化的。由于一些国家的工资水平很低，因此这些国家能提供巨大的规模经济；还有一些国家由于拥有专门技术，因此可以提供很大的柔性。要有效地利用这些优势，就必须对物流运作环境提出更高的要求，必须更多地考虑安全问题，总成本分析也更加复杂。

9.1.1 经济全球化

如今，企业或多或少都带有全球化运作的色彩。企业的原材料、产品、客户可能来自全球各地，很多企业都同时进行全球化采购和销售。很多人认为企业进行全球化运作的主要原因是全球化采购和制造的成本更低廉，实际的原因还有很多。

表 9-1 列举了企业选择全球化运作的主要目的。企业选择全球化制造和供应链运作的最主要目的是为了占有快速增长的消费市场。

表 9-1 选择全球化运作的原因

目　　的	原　　因
增加收益	开拓更多目标市场 超过竞争对手的扩张速度 靠近目标市场
获得规模经济效益	充分利用已有的生产能力
减少直接成本	利用价格较低的劳动力或地皮 缩短运输距离或更换运输方式，以降低能源需求 利用产品需求的差异性
提高技术水平	出于历史原因，迁移重建后更便于引进新技术 更容易获取具有专业技术或语言技能方面的人才
减少企业全球的应缴税额	享受当地的纳税优惠政策 减少制造、包装、仓储、定制环节的增值税
减少产品运达市场过程中的不确定性	当地生产、当地出售降低了运输过程中的不确定性 当地生产、当地出售降低了安全限制
增加稳定性	从当地获取产品或人力资源更能确保原材料供应及人力资源的可得性

越来越多的企业直接或间接地运用全球化供应链运作模式。全球化的采购和营销对提高企业绩效，尤其在企业收益、企业规模和市场占有率方面效果显著。

9.1.2 全球供应链面临的问题

有效的物流系统对国内供应链整合以及成功的全球生产和销售都是非常重要的。国内物流关注的焦点是通过运输和存储活动支持供应链整合，这些作业都发生在一个相对容易控制的环境中。全球物流必须支持不同国家政治和经济环境中的作业，还要处理日益增加的不确定性，这些不确定性与距离、需求、多样性以及国际贸易中的单据管理有关。

全球物流系统面临的问题在全球不同地区都不尽相同。北美洲物流的特点是广阔的地理区域、运输方式种类很多并且很灵活，跨国单据管理的需求有限。相反，欧洲物流面临的地理区域相对有限，但涉及大量政治、文化、规章和语言方面的问题。环太平洋地区的物流则以该地区的岛屿为基础，要求大量采用水运和空运进行跨区域的运输。由于各个地区的不同特点，因此开展全球运作的企业必须开发并保持各种能力和专门技术。

全球运作增加了物流成本和复杂性。与国内运作相比，全球运作的复杂性是由于不确定性与变化性增加以及控制性与可见性降低造成的。不确定性是因为距离更远、提前期更长以及对市场了解更少。变化性增加是由于特殊的客户和单据需求导致的。控制件减弱是由于大量使用国际服务公司，加上政府可能对关税以及贸易限制等方面进行干预。可见性降低是因为运输的距离和占用时间更长，这样要跟踪货物并准确确定货物位置就更加困难。由于存在这些问题，要想制定有效的全球供应链战略就变得很复杂。

9.1.3 全球化战略

供应链全球化可以采用下述 4 个战略（4 个阶段）：①无国际战略；②多国战略；③全球战略；④跨国战略。

图 9-2 说明采用无国际战略的企业如何演进。横轴代表企业的本地响应能力，纵轴代表企业的全球整合程度。“无国际战略”类别的企业可以在本国做出本地响应，通常对本国之外的客户没有响应；采用“多国化战略”的企业聚焦于单个市场，但是没有实现全球整合。由于每个地区分部进行决策时趋向于最大限度地满足各自的客户和所在地区的需求，所以综合性一体化计划协调各地区的工作十分有限。事实上，没有清晰的全球视野和强大的动力，采用多国战略的企业发展的自然趋势只是保持“多国化”状态。采用全球战略的企业具有较广范围的全球运营，并具有本地市场定制和运营特征，但是这类企业的全球核心总部将主导其战略和运营。采用跨国战略的企业实行全球运营，从全球角度出发，很少考虑单一总部的因素，努力的目标是要实现“世界产品和解决方案”的标准化。

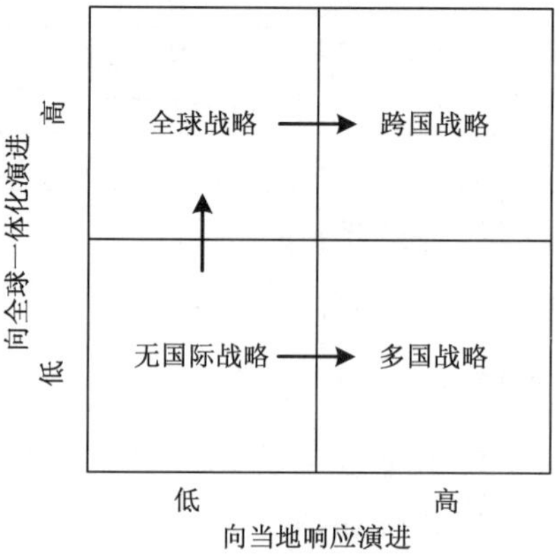

图 9-2　一般的国际化战略

表 9-2 比较了不同发展阶段全球物流与供应链的不同特征。随着企业从无国际战略向跨国战略演进，尽管服务、营销和运作方面的协同作用会增加，但管理和人力资源开发方面的挑战也会增多。

表 9-2 全球服务的差异化特征

发展阶段	服务焦点	营销战略	交付战略	管理战略	人力资源战略
无国际战略	为本国市场供应标准产品	聚焦本国市场的单一战略	直接交付给客户	单一简单的财务战略	由创业者运营。专业化水平有限
多国战略	国内营销，国内交付	国内客户	协作交付	整合财务驱动型交易	聚焦“母国”管理
全球战略	当地市场定制	聚焦可能跨国界的特定市场领域	由具有当地代表的子公司交付	分权式运营，当地收益和责任自负	少量高官人员具有国际经验
跨国战略	全球品牌，一体化运营	全球客户	关键资源实现全球流动	在全球各地进行整合计划	国际培训与国际经验

全球化面临的一个很大的挑战是信息系统整合。由于公司一般通过收购和兼并的方式实施全球化运作，但是进程中系统整合通常相对滞后。运作整合要求在全世界范围内能够通过电子手段发送订单并管理库存，但是进行技术整合需要大量的资金投入。要支持全球运作，必须对两种类型的系统进行整合。第一种类型的系统是全球交易或者 ERP 系统。全球 ERP 系统提供了关于全球客户、供应商、生产和财务的共同数据。不论客户来自哪个地点以及货物要送往什么地方，系统都必须提供关于订单和库存状态的相同并且一致的数据。第二种类型的系统是全球计划系统，要求能在满足消费者需求的同时实现全球生产和配送设施的利用率最大。但是到目前为止，很少有公司实现了全球信息系统的完全集成。

9.1.4 国际采购

由于全球竞争激烈，迫使许多企业与低成本国家的供应商建立关系，尤其是从事耐用品和时装行业的企业。国际采购的兴起有多种原因，第一，从工资率较低的国家采购通常能降低生产成本。但是，一些企业并没有考虑国际采购对总成本的影响，尤其没有考虑物流成本中的运输成本和库存成本。第二，寻找低成本国家的供应商能够增加可能的供货渠道的数量，但同时也增加了国内供应商的竞争压力。第三，低成本国家采购能增加企业对高科技产品和工艺技术的研究。由于没有全球供应商的压力，部分国内供应商可能不愿意对新技术进行调查或投资，因为旧的技术占用了很大一部分资产。全球供应商却非常重视新技术的应用，以便在国外市场上具有竞争优势，甚至会考虑到扩展供应链中存在的问题。从低成本国家采购的最后一个原因是在世界各国建立本地市场促进销售。

事实上，低成本国家采购的收益和成本产生于不同的个体组织，因此问题变得更加复杂。低成本的原材料或组件的采购或者生产可能会带来效益，但是原材料运输和发货担保的成本与问题却是物流的责任。必须综合整个供应链考虑成本和收益，这样才能制定正确的采购决策。

9.2 物流网络设计

在大多数情况下，当管理者参与物流系统重新设计时，他们都面临一个新的、富有挑战性的任务。由于几乎物流运作中的每个方面都在迅速变化，因此，计划小组如何很好地对劳动力进行量化并使一个合乎逻辑的、可信的行动计划合理化，是成功或者失败的关键因素。对理论结构的深入理解是制定整合战略的重要一步，这是进行物流整合的基础。

物流战略的本质是在实现总成本最低的同时，保持运作的柔性。柔性是实现向客户提供高水平服务的同时，保持足够的运作能力以满足或超过关键客户的期望。企业为了具有柔性，需要达到高水平的物流流程整合。企业必须实现两种运作水平的整合，其一，必须在支持客户需求的仓储设施、制造和采购要求的网络中进行所有物流运作环节的整合。其二，必须在整个供应链的关系支持下，将整合扩展到单个企业以外。

9.2.1 企业设施网络

在低成本、可靠的陆地运输出现之前，世界上大多数商业活动都依靠水路运输产品和原材料。早期的商业活动集中在港口城市之间（见图 9-3），大陆的货运运输既昂贵又缓慢。直到 1829 年蒸汽机车发明之后，才开始了运输技术的变革。如今，运输系统已经成为了一个集铁路、水运、空运、公路和管道运输于一体的、高度发达的运输网络。各种运输方式在物流系统内部提供了不同类型的服务。正是由于这些经济的运输方式，才有机会建立一个具有竞争力的先进仓储网络为客户服务。

图 9-3　姑苏繁华图（清乾隆 24 年，1759 年，局部）

19 世纪中叶，德国经济学家约翰·海因里希·冯·杜能认为，经济发展的首要决定因素是土地的价格和把产品从农场运送到市场的运输费用。土地的价格被认为与运输成本直接相关，同时也与产品制定合适的价格以弥补所有成本并赢利的能力直接相关。冯·杜能的基本理论是：特定产品的价值与该产品的种植地点到主要销售市场之间的距离成反比。

继冯·杜能之后，阿尔弗雷德·韦伯总结了从农业社会到工业社会的选址理论。韦伯的理论体系包含了大量的消费地点，这些消费地点遍布在广泛的区域内，并通过线性的运输成本联系在一起。韦伯把主要物料划分为“普遍性”和“地方性”两种类型。普遍性物料在任何地点都有。地方性物料只有在特定的区域才有，如矿床。基于这种分类，韦伯得出以下结论：当生产过程中的重量增加时，应该把生产设施建立在消费所在地；当生产过程中的重量减轻时，应该把生产设施建立在原材料所在地。如果生产过程中重量不发生变化时，工厂可以建立在消费地和原材料地的中间地点。

运输把地理上分散的生产、仓储和市场地点联结成了一个完整的系统。物流系统设施包括对原材料、在制品、产成品进行物料处理或存储的所有设施。因此，所有的零售商店、成品仓库、生产厂和物料存储仓库，都存在于物流网络之中。但是，单个设施的选址以及整个物流网络的选址，都代表着重要的竞争能力，并反映与成本相关的物流决策。

运输、信息技术和库存经济都支持企业设置更少而不是更多数量的仓库为某个地区的客户服务。但是在很多情况下，客户对本地经营的观点还在影响库存的分散经营。

9.2.2 仓库的要求

仓库（见图 9-4）设置在物流系统中的作用是降低总成本或者提高客户服务水平。在某些情况下，企业可以同时获得降低总成本和提高客户服务水平这两种益处。

图 9-4 仓库

仓库通过其支持的物流运作创造价值。生产需要仓库进行存储、分类，并对物料和零部件进行排序。通常将存储流入物料和零部件的仓库称为面向供应的仓库。供应链中仓库也被用来进行存储、排序以及库存集拼，以将集拼后的货物运到下一级客户。用于支持客户服务的仓库通常称为面向需求的仓库。面向需求的仓库的需求往往与生产、市场营销战略直接相关。

由于特殊的物料处理和库存运作的需要，仓库一般都既提供面向供应的服务，也提供面向需求的服务。支持生产的仓库通常都位于它们支持的工厂附近；为客户服务的仓库通常都战略性地分布在服务的整个市场区域内。

信息技术、电子采购和基于响应的企业战略的有机结合极大地改变了使用仓库的原因与方式。面向采购、生产和客户服务的仓库，其经济合理性证明和要求的功能通常有显著的区别。

（1）采购驱动。关注的是使用仓库以实现用最低的总流入成本从供应商处采购物料和零部件。经验丰富的采购执行人员很早就意识到要实现最低的交货成本，必须将采购价格、数量折扣、交付条款和物流支持有机地结合起来。为了建立并支持集中的、定制化的协作关系，大多数企业都减少了它们的供应商的总体数量，这样与有限数量的供应商的合作关系可以集成到企业的供应链运作中。建立这种采购关系的目标是消除浪费、重复和计划以外的冗余环节。

（2）生产驱动。支持生产的仓库通常被用来对准备运送给客户的产成品进行组合。对多种产品进行组合与运输单个产品需要的能力是不同的。面向生产需求的仓库的主要优势在于它能够以卡车运输费率，为客户提供的一张发票上附有全部生产线的各种分类的产品信息。实际上，选择某个供应商的首要原因是看它是否具有这种集拼运输的能力。

支持生产的仓库的首要决定因素是实施的特定生产战略，即按计划生产（MTP）、按订单生产（MTO）和按订单装配（ATO），其需求程度与每种生产战略的支持要求直接相关。

（3）客户关系驱动。客户服务仓库通过向批发商和零售商提供客户化的库存分类创造价值。距离客户较近的仓库通过最大化流入物流的集拼运输降低流入运输成本，因为仓库离生产厂的距离较远，而离客户的运输距离则相对较近。仓库支持的市场区域的大小取决于供应商的数量、要求的服务速度以及单位产品的本地运输成本。目前的仓库设施都是为客户提供库存分类和补给服务。如果仓库提供的服务具有竞争优势或者能够降低成本，那么建设该仓库就是合理的。

9.2.3 系统概念及分析

通常把物流系统的各组成部分称为职能。物流职能指的是订单处理、库存、运输、仓储、物料处理和包装、设施网络设计。物流中的系统分析就是对上述职能进行量化、权衡。系统分析的目标是通过对各个职能进行整合，最后取得的效果比简单合并各个职能的效果要好得多。通过整合，可以使各个职能相互协作，追求更高的整体成就。信息技术的快速发展，提高了人们鉴别和权衡事物利弊的能力，从而更好地促进了物流和供应链运作。

从运营的角度来看，系统分析的目标就是实现各个职能在企业内部和供应链之间的绩效均衡。整合运作管理关注的问题是总成本和各种运作方法对客户的影响。传统的财务管理目标是使库存最小。虽然应该尽可能地降低库存，可是当库存降到整合运作要求的库存水平以下时，反而会增加总成本。市场营销的基本要求就是在本地市场持有产成品库存，在临近消费者的地方进行产品库存使销售更加方便。但是，这样的库存配置方式风险很大，并且不能实现总成本最低的目标。事实上，电子商务的连通性和订单履行战略促使人们采用与此完全不同的库存及物流战略。

在系统分析中，还应该关注部件的交互使用，每一个部件都对实现系统目标发挥着特定的作用。在一个物流系统里，协同绩效就是以尽可能低的总成本为目标客户服务。虽然概念描述得很清楚，但是在系统中进行有效的整合还是很困难的。总的来说，只要以最低的总成本实现了总体绩效目标，那么在每个职能环节花费的成本，如运输环节，就没有很大关系了。

9.2.4 影响物流网络设计的主要因素

长久以来，影响物流网络设计的主要因素包括需求区位、劳动力成本、材料成本、运输成本，以上因素重要性依次递减。

需求区位指的是市场和装运活动的地理区位分布，以市场的相对容量、规模及特点来表示。在其他条件相等时，企业愿意把生产设施和配送中心建在靠近消费者市场的地方。亚洲某些地区、印度、南美以及东欧地区的需求呈现两位数的快速增长，这一事实促使很多企业将供应链活动转移到这些地区。

劳动力价格优势促使很多企业转移到低成本国家和地区，如中国、印度和东欧等。

材料成本指的是获取原材料和部件所需的总成本，包括直接成本和间接成本。直接成本包括材料和零部件的具体采购成本，也包括费率、关税和包装费用等。间接成本包括交易成本和风险相关的成本，如安保费用、报废及潜在的知识产权风险等。

运输费用包括获取原材料、生产厂房之间半成品库存的运输以及产品最终配送给客户的费用。

供应链设计中要考虑的其他因素包括税收政策、运营风险、可持续发展、熟练劳动力的充裕程度以及整体的政治环境等。在具体的情境中，可持续发展和税收政策所致的总成本及服务差异可能是选址的主导因素。

除了风险之外，许多企业在进行供应链设计决策时，必须仔细评估其可持续性。供应链的可持续性有多个维度，包括能源、劳动力、政治稳定以及环境风险等。能源对于运作供应链设施和供应链上的产品运输都至关重要。另一个要考虑的问题是能否以合理的价格购入用于运输的燃料。

能否雇用到熟练的劳动力也是一个主要的考虑因素。要考虑的最后一个因素是稳定的、支持供应链发展的政治环境。政治环境因素包括政治因素、管制因素以及财务因素。稳定性包括稳定的政府、货币以及吸引、维持企业入驻的政策。

9.3 物流运作分析

由于市场、竞争对手、供应商和技术的不断变化，供应链物流环境也在不断变化。为了适应这种变化，企业必须制定并且关注企业战略，并对可供选择的战略进行有效的评价，因此，企业需要一种系统的运作分析方法。

9.3.1 计划方法

在一些成熟的行业中，企业为了响应客户和竞争对手的行为，其市场、需求、成本和服务要求发生着快速的变化。为了适应这些变化，企业通常会面临许多问题，例如：①物流系统中应该使用多少个仓库，这些仓库应该建在什么位置？②对于每一个仓库，怎样对库存/服务进行权衡取舍？③应该使用哪些种类的运输工具？④对仓库网络进行再设计是否合理？

这些问题一般都很复杂，并且涉及的数据很密集。这是因为影响物流总成本的因素很多，并且可供选择的方案的范围也很广泛。数据密集是因为评价物流方案要求的信息量很大。物流系统设计中通常需要评价以下信息：服务方案、成本持性以及运作技术。图 9-5 展现了一个通用的计划流程。其中，流程被分为 3 个阶段：问题定义和计划、数据收集和分析、建议和实施。

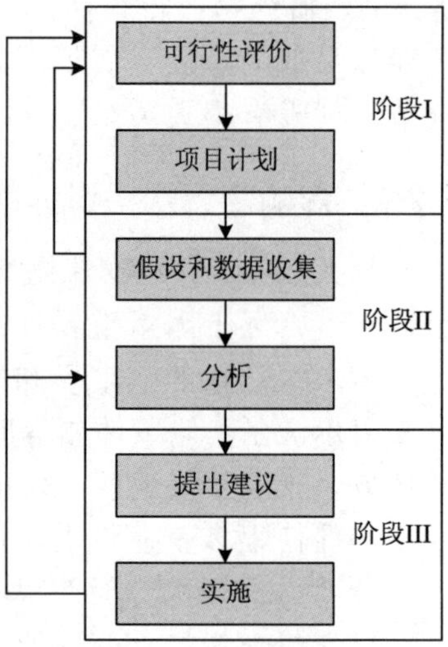

图 9-5　计划流程

9.3.2　阶段 I：问题定义和计划

物流系统设计和计划的第一阶段是整体分析的基础。一份周密的、记录充分的问题定义和计划对所有以后的工作至关重要。

1. 可行性评价

进行物流设计和计划时，首先应该对当前的运作情况进行全面的评价，目的是了解当前系统的环境、流程、问题和绩效特征，并在需要对当前系统进行更改时，确定哪些方面的更改是有价值的。评价变更的流程称为可行性评价，包括情境分析、支持逻辑以及成本/收益评价。

情境分析是指收集描述当前物流环境的绩效指标、特性和信息。情境分析通常要求内部运作检查、市场评价和技术评价来确定系统现有的能力以及潜在的改进机会。

表 9-3 列出了内部检查经常涉及的一些项目，突出说明了评价中必须考虑每个主要物流活动的流程、决策以及关键指标。流程主要考虑的是供应链中的物流和信息流。决策关注的是目前供应链管理中使用的逻辑和标准。绩效测量关注的是关键绩效指标和企业衡量绩效的能力。

表 9-3　备选的内部检查项目

项目 评价中心	流　　程	决　　策	测　　量
客户服务	目前的信息流是什么样的？订单流是什么样的，如何变更订单？如何接收订单	如何制定订单搜寻决策？当没有库存履行订单时，该怎么办	客户服务的关键指标有哪些？如何测量这些关键指标？当前的绩效水平如何
物料管理	工厂和仓库之间的物料流是什么样的？各个生产厂和仓库的流程是什么样的	如何制定工厂和仓库的能力配置决策？如何制订生产计划和排程决策	生产和仓库能力有哪些主要约束？物料管理绩效的关键测量指标有哪些？如何测量这些关键指标？当前的绩效水平如何
运输	目前使用哪种运输方式？订单和装运的价值分别是什么，它们有什么区别？委托、支付以及与承运人交换信息的流程是怎样的？装船单证的信息流是怎样的	如何选择每批运输货物的运输方式和承运人？如何对承运人进行评估	运输绩效的关键测量指标有哪些？如何测量这些关键指标？当前的绩效水平如何？每种运输方式和承运人的相关经济绩效特征有哪些

续表

评价中心＼项目	流　　程	决　　策	测　　量
仓储	当前使用的存储和搬运设施有哪些？它们各有什么功能？每个仓库中必须维持哪些产品线的库存？每个仓库中必须或者可能执行哪些职能，如存储、物料处理或者其他增值职能	每个仓库中应该如何制定集拼运输决策？物料处理人员应该制定哪些决策，该如何制定决策？产品是怎样存储在仓库中的，应该如何制定产品分拣决策	每个仓库的吞吐量和存储量分别是多少？仓储绩效的关键指标有哪些？如何测量这些关键指标？当前的绩效水平如何？每个仓库相关的经济绩效特征有哪些
库存	目前的库存存储有哪些增值功能？公司库存的职责是什么？库存应存储在哪里	如何制定库存管理决策？谁制定这些决策，需要哪些信息支持这些决策	公司的库存维持成本有哪些？关键库存绩效指标有哪些？如何测量这些关键指标？当前的绩效水平如何

表 9-4 列出了一些常见的市场评价项目。评价工作应该集中于企业与供应商、客户以及某些情形中客户的外在联系。市场评价不仅应该考虑需求和流程的趋势，还要考虑企业和竞争对手的能力。

表 9-4　市场评价项目示例

评价中心＼项目	市 场 趋 势	企 业 能 力	竞争对手的能力
供应商	供应商提供了哪些增值服务？目前供应商的主要瓶颈是什么	在何种情况下应该自己提供增值服务或者外包？如何改变流程以减少瓶颈	竞争对手采取哪些行动改进产品和信息流？竞争对手的供应商数量、成本特征和绩效的标准是什么
客户	服务关键客户的主要约束和瓶颈分别是什么？这些约束和瓶颈对成本有什么影响？客户订货方式有何种变化？主要客户的标准是什么	为了提高物流系统绩效，可以向客户提供哪些功能或者活动？客户就他们的关键测量标准，如何评价我们的绩效	竞争对手向我们的客户提供了哪些服务？客户如何评价竞争对手的关键绩效测量指标
消费者	消费者的购买地点、时间和选择标准发生了什么变化？对于与物流活动有关的购买数量、包装、送货上门和产品质量，消费者的趋势是什么	我们应该如何响应消费者购买方式和选择标准的变化	我们的竞争对手如何响应消费者购买方式和选择标准的变化
风险	未来可能紧俏的资源有哪些	怎样做才能避免、最小化、减轻或应对风险	竞争对手在哪些关键风险方面比我们更具优势

技术评价关注的主要是物流技术的应用和能力，包括运输、存储、物料处理、包装与订单处理等。表 9-5 列出了选择物流功能时常见的技术评价项目。技术评价的完成应该从整体整合的角度考虑物流系统的每个组成部分。

表 9-5　典型的技术评价

技术 应用和能力	目前的技术	最新的技术
预测	目前收集、维护和发展预测时，都采用了哪些技术	最好的公司是如何进行预测的
订单录入	目前使用的订单录入技术是什么？客户要求哪种订单录入技术	最好的公司是如何进行订单录入的？哪种新技术能够有效地进行订单录入
订单处理	将可用库存分配给客户订单的流程是怎么样的？目前的方法有哪些限制	最好的公司是如何处理订单的？哪些新技术（硬件和软件）能够提高订单处理效率
需求计划	制定生产和分销库存需求的决策流程是什么？目前的信息和辅助决策如何支持决策制定流程	最好的公司如何制定生产和库存计划决策？哪些新技术能够提高需求计划的效率
发票和电子数据交换	目前发票、询问、事先出货通知以及付款信息是如何交换的	最好的公司是如何使用电子数据交换的？哪些新的通信和数据交换技术可以促进货物计价和客户沟通的其他形式
仓库作业	如何制定仓库人员和时间安排决策？对管理人员和物料操作人员是如何进行仓库作业指示的？仓库管理人员和物料操作人员是如何进行跟踪活动并衡量跟踪绩效的	最好的公司是如何使用信/息和物料处理技术的？哪些新的信息和物料处理技术可以提高仓库运作效率
运输	如何制定集拼运输、线路和调度决策？运输单证是如何开出的，怎样与承运人和客户交流？如何确定、评估、监控运输成本？使用了哪种包装和装载技术	最好的公司的承运人是如何使用信息、包装和装载技术的？哪些新的信息、包装、装载和通信技术可以提高运输作业效率
决策支持	如何制定物流战术和战略决策？制定决策时，使用了哪些方面的信息，完成了哪些方面的分析	最好的公司是如何制定相似的战术或战略决策的？哪些信息和评估技术可以提高决策效率

2. 项目计划

由于物流系统很复杂，所以在确定和评估战略或战术方案时，必须进行周密的计划，以便为实施变革提供正确的依据。项目计划包括下面这些具体的任务：目标描述、约束描述、测量标准和假设逻辑、项目工作计划。

（1）目标描述。说明物流系统修正的成本和服务期望，必须清楚地描述这些期望，并且有可量化的要素加以衡量。目标对以下方面进行定义：市场或行业分割、变革的时间构成和明确的绩效期望。这些要求都定义了管理者期望达到的具体目标。

（2）约束描述。项目计划需要考虑的第二个问题是设计约束。在情境分析的基础上，高层管理者可以对系统修订范围做出约束，这些约束的种类取决于各个企业的具体情况。约束描述的目的是使整个计划有一个很好的开端，并且从整体角度来看整个计划。

（3）测量标准和假设逻辑。可行性评价通常会突出对制定测量标准的需要。这些标准确定成本结构和绩效目标指导分析，对评价推荐方案是十分必要的。管理者必须制定测量标准和目标，这是编制计划的前提条件。这些标准应该充分反映整体系统绩效，而不是对物流功能进行有限的、局部的优化。一旦制定出了标准，就应该在整个系统开发及实施过程中监控和跟踪，以测量变革的影响。

（4）项目工作计划。在可行性评价、目标、约束、标准和分析方法的基础上，就可以制订项目工作计划，同时还要确定完成该项目需要的资源和时间。可行性评价中确定的备选方案和机会为确定研究范围提供了依据，而研究范围又反过来决定了完成项目所需要的时间。

9.3.3 阶段Ⅱ：数据收集和分析

完成了可行性评价和项目计划以后，第二阶段的工作重点就是收集数据并进行分析。这个阶段的工作包括确定假设、收集数据并对备选方案进行分析。

1. 假设和数据收集

在可行性分析和项目计划的基础上，制订出详细的计划假设，并确定数据收集要求。具体工作包括：

（1）确定分析方法和技巧。针对所要考虑的计划确定合适的分析方法，最常见的有分析法、模拟法和优化法。

（2）确定并检验假设。对假设的确定和检验是建立在情境分析、项目目标、约束和测量标准的基础上的。为了实现计划目标，假设必须定义目前系统和备选系统的关键运作特点、变量和经济效果。假设形式通常可以分为三类：①行业假设；②管理假设；③分析假设。

（3）确定数据来源。在实际操作中，收集数据过程的最初应该进行可行性评价。此外，数据要符合要求的分析方法，因此必须对数据进行相当详细的规范处理。然而，在计划程序的这个阶段，必须收集详尽的数据，并组织这些数据支持分析。当数据很难收集或者要求的精确水平不确定时，可以进行敏感性分析评估数据的影响。

（4）收集数据。一旦确定了数据来源，就可以开始收集数据，该过程包括获取、收集需要的数据，并将这些数据转换为适合分析工具进行分析的格式。必须仔细记录收集数据的过程，这样有助于找出可能会降低分析准确性的错误，并确定任何可能的变化来提高准确性。

（5）确认数据。除了收集数据来支持备选方案的分析外，还必须收集基准数据或确认数据以确保分析结果能够准确地反映现实。一个明确的问题是选择的分析方法能否精确地反映历史物流方法。进行确认的目的是增加分析过程的可信度。如果该过程没有得到确认，那么管理者将不会相信分析结果和相关建议。

2. 分析

分析是指使用分析方法和数据对战略或战术性的物流备选方案进行评估。分析过程包括四方面：

（1）分析问题。包括备选方案和可接受的不确定性的范围，具体分析问题取决于研究目标和约束。例如，对于仓库选址相关的问题分析必须确定待评估的具体选址组合。在库存分析时，问题通常集中在服务选择和不确定性预测上。

（2）确认基准分析。分析结果必须与先前收集的确认数据进行比较，这样才能确定实际数据和模型分析结果的吻合程度。比较的重点是找出两者之间的重大区别并确定这些错误产生的可能原因。在结果出现误差时，应该找出错误并更正。

（3）分析备选方案。下一步是完成对备选设计方案的分析。备选方案分析必须确定每种备选设计或者战略的相关绩效特征。分析中还应该对管理政策和实践变化的影响进行量化，这些变化因素包括仓库数量、库存目标水平或者运输发货批量等。

（4）敏感性分析。一旦完成了备选方案分析，那么就可以对绩效最好的方案进行进一步的敏感性分析。由于诸如需求、要素成本和竞争对手的行为这些不可控制因素是变化的，因此进行敏感性分析时要在变化的环境下对每个备选方案的能力进行评估。

9.3.4 阶段 III：建议和实施

阶段 III 中要制订出具体的建议书和实施计划，开始实施计划和设计工作。

1. 提出建议

对备选方案和敏感性分析结果进行审查将为最终确定管理建议奠定基础。建议提出过程包括以下四项工作：

（1）评估成本和收益。当评价某个物流战略的潜在收益时，必须对该战略目前的成本和服务能力与每个方案都必须达到的预计的情形进行比较。理想的成本/收益分析在基准时间阶段内对各个方案进行对比，然后在某个计划期内推算对比的结果。这样，根据系统重新设计获得的一次性成本节约和重复发生的运营经济，可以计算出方案的收益。

（2）确定最佳方案。备选方案分析和敏感性分析可以确定考虑实施的最佳方案。不过，通常会有多种方案产生相似的结果，那么就必须比较各个方案的绩效特征和条件，确定出两个或者 3 个最佳方案。尽管对最佳方案可以有不同的解释，但是一般而言，是指用最低总成本实现所要求的服务目标的方案。

（3）进行风险评估。考虑现实运作环境与假设条件匹配的可能性。此外，它还考虑系统实施可能带来的危害。采用某个特定方案的风险可以使用敏感性分析进行量化。例如，可以改变假设条件，然后确定这种变化对每个方案的影响。

（4）提交报告。提交的管理报告中要确定建议实施的变化，对其进行定量分析并论证其合理性。报告和附属报告必须说明具体的运作与战略变化，定性地说明为什么这种变化是合理的，然后从服务、费用、资产利用和生产率改进等方面定量地证实这种变化的合理性。报告应该大量使用图表、地图和流程图来阐述物流运作、物流流程及分销网络中的变化。

2. 实施

尽管实际实施需要大量的工作，但是其中的四大类任务分别是：确定实施计划、安排实施进度、确定验收标准和实施计划。

（1）确定实施计划。根据项目事件、项目顺序和项目的依赖性确定实施计划。最初的计划可能是从宏观角度制订的，但是最终必须细化到单个任务，确定每个任务的责任和义务。计划依赖性确定了事件之间的相互联系，进而确定事件的完成顺序。

（2）安排实施进度。确定先前确定的作业的时间阶段。进度中必须留出充足的时间进行设施和设备采购、协议谈判、制定流程和培训。在理想的情况下，应该使用一种进度安排软件辅助制定实施进度。

（3）确定验收标准。评估计划是否成功完成。关注服务水平的改善、成本的降低、资产利用率的提高和质量的改进。如果关注的焦点是服务，那么验收标准中应该确定更加详细的要素，如提高产品可得性或者降低履行周期时间。如果关注的焦点是成本，那么验收标准必须定义所有影响成本的积极和消极变化。

（4）实施计划。必须对实施过程进行充分的控制，以确保能够实现预期的运作效果，并且确保充分地监控验收标准。很重要的一点是，可以采用正式的实施流程来指导物流系统设计和改进项目，这样能够确保目标记录在案并且得到正确的理解，同时也能确保恰当地完成分析。

9.3.5 供应链运作分析方法和技巧

高绩效水平的供应链管理要求持续对供应链战术和战略进行全面的分析。供应链设计分析对供应链方案进行战略评价，其中包括采购、工厂选址、仓库选址和市场服务区域，这些分析对全球供应链越来越重要。动态模拟可以用来调查供应商、工厂和仓库之间的多阶库存的动态性。战术运输分析能够辅助制定运输线路并进行运输调度。为了响应费率变化和平衡运输流，定期进行运输线路分析是必要的；战术库存分析能够发现过剩的库存产品并确定适当的库存目标水平，因此也是必要的。

1. 设计决策

物流和供应链管理者经常面临的一个问题是要对供应链网络的战略与运作设计进行决策。供应链网络由供应商、生产厂、仓库、合并运送地点、服务提供商和零售商组合而成，它们将原材料制造成产品，然后配送给终端客户。决策范围很广泛，包括商品和产品的流动，以及供应链中具体的增值活动应该发生在哪些地方。由于物料采购选择的增加、生产的规模经济、简化的运输和综合服务提供商的选择，这些都增加了对供应链设计方案进行定期和更加全面评估的需求。随着全球采购和市场营销的产生，供应链设计分析进一步包括了市场渠道设计。例如，许多企业正在调查替代性市场渠道的使用，这些渠道以因特网为基础，直接指向消费市场。供应链设计分析也可以用来确定在渠道战略选择、外包活动或者离岸外包过程中的总成本和权衡分析。全球运作也极大地增加了供应链设计方案的复杂性，同时也增加了供应链权衡取舍的准确评估的重要性。因此，定期进行供应链设计分析也变得越来越重要。

供应链设计决策集中在选择工厂、仓库和其他供应链节点的数量与位置上。通常管理上的问题包括以下内容：

（1）生产厂应该建在什么地方，这些工厂应该生产哪些产品？

（2）企业应该使用多少仓库，应该把仓库建在什么地方？

（3）每个仓库应该服务哪些客户或者市场区域？

（4）每个工厂或仓库应该生产或存储哪条产品线？

（5）主配送中心或者区域配送中心相对于现场仓库或者本地仓库的作用分别是什么？

（6）应该采用哪些采购渠道和市场渠道来采购物料并为国际市场服务？

（7）应该如何综合使用公共仓库和自有仓库？

（8）为了满足市场需求，应该使用哪些服务提供商和增值服务？

供应链设计分析通常都很复杂，并且涉及大量数据。复杂是因为可供考虑的采购、工厂、仓库、市场和产品的选择方案很多；涉及大量数据是因为分析中需要与目前战略和潜在战略方案相关的详细的需求数据及运输数据。人们必须采用复杂的建模和分析方法，才能有效地分析这些复杂的、涉及大量数据的问题，找出最佳方案。评估供应链设计方案的决策支持系统通常是数学优化的某种形式。

2．设计逻辑

供应链设计方法通常使用某种形式的优化来系统地评价设计方案。设计方案包括供应商、工厂、仓库和产品存储战略的组合。优化模型应该考虑客户的总体需求、生产商的供应能力（包括采购和制造环节）、可能的物料流和信息流、潜在的中间点和运输方案以及其他如仓库处理等相关环节涉及的运作成本。供应链设计工具在考虑相关约束的条件下对不同方案进行系统评估。鉴于以上所描述的问题的规模，设计工具必须对以下设施或运作环节带来的固定成本和可变成本进行分析，包括供应商、生产厂、仓库、合并运送点、运输、物料处理、生产和库存。

（1）数据要求。供应链设计分析要求的数据主要有市场产品、网络、客户需求、运输费率、可变成本、固定成本的定义。

供应链设计分析要求对地理市场区域中的需求进行归类或者分配。地理区域的组合形成物流服务区域。这种区域可能是国家，也可能是全球区域。每个客户的需求都被分配到一个市场区域。在系统设计过程中，选择市场定义方法是一个非常重要的要素。

（2）评价备选方案。通常供应链设计分析会评价大量的备选方案。

3．库存决策

库存分析决策的重点是确定最优的库存管理参数，以最少的投资满足期望的服务水平。库存参数指的是安全库存、再订货点、订货数量以及对特定设施和产品组合的评价周期。这种分析可以定期或每天对库存参数加以完善。每天的完善可以使库存参数对环境变化更加敏感，如需求水平或者运行周期时间的变化，但是这也将导致库存管理系统不稳定。系统的不稳定将造成大量的小批量货物加急运输或者取消运输的情况。

可以使用两种方法来评价和选择库存管理方案：库存分析法和库存模拟法。

（1）库存分析法。基于期望的服务水平来确定理想的库存储存参数。图 9-6 阐明了库存分析的概况。分析方法中计算最优库存参数的输入信息包括服务目标、需求特点、运作周期特点、物流系统的特点。从库存管理的角度来看，服务目标通常是订单履行率；需求特点描述了每个周期客户需求的平均值和标准差；运作周期特点描述了补货运作周期的平均值和标准差；物流系统特点描述了需要进行库存管理决策的分销阶段或者层次的数量。库存分析法是在以下假设的基础上进行的，假设内容包括物流系统库存层次以及与需求和运作周期特点相关的概率。概率关系和服务水平目标决定最优的库存管理参数，包括订单补货数量和再订货点。

（2）库存模拟法。建立了一个数学和概率模型模拟实际的物流运作环境。如图 9-7 所示，模拟法类似于为供应链网络和运作政策创建一个实验室检测环境。模拟法与分析法类似，但是库存参数和服务水平的作用则是相反的。

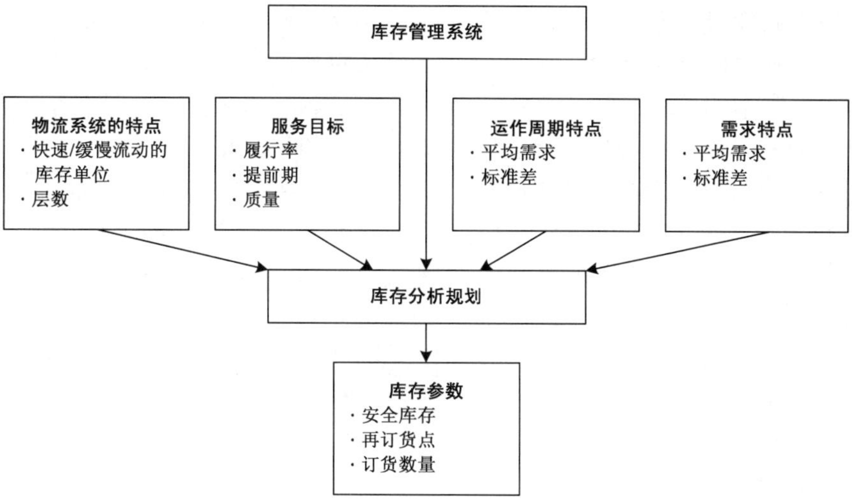

图 9-6　库存分析概况

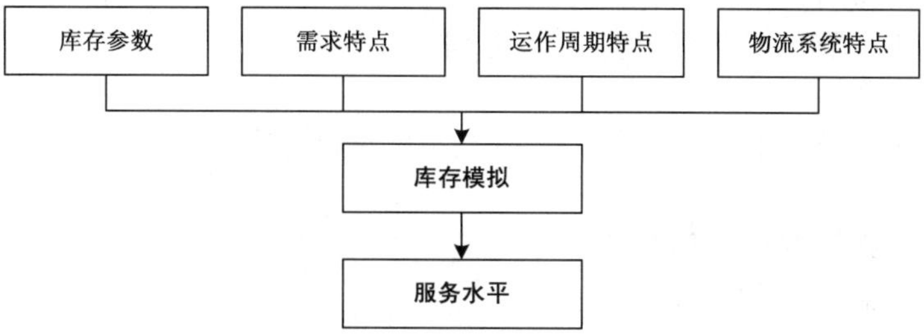

图 9-7　库存模拟概况

在模拟法中，如订货数量和再订货点这样的待检测库存参数，是通过模拟法输入的，这些输入信息决定了检测的环境。模拟法的主要输出结果是检测环境的服务水平和库存绩效特点。实际上，模拟法是对某种具体情形的绩效进行评价。如果报告绩效没有达到期望的目标，必须改变库存参数来模拟新的环境。有时必须进行多次模拟，才能找出实现期望绩效的库存参数组合。

4. 运输决策

运输分析的重点是对运输设备制订路线和计划，以提高运输工具和驾驶员的利用率，同时满足客户服务的需求。运输决策可以分为战略运输决策或者战术运输决策。战略运输决策考虑的是长期的资源配置，如很长时间段内的资源配置。因此，战略运输决策确定的是固定的运输线路，这些线路可能会长年累月地使用。战术运输决策考虑的是短期的资源配置，如每天或者每周的线路。运输分析的目标是使配送产品需要的运输工具、时间和距离最小化。常见的运输分析问题包括：①为了制定运输路线，如何对货物分组？②服务客户的最佳送货顺序是怎样的？③哪条运输线路应该分配给哪种类型的运输工具？④针对不同的客户类型，哪种运输工具最佳？⑤为了满足客户要求的时间限制，应该如何安排发货顺序？

5. 运输线路分析

一种常见的物流分析是分析具体运输线路上的运输移动。运输线路分析可以在很具体的设施之间完成，也可以在更加广泛的基础上进行。运输线路分析关注的重点是始发地和目的地之间的货运量平衡。为了使车辆的利用率最大化，两个方向的货运量应该平衡或者基本相等。运输线路可以包括两个或者更多个点。通过在供应商、制造商和客户三点之间对物料与成品运输进行组合，来协调运输活动。

运输线路分析既包括运输量分析，也包括点与点之间的发货次数和行程分析。分析目的在于识别运输中不平衡的地方，从而有机会提高物流生产率。一旦找到了运输线路中的不平衡，管理者就试图确定那些没有充分利用的运输方向线路可以运输的货运量。也可以使用以下方法：改变承运人或者运输方式，增加或者减少私营车队的货运量，增加原材料的回程运输或者与其他发货人结成联盟。反过来，某些超载运输线路上的货物可能转移给其他承运人或者发货人，或者从其他地方采购。

6. 库存分析

通常库存分析考虑相关产品的销售量和库存周转率，并且通常是在 ABC 分类的基础上衡量的。例如，通过按照降序排列前 10 项产品和库存，物流经理可以很快找出对销量和库存水平有主要影响的产品类别。

【延伸阅读】戴尔的供应链之谜

虚拟整合，让供应链“敏捷”

戴尔有一个重要的经营思想：专注于自己最擅长的领域，把不擅长的环节给行业中做得最好的人去做，然后通过采购把最具性价比的产品买回来，自己做最后的整合。

供应商从提供零件的角度看就相当于戴尔的一个车间，在对这些“车间的管理上有一个“交易引擎”的概念，越过企业四面围墙的 ERP 系统就是戴尔的“交易引擎”。在这个信息平台上，戴尔和供应商双方的信息可以做到极大程度的共享，这是戴尔供应链最精妙的地方。

戴尔最有特色的“直接模式”——戴尔完全是按订单、按需求生产。

戴尔中国客户中心数据中心的机房里有上千台服务器 24 小时运行，客户既可以通过网站，也可以通过电话下订单，这些信息直接进入数据中心，数据中心每一个半小时把这段时间内的订单统计出一张清单，上面列着分别需要哪些配置。这张清单直接就会传到供应商的仓库，这一公共仓库由戴尔的全球伙伴第三方物流公司伯灵顿公司管理。伯灵顿接到戴尔的清单后在一个小时之内就能够迅速把货配好，不到 20min 就可以把货送达——这就是设立中转仓库的好处：戴尔的供应商不可能都在某一个地方，只有建立这个中转仓库，才能保证每一个半小时送一次货。

客户的订单没有下之前戴尔中国客户中心的车间里理论上是没有工料的，每个零件拉进来的时候实际上已经是有买主的，一旦整台机器组装好，马上就可以发货运走，所以戴尔的产品可以保持零库存。

特别需要注意的是：戴尔每一个半小时把清单发送给中转仓库的同时，还会发给供应商的总部，供应商会根据中转仓库里库存的波动情况确定要不要发货过来，并且根据这些信息安排生产。

戴尔要做出未来一年的生产预测，并随实际变动进行调整。戴尔的供应商每星期都会收到更新的下3个月的生产预测，对于一些需求变化比较大的零部件甚至一天就要更新一次。这不仅使得戴尔即使在市场情况变化大的情况下也能够得到及时的供货，实现了“敏捷”，而且供应商也可以根据实际情况安排生产，减少库存。

戴尔根据市场需求不断调整生产计划并且使得供应商也随之调整生产计划，从而使生产贴近市场需要，完美地实现了戴尔“虚拟整合”的管理思想。

良性循环，与供应商“共赢”

除了中国客户中心，戴尔还有另一个与供应商打交道的重要部门戴尔全球采购中心。在管理生产资料供应商方面，全球采购中心有3个任务：保证供应商供应的连续性，保证供应商在生产成本方面有一定的领先性，保证供应商产品的品质。

戴尔一开始就从下面几方面出发来对供应商进行慎重选择。

环保与员工福利——戴尔希望供应商能够注重环保并且很好地对待自己的员工，这是一个基本前提。

成本领先——戴尔会将供应商与其他同类型的供应商做比较，看其在成本上是否具有优势。

技术产业化的速度——供应商的生产技术水平怎样？能否把新的技术迅速形成量产？

持续供应能力——戴尔会从供应商的财务能力、供货的情况怎样、能够做到几天的库存量等方面来考察供应商是否有很好的持续供应能力。

服务——供应商能否满足戴尔在服务方面的需求也是很重要的。

品质——这是最核心的因素。戴尔会对供应商的产品品质在不同的环境进行评测，保证产品品质。

戴尔管理供应商有一个重要原则，就是“少数及密切配合供应商”，它把整体供应商的数量控制在一定范围内，并且在商品管理、质量和工艺管理等方面为供应商提供培训，帮他们改善内部流程。戴尔还把品质管理等工具分享给供应商，使其自身采购的管理水平也得到提高。每个季度戴尔会对供应商进行考核，优胜劣汰实现良性循环。

持续改善，使供应链“进步”

最能够体现戴尔对供应链持续改进的是BPI（Business Process Improvement，业务流程改善），戴尔公司专门有一个BPI部门，跟六西格玛一样，BPI也有黑带、绿带、黄带等级别，戴尔也会给供应商提供BPI的培训，让他们采用BPI的方法来降低成本、提升质量。

点评：精髓在于“3A”。

中国企业可以从戴尔的供应链中得到什么启发？

斯坦福大学供应链专家李效良研究发现，一流的供应链都具备了三大特点：反应敏捷（Agile）、能让各方利益协调一致（Aligned）、适应性强（Adaptable）。他认为，只要具备了这3个特点的供应链就能为公司创造可持续的竞争优势，将其称为“3A”供应链。

当仔细考察戴尔的供应链之后发现，“3A”恰恰是戴尔供应链的精髓所在。

反应敏捷的供应链，能针对原料供应和市场需求所发生的突变情况迅速采取应对措施。如何培养这种能力呢？李效良的建议是：加强与供应商的信息沟通。

戴尔的创始人迈克尔·戴尔说戴尔是“用信息代替库存”，加强和供应商的信息沟通是戴尔供应链最重要的地方。戴尔和供应商信息共享的工具就是“交易引擎”。戴尔希望建立这样一个公共的交易引擎，使得中小企业也能够在这个平台上和供应商交易，并且相互之间不会受到干扰。

此外，成功的公司总是力图使供应链上其他各方与自己保持利益一致。这非常关键，因为供应链上的每家公司都在努力使自身利益最大化；而在供应链的实际运行中，若有任何一方与其他各方的利益产生分歧，其行为将对整个供应链的效用产生破坏作用。戴尔对供应商的管理哲学很明显地体现了这一点。

很多公司曾经也拥有竞争力很强的供应链，可是随着市场情况的变化，它们的供应链逐渐不能适应新环境。公司若想长久地保持竞争力，除了使供应链适应环境变化之外，别无选择。

资料来源：孙瑞亭，http://www.it168.com/，2008-2-18

【实验与思考】全球战略定位与物流运作分析

1. 实验目的

（1）了解全球战略定位，熟悉供应链物流设计的基本概念。

（2）熟悉物流网络设计的基本要求与主要因素。

（3）通过案例分析，熟悉物流网络设计，熟悉物流运作分析。

2. 工具/准备工作

在开始本实验之前，请认真阅读课程的相关内容。

需要准备一台带有浏览器，能够访问因特网的计算机。

3. 实验内容与步骤

【概念理解】

（1）请讨论全球环境中的物流运作应该考虑的问题。

答：____

____

____

____

（2）请讨论产品变化、安全和进口限制以及运输不确定性是如何影响国际采购和市场营销决策的。

答：____

____

____

____

（3）随着公司从无国际战略发展到全球战略再到跨国战略，该公司的物流供应链战略可能会如何演进？请描述演进过程并说明理由。公司在该演进过程中会面临哪些挑战？

答：

（4）在设计物流系统时，为什么客户服务水平没有随着总成本的增加成比例地增长？

答：

（5）请描述具有下述特征的产品应该采取怎样的分销网络，并解释原因。

① 相对较小、较轻的高价值电子产品。

② 相对较重的低价值听装食物。

答：

【实践案例】

(1) 假设你负责整合两个兼并后的国家级食品生产公司的物流体系。每个公司通过 7 个配送中心为整个国家服务，以零担运输的方式把产品运送给一般客户。请识别兼并后公司业绩改善的机会，并阐释原因。

(2) 请选择某一实施低成本国家采购的公司或制成品，提出相应的总成本价值定位，并以此评估其继续实施低成本国家采购的潜力。请针对每一成本组成部分（如原材料、生产、运输、包装、库存、物料处理、损耗、风险及安全等）进行分析，比较并识别选择当地采购或低成本国家采购时的主要权衡点。基于对你所在国家环境的评估情况，在接下来的五年里，这些成本组成部分的发展方向如何？对于低成本国家采购而言，有可能会产生怎样的未来趋势？

任务

请将你的想法书面记录下来并粘贴如下：

4．实验总结

5．教师评价

第 10 章 智慧物流技术 «‹

云计算技术、大数据技术是近几年信息领域发展的新技术，在智慧物流中已经成为重要的支撑技术。智慧物流重视将物联网、传感网与现有的互联网整合起来，通过精细、动态、科学的管理，实现物流的自动化、可视化、可控化、智能化、网络化，从而提高资源利用率和生产力水平，创造更富社会价值的综合内涵。而自动化和网络化的关键在于实现物品的识别与感知。

卫星导航技术、电子地图技术、数据采集技术和定位跟踪技术作为智慧物流的基础，为智慧物流各个环节提供定位跟踪手段。

10.1 智能识别与感知技术

自动识别技术是将信息数据自动识读、自动输入计算机的重要方法和手段，它是以计算机技术和通信技术为基础的综合性科学技术。近年来，自动识别技术在全球范围内得到迅猛发展，已形成了一个包括条形码识别、磁识别、光学字符识别、射频识别、生物识别及图像识别等集计算机、光、机电、通信技术为一体的高新技术学科。图 10-1 所示为移动手持终端设备。

图 10-1　移动手持终端设备

10.1.1 自动识别技术的分类

自动识别技术有两种分类方法：一种是按照采集技术进行分类，其基本特征是需要被识别物体具有特定的识别特征载体（如标签等），可以分为光存储器、磁存储器和电存储器 3 种；另一种是按照特征提取技术进行分类，其基本特征是根据被识别物体本身的行为特征来完成数据的自动采集，可以分为静态、动态和属性等特征。

自动识别技术具有如下共同的特点：

- 准确性——自动数据采集，彻底消除人为错误。
- 高效性——信息交换实时进行。
- 兼容性——自动识别技术以计算机技术为基础，可与信息管理系统无缝衔接。

自动识别技术是模式识别理论的典型应用，根据选取不同的特征，常见的自动识别技术包括：

（1）条形码技术（见图 10-2）。条形码在当今自动识别技术中占有重要地位，自动识别技术的形成与条形码的发明、使用和发展是分不开的。

图 10-2 条形码技术

（2）磁条（卡）技术。这项技术应用了物理学和磁力学的基本原理。磁条是一层薄薄的由定向排列的铁性氧化粒子组成的材料（也称涂料），用树脂黏合在一起并粘在诸如纸或塑料这样的非磁性基片上。优点是数据可读/写，即具有现场改造数据的能力；数据存储量能满足大多数情况下的需求，便于使用，成本低廉，但保密性差。

（3）IC 卡技术。即集成电路卡，是一种将集成电路芯片嵌装于塑料等基片上而制成的卡片。根据卡中的集成电路不同，可以把 IC 卡分为存储器卡（卡中集成电路为 EEPROM）、逻辑加密卡（卡中集成电路具有加密逻辑和 EEPROM）和 CPU 卡。严格地讲，只有 CPU 卡才是真正的智能卡。CPU 卡中的集成电路包括中央处理器（CPU）、EEPROM、随机存储器（RAM）及固化在只读存储器（ROM）中的卡片操作系统 COS。

根据卡片和读/写设备通信方式不同，IC 卡可分为接触式和非接触式。非接触式 IC 卡又包括逻辑加密卡和 CPU 卡，后者较前者有更高的安全性；而接触式 IC 卡能够充分保证交易时的安全性，因此双界面（即接触式和非接触式在一张 IC 卡上）CPU 卡应用得越来越广泛。

（4）语音识别技术。所谓语音识别，是指运用计算机系统对语音所承载的内容和说话人的发音特征等所进行的自动识别。语音识别技术基于对语音的 3 个基本属性的分析：一是物理属性，如音高、音长、音强和音质；二是生理属性，如发音器官对语音的影响；三是社会属性，如语音区别意义的作用等。语音识别技术主要有声纹、内容、语种或语音标准识别。

（5）视觉识别技术。图像是人类获取信息的主要途径。所谓“图”，就是物体透射光或反射光的分布；“像”是人的视觉系统接收图的信息而在大脑中形成的认识。前者是客观存在的，而后者是人的感觉，图像则是两者的结合。目前，图像识别技术已经广泛运用于工业生产、军事国防、医学医疗等多个方面，如指纹锁、交通监管、家庭防盗系统、电子阅卷系统等。

10.1.2 光学识别及其编码结构

物流行业应用较多的光学识别是各种条形码识别技术，例如一维条形码、二维码等。

1．条形码

条形码是由美国的 N. T. Woodland 在 1949 年首先提出的。近年来，随着计算机应用的不断普及，条形码的应用得到了很大的发展。条形码可以标出商品的生地、制造厂家、商品名称、生产日期、图书分类号、邮件起止地点、类别、日期等信息，因而在商品流通、图书管理、邮电管理、银行系统等许多领域都得到了广泛应用。

条形码是将线条与空白按照一定的编码规则组合起来的符号，用以代表一定的字母、数字等资料。在进行辨识的时候，是用条形码阅读机（即条形码扫描器，又叫条形码扫描枪或条形码阅读器）扫描，得到一组反射光信号，此信号经光电转换后变为一组与线条、空白相对应的电子信号，经解码后还原为相应的文字/数字，再传入计算机。如今条形码辨识技术已相当成熟，其读取的错误率约为百万分之一，首读率大于 98%，是一种可靠性高、输入快速、准确性高、成本低、应用面广的资料自动收集技术。世界上有 255 种以上的一维条形码，每种一维条形码都有自己的一套编码规则，规定每个字母（可能是文字或数字或文字/数字）是由几个线条（Bar）及几个空白（Space）组成，以及字母的排列。一般较流行的一维条形码有 39 码、EAN 码、UPC 码、128 码等。

目前，中国推行的主要是 128 码（EAN-128 码，见图 10-3），于 1981 年推出，是一种长度可变、连续性的字母数字条形码，是较为复杂的条形码系统，而其所能支持的字元也相对地比其他一维条形码来得多，又有不同的编码方式可供交互运用，因此其应用弹性也较大。128 码根据 EAN/UCC-128 码定义标准，将资料转变成条形码符号，并采用 128 码逻辑，具有完整性、紧密性、连接性及高可靠性的特点。辨识范围涵盖生产过程中一些补充性质且易变动的信息，如生产日期、批号、计量等。可应用于货运栈板标签、携带式资料库、连续性资料段、流通配送标签等。

(02) 0 0000123 00001 7 (37) 12345678

图 10-3　128 码的结构

128 码的内容大致亦分为起始码、资料码、终止码、检查码四部分。

2．二维码

二维码，又称二维条形码，它是用特定的几何图形按一定规律在平面（二维方向）上分布的黑白相间的图形记录数据符号信息（见图 10-4）。在现代商业活动中，可实现的应用十分广泛。例如，产品防伪/溯源、广告推送、网站链接、数据下载、商品交易、定位/导航、电子凭证、车辆管理、信息传递、名片交流、Wi-Fi 共享等。

图 10-4　常见二维码

二维条形码/二维码可以分为堆叠式/行排式二维条形码和矩阵式二维条形码。堆叠式/行排式二维条形码形态上是由多行短截的一维条形码堆叠而成；矩阵式二维条形码以矩阵的形式组成，在矩阵相应元素位置上用“点”表示二进制1，用“空”表示二进制0，“点”和“空”的排列组成代码。

10.1.3 条形码扫描器

条形码扫描器，又称为条形码阅读器、条形码扫描枪（见图10-5）。它是用于读取条形码所包含信息的阅读设备，利用光学原理，把条形码的内容解码后通过数据线或无线的方式传输到计算机或别的设备，广泛应用于超市、物流快递、图书馆等扫描商品、单据的条形码。

图 10-5 条形码扫描器

条形码扫描器是用于读取条形码所含信息的装置，通常包括：光源、接收器、光电转换部件、译码电路、计算机接口。

条形码扫描器的基本原理（见图 10-6）为：光源发出的光线通过光学系统照射到条形码符号，被反射回来的光经过光学系统成像在光电转换器上，使其产生电信号；电信号通过电路放大后产生模拟电压，它与照射到条形码符号上被反射回来的光成正比，再经过滤波、整形，形成与模拟信号对应的方波信号，最后通过译码器翻译成计算机可以接收的数字信号。

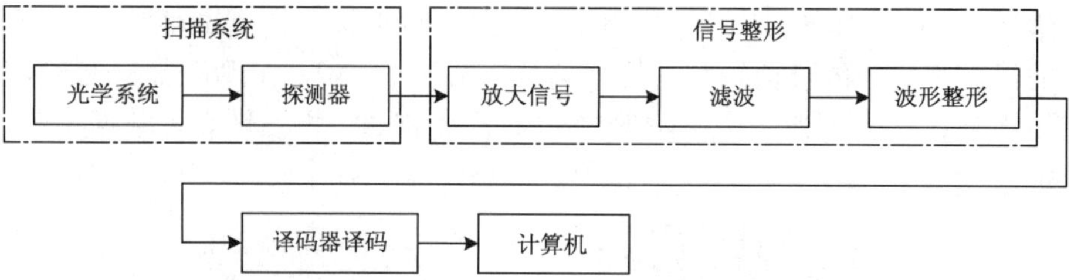

图 10-6 条形码扫描器的一般原理框图

10.1.4 二维码识读系统

二维条形码识读是通过获取载体上的图像信息，译码得到二维条形码符号承载的信息的过程。识读过程可分为图像采集、图像预处理、条形码定位及解码等几个主要步骤。

（1）二维条形码图像采集。采集有两种方式：扫描式和摄像式。堆叠式二维条形码可以采用扫描式和摄像式两种方式进行识读；而矩阵式二维条形码由于其基本单元为模块（正方形、圆形、六边形等），只能采用摄像式识读方法进行识读。

扫描式条形码识读方法多用于一维条形码识读。因为堆叠式二维条形码可视为由多行一维条形码堆叠而成，所以对于二维条形码，扫描式识读仅能用于堆叠式二维条形码的识读。扫描式识读器逐行对堆叠式二维条形码进行扫描，将获得的各行信息组合起来，完成堆叠式二维条形码的图像采集。

扫描式识读的基本原理：由光源发出的光线经过光学系统照射到条形码符号上，反射回来的光经过光学系统成像在光电转换器上，使之产生电信号，信号经过电路放大后产生一模拟电压，它与照射到条形码符号上被反射回来的光强成正比，再经过滤波、整形，形成与模拟信号对应的方波信号，经译码器解释为计算机可以识别的数字信号，如图 10-7 所示。

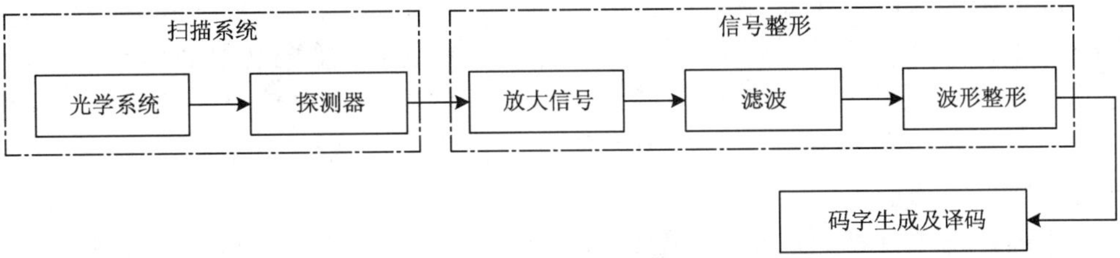

图 10-7　扫描式图像采集系统组成

摄像式识读方式是通过光学透镜将条形码成像在半导体传感器上，再通过模/数转换或直接数字化得到数字图像并输出，经后续图像处理操作，包括预处理、条形码定位、失真校正等，得到二维条形码携带的信息并译码，最终完成二维条形码图像的采集和识读工作。从长远发展的角度看，摄像式技术既能采集矩阵式二维条形码图像，也能采集堆叠式二维条形码和一维条形码图像。

（2）条形码图像预处理。二维条形码主要通过各模块的黑/白来表示相应信息，而摄像式获取的二维条形码图像难免会出现对比度不高、噪声较大，以及光照不均等问题，造成像素黑白不明产生误判，尤其在工业应用中，问题更加严重。为了解决上述问题，需要采用一些数字图像处理的手段，如对比度增强、图像去噪、消除光照影响并二值化等对条形码图像进行预处理，以将这些问题对条形码识读带来的严重影响降到最小。二维条形码图像预处理操作主要包括图像对比度增强、图像去噪和图像二值化等步骤。

（3）条形码定位与解码。条形码定位是二维条形码识读中的关键一环，是进行正确解码的前提条件。简单来说，条形码定位就是要在包含条形码的图像中，准确找到二维条形码的位置。在不同的图像中，条形码的大小、位置和方向都是不同的，加之实际应用中图像背景很复杂，使得精确确定条形码的位置和形态成了一件困难的事。二维条形码定位分为两步：粗定位和精定位。粗定位就是在复杂的背景中，提取出大概的条形码区域，为下一步精定位做准备；而精定位则是要找到条形码的精确位置，以便于后续步骤中对条形码进行几何校正和译码。由于各种不同码制的二维条形码符号有着不同的形状特征，具有各自不同的寻像图形和定位图形，所以具体的条形码定位方法也是随着码制的不同而不同的。

条形码的解码则是对已经确定位置的条形码进行几何校正、信息提取、码流纠错、码流译码等操作最终得到二维条形码中存储的信息。上述的操作只是一个通用的流程，具体的实现是与各种二维条形码的编码规则密切相关的，不同码制的二维条形码有不同的解码方法。

10.1.5 RFID 技术

RFID（Radio Frequency Identification）是一种无线射频识别技术，又叫作电子标签技术，它具有众多优点，广泛应用于交通、物流、安全、防伪等领域，其在很多应用领域作为条形码等识别技术的升级换代产品。

通常的 RFID 系统包括前端的射频部分和后台的计算机信息管理系统。射频部分由读/写器和标签组成。标签中植有 IC 芯片，标签和读/写器通过电磁波进行信息的传输和交换。因此，标签用于存储所标示物品的相关信息，它一般附着在物体表面或嵌入在其内部；读/写器则用于采集信息。当贴有标签的物品进入到读/写器的识读区域时，读/写器以非接触的方式自动读取标签中的相关信息，将其传递给后端的数据库，并依据需要可以对标签中的信息进行改动，从而实现非接触甚至远距离自动识别物品的功能。

1. RFID 技术分类

通常，可以按照如下方式对 RFID 系统进行分类。

（1）根据标签的供电形式分——有源、无源和半有源系统。无源 VID 产品发展最早，也是发展最成熟，市场应用最广的产品。比如，公交卡、食堂餐卡、银行卡、宾馆门禁卡、二代身份证等，在人们的日常生活中随处可见，属于近距离接触式识别类。产品的主要工作频率有低频 125 kHz、高频 13.56 MHz、超高频 433 MHz，超高频 915 MHz。

有源 RFID 产品远距离自动识别的特性，决定了其巨大的应用空间和市场潜质。在远距离自动识别领域，如智能监狱、智能医院、智能停车场、智能交通、智慧城市、智慧地球及物联网等领域有重大应用。产品主要工作频率有超高频 433 MHz、微波 2.45 GHz 和 5.8 GHz。

半有源 RFID 技术，也叫低频激活触发技术，利用低频 125 kHz 频率近距离精确定位，微波 2.45 GHz 远距离识别和上传数据，来解决单纯的有源 RFID 和无源 RFID 没有办法实现的功能。简单地说，就是近距离激活定位、远距离识别及上传数据。该产品集有源 RFID 和无源 RFID 的优势于一体，在门禁进/出管理、人员精确定位、区域定位管理、周界管理、电子围栏及安防报警等领域有着很大的优势。

（2）根据标签的数据调制方式分——主动式、被动式和半主动式。一般来讲，无源系统为被动式，有源系统为主动式，半有源系统为半主动式。主动式的射频系统用自身的射频能量主动发送数据给阅读器，主动标签系统是单向的，也就是说，只有标签向阅读器不断传送信息，而阅读器对标签的信息只是被动地接收，就像电台和收音机的关系。被动式的射频系统使用调制散射方式发射数据，它必须利用阅读器的载波来调制自己的信号，在门禁或交通的应用中比较适宜，因为阅读器可以确保只激活一定范围之内的射频系统。在有障碍物的情况下，采用调制散射方式，阅读器的能量必须来去穿过障碍物两次。而主动方式的射频标签发射的信号仅穿过障碍物一次，因此主动方式工作的射频标签主要用于有障碍物的应用中，距离更远，速度更快。

被动式标签典型的产生电能的装置是天线与线圈，当标签进入系统的工作区域，天线接收到特定的电磁波，线圈就会产生感应电流，在经过整流电路时，激活电路上的微型开关，给标签供电。被动式标签具有永久的使用期，常常用在标签信息需要每天读/写或频繁读/写多次的地方，而且被动式标签支持长时间的数据传输和永久性的数据存储。

半主动 RFID 系统也称为电池支援式反向散射调制系统。半主动标签本身也带有电池，只起到对标签内部数字电路供电的作用，但是标签并不通过自身能量主动发送数据，只有被阅读器的能量场“激活”时，才通过反向散射调制方式传送自身的数据。人们一般所见的有源系统都是半有源系统。

（3）根据标签的工作频率分——低频、高频、超高频、微波系统。阅读器发送无线信号时所使用的频率，低频系统一般工作在 100~300 kHz，常见的工作频率有 125 kHz、134.2 kHz；高频系统工作在 10~15 MHz，常见的高频工作频率为 13.56 MHz；超高频工作频率为 850~960 MHz，常见的工作频率为 869.5 MHz、915.3 MHz；有些射频识别系统工作在 2.45 GHz 的微波段。

（4）根据耦合类型分——电感耦合系统和电磁反向散射耦合系统。在电感耦合系统中，读/写器和标签之间的信号传输类似变压器模型，其原理是通过电磁感应定律实现空间高频交变磁场的耦合。电感耦合方式一般适用于中、低频工作的近距离射频识别系统，其典型频率有 125 kHz、134 kHz 和 13.56 MHz。其识别距离一般小于 1 m，系统典型作用距离为 10~20 cm。

电磁反向散射耦合系统一般适用于高频及微波频段工作的远距离 RFID 系统，典型的工作频率 433 MHz、915 MHz、2.45 GHz 和 5.8 GHz。其识别距离一般在 1 m 以上，如 915 MHz 无源标签系统，典型作用距离为 3~15 m，广泛应用于物流、跟踪及识别领域。

（5）根据标签的可读/写性分——只读、读/写和一次写入多次读出。根据射频标签内部使用的存储器类型的不同可分成 3 种：可读/写标签（R/W）、一次写入/多次读出标签（WO/RM）和只读标签（RO）。R/W 标签一般比 WO/RM 标签和 RO 标签贵得多，如信用卡等。WO/RM 标签是用户可以一次性写入的标签，写入后数据不能改变，WO/RM 标签比 R/W 标签要便宜。RO 标签存有一个唯一的号码 ID，不能修改，这样提供了安全性，且其价格最便宜。

只读标签内部只有只读存储器（ROM）和随机存储器（RAM）。ROM 用于存储发射器操作系统程序和安全佳要求较高的数据，它与内部的处理器或逻辑处理单元完成内部的操作控制功能，如响应延迟时间控制、数据流控制、电源开关控制等。另外，只读标签的 ROM 中还存储有标签的标志信息。这些信息可以在标签制造过程中由制造商写入 ROM 中，也可以在标签开始使用时由使用者根据特定的应用目的写入特殊的编码信息。这种信息可以只简单地代表二进制中的 0 或者 1，也可以像二维条形码那样，包含复杂的相当丰富的信息。但这种信息只能是一次写入，多次读出。只读标签中 RAM 用于存储标签反应和数据传输过程中临时产生的数据。另外，只读标签中除了ROM和RAM外，一般还有缓冲存储器，用于暂时存储调制后等待天线发送的信息。

可读/可写标签内部的存储器除了ROM、RAM和缓冲存储器之外，还有非易失可编程记忆存储器。这种存储器除了存储数据功能外，还具有在适当的条件下允许多次写入数据的功能。非易失可编程记忆存储器有许多种，EEPROM（电可擦除可编程只读存储器）是比较常见的一种，这种存储器在加电的情况下，可以实现对原有数据的擦除以及数据的重新写入。可写存储器的容量根据标签的种类和执行的标准存在较大的差异。

2. RFID编码解析系统

RFID编码解析服务提供电子标签到信息服务地址的映射关系，是RFID公共服务信息网络的核心和基础。VD编码解析服务架构的优劣很大程度上影响了RFID公共服务信息网络的整体性能，对其服务性能、扩展性、安全性和可管理性等方面都有巨大的影响。

根据RFID公共信息网络的特点，对其编码解析服务有以下需求：

（1）分层管理。电子标签编码空间具有层次结构，包含标头、管理者编码、对象分类代码和序列号。因此，编码解析服务应允许映射信息的分层管理，合理划分解析空间，合理设置解析层次。

（2）冗余机制。编码解析服务器在编码解析服务体系中处于中心地位，为了提高系统的健壮性、稳定性和服务性能，需要具有冗余机制。因此，编码解析服务器需要有备份服务器，而且编码解析服务架构应当允许相同的映射信息存储在多台编码解析服务器中。

（3）多映射信息。编码解析服务器负责维护对象名称对应的信息，需要多台服务器对区域中的信息服务进行分流。因此，编码解析服务架构应当允许相同对象名称映射到多台信息服务器。

（4）多编码兼容。作为一种编码解析服务体系，应该兼容现有国内外的编码体系及其解析方法，同时随着射频标签技术的提高，具有更大编码空间的新版本将随之出现。因此，编码解析服务架构应当允许其软/硬件组件对不同体系不同版本的编码具有兼容性，也要兼容不同编码体系的解析方法。

（5）安全机制。为了保证解析的权威性、数据的准确性、网络的可管理性和信息的安全性，编码解析服务架构应当具有安全机制，具有高度的可管理性，提供对对象名称服务各系统组件的网络管理，具备编码管理功能。

编码解析服务本质上是一个查找服务，可以通过一个巨大的数据库来实现，但是它作为一种服务于国内所有RFID网络用户的公共资源，决定了它不适合采用集中存放的架构。因此，出于服务体系的可扩展性和实现难度考虑，编码解析服务应该采用分布式体系架构，建设成为开放的基于服务的分布式体系架构。

3. RFID读/写设备

读/写器是RFID的核心部件，作为连接后端系统和前端标签的主要通道，读/写器主要完成以下功能：

（1）读/写器和标签之间的通信功能。在规定的技术条件和标准下，读/写器与标签之间可以进行无线通信。

（2）读/写器和计算机之间可以通过各种接口进行通信。有的读/写器还可以通过网络接口直接与互联网连接，并提供信息以实现多个读/写器在网络中运行。

（3）能够在有效读/写区域内实现多标签的同时识读，具备防碰撞的功能。

（4）进行固定和移动标签的识读。

（5）校验读/写过程中的错误信息。

（6）对有源标签，往往能够识别和电池相关的问题，如电量等。

对于多数 RFID 应用系统，读/写器和标签的行为一般由后端应用系统控制。在后端应用程序与读/写器之间的通信中，应用系统作为主动方向读/写器发出若干命令，获取应用所需的数据，而读/写器作为从动方做出回应，建立于标签之间的通信。在读/写器和标签之间的通信中，读/写器又作为主动方触发标签，并对所触发的标签进行认证、数据读取等，进而读/写器将获得的标签数据作为回应传给应用系统（有源标签也可以作为主动方与读/写器通信）。

读/写器的基本作用相当于一个核心交换环节，将标签中所含的信息传递给后端应用系统。

10.1.6 传感器类型

传感器常用的分类方法有两种：一种是按被测物理量来分；另一种是按传感器的工作原理来分。按被测物理量划分的传感器，常见的有：温度、湿度、压力、位移、流量、液位、力、加速度和转矩传感器等。按工作原理划分传感器，有电学式、磁学式、光电式、电势型、电荷、半导体、谐振式和电化学式传感器等。

另外，根据传感器对信号的检测转换过程，传感器可划分为直接转换型和间接转换型两大类。前者是把输入给传感器的非电量一次性地变换为电信号输出，如光敏电阻受到光照射时，电阻值会发生变化，直接把光信号转换成电信号输出；后者则要把输入给传感器的非电量先转换成另外一种非电量，然后再转换成电信号输出，如采用弹簧管敏感元件制成的压力传感器就属于这一类，当有压力作用到弹簧管时，弹簧管产生形变，传感器再把变形量转换为电信号输出。

10.2 智能定位跟踪技术

定位跟踪系统是利用卫星导航、移动网络、GIS 等技术手段实现对物流系统中的人员、运输工具、货物、集装箱等的位置信息连续采集和实时监控的信息系统。

定位跟踪技术是实现智慧物流的重要技术支撑，在智慧物流发展中起到举足轻重的作用。通过实现定位跟踪管理，从而降低物流成本、提升企业的管理水平、加快物流业现代化进程、推进智慧物流体系的构建。

10.2.1 定位跟踪技术的应用

利用定位跟踪技术能够实时获取物流车辆、运送物品的实时位置信息，远程系统能够显示物流在途信息，让物流管理人员能够实时了解运输工具、货物的位置。调度人员可以根据货物的运送地点，结合客户的提货需求，通知离其最近的运输工具取货或送货，通过掌握行驶中运输工具的速度、时间及目标的距离，判断运输工具到达的时间，通知接收单位提前做好接货/收货的准备，有利于物流与配送的高度衔接，使运输工具更加明确自己的下一步任务与服务对象，实现人、车、货的动态配送，从而减少了运输工具的空驶率和闲置率，提高了运输工具的利用效率。

基于定位跟踪技术的物流运输全程监控系统，一方面使运输企业能够预设运输路线，对于运输途中车辆的路线偏离进行紧急报警，对路面发生故障或有紧急情况的车辆掌握第一手资料，迅速通知驾驶员采取措施，并能双向互动传递信息，从而增强快速处理突发事件的能力；通过限速提醒功能，可以有效地提高驾驶员行车安全性，最大可能地减少车辆事故率，便于调度人员的管理。另一方面，集成各类传感器信息的监控系统使物流客户能够全程监测物流运输过程中货物的温度、湿度、轨迹、跌落、倾倒等状态，对货物进行实时监控。

基于定位跟踪技术的现代物流信息系统建设，能够实时获取移动目标的位置及运动状态，能够对物流运输全要素、全过程和全方位数字化和智能化管理，整合物流运输过程的各类信息，帮助物流企业对物流活动的各个环节有效地进行计划、组织、协调和控制，物流企业通过无线通信、GIS/GPS 能够精确地获取运输工具的信息，以便企业内部和客户访问，从而把整个企业的业务变得透明，制定更加科学合理的决策方案，全面提升物流企业的管控水平。

物流运输的过程，能够产生大量的信息。基于定位跟踪技术，能够以空间为纽带来整合各类信息，建设基于位置服务的综合物流服务系统，将物流服务延伸到监控、管理、采购、订单处理，甚至物流咨询、库存控制、决策建议等，通过 GIS 的时空统计分析技术，为科学地制定仓库选址、销售网点设置等各类决策提供支持。因此，通过综合物流服务系统，能够及时掌握物流供应链上/下游的信息，从而延伸物流行业的服务水平，延伸物流行业的产业链长度。

10.2.2　地理信息系统

作为采集、存储、管理、分析、显示与应用地理信息的计算机系统，地理信息系统（Geographic Information System, GIS）是分析和处理海量地理数据的技术，是人类空间认知的有效工具。从学术角度看，地理信息是一门结合了信息科学、计算机科学、现代地理学、遥感测绘学、空间科学、空间环境学等多类学科的综合性学科，是以地理空间数据库为基础，在计算机软/硬件的支持下，运用系统工程和信息科学的理论，科学管理和综合分析具有空间内涵的地理数据，以提供管理、决策等所需信息的技术系统。简单地说，它是计算机科学与地理空间科学相结合的产物，是用于输入、存储、管理、查询、分析、显示、辅助分析决策的计算机系统。

GIS（见图 10-8）由计算机系统、地理数据和用户组成，通过对地理数据的集成、存储、检索、操作和分析，生成并输出各种地理信息，从而为国土监管、森林监测、资源评价与管理、环境保护、交通运输、经济建设、城市规划及政府部门行政管理提供新的知识，为工程设计和规划、管理决策服务。其中，计算机系统具体包括硬件系统和软件系统。

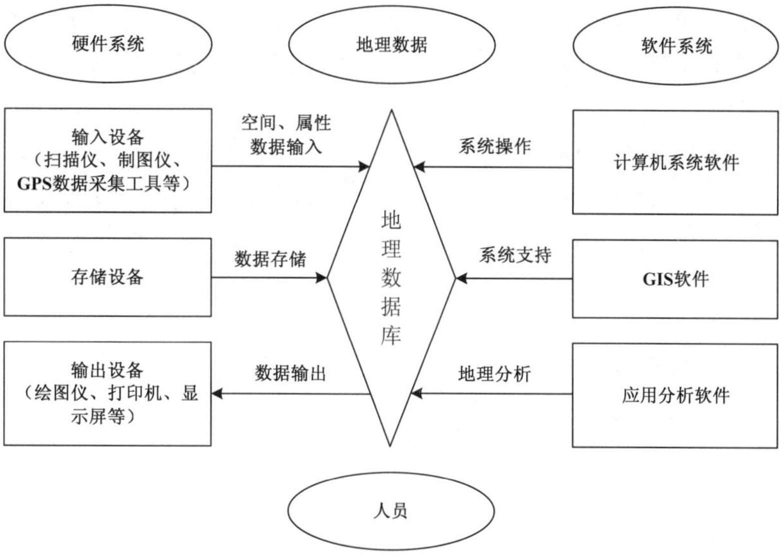

图 10-8 GIS 组成

地理信息系统包含了处理空间或地理信息的各种基础和高级功能，基本功能包括数据采集与编辑、数据处理与存储、空间查询与分析和制图展示，高级功能包括网络分析等。

1. 数据采集与编辑

数据采集和编辑是 GIS 最基础的功能，建立 GIS 的第一步是将地面上的实体图形数据和描述它的属性数据输入计算机，此过程就叫数据采集。对采集的各种数据，按照不同的方式对数据进行编辑运算，清除数据冗余，弥补数据缺失，形成符合用户要求的数据文件格式。

GIS 数据的主要来源包括纸质地图数字化数据、遥感数据和 GPS 采集的数据。GIS 采用矢量和栅格两种编码方式将这些数据存储到计算机中，其他来源的数据如多媒体数据、文字、图像等数据通过计算机制图等辅助系统进行输入。

2. 数据处理与存储

空间数据是多源数据，多源数据的融合应用是 GIS 数据处理的目的，数据处理主要包括数据的投影转换、格式转换及数据综合等。数据融合的重要内容是把不同测量成果统一到坐标基准下以满足 GIS 制图及分析的需要。数据格式转换是各类来源的地理数据统一格式存储，主要是早期计算机辅助设计系统（AutoCAD）格式的数据、不同遥感数据处理系统存储的栅格数据（Envi、Erdas）、GPS 野外采样数据、图片数据、属性表格数据等格式转换。数据综合指在进行数据展示层面，对于不同比例尺的地图数据、不同分辨率的遥感数据的数据处理，利用制图综合和影像重采用方法，达到在不同的尺度下，展示特定的地理要素，进而使展示效果最佳。

3. 空间查询与分析

空间查询和分析是 GIS 应用最为广泛的功能，也是地理信息系统区别于其他信息系统的重要标志。空间查询是按照一定的条件将空间对象检索出来，并在地图上进行位置和属性的展示。空间分析是分析和解决现实世界中与空间相关的问题，空间分析主要有拓扑分析、方位分析、栅格分析。空间分析是大数据挖掘的基础手段之一，通过空间数据的查询和分析，能够从已知的地理数据中发现更多隐含的信息。

4. 制图展示

GIS 制图展示功能体现在 GIS 中，是电子地图的重要制作工具，能够对空间数据进行各类渲染，让用户对于空间相关的事件形成直观印象。GIS 提供的制图展示包括地图符号的制作、地图比例尺计算、地图打印输出等。对于空间查询获得结果能够进行各类专题展示。

5. 网络分析

网络分析是运筹学模型中的一个基本模型，它的根本目的是研究、筹划一项网络工程如何按地理网络（如交通网络）、城市基础设施网络（如各种网线、电力线、电话线）进行地理分析和模型化，实现地理信息系统的网络分析功能，并使其运行效果最好，如一定资源的最佳分配，从一地到另一地的运输费用最低等。其基本思想则在于人类活动总是趋向于按一定目标选择到达最佳效果的空间位置。在空间网络分析中，路径问题占据重要位置，人们常想知道在地理空间网络的两指定节点间是否存在路径，如果有路径，最符合自己需求的是哪条路径。这种路径问题对于现代物流系统有着重要的意义。例如，在物流配送过程中，有时要找运输费用最少的路径，有时要找两点间配送所需时间最短的路径等。GIS 的网络分析功能将使物流服务商能用最短的时间和最低的成本，将货物及时送到相应的货主手中。

地理信息系统广泛应用于资源调查、环境评估、灾害预测、国土管理、城市规划、邮电通信、交通运输、军事公安、水利电力、公共设施管理、农林牧业、统计、商业金融等所有涉及空间位置的领域。

10.2.3 电子地图

电子地图是一种以数字地图为数据基础，以计算机系统为处理平台、在屏幕上实时显示的地图。电子地图首先是一种反映了地理信息的模拟地图产品，同时具备地图的 3 个特征：数学法则、制图综合和特定的符号系统。电子地图数据来源是数字地图，既可以是可无级缩放的矢量地图数据，也可以是以像素点存储的栅格地图数据。电子地图的采集、设计都是在计算机平台上实施的，其表达载体是电子屏幕。电子地图与数据和软件系统集成一体，其应用软件作为浏览系统能够完成电子地图的放大、缩小、漫游等功能，同时也能够实现快速、高效的信息检索与空间分析功能。

电子地图和 WebGIS（网络地理信息系统）相结合形成了网络电子地图是目前影响人们生活的地图产品。与一般的电子地图相比，网络地图不仅可以利用闪烁或动画等手段实现表现形式的动态变化，更重要的是基于网络环境，能够使地图内容实现实时动态更新。可以根据不同用户的要求，定制不同类型、不同风格的网络地图，实现个性化服务。用户可以根据需要进行点、线、面等多种形式的查询。

目前主流的门户网站，例如谷歌、百度、搜狗、腾讯、阿里巴巴等，都有网络电子地图产品，打造了基于位置服务的时代。智慧物流的定位跟踪系统主要涉及电子地图的关键技术，包括电子地图数据的组织和存储、网络地图服务中的空间查询分析技术及网络地图中的网络分析技术。

海量地理数据的高并发访问量和实时可视化表达是电子地图的基本问题，对于一个电子地图系统，数据组织和存储方法直接关系到系统的运行效率。目前，常用的数据组织方式为分级、分块、分层、分区域等方式存储空间数据。①分级存储指按照不同比例尺进行数据的组织和存储。例如，同一幅地图可以有 1∶100 万和 1∶5 万两种不同级别的视野。1∶100 万是从宏观上显示区域轮廓，1∶5 万则从更微观的角度显示详细的信息（见图 10-9）。②分块组织指将数据按照一定的条件划分成若干的小块，当用户需要浏览某区域的地图时，只将某些块数据读入内存进行处理。③分层存储指将地图的各要素按照图层方式存储，如面图层、道路图层、注记图层等。

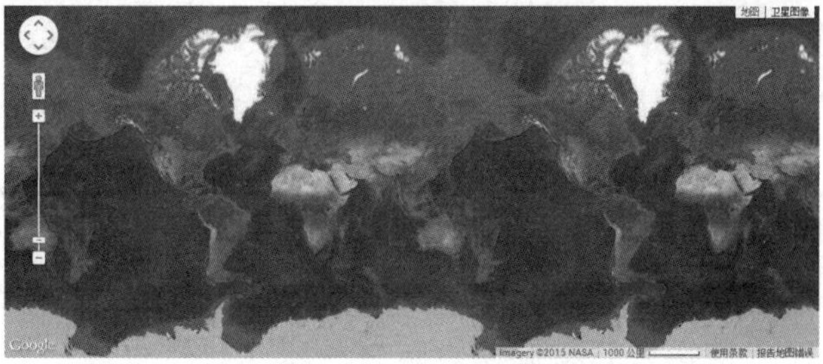

图 10-9　全球视图

10.2.4　GNSS 定位技术

GNSS（Global Navigation Satellite System，全球导航卫星系统，见图 10-10）是指利用卫星播发的无线电信号进行定位导航的技术，目前移动目标的定位跟踪越来越多地采用这种技术。它的优点是具有海、陆、空全方位实时三维导航定位能力，在海、陆、空移动物体的导航、制导、定位等方面得到广泛应用。目前世界有 4 大全球定位系统及若干个服务于本国或周边区域的区域导航系统。作为智慧物流定位跟踪的主要手段，GNSS 定位被广泛应用于物流行业。

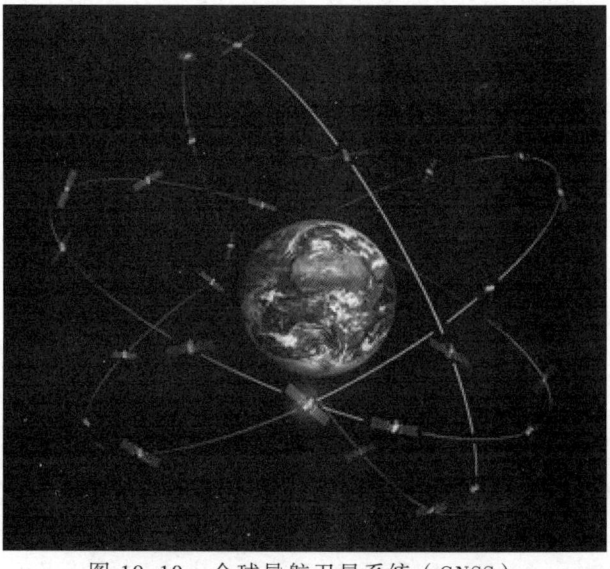

图 10-10　全球导航卫星系统（GNSS）

GNSS 定位系统主要由空间星座部分、地面监控部分和用户设备部分组成。空间星座一般由若干导航卫星组成，卫星上搭载高精度的原子钟，用于测算信号发射时间，地面监控部分一般有地面运控站和地面监测站组成，用户设备指用户接收机。

GNSS 工作原理可以描述为：首先，空间星座部分的各颗 GPS 卫星向地面发射信号，地面监控站通过接收、测量各个卫星信号，将信号发送至主控站，主控站确定卫星的运行轨道信息；其次，通过监测站或者主控站本身将信息注入卫星，让卫星在其发射的信号上转播这些卫星运行轨道信息；最后，用户设备通过接收、测量各颗可见卫星的信号，并从信号中获得卫星的运行轨道信息，进而确定自身的空间位置。

具体的定位原理为地面接收机设备接收到至少 4 颗卫星信号，计算出接收机距离卫星的距离，卫星在空间的位置已知，卫星带有高精度的原子钟，发射信号时刻已知，信号到达接收机时刻已知，卫星和接收机的钟差未知，接收机的位置未知，4 个方程解算 4 个未知数，从而获得接收机的位置和钟差。

美国研制 GPS 的最初目的是用于军事领域，当技术成熟后，就开始向民用扩展。目前 GNSS 定位系统主要应用领域包括道路、桥梁、隧道的施工中的工程测量，精确制导导弹、巡航导弹的精确制导，车辆监控和导航，船舶的远洋导航、港口/内河引水，飞机的航线导航、进场着陆控制，空间飞行器的轨道定位，手机、PDA、PPC 等通信移动设备防盗，儿童及特殊人群的防走失系统，精准农业的农机具导航、自动驾驶，土地高精度平整等多领域。

10.2.5 基于无线网络的定位技术

随着无线通信技术的发展和数据处理能力的提高，利用无线网络进行定位成为移动通信应用发展的新方向。无线移动网络定位按照网络类型及拓扑的差异可以分为移动通信基站定位、无线局域网定位和无线网络辅助的 GPS 定位系统。

移动通信基站进行通信的基本原理分为 3 类：基于三角关系和运算的定位技术、基于场景分析的定位技术和基于临近关系的定位技术。其定位方法有场强定位法、起源蜂窝小区定位法、信号到达时间定位法、信号到达角度定位法、信号到达时间差（TDOA）定位法、增强型观测时间差（E-OTD）定位法及相关数据库定位法（DCM）等。

目前，主要的短距离无线传输技术包括蓝牙、ZigBee、Wi-Fi、RFID 等，利用短距离无线通信技术进行室内定位是定位跟踪技术的一个研究热点。其定位原理和基于移动基站的定位相似。

10.3 中国北斗卫星导航系统

北斗卫星导航系统（BeiDou Navigation Satellite System，BDS）（见图 10-11）是中国为了满足全球导航系统的需求而自主研制发展的全球卫星导航系统，是国家正在建设的重要空间信息基础设施，也是继美国全球定位系统（GPS）、俄罗斯格洛纳斯卫星导航系统(GLONASS)之后第三个成熟的卫星导航系统。北斗卫星导航系统(BDS)和美国 GPS、俄罗斯 GLONASS、欧盟 GALILEO，是联合国卫星导航委员会已认定的供应商。2014 年 11 月 23 日，国际海事组织海上安全委员会审议通过了对北斗卫星导航系统认可的航行安全通函，这标志着北斗卫星导航系统正式成为全球无线电导航系统的组成部分，取得面向海事应用的国际合法地位。2016 年 8 月 4 日，中国北斗卫星导航系统服务正式落地老挝。

图 10-11 北斗卫星

北斗导航系统能够发送高精度、全天时、全天候的导航、定位和授时信息，广泛应用于航天、航空、物流、交通、电力、通信、渔业、农业、林业、国土等关键领域，为国民经济和国家安全重要基础设施提供空间和时间基准，是现代信息社会的基础，是涉及国家战略安全的重大空间基础设施。在关系国家民生的关键行业和领域利用北斗是中国国家和经济安全的需求，利用北斗导航进行智慧物流系统建设是涉及国家重要战略物资如危化品运输、应急物资、军事物资等的物流运输行业的使命要求，是未来中国智慧物流发展的必然趋势。

【延伸阅读】支持智慧物流 为何政策忽然提速

一份“智慧物流配送示范企业”的名单最近在中国物流业界引起热议，大家都在关注谁进谁没有入选，其中除了一些地方性物流企业之外，菜鸟网络、顺丰速运、苏宁物流、海尔日日顺等几家著名的互联网特色物流企业都被认定为中国第一批智慧物流配送示范企业。商务部办公厅发送通知到各省、自治区、直辖市、计划单列市及新疆生产建设兵团商务主管部门，要求各省级商务主管部门将推进智慧物流配送体系建设和商贸物流标准化工作相结合，指导智慧物流配送示范单位制定实施方案，建立联系机制，抓好组织实施，并及时总结先进经验。

这次商务部对包括菜鸟物流在内的智慧物流业表示出的高度重视，体现出智慧物流从不被认识到如今引领潮流、被政策所认可。

事实上，现已众所周知，智慧物流配送示范企业名单的出台在商务部之外还有大背景，即智慧物流概念最近刚刚从国家层面上得到肯定。2014 年 7 月 20 日，国务院总理李克强主持召开国务院常务会议，会议通过十三五国家科技创新专项规划，以创新型国家建设引领和支撑升级发展。部署推进“互联网+物流”，要求提升仓储智能化水平，发展冷链物流，降低企业成本，便利群众生活。会议认为，发展互联网+高效物流，是适度扩大总需求、推进供给侧结构性改革的重要举措，要构建物流信息互联共享体系，推动物流与“双创”结合，探索实行“一票到底”的联运服务。简化审批，鼓励金融机构重点支持小微物流企业发展。

很明显，国家通过“互联网+”战略实施现代物流工程，将有利于提升物流仓储的智能化水平和效率，有利于降低物流成本，促进物流行业的快速发展，是智慧物流业的大利好，也是为什么商务部在随后即出台智慧物流配送示范企业名单的原因。

那么到底何为智慧物流？说起来这真是一个非常复杂的概念，从技术层面会涉及感应器、RFID 标签、制动器、GPS、物联网、传感网、大数据等关键词，但如果广义上看，其实就是互联网+物流，通过互联网技术在物流业的运用提升物流业效率，造福社会，以智慧物流标签最明显的菜鸟网络为例，其建设智慧物流，首先是在基础数据标准层级开始，建立数据标准、电子面单标准、智能硬件标准以及又便宜又快又好的机器人的打磨等，继而要做智慧赋能的产品，通过这些数据赋能产品,帮助物流公司降本提能；第三步则是给到消费者一个统一背书的服务品牌和标准,让消费者能够买得放心,送得开心。

值得一提的是，像菜鸟网络这种智慧物流企业，与四通一达等传统物流不同，它是一个第四方智慧平台，是阿里巴巴、银泰集团牵头，联合复星集团、富春集团、顺丰集团、三通一达（申通、圆通、中通、韵达），以及相关金融机构共建的智慧物流平台，目标是在这个开放的社会化物流大平台上，在全国任意一个地区都可以做到 24 小时送达，所以又被称为“中国智能物流骨干网”。它本质上是要在物流的基础上搭建一套开放、共享、社会化的基础设施平台，通过自建、共建、合作、改造等多种模式，在全中国范围内形成一套开放的社会化仓储设施网络，所以菜鸟网络在建设初期才要拿地，但除了这一块，你甚至可以认为菜鸟网络不是一家物流公司，而是一家云计算、大数据公司，它的诞生是为了通过技术手段打通快递、仓配、末端、跨境、农村物流五大网络体系，提升传统物流公司的效率、服务品质。这次国务院重点部署推进智慧物流，显示马云的菜鸟网络再次踩在政策节拍上。

但是，智慧物流概念提出至少已经有七年历史，为什么直到今天，从政府层面对其重视程度忽然加速？总结下来有四点原因：

其一，智慧物流之外，政府对物流业的发展一直非常重视，因为这是中国经济的一个短板。中国社会物流总费用占 GDP 的比重保持在 18%左右，是发达国家的两倍，对于整个社会来说，高昂的物流成本是灾难，也影响到普通中国人的日常生活。事实上，中国政府近年来一直在扶持和促进物流业的发展，从这个角度讲，支持智慧物流也是促进物流业发展的题内应有之意。

其二，智慧物流是物流业的新增长点。如前面所提，政府一直高度重视物流业发展，2013 年至今，李克强总理多次访问快递企业，原来有观点认为快递业经过 5 年的爆发增长，后面的增速应该降到 40%以下，但事实上，今年上半年，快递业务量增速又超过 55%，其中智慧物流贡献显著，证明了国家此前对于强劲新增长点的判断，这个行业目前直接带动了 200 多万人就业，推动了就业的服务业转型趋势。

其三，支持智慧物流有助于经济增长方式转型。国家一直在提及新动能与旧动能的概念，实际上就是扶植新经济发展，但传统经济亦依然要保持稳定。目前的情况是传统经济下行非常严重，此时提及互联网+物流，就是用新经济方式带动传统经济，是积极财政政策的新手段之一。

其四，中国经济效率提升的空间，切入点可能还是在流通领域，这个领域的增长空间非常大。第一次工业革命、第二次工业革命，实际都是能源领域出现了奇点，蒸汽机和电力的普及都是如此。物流从马车时代向蒸汽机车、货车时代过度，经济效率本质提升。IT化解决了一部分信息流通问题，这也是为什么美国物流业发达的原因：工业化+IT化。现在所说的“互联网+”实际上是DT（Data Technology，数据处理技术）的概念，DT经济下供应链信息更加对称，边界成本迅速降低，是平台协作的时代，DT经济带来的社会组织方式的变革，可以让中国物流、流通迅速发展，实现弯道超车。

中央一直在提倡供给侧改革，以解决产能过剩问题，这次部署推进互联网+物流，也是在适度扩大总需求、推进供给侧结构性改革的一大举措，最直接的，智慧物流可以提高物流业效率，降低企业所负担的物流成本，而企业总负担的减轻，盈利能力的增强，又是供给侧改革得以推行的保障。

资料来源：供应链管理网（http://www.hg-scm.com/），2016-8-3

【实验与思考】深入了解智慧物流技术

1．实验目的

（1）熟悉智能识别与感知技术，熟悉智能定位跟踪技术。

（2）了解大数据时代智慧物流新技术。

（3）了解中国北斗卫星导航系统。

2．工具/准备工作

在开始本实验之前，请认真阅读课程的相关内容。需要准备一台带有浏览器，能够访问因特网的计算机。

3．实验内容与步骤

【概念理解】

（1）请结合本章内容，简单介绍智慧物流的主要技术，重点描述你特别感兴趣的技术知识。

答：______________________________

（2）请通过网络搜索学习，了解什么是物联网技术，物联网技术可以如何应用于智慧物流系统的建设。

答：______________________________

（3）请通过网络搜索学习，了解什么是云计算技术，云计算技术可以如何应用于智慧物流系统的建设。

答：

【实践案例】

MAYBURY安保有限公司（MSL）被授予了一个为期10年的合同，为警察局的特别部门提供IT系统，该系统用于检测和预防有关计算机的违法行为。对于公众和媒体来说，他们认为赢得合同的是CYBERIA，一个享有国际声誉的多个安保组织机构的联营体。这个联营体以合作伙伴关系与警察局一起对抗“网络犯罪”。该联营体实际上就是由MSL公司作为主要合同商，外带一些分包商，他们设计的项目有设施管理、建筑工程、软件开发、数据中心管理和系统集成等。

合同执行进入到12个月之后，有迹象清楚表明，各方之间的关系日益恶化。MSL公司故意不让警察局代表与分包商接触，尽管他们都要求对方参与到技术问题的解决中来。警察局有6个月的时间内没有按合同付款，原因是合同要求的业绩没有达到。

MSL的执行董事Geoff Maybury在警察局开完紧急会议之后，同意撤销现任的项目经理，警察局也同意指定一个新的高级警官负责该合同项目，双方都是为了免除任何个人因素所导致的关系问题。

警察局提出的问题是：

① 合同规定的完成各项任务的里程标都延迟了，并且完成得不理想。

② 合同变化的成本过大。

③ MSL对于合同变化的回应总是不能达到原先同意的服务水准。

MSL的投诉是：

① 警察局通过改变已被接受的标准对合同的目标进行变更。

② 做决定的过程过长，对于提供的服务产生了影响。

③ 合同的数量和内容的变更需要大量的重做的工作，而警察局又拒绝对此付款。

分包商的抱怨是：

① MSL没有把警察局的要求恰当地表述出来。

② MSL对到位的发票总是延迟付款（经常要拖60天之久）。

③ 对完成的工作进行批准所给出的通知时间太短，同样，因为需要更改所通知的时间也太短。

如果你就是被任命的这位新的高级负责警官，得到MSL的同意后，你邀请了MSL新的项目经理及各分包商那里相同级别的管理人员，举行一个会议来讨论解决这些问题的途径。

任务

作为警察局的高级警官，你将如何回答下列问题来解决目前的困境？

(1) 你认为警察局应该如何改变他们的一些做法？

(2) 你还可以想到采取其他的什么行动来解决目前的这些问题？

(3) 这些其他的行动会如何影响已有的合同事宜？

(4) 你在这个过程中将如何改进关系管理这个问题？

请将考虑的书面解决方案记录下来并粘贴如下：

4．实验总结

____

____

____

____

5．教师评价

____

____

第 11 章 智慧供应链管理

在当今全球化、网络化热潮中，企业之间的竞争已经变成与其相关的供应链之间的竞争。“智慧供应链”是结合物联网和现代供应链管理的理论、方法和技术，在企业中和企业间构建的，实现供应链的智能化、网络化和自动化的管理，是一种信息技术与现代管理模式融合的综合集成体系。构建智慧供应链是社会经济发展的需要，也是企业增强核心竞争力的重要途径。智慧供应链具有技术渗透性、可视性、信息整合性等优点，能够有效提高未来供应链的绩效和解决目前供应链管理中存在的诸多难题。

集装箱运输（见图 11-1）是运输史上革命性的举措，它直接推进并刺激了贸易及许多现代技术的进步和发展，已成为智慧供应链和物流的重要手段。目前，全球贸易的 90%通过集装箱运输完成，集装箱也成为了应用最广、最标准化的物流基本容器单元。集装箱运输链可以充分发挥各种运输模式（如海运、内河、铁路、公路）的长处，实现优质门到门的服务，大大降低了转运、装卸、仓储费用成本和货损，也降低了整个运输过程的碳排放，是最环保的运输方式之一。近年来，全面应用现代物联网和移动计算等智慧技术的智能集装箱开始出现。

图 11-1　集装箱运输

11.1　智能集装箱

随着全球化的迅速发展，国际贸易的增加，全球集装箱吞吐量在 2013 年达到 5.5 亿 TEU（标准箱）左右。目前有 4 000 万 TEU 的集装箱在全球流转。中国是集装箱吞吐量最大的国家，早在 2006 年就在全球率先突破 1 亿 TEU 的吞吐量，后来一直占全球总吞吐量的 25%以上。

面对如此大规模、国际性的货运运输流通载体的集装箱，其箱号识别、信息采集、集装箱的跟踪与管理大都是通过人工或手工完成。由于箱号识别的不准确、数据人工抄录的错误、信息传递的延误等，造成了集装箱供应链数据的紊乱。调查显示，集装箱物流数据中实时且准确的一般只有 65%，35%的信息存在丢失或不准确的情况。而且，集装箱特别是特种集装箱（如冷藏箱）内的物理参数如果没有得到实时监控，会造成巨大的货物损失。

智能集装箱（见图 11-2）通过 RFID 电子标签实现对集装箱箱号的无线自动识别，通过智能集装箱安全设备实现对集装箱安全状态的监测，通过 GPS 技术实现集装箱定位，通过 MEMS（微电子机械系统）等传感技术实现集装箱状态的自动监测，通过 RFID/WLAN/GPRS/卫星通信等方式实现数据的远程传输，通过智能集装箱公共数据平台实现集装箱信息的自动采集与管理，实现集装箱在整个物流链上的信息透明化，从而大大提升现代物流的效率、效益和资产调度与管理水平。

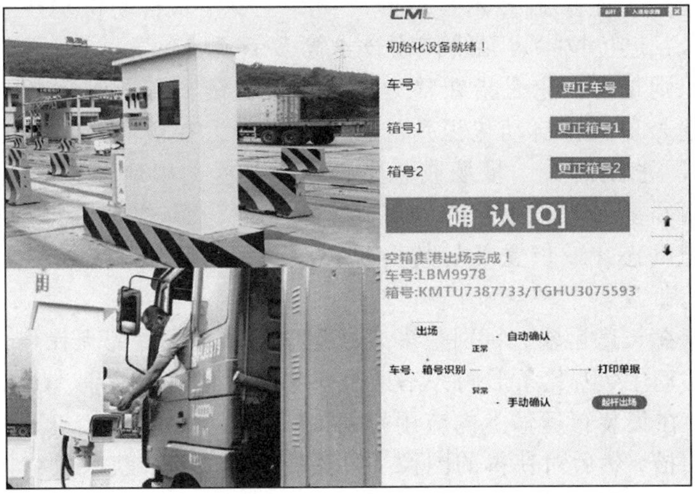

图 11-2　智能集装箱

11.1.1　智能集装箱的概念和功能

智能集装箱是指应用自动识别、安全和物理参数监控技术，以及与之相关的定位、无线通信、机械技术于一体的现代化集装箱及其管理系统。智能集装箱运输系统由集装箱多式联运系统涉及的各类硬件设施和软件管理系统组成。完整的智能集装箱运输系统应具备以下功能：

（1）自动识别功能。自动识别集装箱，使其与作业系统进行快速的信息交换，减少手工录入及单证流转过程中的差错，同时提高通关速度。

（2）安全监测功能。探测并记录集装箱的非法入侵事件，识别并记录经授权的开/关箱门操作，提供报警功能，协助海关及客户进行快速查验，确定安全责任划分。

（3）定位和追溯功能。通过管理信息系统和定位技术手段，记录和查询（或自动报告）集装箱位置，当与预先设定的运输路线不一致时发出警报信号，同时可以追溯集装箱运输过程中的历史状态。

（4）状态监测功能。利用传感器和网络通信技术，实现对运输过程中集装箱状态的实时监测。

（5）集装箱堆场自动作业功能。由于智能集装箱具有自动识别能力，因此堆场机械能在无人操作的情况下，自动找到对应的集装箱，并根据系统提供的信息，将集装箱放在计划的堆场位置上。

（6）信息服务功能。自动记录集装箱的关键信息，如箱内货物、箱号、提单号等，并通过与后台信息系统的数据关联，实现经授权的信息管理和查询功能。

（7）集装箱设备维护和管理功能。记录集装箱的生产商、生产日期、规格、维护情况、箱主等信息，集装箱管理人（箱主或租箱人）可以据此安排集装箱设备的维护和保养计划。

11.1.2 关键技术和装备

智能集装箱是多种软/硬技术集成的产物，主要涉及自动识别技术、集装箱安全和状态监测技术、定位技术、无线传输技术等多个领域和学科。

（1）自动识别技术。它是指在整个集装箱运输链上各操作环节中对集装箱的唯一性标志（如箱号）进行自动化识别的技术。例如，在供应链监控管理过程中集装箱装/卸车、船，进/出码头、堆场或仓库，以及某些途中地理位置（如车站或 GPS 测量点等），都需要及时采集它的动态并予以处理，而这些动态感知都需要首先识别集装箱号并把动态（或位置）与其关联，形成完整的动态（或位置）信息送到监控管理平台进行处理。

由于集装箱在长途运输，特别是多式联运中基本上都是露天操作，容易污损，而且往往在持续移动中，因此条形码并不适合于集装箱的自动识别。OCR 技术也是一种光学识别技术，在集装箱运输上的应用指由电子设备（如数码相机）对箱体上的集装箱号进行图形扫描，然后对获得的图像文件进行分析处理，获取数字化的文字信息的过程。该技术的不足之处是对天气、光线的要求较高，在大雾或夜晚条件下难以实现较高的识别率，但有些码头的闸口会在较好的光照条件下使用此技术对箱号进行识别并辅以人工校正。

集装箱电子标签可以实现非接触式操作，支持远距离数据存取；可重复使用，应用便利，无机械磨损，寿命长；穿透性好，读/写距离远；抗污染能力和耐久性强，可以在恶劣环境下工作；并且可以同时读取多个标签。典型的集装箱电子标签（见图 11-3）是一种技术上最为简单可靠的特高频（UHF）无源电子标签，在写入箱号及拥有人等基本信息后可以终身无维护。

（2）集装箱安全和状态监测技术及装备。智能集装箱实现自身安全监测主要依靠两种技术原理：一是通过安装电子铅封来监测箱门开关状态，以代替传统的铅封；二是通过在集装箱内的传感装置来监测箱体和货物安全。还有一种集装箱安全装置（CSD）则利用各种技术综合对集装箱的安全进行更完善的监控。

电子铅封是一种能够自锁、防开启、带识别芯片的集装箱封印。每个封印都具有唯一的编码，包含供智能手持终端识别的条形码或二维码、RFID 芯片，以及供人眼识别的编码。电子铅封采用非接触式自动识别技术，可以自动识别目标，获取相关数据，并能智能读/写和通信转换，实现计算机管理。电子封印标签数码 ID 具有全球唯一性，通过 RFID 读/写器完成施封、解封管理过程，数据下载及远程传输。

图 11-3　集装箱电子标签

对集装箱的内部状态监测主要通过速度传感器、碰撞传感器、倾角传感器、压力传感器、液位传感器、气体传感器、开关传感器、温度传感器、湿度传感器等装置，实现对集装箱状态的数据采集，如加速度、压力、液位、温度、湿度等。这些参数通过集装箱外部的天线或无线通信单元，利用无线传输技术传送到集中监控平台上进行处理。

（3）定位技术。集装箱的定位目前多采用全球定位系统（GPS）。

（4）无线传输技术。集装箱数据的近距离无线传输往往组合应用多种无线传输技术。在较固定的物流操作场地使用移动设备时，Wi-Fi 技术通常是进行近距离数据传输的首选方式，如在码头、堆场、查验点等地使用手持智能终端对电子铅封进行合法性检查，或进行施封/开封操作。由于应用环境不同，也可采用其他短距离无线传输技术，如集装箱堆叠在一起时，可以采用具有自组网特性的 ZigBee 技术。

为实现智能集装箱与远程监控平台之间的数据通信，目前智能集装箱的远程通信大部分采用 GPRS/3G/4G 移动网络技术，在特殊要求情况下（如沙漠、海上等地区对集装箱的连续检测跟踪）也必须使用卫星技术。很多智能集装箱系统采用两者结合并以卫星为备用的通信方式。

（5）集装箱安全装置（CSD）。还有一种被称为集装箱安全装置，这是将上述各种技术融于一体的装置，结构类似门夹式电子铅封，但同时具备识别、安全、定位和集装箱内参数监控等功能。这种装置分内/外两部分，外部包括定位装置、通信模块及天线，内部具有光敏传感器。当箱门或任何一侧的箱体被打开时，光传感器即被触发，如非正常解封，箱体即自动将当时的 GPS 地理位置和时间通过外部通信模块向监控平台发出报警信息。内部还有对箱内温度、湿度等参数进行监控的各种传感器，其测量结果加上 GPS 的定位信息，按照预先设定的时间间隔，自动向平台发送。

11.1.3 智能集装箱管理系统架构

智能集装箱系统一般采用无线传感网络架构，通过分布在集装箱内的传感器节点收集和采集各种信息，然后通过集装箱外部网络传输这些信息到基站，最后由后台处理器对数据整合，做出功能性判断，还可以提供可视化服务。

（1）数据源（采集）层。在集装箱内部或外部安装不同的传感器，用以采集包括标志（如电子标签标示的箱号）、位置（卫星或基站定位）、温/湿度或压力、光线等物理参数测量、箱门（锁）开/关状态等。应用这些传感器实时感应和采集集装箱的状态信息（如位置、通过闸口、门或锁的开/关状态等信息）以及其内部的环境数据，这样可以快速及时掌握集装箱的整体动态和内部的物理状况。

（2）数据传输链路（网络通信）层。由于集装箱在储存和运输过程中空间和时间的跨度都很大，而且箱体是金属制造的，所有的信号都被屏蔽，所以如何把箱子信息传给基站是至关重要的。数据传输链路层往往是多种网络通信技术的混合结构。一般的链路都会自动首选成本低、传输可靠的移动通信手段，主要利用各移动通信公司提供的 GPRS 移动网络。而在移动信号无法覆盖的荒漠、山区和海上则需要采用比较昂贵的卫星通信手段。

（3）公共数据平台层。其核心功能是对由分布在世界各地的智能集装箱所采集，并通过通信链路层传输上来的数据进行收集、管理和服务。平台接收到智能集装箱的数据后，通过筛查集装箱的属性和箱号等判断该集装箱的性质和拥有人，然后送到相应的应用系统进行处理，如将相应的信息通过 EDI 等手段传送给拥有人的系统，或把位置信息展示在相应的电子地图上，或根据采集的参数值来判断是否需要报警及报警对象和处理升级顺序，等等。

（4）用户端系统。它是各种智能集装箱用户获得信息的门户，其后台管理包括：终端（如 PC 或手机、手持终端等）接入控制、接入安全管理、用户权限管理等，以及安装在终端的应用程序（客户端 App）。

11.2 智慧供应链管理

现代物流需要最大限度地利用现代化的管理技术和网络信息技术，整合供应链上/下游各环节的订单、商务、制造和销售配送的需求信息，同时根据需求整合社会物流资源，把运输、仓储、包装、加工、配送等环节紧密连接起来，高效率地满足供应链上各环节的物流需求，因而实现了商流、资金流、物流和信息流集成一体的高效率、低成本、低能耗、低排放的供应链管理体系。这种理想的供应链管理体系只有通过智慧化的方式才能实现。

11.2.1 智慧供应链概念及特点

“智慧供应链”是结合物联网和现代供应链管理的理论、方法和技术，在企业中和企业间构建的，实现供应链的智能化、网络化和自动化的技术与管理综合集成系统。

与传统供应链相比，智慧供应链有以下特点：

（1）技术渗透性更强。在智慧供应链环境下，管理和运营者会系统、主动地吸收包括物联网、互联网、人工智能等在内的各种现代技术，主动将管理过程适应引入新技术带来的变化。

（2）可视化、移动化特征更明显。智慧供应链更倾向于使用可视化的手段来表现数据，用移动互联网或物联网的技术手段来收集或访问数据。

（3）协同、配合更高效。由于主动吸取物联网、互联网、人工智能等新技术，智慧供应链更加注重链上各环节的协同和配合，及时地完成数据交换和共享，从而实现供应链的高效率。

（4）供应链链主更凸显。在管理体系上，往往由一个物流服务总包商来向供应链链主（一般是货主）直接负责，利用强大的智慧型信息系统管理整个门对门的物流链的运作，包括由一些物流分包商或不同运输模式的承运人所负责的各个物流环节。

11.2.2 智慧供应链管理的金字塔体系

智慧供应链管理信息系统的体系结构可以用图 11-4 这样的金字塔来表示，称之为智慧供应链金字塔。

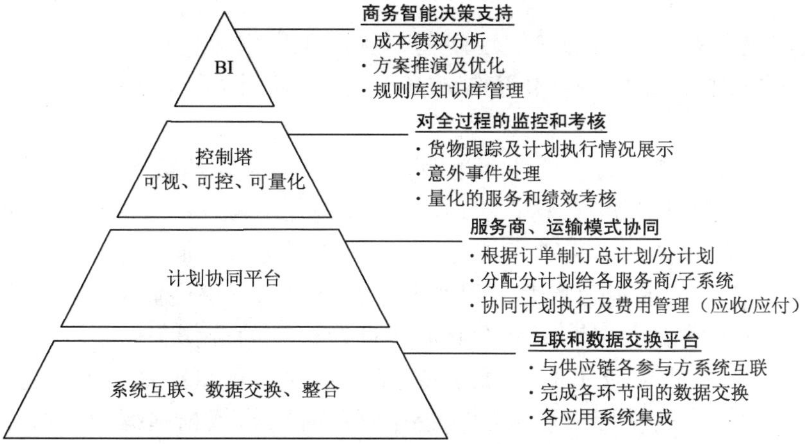

图 11-4　智慧供应链管理的金字塔体系结构

这是从整个供应链管理的视角上对各环节具体的智慧物流系统进行协同、全面监控和管理的体系结构。使用该金字塔的是供应链物流服务的总包商。

金字塔最底层的系统互联和数据交换平台是与供应链各参与方或同一参与方的其他应用系统进行互联对接集成，完成数据共享协同的基础设施。企业内部各应用系统的集成主要通过 SOA 体系下的企业服务总线（ESB）和接口技术等实现，与外部企业（包括货主、制造商和物流分包商）的数据交换则通过系统互联和电子数据交换（EDI）实现。

计划协同平台是根据各种订单和供应链上的各种资源，在商务规则的控制下，以智能化的方式制订总体的物流计划，并分解成各具体环节或针对具体物流服务商的分计划，将这些分计划分配给各服务商或子系统，并根据总计划协调各分计划的执行。同时，平台的商务模块将根据与各服务分包商的合同和完成的服务对其应付费用进行核算管理，根据与货主的合同对整个供应链的费用进行应收核算管理，形成应收/应付凭证通过接口转发财务系统。

控制塔是近年来特别是针对复杂的供应链管理需求而发展起来的，对供应链全过程实行全面监视、异常事件控制和量化考核的体系，如同机场上居高临下，统管全局的控制塔台。

智慧供应链金字塔的顶端是商务智能和决策支持系统。目前用于物流行业的商务智能系统通常由基于规则库、知识库的决策支持体系构成，可以完成诸如成本绩效分析、方案推演及优化等基本的决策支持功能。在系统运行大量数据积累的基础上，如果有业务需求，也可以通过建立数学模型或其他大数据分析方法，实现对整个链运作的更高层次的智慧化决策支持。

11.2.3 构建智慧供应链的意义

传统供应链内部成员之间的信息交流基于存在直接的供应和需求关系的企业之间。在实际的交流过程中，信息流往往会由于不同企业采用的不统一的信息标准系统而导致无法正常流通，使得供应链内部信息无法自由流通和共享。

（1）高度整合供应链内部信息。智慧供应链依托智能化信息技术的集成，能够采用有效方式解决各系统之间的异构性问题，从而实现供应链内部企业之间的信息共享，保证信息流无障碍地流通在供应链的各个动脉和静脉组织，提高信息流的运转效率和共享性。

（2）增强供应链流程的可视性、透明性。传统供应链环境下，上/下游企业之间缺乏有效的信息共享机制和实现方式，整个供应链是不可视的。由于供应链的不可视性，供应链中上/下游企业无法对产品的供/产/销过程实现全面的了解，仅从自身流程和业务，以比较单一的成本因素考虑如何选择供应商和销售商。这样就无法实现供应链内部企业的一致性和协作性，更不能形成良好稳定的合作关系，导致供应链竞争力低下。拥有良好可视化技术的智慧型供应链，能够实现企业之间的信息充分共享，对自身和外部环境增强反应的敏捷性，企业管理者能够依据掌握的全面的产品信息和供应链运作信息，正确做出判断和决策，组织好切合市场需要的生产，实现有序生产管理。

（3）实现供应链全球化管理。全球化运作的供应链一般都是由复杂的、通常是多式联运的众多物流环节构成的。智慧型供应链具有良好的延展性，它一方面能保证供应链实现多种运输模式下的协同，也能防止供应链在全球化扩展情况下效率降低的问题。信息交流和沟通方式在传统供应链下是点对点、一对一的，但随着供应链层级的增加和范围扩展，这种传递方式难以应对更加复杂的信息轰炸。智慧供应链依据自身对信息的整合和有效的可视化特点，可以打破各成员间的信息沟通障碍，不受传统信息交流方式的影响，能够高效处理来自供应链内部横向和纵向的信息，实现全球化管理。

（4）降低企业的运营风险。智慧型供应链所具有的信息整合性、可视性、可延展性等特点，使得供应链内部企业能够实时、准确地通过了解供应链中各环节企业的生产、销售、库存情况，保证和上/下游企业的协作，避免传统供应链由于不合作导致的缺货问题。因此，智慧供应链能够从全局和整体角度将破坏合作的运营风险降到最低。

11.2.4 大数据供应链管理

大数据技术的战略意义不在于掌握庞大的数据信息，而在于对这些含有意义的数据进行专业化处理。换言之，如果把大数据比作一种产业，那么这种产业实现盈利的关键，在于提高对数据的“加工能力”，通过“加工”实现数据的“增值”，这无疑对大数据时代供应链物流管理信息系统的开发与应用提出了更高的要求。

从行业上看，物流和供应链管理是服务于生产和商务活动的典型的现代服务业，而在大数据时代，电子商务已经成为新的生产和销售活动的商务模式，因此供应链管理首先是服务于电子商务的供应链管理，也有人称之为电子供应链管理。

近年来，中国互联网和电子商务迅猛发展，已经处于世界前列，成为推动中国国民经济转型的重要动力，而服务于电子商务的物流和供应链管理则成为这一新进程中不可缺少的重要一环。

电子商务是利用电子信息技术通过网络进行的商务活动，它不仅改变了商务和交易的方式，而且改变了人们的消费方式、制造业的生产方式、金融业的服务方式，以及政府的管理方式，当然也改变了构成商务活动基本要素之一的物流的服务方式。

供应链是由原材料供应商、零部件供应商、生产商、分销商、零售商、运输商等一系列企业组成的价值增值链。这一价值链是电子商务的灵魂，因为电子商务追求的就是商业活动的高效率，而只有高效率的供应链才能从整体上体现电子商务的价值。

在一个完整的电子商务过程中，从询价、协商、合同、交易、付款都可以通过信息化手段，以虚拟化和平台化的方式高效地完成，但供应链物流的运作无法完全虚拟化，而没有供应链和物流，电子商务活动无法最后完成。传统的落后的运输和仓储模式造成的供应链的不畅，形成了供应链的瓶颈，也成为电子商务活动的瓶颈。

电子商务企业赖以生存的互联网、物联网和先进的信息技术，又成为了优化和改造供应链管理体系的利器。信息技术正把全世界连成一个巨大的供应链网络，使信息及时共享变得可能。电子商务面向企业整个供应链管理，使企业降低交易成本、缩短订货周期、改善信息管理和提高决策水平。整合了上/下游企业，构成一个电子商务供应链网络，消除了整个供应链网络上不必要的运作和消耗，促进了供应链向动态的、虚拟的、全球网络化的方向发展。

11.3 物流公共信息服务平台

物流公共信息服务平台是向大范围用户提供物流应用服务的信息技术设施，是集成式的多种物流应用软件、系统架构、基础设施、基础数据、数据交换、协同设施和网络接入服务的集合。在国务院 2009 年 3 月发布的《物流业调整和振兴规划》中，曾多次提出“加快行业物流公共信息平台建设”，加快构建“政府部门的物流管理与服务公共信息平台”等具体措施。

伴随着智慧物流发展理念的出炉，智慧物流公共信息化平台破局而出，将智慧物流从理论层面推进到实际操作层面，将彻底改变传统物流运作方式，带来物流行业发展的新跨越和新势头。智慧物流公共信息化平台基于智慧物流理念，融合云计算、物联网、三网融合等最新技术，提供物流信息、技术、设备等资源的共享服务，通过网络统一管理和调度计算资源，整合供应链各环节物流信息、物流监管、物流技术和设备等资源，面向社会用户提供信息服务、管理服务、技术服务和交易服务。平台设立物流信息数据中心，满足物流活动全过程，构建三张基础网络，通过分层建设，达到平台能力及应用的易成长、可扩充，具有超大规模、虚拟化、开放性好、安全可靠、易扩充等独特功能。

目前中国的公共物流服务平台基本上有两大类：一类是由企业建设，主要以有偿方式为其他企业或个人提供物流领域的信息服务，以盈利为主要目的，如一些公路运输的车、货互配的服务平台；另一类是主要由地方或中央政府牵头建设，以无偿方式为本地区或全国的企业提供物流领域的信息服务，不以盈利为主要目的，如各省级或国家的物流公共服务平台。

智慧物流公共信息化平台的功能主要体现在如下 7 个方面：

（1）物流资源整合功能。平台能整合各物流信息系统的信息资源，完成各系统之间的数据交换和信息传递，实现信息共享。按照物流信息化标准，将异构系统进行整合，实现分散的、不同标准的信息资源的有效整合，有效提高整个供应链的运作效率，降低供应链总成本。

（2）社会物流资源整合功能。可加强物流企业与上/下游企业之间的合作，形成并优化供应链，提高社会物流资源的利用率，优化社会供应链、理顺经济链，将产生很好的经济效益和社会效益。

（3）物流信息服务功能。主要表现为对各类物流信息提供录入、发布、组织、查询、维护等服务。例如，最新物流动态信息、公共信息、业务交易信息、车辆服务信息、货物跟踪信息、信息咨询服务等。

（4）在线交易平台。平台集网上交易、支付、监管、查询、项目招标、产品展示、推广、营销等应用为一体，支持买/卖双方完成物流服务的采购和交易，有利于规范市场运作，有效整合物流资源，并可确保 B2B 和 B2C 在互联网上的安全协作，实现网上购物、电视购物与城市配送的有机结合。

（5）物流作业管理功能。平台有力的控制技术和安全保障，应对客户的需求快速构建和集成端对端的物流管理功能，可对企业内、外部资源进行计划与管理，并能面向企业供应链的全过程，包括库存控制、国际贸易物流管理、运输工具管理、财务管理等。

（6）物流行业信用评价功能。平台利用其积累的全面、有效的数据，依据有关法律法规、制度和科学合理的分类，建立一套完备的物流行业评估指标体系，引进第三方担保组织，对物流企业的经济实力、偿债能力、信用程度、经营效益及发展前景等方面做出综合评价。

（7）平台管理功能。平台规定、控制用户访问和使用信息的权限，维护整个系统的正常运行，保证数据安全。

11.4 供应链金融

供应链金融（Supply Chain Finance，SCF）是指商业银行根据供应链企业、用户（供、产、销及终端用户）的金融需求特点，对供应链企业、用户提供全方位金融（融资）服务的一种服务方案。它包括对供应链核心企业及核心企业上/下游企业，以及产品终端使用者的融资及其他金融服务（如结算、理财、信息服务等）。按照深圳发展银行的早期营销模式，供应链金融也可称为 1+N 金融服务模式。显然，供应链金融不是解决某一个企业的融资及金融服务需求问题，而是解决围绕核心企业生产供应链上的 N 个企业的金融需求问题，因此，供应链金融实质上是一个综合金融解决方案。供应链金融既能解决供应链企业中小企业的融资和金融服务问题，也能在一定程度上控制小企业的信用风险和市场风险。

11.4.1 供应链金融的四大主体

供应链金融业务的开展是以供应链为依托的。供应链金融业务通常涉及 4 个主体。

第一个主体是核心企业。核心企业往往是实力强大、资本雄厚，在供应链中对其上/下游企业具有支配地位的企业，是所在供应链的“灵魂”，其自身可以从供应链中收益颇丰，同时也对供应链的稳固、协调做出了贡献，核心企业具有较强的竞争力，自身资信状况通常较好。例如，在以大众汽车公司为核心企业的供应链中，其上/下游企业的生产和销售都是以大众汽车公司为核心进行的。

第二个主体是银行。供应链上的核心企业及其上/下游企业都是银行的目标客户，银行通过提供金融服务将信用和资金注入供应链当中，在得到利润的同时也为供应链资金的顺利流动提供支持。

第三个主体是物流企业。物流发生在产品的生产和销售环节之间，主要包括运输、仓储、装卸搬运（包装、配送、流通加工、保险等环节，这些环节交易费用巨大，但独立性强，生产企业通常为了专注于核心业务而将物流业务外包，物流行业正是在这种趋势下逐渐发展和壮大起来的。随着生产的发展和进步，企业对于第三方物流公司的依赖有增长趋势，不但需求运输、仓储等基础服务，还有了预付款、结算等金融增值服务需求。在供应链金融合作过程中，物流企业管理控制着作为抵质押物的客户有效资产，对客户的生产经营状况和产品销售情况都比商业银行拥有更多信息，可以帮助银行解决信息不对称问题，降低信贷风险。另一方面，物流企业可以降低银行和企业的信贷交易成本，交易成本主要包括信息成本和交易成本，物流公司实地监管的便利、专业化的技能及对物流的占有性控制有效地降低了交易成本。此外，提供参与供应链金融业务，物流公司可以获得许多稳定的业务来源。

第四个主体是上/下游配套企业，这些企业往往为中小企业。在供应链上，核心企业往往凭借其强势地位，对其上/下游企业在价格、交货条件、账款期限等方面进行严格限制，使得这些配套企业承受巨大的资金压力。在另一方面，这些企业规模较小，资本实力弱，产品可替代性较强，竞争力弱，资信状况不佳，按照传统方式难以获得银行信贷，即使能够获得也要付出高于核心企业几十个甚至上百个百分点的利息。中小企业融资难是中国市场经济中一个老生常谈的问题，作为配套企业的中小企业是供应链上不可或缺的部分，供应链金融的最大受益者便是这些上/下游配套中小企业。

在静态上，供应链金融是对上述 4 个供应链主体之间的错综复杂的资金关系的整合，是一种供应链资金流管理的解决方案。在动态上，供应链金融是一种财务管理解决服务，使供应链的资金流配合信息流、物流的流动顺利进行，提高供应链的效率并为各方创造价值。

供应链中的物流就是供应商把原材料交给生产商，生产商将其生产加工成半成品，半成品再经过进一步加工成为产成品后进入销售环节，再从分销商通过零售商到达最终消费者手中的这一整个过程。资金流与物流的方向是相反的，流动方向是从最终消费者到零售商、分销商再到原材料供应商。供应链上各个环节的融资需求便来源于此。

信息流与物流和资金流不同，是双向运动的。一方面信息流伴随着物流从供应链的上游流向下游，另一方面还伴随着资金流的流动从供应链的下游往上游流动。

11.4.2 供应链金融的产品与特点

供应链金融产品主要包括三类：第一类是存货类产品，包括抵质押授信、标准仓单质押授信、普通仓单抵押授信；第二类是预付款类产品，包括担保提货（保兑仓）授信、进口信用证项下未来货权质押授信、国内信用证、附保贴函的商业承兑汇票等；第三类是应收账款融资，包括保理、保理池融资、票据池融资、出口应收账款池融资、出口信用证项下授信。这些产品基本上均属于货币市场产品，授信期限较短。

供应链金融的特点如下：

（1）供应链金融是与传统融资业务有明显区别的产品。在传统融资模式下，信用评级的对象是授信企业，银行通过考察其资产规模和盈利能力等历史信息，做出是否对其提供授信的决定；在供应链金融模式下，信用评级的内容不仅是授信企业，而是将授信企业置于供应链的大背景下，综合考虑授信企业的交易对手、供应链状况、交易资产等状况。在传统融资模式下信用评级的要点集中在财务报表上，评级方式主要是主体评级；而在供应链金融融资模式下，信用评级的要点不仅是财务报表，更重要的是融资项下的资产，信用评级的方式是主体评级加债项评级。传统融资业务项下，贷款的第一还款来源是企业资金；而在供应链金融模式下，第一还款来源是融资项下的资产。在传统融资业务项下，中小企业往往由于资本实力不雄厚，财务信息透明度较低等原因信用评级往往较低，很难获得银行的贷款；但是在供应链金融业务中，银行通过第三方物流监管等新型风险控制手段管理中小企业信贷风险，中小企业获得融资的难度大大降低。

（2）供应链金融是一个产品组合。供应链金融提供的并非是单一的产品或服务，而是一个产品组合。该服务以供应链上的核心企业为出发点，考察其上/下游企业，针对整条供应链提供一揽子的综合金融服务和金融支持。为供应商提供保理、商业发票贴现、订单融资、应收账款融资、商业承兑汇票贴现等融资解决方案；为核心企业提供项目贷款、财务中心解决方案等金融服务；为下游的销售商提供贸易融资、动产抵质押授信、提货担保等融资解决方案，另外还可以提供现金管理、企业理财等综合金融服务。这一系列的产品组合不但为供应链的发展提供金融支持，保证了生产和销售的顺利完成，同时也促进中小企业与核心企业建立长期稳定的战略合作关系。

（3）供应链金融以核心企业为核心，以贸易背景真实可靠为依托。供应链金融往往以真实的贸易背景为依托，以交易的自偿程度和货物价值为保障，向供应链核心企业及其上/下游企业提供金融服务。

国内供应链金融的产生源自供应链企业融资需求，主要是解决中小企业贸易融资的需求。随着对供应链金融认识的深化，供应链金融发展较快的国内商业银行推出了不同行业供应链金融服务方案、网上供应链金融服务方案及涉及整个供应链的物流、信息流、资金流综合服务方案。

11.5 电子商务与智慧物流

电子商务是指在互联网上以电子交易方式进行的交易活动和相关服务活动，是传统商业活动各环节的电子化、网络化。它是利用现代信息和通信技术进行的商务活动。

电子商务包括电子货币交换、供应链管理、电子交易市场、网络营销、在线事务处理、电子数据交换（EDI）、存货管理和自动数据收集系统。目前，供应链管理已成为电子商务越来越重要的构成部分。

电子商务的基本模式主要有以下几种：

（1）C2C（Collsumer to Consumer）：消费者对消费者的电商，如淘宝的二手市场等。

（2）B2C（Business to Collsumer）：商业企业对消费者的电商，如天猫、京东、苏宁易购。

（3）B2B（Business to Business）：企业对企业的电商平台，如阿里巴巴。

（4）O2O（Online to Omine）：线上与线下结合的电商，如携程、大众点评等。

11.5.1 电子商务环境下现代物流的新特点

中国的电子商务持续保持快速发展的势头，而物流在电商发展中表现出明显滞后，已成为阻碍进一步快速发展的瓶颈。由于物流的重要性，它已经成为电子商务环境下的重要组成部分，许多知名电商企业纷纷自办物流，或对合作的物流企业提出了严苛的要求。

为适应整个电商环境不断发展的需求，现代物流必须具有如下智慧化的特点：

（1）信息化。电子商务时代，物流信息化是电子商务的必然要求。物流信息化表现为物流信息的商品化、物流信息收集的数据库化和代码化、物流信息处理的电子化和计算机化、物流信息传递的标准化和实时化、物流信息存储的数字化等。因此，条形码技术、数据库技术、电子订货系统（EOS）、电子数据交换（EDI）、快速反应（QR）及有效的客户反应（ECR）、企业资源计划（ERP）等技术与观念在物流中将会得到普遍应用。信息化是一切的基础，没有物流的信息化，任何先进的技术设备都不可能应用于物流领域。信息技术及计算机技术在物流中的应用将会彻底改变世界物流的面貌。

（2）自动化。自动化的基础是信息化，自动化的核心是机电一体化，自动化的外在表现是无人化，自动化的效果是省力化，它可以扩大物流作业能力、提高劳动生产率、减少物流作业的差错等。

（3）网络化。物流领域网络化的基础也是信息化，这里指的网络化有两层含义：一是物流配送系统的计算机通信网络，包括物流配送中心与供应商或制造商的联系要通过计算机网络，另外与下游顾客之间的联系也要通过计算机网络通信。比如，物流配送中心向供应商提出订单的过程，就可以使用计算机通信方式，借助于增值网（Value Added NetwOrk，VAN）上的电子订货系统（EOS）和电子数据交换技术（EDI）来自动实现，物流配送中心通过计算机网络收集下游客户的订货的过程也可以自动完成。二是组织的网络化，即所谓的企业内部网（Intranet）。例如，中国台湾的计算机业在20世纪90年代创造出了"全球运筹式产销模式"，这种模式的基本点是按照客户订单组织生产，生产采取分散形式，即将全世界的计算机资源都利用起来，采取外包的形式将一台计算机的所有零部件、元器件、芯片外包给世界各地的制造商去生产，然后通过全球的物流网络将这些零部件、元器件和芯片发往同一个物流配送中心进行组装，由该物流配送中心将组装的计算机迅速发给订户。这一过程需要有高效的物流网络支持，当然物流网络的基础是信息、计算机网络。

物流的网络化是物流信息化的必然，是电子商务下物流活动的主要特征之一。当今世界互联网等全球网络资源的可用性及网络技术的普及为物流网络化提供了良好的外部环境，物流网络化不可阻挡。

（4）智能化。这是物流自动化、信息化的一种高层次应用，物流作业过程大量的运筹和决策，如库存水平的确定、运输（搬运）路径的选择、自动导向车的运行轨迹和作业控制、自动分拣机的运行、物流配送中心经营管理的决策支持等问题都需要借助于大量的知识才能解决。在物流自动化的进程中，物流智能化是不可回避的技术难题。好在专家系统、机器人等相关技术在国际上已经有比较成熟的研究成果。为了提高物流现代化的水平，物流的智能化已成为电子商务下物流发展的一个新趋势。

（5）柔性化。柔性化本来是为实现"以顾客为中心"理念而在生产领域提出的，但要真正做到柔性化，即真正地能根据消费者需求的变化来灵活调节生产工艺，没有配套的柔性化的物流系统是不可能达到目的的。20世纪90年代，国际生产领域纷纷推出弹性制造系统（FMS）、计算机集成制造系统（CIMS）、制造资源系统（MRP）、企业资源计划（ERP）及供应链管理的概念和技术，这些概念和技术的实质是要将生产、流通进行集成，根据需求端的需求组织生产，安排物流活动。因此，柔性化的物流正是适应生产、流通与消费的需求而发展起来的一种新型物流模式。这就要求物流配送中心根据消费需求"多品种、小批量、多批次、短周期"的特色，灵活组织和实施物流作业。

另外，物流设施、商品包装的标准化，物流的社会化、共同化也都是电子商务环境下物流的新特点。

11.5.2 电子商务对现代物流业的影响

电子商务是在计算机技术、现代物流网络通信技术的互动发展中产生和不断完善的。特别是近年来随着不断涌现的新信息技术，众多公司能够更好、更快捷、更廉价地实现电子商务功能。电子商务代表着未来贸易方式的发展方向。

电子商务的出现和兴起对现代物流业的发展和物流企业的运作产生了深远的影响：

（1）电子商务为物流企业提供了良好的运作平台，大大节约了社会总交易成本。尽管物流管理同样具有一般企业管理的共性，它也有其独特的个性。物流管理的大部分内容涉及企业内部各个部门之间的衔接和协调，因此，物流管理是企业管理的盲区和难点，运作不好，将导致企业物流效率乃至整个企业运作效率的低下。

电子商务则恰好为物流管理提供了良好的运作平台。在电子商务环境下，供应链中的各个节点企业能更好地实现信息共享，加强供应链中的联系，使企业可以提高生产力，为产品提供更大的附加值。

（2）电子商务极大地方便了物流信息的收集和传递。信息对于企业经营的重要意义不言而喻，在电子商务环境下，包括 EDI、条形码 POS 系统等先进的信息交换手段得到广泛应用，大大提高了工作效率，减少了手工工作带来的失误，降低了运营费用。更为重要的是，电子商务系统能够收集到大量的市场信息，通过对这些信息的加工和处理，很容易得到富有价值的商业资讯和情报，比如客户的订购数量、购买习惯、商品的需求变化特征，等等，这些资料对企业制定营运管理政策、商品开发和销售具有重要的价值。

（3）电子商务对物流服务提出很高的要求，有助于物流企业提高服务能力和质量。电子商务代表了最先进的、基于互联网的商业模式，必然对物流服务提出极高的要求。这就会逼迫物流企业利用先进的信息技术手段，改进服务流程，增强供应链各环节的信息共享和协同，共同打造智慧供应链。

【延伸阅读】基于智慧物流的物流信息平台

随着物流业不断发展，智慧物流也从理念走向了实际应用。基于智慧物流理念构建物流公共信息也陆续出现。

国家交通运输物流公共信息平台（LOGINK）

“十一五”以来，为了推动现代交通运输业的转型发展，贯彻国务院《物流业调整和振兴规划》，满足物流行业对信息化的需求，避免重复建设，推动物流信息互联与共享，解决物流信息孤岛问题，在交通运输部的领导下，浙江省交通运输管理部门牵头，多省交通运输管理部门及科研单位、物流企业、IT 企业多方联合，共同建设了“国家交通运输物流公共信息共享平台”（以下简称“平台”），平台对外称“物流电子枢纽”，英文名字是 LOGINK。

平台建设是一个系统工程，主要是构建一个公益性的物流信息交换基础网络，同时推出若干个物流企业管理通用软件、推进若干个物流公共信息服务平台共享、推动与若干个外部重要信息系统联网。项目主管单位将以上建设模式形象地称为“1+3N”。

其中，“1”是指平台构建一个国家物流信息交换基础网络。基础网络由主服务器和若干个交换服务器组成。主服务器负责对标准、用户、路由的管理，由管理部门建设和维护；交换服务器由管理部门、协会、企业从主服务器上下载交换软件后自行部署，为供应链各环节物流信息系统提供中立、开放、免费的单据和服务交换。商业交换平台可以接入交换网络为用户提供有偿的交换转换服务。3N 是指 N 个物流企业管理通用软件，N个物流公共信息服务平台，N个外部重要信息系统。

到2015年，该平台实现了以下目标：

(1) 建成一个公益性的物流信息交换基础网络，制定一套标准体系，在交通运输部和浙江省设立互为镜像的主服务器，在全国部署31个数据交换服务器。

(2) 推出20个免费的物流企业管理通用软件，包括通用网络、小件快运、普通运输、物流基地、集装箱、仓储、货代、堆场、配送、水运等通用软件。完成100家主流物流软件的接口改造，推动物流企业接入交换基础网络。

(3) 建设及整合30个信息发布、信用、货物跟踪、车货交易等物流公共信息服务平台，提供物流信息增值服务。

(4) 完成和20个供应链上/下游重要物流及相关信息系统联网，实现供应链上/下游信息的互联与共享。

物流全搜索

物流全搜索（http://www.56qss.com/）是全球最大的中文物流信息搜索查询平台，为全球物流行业提供物流信息发布、搜索查询服务。平台提供全面的物流新闻资讯、及时的货源车源信息，以及物流设施设备、物流人才供需、物流软件等多样化服务，满足物流信息交流和物流产品服务供需对接。

作为首个建立车辆认证审核、企业认证审核的诚信系统平台，物流全搜索致力于为行业打造一个真实可信任的物流信息平台。

南方智能货运公共信息平台

南方智能货运公共信息平台（http://www.nf56.org/gdrfid/）立足佛山，辐射全国的发展方向，集政府监管、全程在线交易、跟踪和支付、信息发布、物流交易、产品展示、推广营销、互动交流服务为一体，依托云计算、物联网、三网融合的技术背景，结合应用了GPS/RFID等最新科技的终端设备，拥有众多独具特色的功能板块，并整合了社会各方资源，努力打造现代智能货运新体系。

通过“网上停车场”功能，实现可用车辆信息即时查询，城际间车要找货、货要找车也能轻松快捷，还可通过GPS定位可随时跟踪货运进程；再如平台与银行、工商、税务、司法等职能部门对接，货运企业资质、经营信息一目了然，提高行业信用，选择成都的公司也不用担心了；通过引入第三方支付系统，就可实现网上交易，避免纠纷。

平台具备3种服务功能：一是免费的大众信息服务，面向所有市民；二是包括上线支付、货物跟踪等行业特色服务；三是政府监管。

【实验与思考】熟悉智慧供应链管理

1. 实验目的

（1）熟悉智慧供应链管理的基本概念。

（2）熟悉物流公共信息服务平台的功能和作用。

（3）分析智慧物流对促进电子商务发展的重要意义。

2. 工具/准备工作

在开始本实验之前，请认真阅读课程的相关内容。需要准备一台带有浏览器，能够访问因特网的计算机。

3. 实验内容与步骤

【概念理解】

（1）什么是智能集装箱，它采用了哪些电子和信息技术？

答：____

____

____

____

（2）与传统供应链相比，智慧供应链具有哪些特点？

答：____

____

____

____

（3）物流公共信息服务平台主要包括哪些内容？

答：____

____

____

____

（4）什么是供应链金融？

答：____

____

____

____

（5）为适应电商环境不断发展的需求，现代物流必须具有哪些智慧化特点？

答：____

____

____

____

【实践案例】

温斯坦利航空公司是一家国际航空公司，其总部位于伦敦希思罗机场，航班飞抵全世界110个机场，它同时经营短途和长途航线，所飞行的机型有波音系列的777、747、737以及空中巴士等。某些飞机已有5年的机龄，其中45架飞机的座位和飞机的供餐设备（见图11-5）已做了较大的内部返修，自然也包括供旅客、乘务员和机组人员加热食品的烤箱。这个案例分析将集中在烤箱的质量问题上。

采购烤箱的合同是通过正式招标和网上电子拍卖签订的。位于澳大利亚珀斯的Ozland飞机设备公司（OFE）是中标公司。在前期的资质确认阶段，OFE出具了它所具备的质量资质证明，以及它向澳大利亚航空公司、新西兰航空公司和南非航空公司等提供全套飞机供餐设备的供货记录，也出具了这些公司的推荐信，收到的反馈意见都是很正面的。

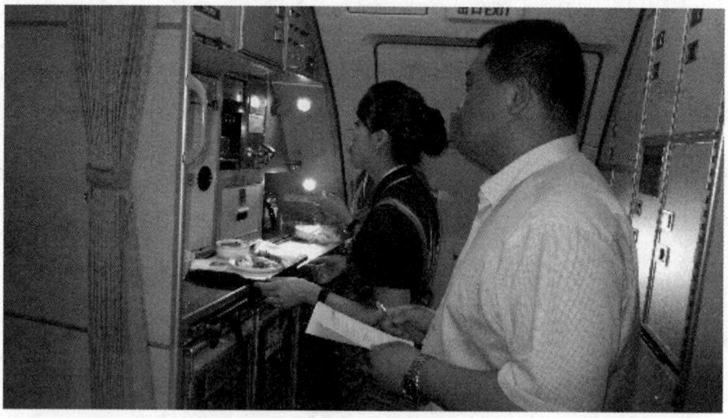

图 11-5　航空餐饮

14 个月以前，45 架飞机中的第一架就开始翻修了，在 9 个月前最后一架也翻修完毕。但 6 周以来有 14 架已翻修过的飞机上的烤箱发生了一系列故障，在飞行中不能使用。这些设备故障还不是严重的安全问题，还不至于使一架飞机被迫降落。但是抱怨已如潮水般涌向温斯坦利航空供餐部和首席执行官（CEO），更严重的是乘务员们甚至闹着要罢工，头等舱和公务舱的旅客也被激怒，有些客人已正式投诉并记录在案。为此，航空公司给旅客们发放了总价值为 85 000 英镑的补偿代金券，以表示公司的歉意以及解决问题维持信誉的诚意。

如果现在你是负责解决 OFE 质量问题的采购员。你公司的负责质量问题的经理已经做出了调查报告，报告中声称烤箱的布线系统出了毛病，造成供电断路。他把问题归属于实际的电线，电线绝缘层上印有 OKRC KOREA。烤箱是由 OFE 供货和安装的。温斯坦利航空公司没有备用的烤箱，于是他们拆下 10 个 OFE 的烤箱，对它们重新布线，每个花费了 3 000 英镑，包括线材和人工。为此你已经通过电子邮件与 OFE 联系了，但他们的回应不能令人满意。

感谢您的来函，此事已经引起我们的注意。我们可以确认在当初安装和验收时，布线是处在正常工作状态的。如果温斯坦利航空公司对我们生产的烤箱重新布线，这将导致我们对产品承诺的保修失效。如果你们把有毛病的烤箱返回我们在珀斯的工厂，我们将对它做全面的质量检验，并由你方承担成本费用。在那之后，我们将向你们出具我们的报告。在现阶段我们不能预料任何结果。就此事我们可以通过预先的安排，让我们的生产制造经理也来出席一个电话会议。

任务

显然，这件质量事故尽早及时解决是极为重要和紧迫的。所以，应该拟定一个周全的行动计划来整体解决这个质量问题。你的计划应考虑这样的事实，你们公司的飞机连续不断地在全世界各地的上空飞行，哪些因素是必须要考虑进去的？什么是理想的解决方案？

请将考虑的书面解决方案记录下来并粘贴如下：

4. 实验总结

5. 教师评价

第 12 章 供应链管理与职业道德

回顾物流企业的发展，大多数都经历了许多形式的职能整合。最初，企业的物流职能被分散在许多不同的部门中。50 多年来，日益增加的物流职能责任已经逐渐整合为单一的组织单位。

关注关键过程管理的出现引出了所谓的水平组织。如今，行业领先的企业开始进行过程管理并把它作为一种弥补互联网功能差距的手段。越来越多的资料表明将会出现一种新型组织，该组织会像一个透明的组织结构，使用信息技术来实施和管理物流。尽管这样的结构安排只在概念上存在，而不可能在现实中找到。但是目前已经具备了它需要的信息技术。这个概念对物流管理者特别具有吸引力，因为物流管理正面临着运作时间和地理范围的重大挑战。

要有效管理物流运作和供应链整合就必须建立一个绩效评价和财务控制的框架。这个框架提供了一个监控系统绩效、控制活动和指导工作人员的机制，以提高生产力。

如今，供应链管理者越来越多地参与到企业内外部的跨职能权衡以及企业战略的制定中。但是，这一优势也使他们在与企业流程、资源、风险及整体可持续发展相关的协作性决策中担负更广泛的职责。供应链战略及决策能够以多种方式对企业可持续发展施加影响。重要的是，供应链管理者必须运用这些框架支持广泛的相关决策，从而能够识别并评估必要的权衡取舍。图 12-1 所示为供应链管理（SCM）涉及的内容。

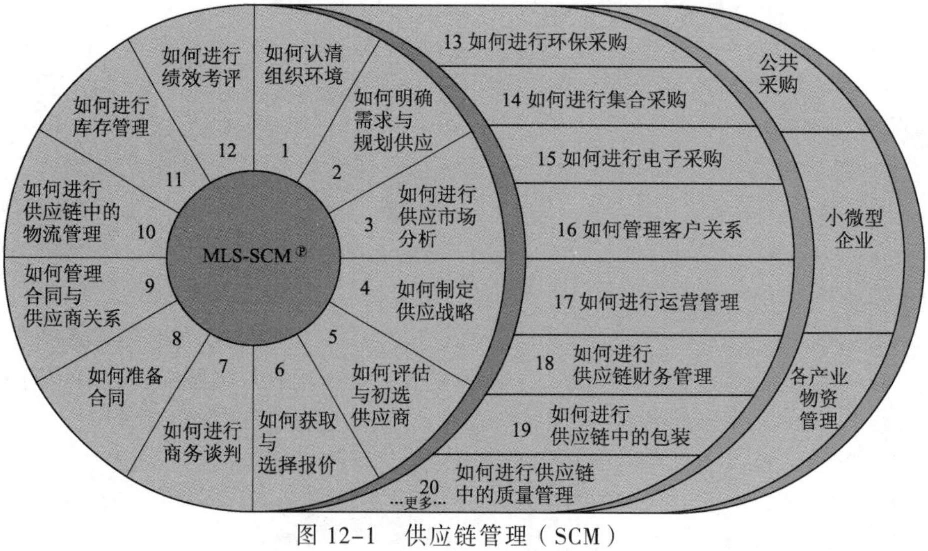

图 12-1 供应链管理（SCM）

12.1 协作关系管理

供应链管理的本质在于既能协调组织内部各部门之间的合作关系，又能协调与外部供应链伙伴之间的关系。如今，信息激增、越来越多的全球运作以及对供应链整合的关注促使高层管理者重新思考传统组织逻辑的各个方面，并将考虑拓展到与供应商和客户的关系中。

12.1.1 物流组织

早期（20 世纪 50 年代以前）的物流职能执行的是一些促进或支持性的工作，物流职能通常在组织内部被分割开。图 12–2 是一张假设的早期企业典型的物流活动职组织图。这种责任分割意味着物流工作的执行并没有经过协调，通常会导致重复和浪费。物流信息被频繁地分割、扭曲或者延迟，组织中整体物流的权利和责任分界线也很模糊。

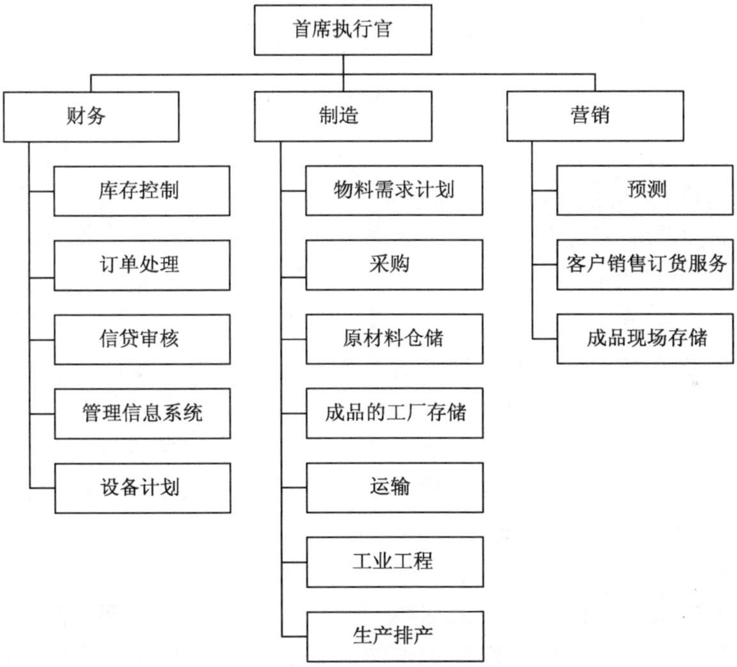

图 12–2 物流相关职能的传统组织

1. 职能整合

驱动职能整合的动机是人们越来越相信将物流职能集中到一个独立的组织，可以增加整合的可能性，并促使人们更好地理解某个运作领域的决策和程序是如何影响其他领域的绩效的。这种观念认为，功能整合能够促使人们重点关注整个系统的绩效。

图 12–3 所示为物流组织中最高水平的职能整合。该组织结构将所有的物流职能和运作交给一个高层管理者统一管理。虽然事实上很少有企业拥有这样的综合特性，然而组织演变的一个明显的趋势是尽可能多地将物流计划和运作职能都集中到一个权力和责任下，目的是对所有的物料和产成品进行战略管理，使企业获得最大的收益。

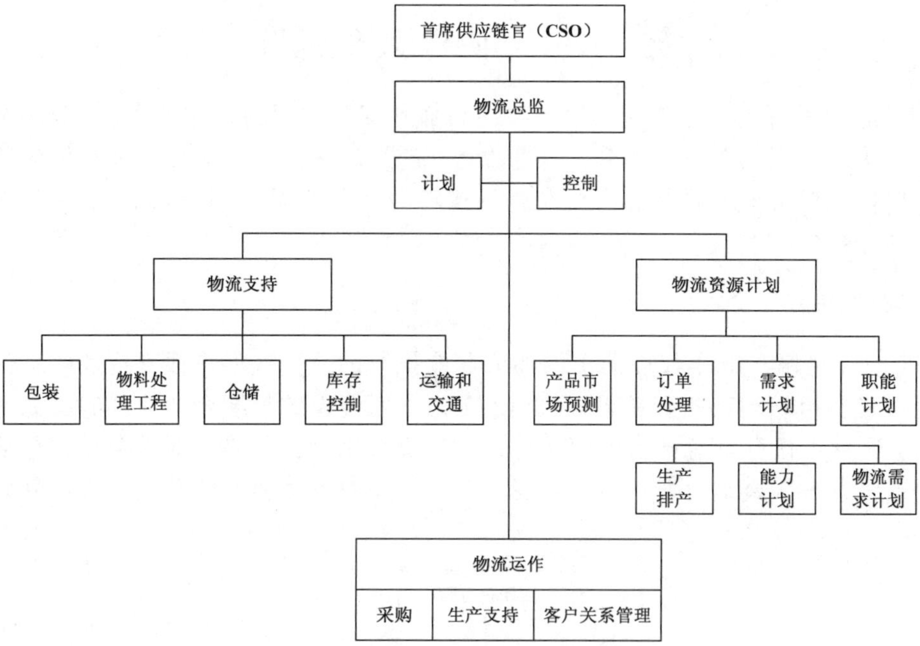

图 12-3　物流职能整合

物流信息系统的快速发展推动了组织的职能整合。人们可以使用信息技术对充分整合的物流系统进行计划和运作。

首先，物流的各个领域包括采购、生产支持和客户关系管理成为一个独立的直线运作。直线运作的权力和责任使每一项支持性服务作为总体整合物流的一部分来运作。由于每个运作领域的责任很明确，因此有可能将生产支持作为一个运作单元，就像采购和客户关系管理一样。由于每个运作单元都是自给自足的，因此每个单元都可以维持一定的灵活性，满足其相关领域要求的一些关键服务。此外，由于物流活动可以在整合的基础上进行计划和协调，因此可以实现运作领域之间的协同运作。

其次，划归在物流支持下的 5 种能力被定位为运作服务。这种共享服务的趋势是整合物流运作机制。物流支持管理日常的物流工作，与不同的物流运作领域直接联系，构成责任矩阵。

再次，物流资源计划包含了计划和协调运作需要的所有管理信息。订单处理促使物流系统开始运作，并且生成了控制所需的整合数据库。物流资源计划促进了系统整合，它在产品/市场预测、订单处理和库存状态的基础上，确定任何一个计划期的总体需求。确定了需求以后，计划单元通过协调生产排产、能力计划和物料需求计划进行生产运作。

最后，组织的最高层次进行整体规划和控制，最高管理层掌握这种主动权有利于整合。计划小组关注的是长期的战略定位，并负责物流系统的质量提高和重组。物流控制者关注的是成本和客户服务质量的测量，并提供制定管理决策需要的信息。物流控制程序的开发是整合物流管理中最关键的工作之一。由于客户服务绩效的持续提高越来越受到重视，因此需要对服务绩效进行准确测量。由于物流中包含了大量的运作和资本费用，因此测量工作变得尤其重要。

在职能整合的物流组织中，从原材料采购到最终产品配送到客户的过程中，财务和人力资源都得到了有效的应用。因此，它使企业能够在采购、生产支持和客户服务三者之间进行有效的平衡管理。

2. 从职能向过程转移

20 世纪下半叶，对物流绩效影响至关重要的商业活动经历了重大转型。企业开始研究物流能力在培养客户忠诚度方面所起的作用。显然，与组织结构相比，跨职能绩效或过程绩效对物流绩效更为关键。绩效突出的企业强调 8 个关键过程的整合绩效。在很大程度上，对流程的关注减少了将所有职能整合到一个组织单元的压力，这个组织单元包含了所有职能，其关键是如何克服整合的障碍以及如何最好地管理整个物流过程。

（1）内部的整合障碍。认识到内部流程整合所面临的障碍对管理者来说是很重要的。内部整合障碍源于传统的职能运作方式，如组织结构、绩效衡量和奖励机制、库存的调节作用、信息结构及知识储备。

企业的组织结构可能抑制企业内部的跨职能作业。大多数企业以工作职能为基础分配权利和责任。从本质上讲，组织结构和财务预算都由工作职能确定。传统的分工方式将所有员工分组划分到不同的职能部门，并从事具体的职能工作，如采购、生产或运输等。在整合运作管理中，只要以最低的总成本实现了整合运作绩效目标，那么每种职能花费的成本就不重要了。物流运作的成功整合要求管理者超越职能部门边界，实现跨职能的整合。

传统的绩效衡量和奖励机制使各职能部门之间的协调很困难。绩效衡量机制通常反映的是企业的组织结构，奖励机制也是建立在各职能部门取得成绩的基础上的，为了便于内部流程整合，必须开发出新的绩效衡量机制，管理者根据它对整个运作的贡献来评价各个专门职能。有时为了降低总的运作成本，某个职能的成本可能会增加。

调节库存有利于提高职能绩效，传统的作业方法是通过维持必要的最低库存来应对需求和运作的不确定性。原材料和产成品库存为生产的规模经济最大化起到了杠杆调节作用。规模经济可以降低生产中的单位产品成本。在本地市场进行产成品的事先存储可以促进销售，但是这些超前的举措可能会造成成本和收益失衡或导致库存过剩。

信息技术是运作整合的关键因素，但是，信息通常是按照职能要求和责任分类的，这种早期的信息分类方法导致了信息结构的产生。信息的内容和流动路线依据长期存在的职能组织路线进行命令与控制。当管理者试图按照跨职能流程进行组织时，信息结构阻碍了整合运作的进行。正是由于信息结构的负面影响，实施 ERP 才如此困难。

企业不愿意共享知识，不知道如何共享知识的情况是很普遍的。通过加强职能专业化，并吸引专家参与到企业中，企业注定会进行流程整合。例如，当一个有经验的员工退休或由于其他原因离开企业时，新加入的员工必须花费大量的时间学习，但是如果信息交流受到了限制，新员工即使花费再多的时间，也达不到老员工的知识水平。如果管理者不能开发出程序或系统，以便在各个职能之间传递信息时，情况就更加严重。许多工作都不仅仅局限于一个职能部门，因此知识和经验的传递是至关重要的。

（2）严重断层。即企业只实现了局部整合，而没有实现完全程度的整合。通常情况是这样的，企业的分销/市场营销实现了流出物流的整合，采购/制造实现了流入物流的整合。还有一种矛盾现象是，企业从供应商处购买原材料和零部件，与供应商实现了高度整合；企业也参与到服务客户的作业中。这些举动都反映了超越单个企业的跨职能整合，但是要将这两种外部协作整合到企业流程中，管理者就遇到了很大困难。与企业内部的部门整合相比，管理者似乎更加容易与外部的商业伙伴成功实现整合。

（3）过程结构。图 12-4 展示了过程导向组织是如何围绕八项供应链流程进行构造的。每个主要过程都由一个过程所有者进行领导，该过程所有者管理一个小组，小组成员来自各重要职能领域，这些职能领域影响着过程的绩效。

首席执行官

过程所有者：	过程小组：
需求计划	市场、销售、物流、制造、财务、信息技术
客户关系管理	市场、销售、物流、信息技术
订单履行/服务交付	销售、订单处理、物流、客户服务、会计
投入产品/服务开发	新产品开发、市场、采购、制造、物流
制造定制化	采购、制造、物流
供应商关系协作	采购、制造、信息技术
生命周期支持	采购、物流、客户服务、财务
逆向物流	物流、客户服务

图 12-4　过程组织

过程组织的概念被设想成三方面：①开发一个全员参与的工作环境，在这个环境中，以自我指导工作小组的工作方式激发雇员，使其创造最大的绩效；②通过过程管理而非职能管理提高生产力，这一观念一直是整合物流的核心；③准确信息的快速共享有助于整合组织的各个方面，信息技术代替组织层次成为新企业的承载结构。

将物流作为过程管理的挑战来自以下三方面。第一，所有的精力都必须放在为客户实现增值上。第二，整合物流作为流程的一部分，要求必须提供完成工作需要的所有技能，而不用考虑各项技能所属的职能组织。在职能选择基础上进行的组织归类会人为地分解自然工作流，造成瓶颈。因此在实施水平组织结构时，必须确定关键技能的位置，并且确保需要的工作能够完成。第三，一个过程中的工作必须相互协作。随着系统整合，需要把工作作为一个过程来设计，这意味着可以对整个组织的结构进行权衡，使最小的投资获得最大的绩效。

从职能导向到过程导向转变过程中的根本变化是管理者头脑中有关物流的信息都综合到了一起。从积极方面来讲，过程导向一般是以系统整合为基础进行的。整合物流的核心是创建对过程绩效有利的职能性作用。将物流作为一个过程管理的转变意味着物流将被定位为所有活动的主要贡献者，它关注的是新产品开发和客户订单生成、履行以及配送。过程整合的总趋势扩展了物流的运作潜力和影响。

12.1.2 发展合作关系

供应链的观点使相关商业模型从松散联系的独立企业群体转变为多个企业之间的协作，共同致力于提高运作效率、增强竞争力。在这种情况下，关注的重点从单个企业的物流管理转移到了供应链绩效的协调，有助于供应链提高效率和竞争力。

（1）协作行为会降低风险，并极大地提高整个物流过程的效率。为了实现更大程度的协作，必须在供应链成员之间共享战略信息。信息共享并不仅限于交易数据。更加重要的信息是与未来有关的计划，这样供应链的参与企业才能共同制定一个最好的方案来满足消费者的要求。

（2）有机会消除那些浪费和重复的工作环节。供应链中的协调，可以消除传统渠道中配置的大量库存，供应链协作也可以消除或者降低库存投机带来的风险。企业应该根据经济和服务的需要配置库存，而不是根据传统和预测的方式来配置库存。

组织内部关系有很多种类型和形式，它们都可以作为供应链整合和协作的例子，如图 12-5 所示。

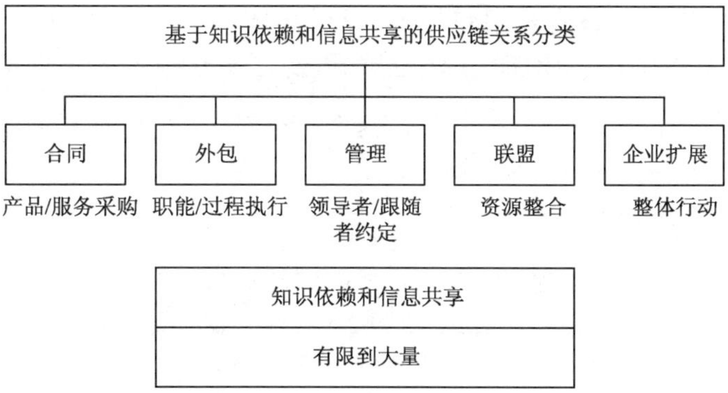

图 12-5　关系分类框架

推动供应链企业之间建立协作关系的动力是对相互依存关系的认识，当一个企业承认它依赖自己的供应商或者客户时，就是建立跨组织协作关系的时候。关系中所有成员对相互依存关系的认识和了解的程度，决定了最终建立的关系的性质。

研究表明，技术的兼容性、信息的交换和适当的绩效衡量系统都是联盟成员之间有效协作的关键，而人的行为作为影响企业文化和信任的主要因素，则是联盟合作必须解决的一大难题。因此，管理者必须对不同形式的信任的复杂程度有深入的了解。

12.1.3 供应链整合框架

在建立一体化运作时，需要通过供应链框架来阐释协作的重要性。在这种框架中，需要对整合供应链物流至关重要的运作能力和核心能力进行确认。企业可以通过协同管理中 4 种重要的流（即产品/服务价值流、市场服务流、信息流和现金流）来创造供应链整合的价值。

（1）产品/服务价值流是指从原材料采购到最终客户这一过程中产品和服务的增值活动。产品在供应链中经过物理变化、包装、进入市场、定制化、服务支持以及相关活动等环节，增加了产品的价值，也提高了最终客户对产品的需求。

（2）尽管产品/服务价值流一般是从原料产地流向最终消费者，在供应链中，也必须包括一些重要的逆向物流，如产品召回、回收和循环利用。市场服务流为售后服务管理的实现提供了一种框架。市场服务还包括关于销售模式和产品使用信息的交换，这些信息对供应链计划是至关重要的，如产品的客户化定制需求、销售时点的数据、最终消费者的消费信息、仓库出货信息等，这些信息可使供应链成员了解产品消费的时间和地点。当所有成员对需求和消费形式有相同的理解时，才能更好地协同供应链计划和运作。

（3）信息流是供应链成员之间信息的双向交流，包括交易信息、库存状态和战略计划。通常信息包括预测、促销计划、采购订单、订单确认、发货和库存信息、发票、支付和补货需求等。信息交流发起、控制并记录了产品/服务价值流。信息流越来越多地通过电子数据交换和网络进行交流。

（4）现金流通常按照增值活动的反方向流动。然而，在涉及促销和折扣的运作中，现金流推动产品和服务的流动。现金流的周转率和资产利用率对提高供应链绩效是非常关键的。为了促进供应链的有效流动，必须对企业的核心能力和支持能力进行整合。

图 12-6 中的供应链整合框架包括了广泛的运作能力和核心能力。这个框架有利于推动供应链中基本工作、职能、运作能力和核心能力的一体化整合。

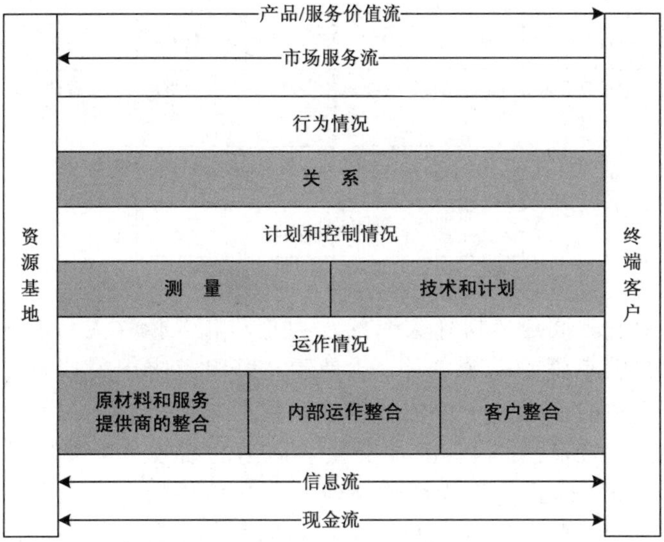

图 12-6 供应链整合框架

为了实现整合，职能价值关注的焦点应该是一般能力。能力是实现整合必需的知识和业绩水平。职能角度关注的是如何执行工作，而能力涉及的是为什么要执行这项工作。能力的本质就是运用整合原理，使各个职能协同起来实现核心能力增值。尽管工作和职能可能会随着具体的行业与工作环境有很大的差异，但是能力却具有普遍性。能力覆盖着整个供应链，并且同样适用于供应商、制造商、批发商/分销商和各种零售方式。在参与供应链的所有企业中，可以在一定程度上观察到最能体现最佳物流实践的能力。

能力主要包括以下几方面：①确定并满足特殊顾客的需求；②与供应链伙伴协作实现运作整合；③在供应链伙伴之间有效地共享运作和计划信息；④测量和了解整个供应链的绩效；⑤共享收益和风险。各种能力的相互融合产生了整体的核心能力。表 12-1 详细说明了供应链中与 5 种整合核心能力相关的能力。运作包括与采购、生产制造和客户关系管理有关的传统过程；计划和控制将信息技术、计划系统以及测量核心能力结合在一起；行为是指企业如何管理供应链实体之间的内部和外部关系。

表 12-1　供应链环境、核心能力和支持能力

能　力	运　作			计划和控制		行　为
	客户整合	内部整合	原材料/服务提供商整合	技术和计划整合	测量整合	关系整合
支持能力	分类重点	跨职能的统一	战略联盟	信息管理	职能评估	明确角色
	相关性	标准化	运作融合	内部交流	作业成本和总成本方法	指导方针
	快速响应	简单化	财务连接	连通性	综合测量	信息共享
	柔性	服从性、结构适应性	供应商管理	协同预测和计划	财务影响	收益/风险共享

12.1.4　关系管理

与内部管理不同，在供应链合作关系中起到平衡作用的，是协作关系中的各方达成共识，认为协作安排有利于它们共同获得成功。因此，以共识与合作为基础的领导模式必须取代传统的以职权为基础的指挥控制关系。

1．关系的建立

由于购买力的作用，供应链关系联盟通常由供应链关系中作为客户的企业发起。在建立协作关系时，发起企业必须对自身内部操作、政策和文化进行深入评估。还应该评估自身是否具有为执行和支持联盟成功而进行内部变革的能力。

内部评价还包括企业对联盟联系人进行授权、推动关系管理的能力。例如，制造商需要客观评价它们和服务提供商之间的运作与战略整合水平。要考虑的问题涉及很多方面，如系统能力水平、数据收集与分析、绩效测量以及实现及时准确信息共享所需的培训等。

如果联盟涉及大量合作工厂、仓库或商店，它们在不同条件、不同能力或者不同竞争要求下进行运作，那么还需要评价整合能力。在这种情况下，内部单位使用相同运作实践和相容信息系统的能力十分关键。同样，满足具体市场需求的柔性对联盟的长期生存至关重要。

2．关系的实施

成功实施关系的关键是明智地选择合作伙伴。合作伙伴应该具有兼容的文化、共同的战略愿景和相互支持的运作理念，以确保核心能力和优势可以彼此互补。

例如，制造商发起与服务提供商的联盟，部分原因是为了改进仓库运作、运输的可靠性和增加集拼计划，支持它在市场中独特的竞争优势。虽然服务提供商是领导者，但是制造商可能在质量、绩效测量标准和专业知识方面有更加完善的构思与运作能力。在很大程度上，合作伙伴之间的吸引力取决于服务提供商对制造商的问题是否有能力且愿意提供解决方案，这些方案必须以信息为基础，具有创造性；还取决于服务提供商是否愿意同化吸收制造商特殊的质量及绩效测量技术。在这种情况下，联盟合作伙伴的运作理念才能相互支持、相互补充，尤其能够改进它们共同的战略愿景，改善系统范围中的物流运作。

3. 关系的维持

关系的长期维持主要取决于三方面：①共同的战略及运作目标；②双向的绩效衡量标准；③正式和非正式的反馈机制。

在实施联盟时，双方必须共同确定战略及运作目标。必须经常跟踪、评价并且更新这些目标以获得长期的改进。目标应该转换成共同确定使用的、具体的、可持续跟踪的绩效测量指标，同时，绩效测量也应该是双向的。通常制造商和原材料供应商之间的绩效测量指标会更多地关注供应商的绩效特征，如准时配送和质量等。制造商认为，合作伙伴双方都应该减少库存，而不仅仅是制造商减少库存，这一点很重要。总体系统库存的测量考虑了双方的库存，确保库存真正有所减少，并使双方都能获利。绩效反馈可以通过正式（例如年度检查）和非正式（例如每周或每日的检查）的方法进行。

4. 关系的终止

在未来的某个时点，当初建立时看起来发展前景甚好的联盟关系将难以满足合作方的期许，作为关系管理重要的组成部分，企业必须对这一情况进行预测和计划。尽管有的合作关系会由于失去动力而自然终止，但有的关系会一直维持，直至不能满足一个或多个参与者的要求或者不再代表前沿的管理惯例为止。和大多数管理问题一样，供应链联盟代表着动态状况，必须不断进行重新评估、重新定位，有时还必须终止。

12.2 绩效测量

要想通过高绩效的供应链物流来取得竞争优势，就必须整合测量系统，建立一个绩效测量的框架。

12.2.1 测量系统目标

有效的测量系统必须能够完成以下 3 个目标：监控、控制和指导物流运作。

监控是通过建立合适的测量标准实现的，通过监控这些标准来跟踪系统绩效，为管理者提供报告。例如，订单履行率、按时交货率以及运输、仓储等物流成本。通过建立与已有的测量标准相关的合适的绩效标准实现控制，这样就可以指出物流系统何时需要修改或者需要引起注意。

在物流领域，与客户相关的指标包括物流服务水平、物流服务质量和客户满意度。内部运作方面关注的问题是企业内部应该怎样运作。与之相关的指标包括流程质量（良品率、误操作频率等）、生产率和运作效率。改进和学习方面关注的问题有未来的发展前景、流程的改善以及人力资源的配置等。最后，财务方面关注的问题是每个部门必须实现的财务收益。

企业应该针对自身的经营策略来制定适合企业自身的衡量指标。选择低成本经营战略的企业和选择高品质服务战略的企业强调的衡量指标肯定不一样。物流管理者的任务是在明确企业经营战略之后选择合适的指标作为企业绩效的衡量指标，并将其作为监督、控制和指导企业成功运作的方向。

12.2.2 运作评价

物流绩效评价系统首先需要从职能角度进行评价。除了基本的职能绩效以外，测量客户服务的改进方法也受到了许多企业越来越多的关注。整合供应链绩效的测量是现行的管理中一个主要的问题。基准是物流评价中考虑的第四个问题。

1. 职能角度

多年的研究表明，物流绩效的职能测量可以分为以下几类：①成本管理；②客户服务；③质量；④生产力；⑤资产管理。表 12-2 概括了与这五方面有关的测量指标。

表 12-2 典型的绩效测量指标

成本管理	客户服务	质量	生产力	资产管理
总成本	订单履约率	损坏频率	每个雇员运送产品数量	库存周期
单位产品成本	缺货	订单输入准确率	每元劳动力运送产品数量	库存水平
成本占销售额的百分比	发货误差	拣货/发货准确率	每个销售代表的订单	库存周期
流入运费	准时交货	单证/发票准确率	与历史标准比较	过时库存
流出运费	延迟订单	信息可用率	计划目标	净资产回报率
行政管理	周期时间	信息准确率	生产力指数	投资回报率
仓库订单处理	交货一致性	信用索赔次数	设备停工期	库存分类
直接劳动	查询相应时间	客户退货数量	订单输入生产率	经济增值
实际与预算比较	响应准确率		仓库劳动生产力	
成本趋势分析	完成订单		运输劳动生产力	
直接产品收益率	客户投诉			
客户部分收益率	销售人员投诉			
库存持有	整体可靠性			
退回商品成本	整体满意度			
损坏成本				
服务失误成本				
延迟订单成本				

（1）成本管理。最能直接反映物流绩效的是完成特定的运作发生的实际成本。成本绩效通常是用每项职能花费的总费用来衡量。一体化物流运作包括 5 个相互关联的

主要环节：订单处理、库存管理、运输管理、仓储和物料处理、设施网络。总物流成本（有时称为到岸成本）是以上各个环节的相关成本之和。

同样，企业也需要监控和汇报成本占销售额的百分比或者单位体积的成本这样的数据。

（2）客户服务。基本要素包括可得性、运作绩效和服务可靠性。有效的基本服务平台需要具体的测量标准来评价每一方面的绩效。

（3）质量。与服务可靠性相关的绩效通常在组织对物流质量的测量中反映出来。许多质量测量指标是为了监控单个活动的有效性，而其他指标关注的是整体物流职能的有效性。通常会对诸如订单输入、仓库分拣和单证准备这些活动绩效的准确性进行跟踪，通过正确执行活动的次数和执行活动的总次数的比率来计算其准确性。

（4）生产力。即货物产量、完成的工作或创造的服务与用于该产出的投入或资源的数量之间的关系。如果系统可以清楚地衡量产出，并且与该产出对应的投入也可以清楚地测量，那么生产力测量将变得十分简单。

通常物流管理者非常关注劳动力的生产力测量问题。尽管投入的劳动力可以通过许多方式量化，但是最典型的方式还是通过劳动力费用、劳动时间或者个人雇员的数量来确定。

（5）资产管理。关注投资于设施和设备的资本以及投资于库存的营运资本的利用。物流设施、设备和库存占据公司资产的很大一部分。例如，对于批发商来说，库存通常超过其总资产的80%。资产管理的衡量标准关注的是物流管理人员对运营中投资资本的利用情况。资产管理绩效同时也关注库存。库存周转率是最常见的绩效测量指标。

2．测量客户服务

除了基本的物流绩效，物流企业会更加关注衡量自己满足客户要求的能力的其他方法。因此，那些不仅仅追求测量基本客户服务的企业需要一套额外的测量标准。完美订单、绝对绩效和客户满意度这3个指标是企业经常采用的测量方法。客户服务的最终目标虽然没有明确的标准来衡量，但是企业应该坚持始终致力于实现供应链管理的目标。

（1）完美订单。完美订单可以作为企业零缺陷物流承诺的指标。交付完美订单是对物流运作的质量进行最终测量的方法。完美订单评估的是企业总体整合物流绩效的有效性，而不是单个职能的有效性。它衡量一个订单流是否能完美无瑕地通过各个阶段——订单输入、信用结算、库存可用性、准确的分拣、准时交付、正确地开出发票以及不折不扣地付款，即快速无误、无异常处理或人为干预地管理订单流。

（2）绝对绩效。大多数基本服务和质量测量，甚至完美订单测量，都是对一定时期内的许多订单进行汇总来测量的，而更加恰当的方法是尽可能实时地追踪绝对绩效。这种绝对方法更好地反映了企业的物流绩效对客户的实际影响。

（3）客户满意度。所有企业内部的与基本服务、完美订单，或者绝对绩效有关的统计数据，都可以作为测量客户满意度的内部指标，但是要对满意度量化就需要监控、测量并收集来自客户的信息。通常满意度测量都要求仔细调查客户期望、需求，以及客户对与物流运作所有方面相关的企业绩效的理解。

3. 供应链综合测量标准

关注整体供应链的绩效和有效性，就要求测量标准能够综合反映各个方面。这种测量标准必须能够在企业职能和供应链组织之间进行比较并保持一致。如果没有整合的测量指标，不同职能部门和不同企业的管理者对实际物流绩效就会有不同的看法。

需要考虑的具体测量指标包括：现金转化周期、库存供应天数、闲置时间、货架上现货的百分比、供应链总成本以及供应链响应时间。

（1）现金转化周期。评估的是企业对现金的有效利用。虽然库存在资产负债表中反映为流动资产，但是汇报的库存价值并不是企业真实的资产配置的有效指标。一些库存也许已经交付给客户，但是由于销售的贸易信用条款，客户还没有支付。相反，一些公司也许已经拥有了产品或部件，但是还没有向供应商付款。现金转化周期是将花费在库存上的资金转化为销售收入需要的时间，它可以通过公司的库存周期加上应收账款天数，减去应付账款天数进行计算。假设一个零售商的库存周期是 30 天，在供应商处有 30 天的贸易信用天数，并且仅用现金方式销售给终端客户。在理论上，该公司的现金转化周期为零，因为它将产品销售给客户并取得货款的时候，正是向供应商付款的时候。更加重要的是，无论资产负债表反映的是什么样的，该公司的实际库存投资都为零。

尽管物流是影响现金周转时间的一个重要方面，但现金周转时间并不仅仅受物流影响。它测量的是企业的内部流程，因为它包括市场营销部分，如客户定价和销售条款，还包括采购部分，如供应商定价和条款。它从整合角度反映了企业库存实际占用的资金。

（2）库存供应天数。关注供应链中的总库存，通常是所有工厂、仓库、批发商和零售商的全部成品库存，库存以最近销售活动的可供销售天数表示。这种测量方法还可以扩展到包括生产厂和供应商持有的原材料与零部件。这些半成品库存转化为等量的成品，并作为供应链总体库存的一部分。当供应链中的所有成员都采用这种测量方法时，人们关注的就是整合运作。

（3）闲置时间。反映了整个供应链管理资产的绩效。库存闲置时间是供应链中库存闲置不用的天数与库存有效利用或配置天数的比率。尽管由于质量控制或者缓冲不确定性的原因，有时库存闲置是必要的，但是延长的闲置时间仍然能够反映没有投入生产的库存的潜在数量。闲置时间同时也可以用于其他资产的计算，特别是运输设备。减少资产闲置时间是许多物流管理者的关键目标。

（4）货架上现货的百分比。供应链中所有参与者的一个关键目标是，无论何时何地消费者要购买，都要有产品供应。与仓库或者零售商店的履行率相关的单个企业的测量标准很难确保当消费者在购物时，有产品可供其选择。消费者通常不愿意选择和购买在商店货架上不容易得到的商品。增加货架上现货的百分比不仅使零售商受益，还可以使供应链的所有成员受益。尽管它关注的是对零售的影响，但是它也考虑了当客户想购买商品，而商品却不在货架上时，对供应商的影响。

（5）供应链总成本。图 12-7 说明供应链总成本是供应链上所有企业成本的总和，而不是单个企业的成本，这种观点对供应链的有效管理是非常重要的。仅仅考虑单个企业的成本会导致局部优化，并且企业可能会将成本转移给其他企业。如果供应链管理的目标是降低总成本，那么一个企业的成本增加，而供应链中其他企业成本降低的假设就是合理的。只要降低的总成本大于供应链中某个成员增加的成本，那么作为整体的供应链就得到了改进。供应链管理的真正本质就是愿意分享与运作整合有关的收益和风险。

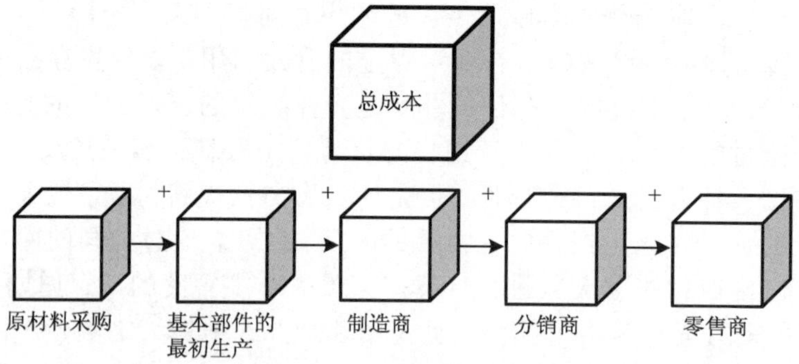

图 12–7　供应链总成本

（6）供应链响应时间。它是指供应链中的所有企业都认识到市场需求的根本变化，将这一变化内在化，然后重新计划和调整输出来满足需求所用的时间。例如，在汽车行业，当发现市场上对运动型多功能车的需求非常大时，汽车公司要花上几年的时间来建立足够的生产能力、重新安排供应商关系，并满足客户需求。在大多数情况下，指定供应链响应时间的实际测量标准是理论的近似值，而不是真实的测量指标。但是，对供应链管理者来说，当产品需求与预期相比有很大幅度的增加（或者减少）时，考虑整个供应链从原材料采购到最终分销的过程中所有准备活动需要的时间是非常有用的。

4．基准衡量

基准是绩效测量的一个重要方面，它使管理者意识到一流的企业实践。许多企业已经把基准作为一种工具，通过与领先企业的运作对比，来评估自己的运作。

基准的一个重要决策是选择基准企业。许多企业对内部涉及相似运作的单元绩效或处于不同地区运作的单元绩效进行比较。由于从事多种经营的大公司的业务单元通常都不知道其他单元发生的事情，因此内部基准提供了知识共享和改进绩效的渠道。

然而，内部基准不能提供与竞争对手的绩效有关的信息。因此企业可能落后于竞争对手，自己却没有意识到。与竞争对手的绩效有关的信息可用来确定哪些地方是最需要改进的，然而获得竞争对手运作过程的信息却是非常困难的。

5．信息技术与测量

信息技术大大增强了企业组织跟踪、监控物流绩效指标的能力。如今大多数的运输管理、仓储管理、客户关系管理以及供应商关系管理软件都具有测评和监督物流绩效的功能。这些软件提供的信息使得物流管理者能够在实时环境中采取必要的纠正性措施。

在监控物流系统状况时，数据和指标十分关键。尽管技术是该过程中重要的推动者，但绩效控制依然是管理者的责任。为了改善业绩，管理者必须通过信息来决定物流运作中应当做出的调整和改变。

12.2.3 财务评价

物流管理者必须掌握供应链活动和供应链流程对组织整体财务状况的影响。测量系统必须使物流管理者将供应链绩效和财务成果直接联系起来。为了有效地做到这一点，物流管理者必须掌握财务评价的两种重要工具：成本/收益分析和战略赢利模型。

1. 成本/收益分析

要进行物流整合必须建立一个成本/收益分析框架。传统的会计方法使物流管理者很难制定这样一个框架。贡献毛利法和完全成本法由于作业成本法（ABC）的使用得到了补充，人们认为这两种方法是确定和控制物流费用的最成功的方法。

（1）传统会计方法。企业的两个主要财务报表是资产负债表和利润表。资产负债表反映了企业在某个特定时点的财务状况，资产负债表的目的是总结资产和负债并指明所有权的净值。利润表反映了某段特定时期内与特定运作相关的收入和成本，以收入命名的目的是确定运作在财务上的成功。物流职能是两个报表不可或缺的部分，然而物流成本核算和分析的主要缺陷是标准账面成本的确定、分类并报告的方法，不能充分满足物流成本统计的需求。

（2）贡献毛利法。纯粹的贡献毛利法要求所有成本都根据支出行为确定为固定成本或者可变成本。固定成本是指那些不随活动量直接改变的成本。简而言之，即使活动量减至零，那些成本也会保持不变。例如，一辆运货卡车的成本是固定的。如果卡车的成本是 40 000 美元，不论卡车是运输一次或者 1 000 次，公司都必须支付 40 000 美元（或者进行适当折旧）。可变成本是那些随活动量变化而变化的成本。运行一辆运货卡车花费的汽油就是可变成本：总汽油成本依赖于卡车行驶的频率和距离。

在贡献毛利法分析中，确定什么是直接成本、什么是间接成本也很有必要。直接成本主要是因产品、客户以及其他所要考虑因素的存在而产生的成本。如果这些因素被取消，直接成本将不再存在。所有的可变成本都可直接追溯到具体的产品、客户、渠道以及相似的内容。

（3）净利润法。对各部分进行财务评价的净利润法要求把所有运作成本都分配给一个运作分部。这种方法的支持者认为公司的所有活动都是为了支持生产、产品配送以及服务客户。事实上，许多公司的大多数成本都是联合或者分摊成本。要确定分销渠道、区域或者产品的真实赢利情况，每个分部都必须公平地分摊这些成本。

（4）作业成本法。作为一种在一定程度上解决武断地分配成本问题的方法，作业成本法建议首先应该将成本追溯到执行的活动，然后将活动与具体的产品或者企业的客户联系起来。

作业成本法中最大的问题是确定活动、相关费用和成本的动机。

2. 战略赢利模型

当成本核算和获利性评价成为财务控制的重要方面时，衡量战略成功的最重要指标是投资回报率（ROI）。可以从两方面来看投资回报率：一是净值回报率（RONW），它衡量公司所有者所投资金的获利能力；二是资产回报率（ROA），它衡量公司的营运资产的获利能力。尽管大多数公司所有者和投资者对 RONW 要感兴趣一些，但 ROA 也可以反映管理层利用资产获取利润的能力。

12.3 供应链风险与安全管理

一般而言，能力高度专业化的供应链成员承担的风险，与供应链的总体风险相比要相对小一些。相反，那些风险很大的企业被认为是供应链运作的主要推动者，在供应链中它们承担的风险是最大的。拥有独特专业化的企业通常参与多个供应链。例如，批发商如果只从一个制造商那里采购产品，通常会招致风险。因此，批发商的传统做法是通过给客户提供不同制造商的产品组合来预防风险，以降低对任何一个供应商的依赖。

相反，一个拥有有限产品线的制造商只能加入少数几个供应链中。因此，制造商就只能期望供应链协作成功进行。对制造商来说，对供应链的承诺是一件冒风险的事情。各渠道成员承担的风险不成比例，由此而决定了相互之间的依赖关系，并决定了如何管理协作关系。有些参与企业对供应链成功的依赖性要大于其他企业。因此，承担最大风险的参与者通常是活跃的角色，并且对整个协作的推进肩负着更大的责任。

12.3.1 供应链的风险

供应链是很容易受到损害的，这既有来自外部的风险因素，也有来自内部的风险因素。外部的风险是属于环境的、经济的、政治的和社会的等原因，如风暴、地震、恐怖主义、罢工、战争、制裁禁运及计算机病毒等。内部的风险主要是供应链中各个组织机构之间的“内耗”。

一项研究报告把供应链的风险分成 5 种类型：

（1）缺少主人翁精神。这是由于采购方和供应方的组织机构之间的界限模糊造成的，引起模糊的因素有，如外包和复杂的商务关系网络等，而且建立网络时各方的责任界限是不明确清晰的。

（2）秩序混乱的风险。这是有关失实和失真的信息传遍供应链内部引起的风险。典型的例子是所谓的“层层加码”效应，当出现这种效应时，订单数量的波动沿着供应链上行，从零售商到制造商再到供应商，层层扩大。

（3）决策风险。这是由于秩序混乱使得不可能对供应链中每一个“卷入者”做出正确的决策。

（4）JIT 的风险。如果一个企业没有足够的能力，或者说没有保留的库存去应付由于运输受阻而造成的供应延迟，那么 JIT 的供应链只能承受中断的风险。

（5）惰性风险。这是由于客户或供应商普遍缺乏责任心去改变环境条件，以及缺乏对竞争动向的关切或对市场的机遇反应能力差。

为了估计能承受风险的程度，公司不仅要确认对它运作的直接风险，如失去主要原材料来源或失去过程操作能力等，而且还应顺着供应链上每个重要环节去寻找产生风险的潜在原因。

12.3.2 安全管理

随着供应链运作全球化趋势的推进，管理者必须加强对企业本身、企业产品以及企业信誉的保护。为了确保供应链安全，不仅要设计完善的内部运作流程以减少企业内部的风险，还要与供应链伙伴和当地政府加强合作，这样才能最大化地降低供应链内外的风险。供应链管理者必须理解合作的重要性，否则将可能出现不必要的重复操作，甚至导致供应链风险的增加。这样一来也会给最终消费者带来消费风险以及额外成本。

1．供应链安全

供应链安全是应用政策、程序与技术以保护资产、产品、设备、信息等免遭盗窃、损坏及恐怖主义的袭击，并禁止非法走私品、非法人员和大规模破坏性武器的引进。恐怖主义威胁引起的供应链安全问题已经引起了以下各方的重视：企业、供应商、客户、承运商、终端运作商、政府和全球贸易伙伴。全球经济的发展与供应链安全和弹性休戚相关。前面已经明确了供应链安全的含义，此处不再赘述。供应链弹性是指供应链承受意外事件并从中恢复的能力。具有弹性的供应链能够事先预计到供应链中可能产生的安全问题，制订计划来预防并对可能出现的问题进行快速反应。当安全事件发生以后，它能够迅速重新设计可替代的作业方案。

恐怖事件的增多引起企业管理者对企业和供应链安全的高度关注。过去企业在考虑安全防御时只用考虑企业内部的潜在威胁。如今，随着全球供应链运输网络的发展，不同企业、产品、运输基础设施之间有着千丝万缕的联系，因此其中任何一方遭到破坏都可能影响到其他企业，企业必须考虑整个供应链的安全防御能力。

企业在努力加强供应链弹性以对抗恐怖主义的同时，还要加强各方面的供应链安全，保护客户、公众的利益以及企业品牌。如果无法保证供应链安全，可能导致以下后果：①恐怖主义对供应链的袭击可能严重损害企业的产品供应能力和运输能力，导致企业短期收益以及服务水平的下降；②如果客户认为事故发生的原因是企业因疏忽大意而没能保证供应链安全，企业的品牌信誉将受到极大的损害；③企业收益的减少可能引起投资者对企业绩效的不满，以减少对企业的后续投资；④安全事故可能会使企业受到司法审查；⑤恐怖袭击的发生可能需要追究企业的法律责任。

一个企业发生的安全事故将直接承受以上主要后果，而这个企业的供应链伙伴当然也会间接受到影响。如果供应链伙伴将安全事故的发生归罪于该企业，则可能导致供应链关系受到影响甚至破裂。

供应链安全如果出现问题将带来很严重的后果。尤其在当今的供应链环境里，跨组织甚至跨国界的贸易实体越来越多，产品的流通环节愈加复杂，交易次数也愈加频繁。如果供应链中有人认为某个供应链成员因为疏忽大意或能力欠缺而不能保证供应链安全，并取消其成员资格，那么这些企业之间的贸易将受到巨大的影响。

2．安全模型

安全模型明确了企业为了保护自身、供应链以及客户必须发展哪些方面的核心能力。在这个模型中，供应链应具备 10 种核心能力来保护产品和供应链本身。

安全能力来自企业为保证并维护供应链安全，对不同方面的安全防御能力的巩固，包括基础设施、流程、资产以及资源。各种安全能力及其定义如表 12-3 所示。

表 12-3 供应链安全能力及定义

能　力	定　义
流程策略	承诺加强安全管理，将安全意识融入企业文化
流程管理	企业内外物料流动和产品流动的管理流程与具体安全措施的整合
设施管理	为了保证物理设施和产品（如建筑物、运输工具）的安全而实施的安全措施
通信管理	保证内部信息流动的安全，包括职员、管理者和合同方之间的通信
管理技术	明确并应对安全隐患的现有信息系统的有效性
流程技术	为了保证产品密封性以及跟踪产品流动而采用的技术（如电子封条、射频技术）
管理机制	更好地明确及管理安全风险的能力和措施
关系管理	企业与其他供应链成员（如客户、供应商）之间的信息共享和协作
与服务提供商之间的合作管理	企业与服务提供商（如运输公司、仓储公司、第三方物流企业等）之间的信息共享和协作
公关管理	企业与政府和公众之间在安全方面的关系管理以及信息交换

12.3.3　跨国界运作

由于供应链的全球特性，企业对程序、法律和规定的依赖程度都比较相似，而这些规定因国家而异。选择供应商的决策越来越依赖供应商的公司和国家的诚信合作声誉。但是，供应链合作伙伴和服务提供商是否就一定能确保它们正在进行的生产的安全呢？因此，供应链管理者必须对供应链安全和业务持续性进行自我评价，跨职能小组必须制订危机管理计划，计划包括危机缓解、检测、响应和恢复等。

为了促进经济增长并增加国际贸易，政府有责任推动跨国的人员和产品流动，并对人员、国家和商业的安全承担基本责任。对政府机构来说，传统上的关注焦点是对贸易的控制、确保税收和费用的征收、限制非法产品的流通，例如，对进口产品进行抽样检查以确保安全。然而，目前关注的焦点已经转向了通过确保供应链早期运作的安全来简化贸易，例如，可以通过出口检查和信息追踪来寻找值得信任的合作伙伴，以增加安全性。然而，值得信任的合作伙伴的观念引起了全球合作的需求。

12.4　供应链的可持续发展

随着供应链管理涵盖的内容越来越多，物流和供应链管理人员需要掌握的知识和技能也越来越多，供应链在企业竞争中扮演的角色日趋重要。供应链管理人员在对供应链进行积极谨慎的管理和平衡的同时，必须加强相关的企业风险管理。

12.4.1　管理职责的演化

供应链物流管理的内容包括采购、制造、物流等部分之间的高效运作和有效决策。历史上，供应链运作的主要目标是在满足客户服务目标的同时，尽可能地降低供应链上各职能活动的总运作成本，供应链主管努力权衡处理更为广泛的流程和资源。这些流程和资源通常超越了传统的供应链职能甚至超出了企业本身的范围，其中部分流程和资源决策包括产品复杂度和外包。

除了流程和资源之外，物流工作也越来越多地涉及风险管理和安全保障。物流管理总是与需求-绩效循环的不确定性相关。全球公司面临更多维度的风险，其中包括财务、安全和保护风险等。供应链管理者进一步拓展其职责，将企业可持续发展纳入了考虑的范围，如图 12-8 所示。

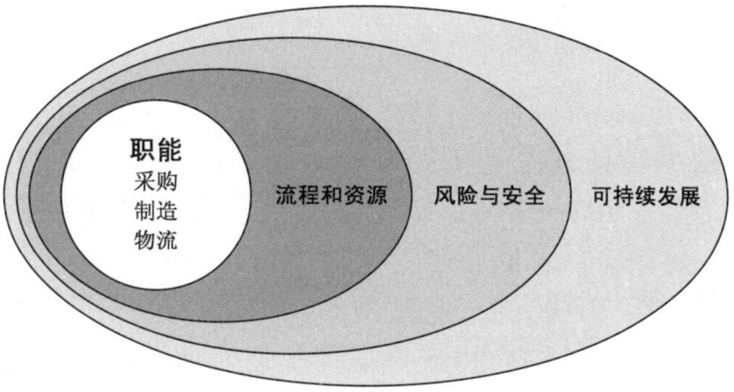

图 12-8　供应链管理职责的演进

12.4.2　产品复杂度

尽管部分流程和资源决策在传统供应链管理的范畴之外，但其中多个都对供应链管理具有重要意义。例如，当营销部门开发、引入新产品时，通常会介绍产品复杂度的增加情况，这对供应链管理具有重要影响。其他的流程因素涉及物流活动的外包。

产品复杂度指企业决定提供的产品种类以及相应的服务种类。很多环节与产品复杂度直接相关，具体包括产品开发、采购、生产、配送、售后服务等环节。复杂度管理指对最有效产品组合进行的一系列活动，包括决策管理、流程支持、价值系统以及原创产权的设定。最有效产品组合指产品变型组合、性能设计和组件选择等。从供应链角度来看，复杂度增加将引起供应链总成本增加。原因是产品的种类增多，库存随之增加，管理复杂度随之增加，经济效益却随之减少。然而，从市场营销和全球化管理的角度来看，复杂度增加会带来更多的收益，企业的利润和资产利用率也可能随之提高。因此，要结合市场营销和供应链两方面来综合考虑产品的复杂度问题。

一般而言，产品复杂度降低后（同时意味着产品通用化程度提高），与供应链有关的各项成本也随之降低。产品复杂度降低意味着产品开发流程可以得到简化，原因是产品种类减少，需要研究和评测的产品就变少了。类似地，产品复杂度降低后，质量问题和可靠性问题也随之减少。

另一方面，降低产品的复杂度可能导致企业产品的吸引力下降。例如，消费者不选择某个产品的原因也许是这个产品不具备他们想要的某一功能或特点，这些功能和特点可能是产品的颜色、技术参数、大小，也可能是质量、售后服务等。目前为了吸引消费者而保持种类多样性的商品有汽车、家用电器、手机和电子产品，很多营销人员称保持多样性很必要，否则消费者可能转而购买其他品牌的产品。尽管增加产品复杂度是否能更好地契合用户的需求、避免销售机会的丧失、带来收益的增加等问题还一直存有争议，但是产品复杂度上升导致供应链成本增加这一点却是毋庸置疑的。另外，产品复杂度较高的企业实施改革和创新的能力较差，因为企业在保持一致性、兼容性以及对已有产品进行更新等方面将面临诸多难题。从长远来看，较高的产品复杂度给企业的改革和创新增加了难度。

由于产品复杂度影响企业的市场营销和运作成本，企业需要从中权衡以达到利润最大化。产品种类太少可能导致企业丧失销售机会；种类增多虽然能增加收益，但到达某个点后，随着产品种类的继续增加，总成本增加的速度可能比收益增加的速度更快。

12.4.3 外包

企业应对风险的另一种方法是将部分物流和供应链业务外包给第三方物流企业或综合物流提供商。第三方物流企业或综合物流提供商与其他企业以合同的形式提供相关的供应链服务，如运输、仓储、轻工制造、信息技术、客户服务以及逆向物流服务。综合物流提供商对第三方物流企业提供的物流服务进行选择和协调，并派出资源管理专家管理企业资源，因此综合物流提供商负有企业资源配置的责任。

有的企业认为物流外包只是一种减少成本的方法，从更广的层面来看，物流外包可以改善资源利用，并有助于风险管理。从成本的角度来说，物流外包能够降低成本是因为很多选择物流外包的企业自身不具备专业的物流运作能力，所以这些企业选择专业的物流服务提供商就能降低物料处理、仓储和运输等环节的运作成本。物流外包可以提高过程效率和资源利用程度的另一个原因是，物流外包服务提供商拥有专业人才和广泛资源，并能充分利用规模经济效益。尤其是专门处理供应链某个环节业务的物流企业比一般企业面临的风险更少、成本更低。通过对客户需求能力的估算，提供物流外包服务的企业进一步降低了因物流网络繁忙而不能满足客户需求的风险，从而提高资源利用程度。选择外包服务可降低以下几方面的风险：不确定性、能力、过程和人才。

外包物流和综合物流提供商提供的具体服务种类包括：国内运输、国际运输、仓储、清关和报关、转运、集拼运输、产品贴标/包装/装配/组合、逆向物流（次品、修理、回收）、运输计划与管理（一个或多个承运商的货运计划及其实施）、货物检查和支付、信息技术服务、第三方物理企业提供的供应链咨询服务、订单的输入/处理以及履行、车/船管理、客户服务、管理物流提供商/第四方物流服务等。

12.4.4 财务、税收与制度

传统的物流管理者聚焦于如何减少需求与运作循环中的不确定性。这本身便是一个巨大的挑战，而规章制度、财务与税收策略、安全等因素大大增加了供应链管理需要考虑的维度。

1. 规章制度

供应链管理涉及很多外部因素，如客户、供应商、政府、竞争对手等，因此，针对保护企业个体、商业和环境制定的法规越来越多。各种规章制度既可能利于供应链运作，也可能限制企业的供应链活动。有利于企业的规章制度指在某个国家或区域进行供应链活动可享受的财务或税务方面的优惠政策；限制企业的规章制度指某个国家或区域中对供应链活动种类以及活动许可的限制。这些法规的生效范围可能是全球也可能是某个区域。例如，世界贸易组织（WTO）就是一个全球性的组织，它既制定了很多促进全球贸易的政策，也颁布了一系列限制贸易负面影响的规定。与此不同，也有很多法规只在某个区域生效。

2. 财务和税务

供应链设计的主要目的是满足必要服务水平的同时尽量降低供应链的总成本。供应链总成本是采购、制造、物流和客户服务 4 个环节的成本之和，因此，国家、区域甚至地方纳税政策对供应链设计的影响越来越大。

国家、区域以及地方的纳税政策从以下三方面影响供应链的设计：资产、收入和增值税。各个地区都有不同的纳税优惠政策以及免税期政策来吸引企业在当地投资、兴建工厂或配送中心。免税期指某段时间或永久性的免征企业在资产、设备和库存方面的税款。政府认为这是一个解决就业问题的好办法，进而有利于住房和所得税基准数。由于企业通常只在决定供应链和设施选址时考虑纳税问题，因此地区之间的相关税率不是决定性的因素。

12.4.5 可持续发展

供应链专业人员职责范围在企业长远的可持续发展中起到重要的作用。尽管许多观点认为可持续发展包括 3 个 E（Economic，Environment & Equity，即经济、环境和公平）和 3 个 P（People，Profit & Planet，即人、利润和地球），但很明显，更细致地把“公平”和“人”纳入伦理和教育维度，能够提供更加可行的框架，从而更好地探讨供应链可持续发展的意义和挑战。因此，有关可持续发展的探讨分为以下 4 个维度：①环境；②伦理；③教育；④经济，如图 12-9 所示。

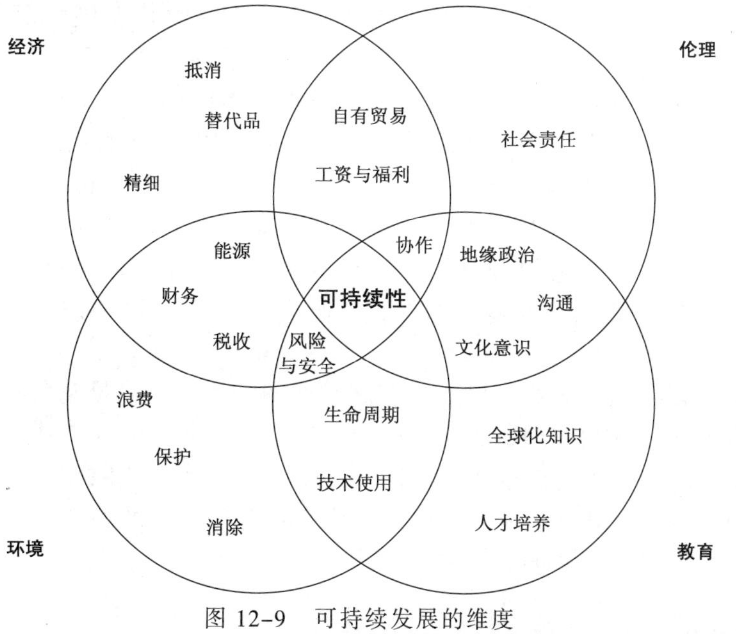

图 12-9 可持续发展的维度

1. 环境

对于许多个人和组织而言，环境问题或绿色问题便是可持续发展的近义词。在许多组织中，外部监管的结果通常对环境问题强制做出回应。然而，这些外部因素对流程改进以及内部成本节约形成了越来越大的驱动性压力。不同企业，即便是处在同一产业中的企业，对可持续发展环境维度的投入程度也千差万别。有的供应链企业在企业价值观、战略、结构和业务流程中均强调环境可持续发展。同时，由于企业在环境方面的投入水平不同，产生了3种类型的企业：①积极型绿色市场主体（在自由市场体系中积极追求可持续发展）；②传统型消费市场主体（多受消费者环境理念及企业产品或声誉的驱使）；③反应型绿色市场主题（在政府和法规管制框架下追求可持续发展）。

2. 伦理

可持续发展的伦理维度包括多个与企业社会责任相关的问题。企业社会责任，是指企业及时完成社会在某个时点对企业的经济、法律、伦理及自由支配等方面的期望。目前的研究表明，可持续发展的伦理维度可以分为3个类别：员工伦理关系、社区参与以及商业管理惯例。

（1）员工伦理关系。许多企业提出了公开的企业行为规范，规定了员工的工作条件，这类投入在发展中国家以及其他劳工政策或工会力量薄弱有限的地区尤为重要。实施这样的行为规范对于具有全球供应链的企业也十分重要，这些企业在发展中国家开展业务，越来越多的消费者群体强烈反对使用童工、不公平的工资待遇以及恶劣的工作条件等。全球供应链项目越来越多地采用这样意义深远的行为规范，这就要求在外包决策中必须考虑可持续发展的原则，必须分配充足的资源来执行这些规范惯例，并实施强有力的变革管理流程来保证员工能够接受并积极参与到这些规范中。

（2）社区参与。社区参与是指企业在自身更广泛的社区范围内通过显性（志愿服务）或隐性的（赈灾，减少饥饿、贫穷或疾病）期许，要求员工参与到社区活动中。许多企业提出了显性的员工志愿期望，通常有不同的动机（从发展好的公共关系到深度的自愿社区服务）和不同的员工政策（如利用休假时间从事志愿者活动）。对员工志愿行为的投入表明了企业为员工设定的持续期望和目标，而某一企业可能会针对意料之外的事件提出社区参与期望。当面对自然或者人为灾害时，所有的社区都处在危险当中，企业可以制订计划，让员工做好准备，通过提供产品或技术人员支持抗灾。最近在飓风和地震灾害中的企业响应说明了企业越来越多地投入到社区参与中。

（3）商业管理惯例。企业可以通过实施某些商业管理惯例推动与安全获取材料、生产以及产品配送相关的伦理行为，包括产品安全、责任行销及产品追踪等。简单来看，不同的政府规章政策迫使企业保证产品的安全和过程可追踪性。同样，责任营销的推出和实施可以概念化为：在无害于其他公众利益相关者的条件下，通过实行保障生活质量惯例来增强消费者的幸福感。

3. 教育

教育可持续性的目标是要保证现有职工得到恰当的培训，并且要培养能在未来取代现有雇员的新劳动力量。和伦理维度一样，这样的举措也可以分为3个类别，包括员工关系、人才培养和商业管理惯例。

（1）员工关系。员工关系可持续性最明显的维度之一是工作环境的安全。越来越多的企业在非财务企业年报中对员工健康、安全风险以及相关数据进行报告。员工关系还包括与员工生活质量相关的、更为广泛的问题，如工作—生活平衡、明确鼓励采取健康的生活方式等。

（2）人才培养。企业人力资源的能力及灵敏度是企业可持续发展最关键的要求之一。人才培养包括企业培养员工的能力，促使员工具有长时间持续提供企业服务或产品的基本技能及经验。企业应该在人力资源招聘过程中嵌入恰当的可持续发展目标，保证员工除了技术能力之外，还具有“软技能”，能够持续保证企业在全球各运营地区满足管理要求和劳动力要求。除了必要的员工技能和能力之外，人才培养包括推行人员多元化、实施无歧视的人员融合惯例。随着提供产品或服务的企业拓展其供应链和客户群体，这种多元化对于理解市场和文化、在销售产品和服务的世界各地雇用到了解情况的员工、理解企业提供服务的不同市场十分关键。

（3）商业管理惯例。在企业内部要有能够支持全球供应链和客户应对流程的专业人才，这一点至关重要。同样重要的一点是，要把这种专业知识和洞察力推广到重要的供应链伙伴企业中。具体而言，其关键在于实施可行的供应商培训计划，促使供应商理解企业可持续发展以及相关的合作伙伴期望。

4．经济

经济维度的可持续发展是通过持续的努力减少与企业业务运作相关的总供应量成本，这一点要与其他推动企业投资的战略性可持续发展举措相平衡。可持续发展与企业社会责任的核心差异之一在于把经济因素纳入到可持续发展投资的决策中。同样，经济维度可以分为内部管理与外部管理。

（1）内部管理。经济可持续性的内部管理元素关注战略外包、持续改善业绩、运作中的精益生产途径、运输优化等方面。内部管理的焦点是有效地识别、评估内部职能或流程上的权衡并进行可操作化处理。诸多的可持续发展因素意味着有多种多样的权衡需要考虑。例如，采用延迟原则可能减少总成本，但所面临的权衡是制造成本的减少和物流成本的增加。从更广泛的视角来看，把有毒物料的处理厂房建在远离客户的地点可能会增加生产成本（因为规模经济效益降低），但企业风险最小化却可以降低总成本。

（2）外部管理。与经济可持续性相关的外部管理举措包括供应商管理和市场创造。外部管理拓展了内部管理的各种可能因素，通过考虑流程或业务外包减少总成本提高企业可持续发展能力。例如，企业可以选择对某些活动或流程进行外包（如生产职能或运输职能），增加规模经济效益。类似地，企业也可以选择通过诸如库存所有权、采购责任的方式对市场或供应链风险实行外包。

12.5 供应链管理的职业道德

所谓“道德”，在一般的研究领域中可以定义为：支配一个人或一群人行为的原则。考虑和判断什么是对或错，什么是好或坏的原则。

商业道德是上述定义在工作场所，特别是在商务关系方面的应用。供应链管理的道德，或者说采购的道德是商业道德的一个部分，而商业道德又是一般道德原则在商业界和产业界的应用。所以，职业道德是包含理想和责任的行动准则或最佳惯例，它们告诫从业者在某些场合他们应有的行为和遵循的原则。

职业道德的主要原则：

（1）是无偏见的或是客观的。

（2）是公开透明的和充分披露的。

（3）是诚信和可靠的。

（4）是勤奋、能干和谨慎的。

（5）是忠诚于自己职业的职责。

（6）是可以避免潜在的或明显的利益冲突的。

12.5.1 与供应商有关的道德问题

与供应商有关的道德问题包括提供实际的帮助和忠告、及时支付、诚信和公开透明、电子商务和款待供应商，等等。

首先，提供实际帮助和忠告可能采用以下形式：

（1）帮助供应商使其采购工作做得更有效和更经济合理。

（2）找到另外一些不处在竞争对手位置的客户，以防止过分地依赖于某个单一的大公司。

（3）对一个不成功的投标工作提供一些反馈信息。

（4）对设计工作和生产制造提供建议和支持。

（5）为了支持公司所在社区的发展和繁荣，安排一部分订单给本地的供应商。

（6）供应商的开发和发展。

作为及时支付，组织机构应在现金流转的问题上帮助供应商，具体如下：

（1）及时地对供货发票进行支付。

（2）要求采购部门和财务部门都意识到采购政策的意义，并且坚持执行政策。

（3）尽可能迅速地处理对付款方面的抱怨，使得支付不产生没有必要的延迟。

在电子商务环境中也面对道德问题。互联网正在营造一个新的氛围，在这种氛围中不道德的行为对企业造成的影响远比以前大得多。特别要指出的是，在互联网上进行电子贸易的双方优势是偏向于对采购方有利的。电子拍卖就是一个例子。

因此，对电子拍卖就有一个典型的道德法规：

（1）怀着正式参与商务活动的意图来参加在线拍卖，绝不要把在线拍卖当作“勘察”工具来用。一旦邀请发送给拍卖的参与者，或者拍卖已经完成，就不要再招惹谈判和接受非在线的出价。

（2）确保竞拍者对拍卖前、拍卖中和拍卖后可能出现的期望有一个清醒的认识：制定明确的拍卖规则和规范，并向参与者宣传和散发。

（3）给竞拍者有足够的时间去准备参加竞拍活动：包括制定策略和相关培训。

（4）对于那些将用于商务裁决的商务准则应形成文字记载的文件，并加以宣传和发放。

（5）在竞拍前对竞拍者给予培训：

- 确保竞拍者对在线电子拍卖这样的工具可以运用自如。
- 及时地向所有的拍卖参与者通报拍卖结果。

（6）只邀请那些满足拍卖要求的竞拍者参加拍卖活动，绝不允许虚无竞拍。

此外，对B2B电子商务中的诚信、认证、安全、隐私、财产和保密等问题应该做出新的规定。对于供应商代表的款待问题、商务礼品和款待客户等问题，都应该有相应的职业道德约束。

12.5.2 道德标准

专业协会或者企业自身发布有关职业道德的政策法规时发现，现实生活中商业人士通常倾向于使用两套职业道德标准，一套是个人的，一套是生意的，而且个人职业道德标准要比生意职业道德标准更严格一些。

个人针对某一特定道德规范处在进退两难时的反应取决于如下许多因素：

（1）家庭和文化背景的影响。

（2）宗教和人道主义的价值观。

（3）上级或老板的行为规范。

（4）同级人的行为规范。

（5）流行的行为准则和社会的价值观。

（6）对于不道德行为被发现的后果的担心。

同时，还可以考虑：

（1）我的直觉和本能是怎样的？抉择是否糟透了？

（2）我能将此信息透露给我的孩子、德高望重的老师或社会公众吗？

（3）诚实和言行一致可以作为我的价值观吗？

（4）是否合法？无论如何都应服从法律吗？

（5）是否有利于提升诚信？

（6）如何处理与他人相处？我是否正在伤害别人？

（7）为我自己和组织机构增加声誉了吗？

（8）是把我自己还是组织机构放在首位？

（9）对我所在的组织机构的股东是否有益？

（10）我正在建立什么样的价值观？

（11）我考虑到所有事实了吗？

（12）是傲慢使我视而不见，还是谦恭使我饱受伤害？

（13）抉择是否经得起今后一年、二年或三年的细究？

（14）所做的抉择如果重复20次以上，是否会同样好？

（15）如果我有过10次机会，有更多的实践做抉择，是否会有不同？

（16）我能以增加时间来实现抉择吗？

12.5.3 采购工作的环境保护问题

对环境的责任是商务活动的社会责任的一个方面，并且在制定策略规划时就应予以考虑。通常认为，环境应包括下列所有的或任何一种媒介，它们是空气、水和陆地，以及包括建筑物中的空气和天然的或人造的、地上的或地下的构造物中的空气介质。

环境保护所涉及的重要方面如下：

（1）在加工制造业的运作中更有效地利用原材料，特别是木材和矿产资源。消费者担心热带雨林的破坏已经直接冲击到对热带硬木的需求，这也大大影响到木材的生产加工者、批发销售者和使用者。工业生产中已经使用的约 80 种矿产资源中的 18 种，包括铅、硫、钨和锌，它们的供应已出现了相对短缺。这些材料将不得不提价和要求回收废物再生使用。

（2）污染和废物。对污染的定义是：有害物质在任何（处理）过程中对环境介质的泄放，而这些物质的泄放对依托该环境而生存的人或其他有机生命会造成危害。

（3）能源的节约。向工业提供的动力和能源是由自然环境通过像木材、石化燃料、水力、太阳光、风力和铀矿这样的资源来取得的。

所谓环境采购是指符合环境保护原则的采购，它可以这样来定义：采购涉及供应链的各项业务活动，它的工作原则同样要有利于物资的再生利用、重复使用和资源消耗的减少。因此，供应物资的采购工作可能要经受大量的、大范围的、国际的和国家的环境保护法规和指导意见的约束。

【延伸阅读】供应链管理的“变革”与“坚守”

企业的竞争离不开供应链的竞争，而供应链的竞争取决于组成其供应链 DNA 的各个基因片段的优劣。

如果要为全球供应链管理的发展挑出一个最贴切的词汇，绝对非“变革”莫属。尤其在 2008 年金融危机以后，全球经济环境变得扑朔迷离，加之在互联网、物联网、移动终端等新技术的推动下，新的商务模式层出不穷，市场格局也越发瞬息万变。曾经不可一世的超级企业，一夜之间走下神坛的不计其数。归其原因，缺乏“变革”的勇气 ，因循守旧，故步自封，是导致他们由盛转衰的罪魁祸首。

“变革”对于企业来说，首先是个战略性的问题。变与不变，在复杂的市场环境中，高层首先要为企业做选择。然而，更多的时候，变革并不仅仅是个战略问题，它更依赖于企业的内在 DNA 是否能支撑所谓的“战略性变革”。而这种内在基因的形成，往往需要“坚守”和“耕耘”。这一点，在供应链上的体现尤为突出。

我们或许听过这个故事：苹果在其第一代 iPhone 手机上因为使用了多点触控技术，掀起了手机行业的一场革命，正是这场革命成就了苹果今天的辉煌。iPhone 触控屏的供应商 TPK（台湾宸鸿科技），当时其创始人江朝瑞拿着小学生用的透明彩色玻璃纸为苹果公司做演示后，当即要求他隔天就飞往美国洽谈合作事宜。

供应商管理中有一个专业词汇，叫 ESI（Early Supplier Involvement）——早期供应商介入，它是指供应商早期介入到产品的开发中，与企业共同进行产品的研发，从技术、生产、质量、价格、物流甚至售后服务等方面为设计团队提供建议。

“早期供应商介入”的最高境界就是鼓励供应商为企业提供全新的技术及概念，使企业能捕捉到可能会掀起行业变革的哪怕是微乎其微的创新火种。

企业的竞争离不开供应链的竞争，而供应链的竞争取决于组成其供应链DNA的各个基因片段的优劣。就好比预防癌症可以通过检测其 DNA 序列是否存在变异一样，企业在供应链管理能力上的每一个薄弱环节都很可能给企业造成无法挽回的损失。乍听起来，这很容易让我们感到紧张。因为即便是最卓越的企业，也不可能没有弱点或问题，不可能做到面面俱到。

的确如此，但我们首先要知道：企业的竞争对手是谁？因为在竞争中，企业只需要做得比竞争对手更优秀就足够了；甚至，企业不用每一项都做得比竞争对手优秀，只需要在最关键的几项上胜出就足够了！前者好比两个人在森林里遇到了狼，我只要跑得比另外一个人快就能活命；后者好比是田忌赛马，得学会取舍，在管理学中，叫作专注。

然而，即便是在竞争中处于领先的企业，也很有可能因为一个小问题或者小事件而轰然垮塌。因此，在检测供应链 DNA 序列的时候还要知道：有没有致命的弱点。

由此可见，在“变革”环境中，企业在供应链上的竞争，第一要学会专注，在关键能力上取得优势，而不是面面俱到；第二是要防范风险，处理好供应链系统中可能致命的微小漏洞，避免企业因为“意外事件”而随机性崩盘。可以这么说，无论供应链“变革”与否，供应链管理还应在基本原则和基本方法上“坚守不变”。

专注成就卓越供应链

国际知名研究机构 Gartner 每年都会发布一个全球供应链管理最佳企业的排名，这是迄今为止最受业界推崇也最为权威的一份排名。在这个排名中，有 3 个指标是雷打不动的硬性指标。三年加权平均资产收益率，库存周转率，三年加权平均营收增长率。这三项指标的总和占到总评分权重的 50%，足见其重要性。

供应链管理的指标千千万万，为何只挑选这三项来评价公司的供应链运营水平？道理很简单，做个通俗一点的比喻，如果把供应链比作人的身体，要做到身体健康，我们常常说要“吃得好，消化快，转化好（转化成人体所需的能量）”。营收增长率高表示我们“吃得好”，库存周转高表示“消化快”，而资产收益率高表示“转化好”。和每个人都追求身体健康一样，企业供应链的终极目标也是追求企业的良性运营和发展。从这点上来看，无论什么企业，终极目标都一样。万变不离其宗，都需要保持专注。

当然，专注并不仅仅停留在数字的表面，如何在过程中保持专注更能体现出供应链的运作水平。这里拿亚马逊和沃尔玛做一个对比，这两家企业都位列 Gartner 2013 全球供应链 15 强名单中，并且彼此是零售市场上的直接竞争对手。然而他们各自所专注的领域是截然不同的。一个是传统的线下零售业霸主，而另一个则是世界上最知名的在线零售巨头。在同一条需求曲线上（见图 12-10），沃尔玛所关注的是曲线头部的“流

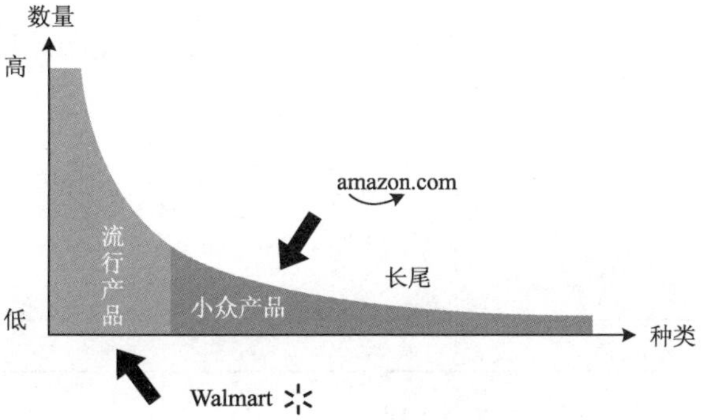

图 12-10　长尾效应

行产品”，而亚马逊的成功则更多地来自于其覆盖“长尾小众市场”的非凡能力。这进一步体现在他们各自的供应链运营重点上，沃尔玛倡导的是“天天平价”，通过其卓越的供应商管理和高效的运营，达到成本领先的优势；而亚马逊倡导的则是“购物便利”，通过提供丰富齐全的商品，以及便捷可靠的物流配送，在客户体验上占据优势。

Gartner 通过对供应链管理最佳公司的研究，列出了所谓的“供应链卓越运营能力指标体系”（见图 12-11）。这个金字塔形的指标体系涵盖了除“创新能力”以外的所有供应链上最为关键的指标。

资料来源：施云，世界经理人网，2014-1-20

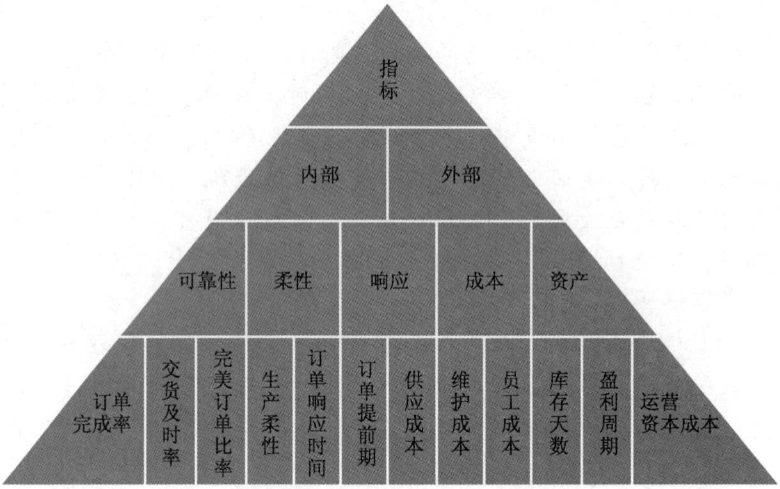

图 12-11　供应链卓越运营能力指标体系

【课程实验总结】

至此，我们顺利完成了本课程的教学任务以及本书有关供应链物流管理的全部实验。为巩固通过实验所了解和掌握的相关知识和技术，请就所做的全部实验做一个系统的总结。由于篇幅有限，如果书中预留的空白不够，请另外附纸张粘贴在边上。

1. 实验的基本内容

（1）本学期完成的供应链物流管理实验主要有（请根据实际完成的实验情况填写）：

第 1 章：主要内容是：____________________

____

____

第 2 章：主要内容是：____________________

____

____

第 3 章：主要内容是：____________________

____

第 4 章：主要内容是：

第 5 章：主要内容是：

第 6 章：主要内容是：

第 7 章：主要内容是：

第 8 章：主要内容是：

第 9 章：主要内容是：

第 10 章：主要内容是：

第 11 章：主要内容是：

（2）请回顾并简述：通过实验，你初步了解了哪些有关供应链物流管理的重要概念（至少 3 项）：

① 名称：

简述：

② 名称：

简述：

③ 名称：

简述：______

④ 名称：______
简述：______

⑤ 名称：______
简述：______

2．实验的基本评价

（1）在全部实验中，你印象最深，或者相比较而言你认为最有价值的实验是：

① ______
理由是：______

② ______
理由是：______

（2）在所有实验中，你认为应该得到加强的实验是：

① ______
理由是：______

② ______
理由是：______

③ 对于本课程和本书的实验内容，你认为应该改进的其他意见和建议是：

______

3．课程学习能力测评

请根据你在本课程中的学习情况，客观地对自己在供应链物流管理知识方面做一个能力测评。请在表 12-4 的“测评结果”栏中合适的项下打“✓”。

表 12-4 课程学习能力测评

关键能力	评价指标	测评结果					备注
		很好	较好	一般	勉强	较差	
课程基础	（1）了解本课程的知识体系、理论基础及其发展						
	（2）熟悉什么是物流管理						
	（3）熟悉什么是供应链管理						
	（4）熟悉供应链物流价值链						
大数据思维	（1）了解大数据与大数据时代						
	（2）熟悉大数据思维变革						
	（3）了解大数据与供应链的关系						
供应链管理	（1）熟悉采购管理						
	（2）熟悉物流管理						
	（3）熟悉客户关系管理						
	（4）熟悉制造管理						
	（5）了解供应链一体化运作						
	（6）了解供应链物流运作与设计						
智慧物流技术	（1）了解智慧物流技术						
	（2）熟悉智慧物流管理						
安全与发展	（1）熟悉供应链协作关系						
	（2）了解供应链风险与安全						
	（3）了解供应链管理的可持续						
解决问题与创新	（1）掌握通过网络提高专业能力、丰富专业知识的学习方法						
	（2）能根据现有的知识与技能创新地提出有价值的观点						

说明：“很好”5 分，“较好”4 分，依此类推。全表满分为 100 分，你的测评总分为：__________分。

4. 供应链物流实验总结

____

____

____

____

____

____

____

____

5. 实验总结评价（教师）

附　录

附录 A　英国皇家采购与供应学会·职业道德法规

2009 年 3 月 11 日由 CIPS 理事会通过

本人作为英国皇家采购与供应学会（The Chartered Institute of Purchasing and Supply, CIPS）的一名成员，我将信守：

（1）在本人所有的商务关系中保持最高标准的正直。

（2）拒绝任何有理由可能被认为是不合适的商务活动。

（3）绝不使用本人所拥有的权势和地位来为个人谋取利益。

（4）通过最合适的途径去获取和应用新知识，以加强自己对职业的精通程度和专业形象。

（5）在本人所负责的那些员工中间，鼓励达到一个尽可能高标准的胜任专业工作的能力。

（6）优化在本人控制下的资源的使用，并让它们为本人所供职的组织机构产生应有的效益。

（7）无论书面文字或是意向精神，本人都同意和承认：

- 我们所开展业务的国家的法律。
- 合同中规定的责任和义务。
- CIPS 对于业务的职业指导。

（8）申报任何我个人的受益和获利，只要它们有可能影响或者被其他人看作会影响我的公正性或影响我的决策的。

（9）确保本人在履行职责和义务期间所给出的信息是正确的和准确的。

（10）对本人所收到信息的保密问题给予足够的重视，并且绝不将它们用于为个人收益的目的。

（11）积极鼓励真诚、公平和透明的竞争。

（12）不接受贿赂或礼品，但如商务日记本或年历、月历和台历这样内在价值很小的商品除外。

（13）明确表示不设宴款待他人或接受他人的款待，并且绝不让款待影响商务决策。

（14）在本人处理所有的商务活动时始终保持公正性，不为那些有既得利益的人们所影响。

1. 法规的实际使用

CIPS 的成员被要求支持和维护这个道德法规，并且探索与学会成员共同从事职业生涯的所有人员也都承诺和遵守此法规。

期望学会的成员们努力让他们所供职的组织机构承诺，基于这个法规的原则来制定符合采购职业道德的方针政策，并将任何与商业道德有关的事务和状态提升到一个合适的水平。

庄重的学会宪章中特别制定了执行纪律的方法步骤，授权 CIPS 的理事会有权调查针对每个学会成员的投诉和抱怨，一旦发现他们有违于道德法规的行为，可以采取相应的行动措施。

2. 指导意见

为了在实际中应用以上这些原则，成员应该遵循以下指导意见：

（1）受益获利的申报：任何个人的受益获利都应申报，这些可能影响或者被其他人看做会影响成员在与他或她的职责和义务有关的事务中的公正性。

（2）信息的保密性和准确性：在履行职责和义务期间对所收到的信息的保密问题应给予足够的重视，并且这些信息绝不应当用于为个人受益的目的。在履行职责和义务期间所发生的信息应是诚实的和清楚的。

（3）竞争：与供应商的合同和商务关系的性质和时间长短，可能会随环境的变化而变化。这些应该总是构建得保证货物正常递送和利润的正常获取。长期来看，可能有碍于公平竞争的有效运作的安排应该予以避免。

（4）商务礼品：除了商务日记本或者年历、月历、台历这样内在价值很小的商品外，商务礼品应当是不予以接受的。

（5）款待客户：设宴款待客户的菜肴的昂贵程度不允许他或她自己在制定商务决策时受影响，或者被其他人认为是接受款待的结果影响了商务决策。接受款待的次数和规模应该是公开的和注意影响的，并且次数不应多于、规模不应该大于作为成员的雇主能酬答的。

3. 决策和忠告

当出现不容易决定什么是能被接受的和什么是不能被接受的情况时，就应该听取成员的上级、其他高级同事的意见和忠告，或者听取学会的意见和忠告。从学会可以获得法规在任何一方面的意见和忠告。

附录B　美国供应管理学会的供应管理工作中行为的道德原则和标准

2008年5月生效

下面几条原则是由美国供应管理学会倡导的：

（1）对自己的决定和行为，坚信是真诚的和正直的。

（2）对所供职的组织机构或雇主起到积极作用。

（3）忠诚于自己的职业。

从这几条原则衍生出的ISM供应管理工作中行为的标准，有以下几条：

（1）注意不合适的行为举止。在处理各种关系中、在进行各种业务活动中及在互相交流和交际中，防止各种不道德和不体面的行为，甚至是这些行为的倾向和苗头。

（2）利益冲突。确保任何人、任何商务或其他的业务活动中，不与你供职的组织机构或雇主的合法利益发生冲突。

（3）注意不良影响。尽力避免对供应管理的决策产生或似乎可能产生负面影响的行为和行动。

（4）责任性。根据合理的责任和应有的授权，为你所供职的组织机构或雇主创造价值，以此来维护信誉和其他责任性。

（5）供应商关系和客户关系。鼓励和宣传积极的供应商关系和客户关系。

（6）可持续发展和社会责任。在供应管理工作中积极履行社会责任和做维护可持续发展的标兵。

（7）保密信息和专利资讯。保护应予以保密的信息和有专利权的资讯。

（8）互惠性。避免签订不合适的互惠协议。

（9）适用法律、法规和交易协议。知晓适用于供应管理工作的法律、法规和交易协议的字面意义和实质精神，并予以遵守。

（10）专业的竞争能力。不断提高工作技能，拓宽知识视野和开展业务活动，以显示竞争能力和推动供应职业的发展。

ISM的供应管理工作中行为的道德原则和标准，以及ISM的可持续发展和社会责任的原则（附有建议采纳和实施指导书）的电子版本可以在ISM可持续发展和社会责任的网页www.ism.ws上查到。

参 考 文 献

[1] 鲍尔索克斯.供应链物流管理[M].4版.马士华等,译.北京:机械工业出版社,2014.

[2] 莱桑斯.采购与供应链管理[M].8版.莫佳忆，等译.北京：电子工业出版社，2014.

[3] 周苏.大数据时代管理信息系统[M].北京：中国铁道出版社，2016.

[4] 周苏.大数据及其可视化[M].北京：中国铁道出版社，2016.

[5] 周苏.IT创新思维与创新方法[M].北京：中国铁道出版社，2016.

[6] 周苏.创新思维与方法[M].北京：中国铁道出版社，2016.

[7] 张宇.智慧物流与供应链[M].北京：电子工业出版社，2016.

[8] 许亮.国际物流管理[M].北京：机械工业出版社，2014.

[9] 周苏.大数据技术与应用[M].北京：机械工业出版社，2016.

[10] 周苏.大数据导论[M].北京：清华大学出版社，2016.

[11] 周苏.大数据可视化[M].北京：清华大学出版社，2016.

[12] 周苏.大数据可视化技术[M].北京：清华大学出版社，2016.

[13] 周苏.创新思维与TRIZ创新方法[M].北京：清华大学出版社，2015.

[14] 周苏.创新思维与科技创新[M].北京：机械工业出版社，2016.